國語의 敬語法 硏究

강 규 선

보 고 사

序

1960년대 후반부터 경어법을 다루기 시작하여 지금까지 여기 저기 게재했던 것들 중에서 몇 편만을 대략의 통시적인 나열로 모았을 뿐이다. 몇 편의 글들은 조잡한 느낌이 들지만 처음 시작했을 때의 모습을 보기 위해서도 싣기로 했다.

15세기의 경어법, 존경법, 공손법, 겸양법으로 나누어 다루었으나, 겸양법에 보다 치우친 것이었고, 공손법 중에서 문체법에 의한 등급은 다루지 못했다. 17세기의 것은「첩해신어」를 가지고 고구하여 15세기의 경어법과 비교해서 겸양법의 형태소가 변하는 모습을 주로 살폈다. 20세기의 겸양법은 1900년대의「신소설」을 가지고 명사, 대명사, 조사, 접미사, 종결어미에 표현된 경어법, 극상대, 하층계급의 어체까지 살펴보았다. 거의 같은 시기지만 급변하는 시기인지라「매일신보」에 연재 되었던 '무정'을 연재된 신문 축쇄판을 가지고 「신소설」의 그것과 비교하여 살펴보았다. 현대국어의 존경법 연구는 용어 자체도 벗어난 생각이 들지만 경어법을 별로 다루지 않던 1960년대 후반의 것이기에 실었고, 경어법의 의식과 공손법의 등급을 주로 다루었다.

아직도 경어법의 용어 자체도 학계에서 정리가 되지 않은 감이 있는 것은 안타까운 감이든다. 앞으로 16, 18, 19세기까지의 자료를 더 고구하고, 고대국어까지 다루어 증보할 생각이다. 잘 닦여지지 않는 글을 책으로 낸다는 것이 송구할 따름이다.

1997년 8월

저자 삼가 씀

目 次

第一章. 15世紀 國語의 敬語法 硏究

-「月印釋譜」권一 · 二를 中心으로-

Ⅰ. 序 論

15세기 경어법은 주어, 화자, 청자 셋의 구분을 위해 형태소 「-시-」, 「-이-」, 「-숩-」 등이 있어서 경어법의 갈래를 명확히 하고 있다. 이 세 가지 형태소를 통해서 높여지는 갈래는 「-시-」 의 형태소로 대표되는 존경법, 「-이-」 형태소로 이뤄지는 공손법, 「-숩-」의 형태소로 표시는 겸양법이다.[1)]

경어법은 세 사람의 존재가 필요하다. 네 사람의 존재를 논의해서 客體(客語)를 포함시키기도 하지만 客體는 행동과 상태의 상대이므로 사람일 수도 있고 사람과 관계된 일이 될 수도 있다.[2)] 客體(客語)를 빼면 셋이 되는데 그것은 話者, 主語, 聽者이다. 15세기 敬語法은 尊敬法, 恭遜法, 謙讓法의 형태소들은 거의 排他的으로 사용되었다. 간혹 「-시-」와「-이-」, 「-시-」와「-숩-」, 「-이-」와「-숩-」등이 함께 겹쳐 사용된 부분이 있으나 그 역할분담은 거의 확실히 지켜지고 있었다.

이런 경어법의 세 부문은 서열은 다르지만 하나의 문법범주로 통합될 수 있는 것은 화자 X가 Y를 상대로 발화할 경우 공손법을 사용하면 X는 Y를 상대로 대우한 것인데 그 Y가 주어로 나타나면 X가 존경법을 사용

---

1) 許雄 1954 : 139~208. "尊待法 史"「成均學報」1. 成均館大學校.

2) 姜圭善 1988 : 5-7 「20世紀 初期國語의 敬語法 硏究」博士學位論'文. 成大大學院

하고 객어로 나타나며 주어보다 상위자이면 겸양법을 X가 사용한다.[3] 곧 이는 경어법의 세 부문을 하나로 통합할 수 있는 문법 조건이 되는 것이다[4]. 본고에 인용한 자료가 협소하고 표현의 국한 적인 면이 있지만 경어법의 단면을 고찰하고자 한다.

Ⅱ. 本 論

1. 尊敬法

존경법의 지표는「-시-」이고 이는 중세국어나 현대국어를 막론하고 변함이 없다. 존경법의 실현은 화자와 청자의 대화에 나타난 종결어미 또는 연결어미에 사용된 「-시-」의 다양한 모습으로 나타난다.[5] 존경법에 실존하는 화자 청자와 대화 중 주어에 대한 敬意로 표현되는데 그 주어가 대화의 장에 있거나 없거나 그것은 존경법을 사용하는데 관건이 되지 못한다. 또한 화자<청자의 계급이거나 화자>청자의 位相도 존경법을 사용하는데 큰 역할을 하지 않는다. 화자 청자의 계급적 관계보다는 화자<주어의 계급관계가 대부분일 수 있고, 화자>주어일지라도 화자>청자의 계급적 관계일 때는 화자는 주어에 대해 존경법을 사용하고 청자에 대해서는 공손법 중에서 해라체나 반말을 사용할 것이다.

단 이때 주어>청자이어야 한다.

철수야 작은아버지 가셨니? (화자: 철수의 아버지, 작은아버지: 화자의 동

---

3) 許雄 1975 : 659 「우리 옛말본」 한샘문화사
4) 安秉禧 1983 : 35 "中世國語의 謙讓法 硏究에 대한 反省"「國語學」 11. 國語學會.
5) 중세국어의 경우 시, 샤, 샨, 샴 등으로 나타나고 있다.

생 계급은 청자<화자, 주어 화자>주어)

위의 예는 간단한 것에 해당하겠지만 이런 것 외에 압존법을 주장하기도 한다.

尊敬法도 敍法的 終結語尾, 連結語尾 별로 分類해야 하지만 月印釋譜 一 二 釋尊의 一代記(前生·現生) 및 그의 추앙이기 때문에 敍法的으로 分類할 수 없다.

「-시-」

1) 衆生올 너비 濟度ᄒᆞ시ᄂᆞ니 (月釋序. 1b)[6]
2) 부텨 나아 ᄃᆞ니시며 (月釋序. 2b)
3) 追薦은 위ᄒᆞᅀᆞᄫᅡ 佛事ᄒᆞᅀᆞᄫᅡ 됴ᄒᆞᆫ ᄹᅡ해 가나시게 ᄒᆞᆯ씨라 (月釋序. 3b)
4) 우리부텨 如來 비록 妙眞淨身이 常寂光土ᄋᆡ 사ᄅᆞ시나 (月釋序. 5b)
5) 人天을 거려 내시며 四生올 거려 濟度ᄒᆞ신 功德을 어루이그여 기리ᅀᆞᄫᆞ려 (月釋一. 9a)
6) 天龍이 誓願ᄒᆞ샤 流通ᄒᆞ시논 배시며 (月釋一. 9a)
7) 昭憲王后ㅣ 榮養올 섈리 ᄇᆞ려시ᄂᆞᆯ (月釋一. 10a)
8) 善慧 드르시고 ᄎᆞ기너겨 곳잇ᄂᆞᆫ ᄶᅡ홀 ᄎᆞ가 가시다가 구이롤 맛나시니 …… ᄀᆞ초아 뒷더시니(月釋一. 10a)
9) 迦葉波佛 授記ᄒᆞ실젯 일후미시니 (月釋二. 9a)
10) 부톄 볼ᄫᅡ 디나시고 또授記 ᄒᆞ샤ᄃᆡ (月釋一. 16a)
11) 世宗이 謂予ᄒᆞ샤ᄃᆡ 薦拔이 無如轉經이니 汝宜撰譯釋譜 ᄒᆞ라 하야시ᄂᆞᆯ (月釋 序. 10b)

1)은 主語가 부처이고 話者는 敍述者(수양대군)이다. 청자는 一般 大衆이 라고 한다면 主語>話者, 聽者다 聽者를 설정하지 않아도 무방하다.

2), 4), 5)는 1)과 같은 내용이다. 3), 7)은 昭憲王后가 主語이고 話者는 首陽大君이다. 主語>話者이다. 6)은 天龍이 主語이고 話者는 서술자다. 8)은 부처의 前生人이다. 즉 善慧가 主語이고, 첫째, 둘째 「-시-」는 善慧

---

6) 月印釋譜卷 一·二 1988 西江大 人文科學硏究所 影印本.

를 마지막 「-시-」는 俱夷에게 대우하는「-시-」이다. 9)는 迦葉波佛이 主語이고 話者는 서술자이다. 10)은 普光佛이 主語인데 그가 善慧(부처 前 나중에 부처가 된다는 약속을 하는 것이다. 話者는 三人稱 敍述者(관찰자적)인 首陽이다[7] 3), 5)는 昭憲王后의 冥福을 비는 것이어서 「-시-」를 사용하는 것은 당연하다. 그러나 11)의 경우는 좀더 자세히 서술하면

○ 우흐로 父母 仙駕롤 爲ᄒᆞᅀᆞᆸ고 亡兒롤 조쳐 爲하야 ᄲᆞᆯ리 智慧ㅅ 구르믈 타샤 諸塵에 머리나샤 바ᄅᆞ 自性을 ᄉᆞᄆᆞᆺ 아ᄅᆞ샤 覺地를 믄득 證ᄒᆞ시게 호리라. (月釋序. 18a)

主語는 생략됐으나 首陽大君이 된다. 그러므로 주어를 "나" 로 설정할 수 있다. 그리고 이 주어 "나"는 "호리라"와 호응한다. 1인칭 주어의 話者 表示인 삽입모음 "오"가 개입돼 있음을 알 수 있다. 「-시-」가 사용된 것은 上位者인 王后와 下位者인 亡兒(수양대군의 맏아들)를 함께 「-샤-」로 대우한 것은 上位者와 下位者를 하나의 공동 主語나 目的語로 다룰 때 下位者도 上位者의 기준으로 尊敬하는 것이다.[8]

「-샤-」

존경법의 형태소는 「-시-」로 대표된다. 그러나 어미와 결합해서「-샤-」로도 나타난다.

1) 神通力ᄒᆞ샤 (月釋序.5b)
2) 本來ㅅ 悲願으로 無緣慈悲롤 뮈우샤 (月釋序 5b)
3) 降誕閻淨ᄒᆞ샤 示成正覺ᄒᆞ샤 (月釋序. 6a)
4) 일후미 天人師ㅣ며 일ᄏᆞᄌᆞᄫᆞ미 一切智샤 (月釋序. 6b)

---

7) 月印釋譜는 世宗의 命에 依해 首陽大君이 만든 것이므로 이하 서술자는 모두 수양대군을 지칭한 것이다.
8) 安秉禧 前揭書 1983 : 37～38. 姜圭善 前揭書 1988 : 56

5) 큰 威光을 펴샤 마병중을 ᄒᆞ야 ᄇᆞ리시고 (月釋序. 7a)
6) 三乘ᄋᆞᆯ 크게 여르시며 八敎ᄅᆞᆯ 너비 부르샤 (月釋序. 7a)
7) 六合애 저지시며 十方애 저지샤 (月釋序. 7b)
8) 解脫門을 여르샤 전법해예 드릿니 (月釋序. 8b)
9) 진상ᄒᆞᅀᆞᆸ보ᄃᆡ 보뮬 주ᅀᆞ오시고 곧 讚頌ᄋᆞᆯ 지ᅀᆞ샤 일후를 月印千江이 ᄒᆞ시니 (月釋序. 13a)
10) 智慧 구르믈 타샤 諸塵에 머리 나샤 바ᄅᆞ自性을 ᄉᆞ뭇 아ᄅᆞ샤 覺地를 믄득 증ᄒᆞ시게 호리라 (月釋序. 18b)
11) 善慧ㅣ 正ᄒᆞᆫ 法을 護持ᄒᆞ샤 (月釋序. 18b)
12) 迦葉波佛이 授記ᄒᆞ실셋 일후미시니 이 率天에 나샤 일후믈 쓰시니라 (月 釋二. 9a)
13) 일후미 善慧하시고……神處ᄃᆞ외샤 도率天에 겨샤 十方世界法을 니ᄅᆞ더시니 (月釋二. 7b)
14) 幢英이 菩薩긔 묻줍오ᄃᆡ 어누 나라해 가샤 나시리잇고 (月釋二. 12b)
15) 淨飯王이 무러시늘 占者ㅣ 判ᄒᆞᅀᆞ보ᄃᆡ 聖者ㅣ 나샤 正覺 일우시리(月釋二. 17b)
16) 法종法會ᄅᆞᆯ 셰샤 천인이 ᄆᆞᄃᆞ릴씨 (月釋二. 8a)
17) 無憂樹八가지 굽거늘 어마님자ᄇᆞ샤 右脇誕生이 四月八日이시니 (月釋二. 34)
18) 蓮花고지 나거늘 世尊이 드듸샤 사방ᄒᆞ샤 周行七步ᄒᆞ시니 (月釋二. 34a)
19) 부톄 어셔 ᄃᆞ외샤 衆生ᄋᆞᆯ 濟渡ᄒᆞ쇼셔 (月釋二. 42b)
20) 摩騰이 대궐에 드러 進上 ᄒᆞᅀᆞᄫᆞᆫᄃᆡ 明帝ᄀᆞ장 깃그샤 그?? 行幸ᄒᆞ신대 (月釋 二. 67a)
21) 나라ᄒᆞᆯ 아ᅀᆞ 맛디시고 道理 ᄇᆡ호라 나갸샤 구담바라문을 만나샤(月釋一. 5b)

1)~4), 6), 7), 10)~12) 예시 문장의 단축을 위해서 "-샤" 까지만 주로 예시했지만 "-샤"를 전후해서 연결될 문장을 살펴보면 "-샤"는 "-시어"(서)의 설명이 가능하다. 또 모두 주어는 釋尊이거나 부처가 되기 전 人物로 나타난다. 話者는 서술자가 된다. 聽者는 介入의 필요가 없다. 이런 설명은 5), 8), 9), 10), 15), 17)~21) 등에 나타난 "-샤"의 전후를 봐도 자명

하다. 예를 들면 5)에서 부처가 되기전 善慧의 활동 상황인데 威光으로 마귀의 무리를 제압한 것이라든지 8)에서 해탈문을 열고 중생을 부처의 正覺에 이르게 한 것이 그것이다. 존경법이 존경을 받을 주체의 대상이 실존하거나 대화의 장에 존재하지 않아도 성립할 수 있음은 주지의 사실이나 聽者>主語>話者의 계급순서에 의한 대화에서 主語에게 까지「-시-」를 사용한[9] 것은 본 자료에는 찾을 수가 없고, 主語를 最上으로 놓고 話者가 聽者에게 서술하는 형식의 내용들이다. 佛經을 서술한 문장에는 最上의 계급(主語)은 부처가 될 수 있고 王이나 보살등이 主로 등장한다. 話者는 서술자(저자)이고 聽者는 그것을 읽는 讀者가 된다. 9)는 世宗의 命에 依해 지은 것이다. 즉 9), 10), 15), 17), 20)은 王이나 왕비에 대한 대우의 방법으로 「-시-」가 사용되었고 主語가 서술의 장에는 존재하지 않고 主語>話者>聽者의 계급 位相을 설정할 수 있다. 18), 19)가 부처가 된 석가세존을 주어로 대우한 것이고, 그 나머지는 부처로 化身하기 전의 善慧, 승려, 보살로 나타난 釋尊以前生의 모습들을 주어로 나타냈다.

「-샤ᄃᆡ」,「-샴」

1) 夫人이 나ᄒᆞ시ᄃᆞᆯ 거싀 어늘 王ᄭᅴ ᄉᆞᆯᄫᆞ샤ᄃᆡ (月釋二. 27b)
2) 俱夷 니ᄅᆞ샤ᄃᆡ (月釋一. 12b)
3) 普光佛이 讚歎ᄒᆞ야 니ᄅᆞ샤ᄃᆡ (月釋一. 16a)
4) 부톄 ᄇᆞᆯ바 디나시고 ᄯᅩ 授記ᄒᆞ샤ᄃᆡ (月釋一. 17a)
5) 붙톄 겨샤ᄃᆡ 일후미 석가모니시고 (月釋二. 9a)
6) 救ᄒᆞ쇼셔 비ᅀᆞ보니 萬靈諸聖이 다 날ᄃᆞ려 니ᄅᆞ샤ᄃᆡ (月釋二. 52a)
7) 婆羅門이 ᄃᆞ외시며 小王이 ᄃᆞ외샤 이러트시 고텨 ᄃᆞ외샤미 몯 니ᄅᆞ혜리라 (月 釋一. 21a)
8) 어엿브신 命終에 甘蔗氏 니ᅀᆞ샤ᄆᆞᆯ 大瞿曇이 일우니이다 (月釋一. 3a)
9) 世尊오샤ᄆᆞᆯ 아ᅀᆞᆸ고 소사뵈ᅀᆞᄫᆞ니 녯 ᄠᅳ들 고티라 ᄒᆞ시니 (月釋二. 48a)

9) 高永根·南基心 1985 : 327. 「표준국어문법론」 탑출판사.
李翊燮·任洪彬 1988 : 223. 「국어문법연구」 학연사.

「-샤딕」가 시/「-o/u-」/딕에서「-샴」이 시/「-o/u-」/ ㅁ에서 나온 결과이며 이것들은 결코「-쇼딕」(시/오/딕)나, 숌(시/오/ㅁ)으로 나타나지 않는다. 「-샴」이「-시-」의 명사형임은 필연적이지만 「-샤딕」는 삽입모음 "오"의 개입된 것은 雅語形으로 볼 것이지 「-샴」처럼 定成된 形式으로 볼 것인지는 좀더 고구할 문제다. 「-시-」라는 형태소가 內在했기에 1인칭活用의 인칭어미로는 볼 수 없다.[10] 1)은 마야부인이 淨飯王께 産氣를 말하는 것으로 主語가 마야부인이고 話者는 서술자이다. 서술자가 개입되지 않은 것이라면「-시-」가 사용될 수 없다. 2)는 "구이가 선혜에게 말하시기를"의 의미인데 역시 서술자가 아니고는「-시-」가 사용될 수 없다.

3)主語 보광불을 대우하는 서술자(話者)의 대우다.

4), 5)는 主語가 부처다. 話者는 서술자다. 主語>話者의 계급이다.

6)은 主語가 萬靈諸聖이다. 여기서의 話者는 부처 전신인 人物이다.

7)은 부처가 되기 전 바라문 또는 小王이 主語이고 話者는 서술자이다.

8)의 主語는 大瞿曇이고 話者는 서술자다.

9)의 主語는 世尊이며 話者는 서술자인 首陽이다.

「-샴」,「샤딕」의 사용은 역시 주어를 높여 주는 구실을 하고 있다.

「-실씨」,「-시」,「-신」,「-샨」,「-실」

1) 닐굽 고줄 因ᄒᆞ야 信誓 기프실씨…… ᄃᆞ외시니 (月釋一. 4b)
2) 다ᄉᆞᆺ 꿈을 因ᄒᆞ야 授記 볼ᄀᆞ실씨…… ᄃᆞ외시니 (月釋一. 4b)
3) 迦葉波佛이 授記ᄒᆞ실 젯 일후미시니 (月釋二. 9a)
4) 白象ᄐᆞ샤 도率宮으로셔 ᄂᆞ려 오시 저긔 (月釋二. 19a)
5) 夫人 나ᄒᆞ시ᄂᆞᆯ 거의 어늘 王ᄭᅴ 솔ᄫᆞ샤ᄃᆡ (月釋二. 27b)
6) 東山애 가시저긔 虛空애 ᄀᆞᄅᆞ기 八部도 ᄌᆞᄍᆞ바 (月釋二. 27b)
7) 世尊八道理 일우샨 이러 양ᄌᆞ를 그려 일우ᅀᆞᆸ고 (月釋序. 5b)

10) 姜圭善 前揭書 1988 : 7

8) 人天을 거려 내시며 四生올 거려 濟渡ᄒᆞ신 (月釋序. 9a)
9) 月印釋譜ᄂᆞᆫ 先考 지ᅀᆞ샨 거시니 依然ᄒᆞ샨 (月釋序. 16a)
10) 王이 盟誓ᄒᆞ야 드로리라 ᄒᆞ신대 (月釋二. 5b)
11) 王이 뉘우쳐 블리신대 디마니 호이라 (月釋二. 7a)
12) 明帝ᄀᆞ장 깃그샤 成ㄱ 西門 밧긔 白馬寺ㅣ …… 그 뎌레 行幸ᄒᆞ신대 (月釋二. 67a)

1)은 善慧가 散花功德한 것을 서술자(話者)의 입장에서 대우하였고 2)도 善慧의 修德에 따른 차우 부처가 될 수 있다는 게시를 서술자의 입장에서 「-시-」를 사용한 것이다. 3)은 가섭파불은 主語>話者의 位相이며 主語가 가섭파블이다. 4)는 석존(人間)으로 現身한 것이 主語다. 5)는 摩耶夫人이 主語이다. 6)은 석존을 화자가 주어로 존대한 것이다. 7)도 世尊이 主語이다. 8)도 釋尊이 主語이며 9)는 世宗이 主語이며 10), 11) 王이 主語이며 12)는 明帝가 主語이다. 모두 話者는 서술자가 되고 계급 위상은 主語>話者인 것이다. 실씨→ 시/ㄹ씨, 실→ 시/ㄹ, 시→ /시/ㅭ, 샨→샤/ㄴ, 신→시/ㄴ, 「-시-」와 어미 "-ㄹ씨"의 결합이거나 「-시-」에 관형사형 어미들이 합쳐진 것이다.

2. 恭遜法

月印釋譜에 나타난 恭遜法은 多樣한 敍法의 종결어미나 연결어미를 가지고 있지 않다. 그 까닭은 부처에 대한 頌讚으로 일관했기에 설명형 종결어미 "-이라" 나 극존칭 명령형어미 "-쇼셔"가 합쇼(하소서)체에 나타난다. 현대 국어의 신문, 방송 또는 소설의 3인칭 관찰자적 시점에 해당하는 "-이다"가 있는 것처럼 본 자료에도 "-이라"가 보이는데 이것은 해라체에 귀속시킬 수 없는 것이다. 공손법의 생성요인은 사회적 지위, 직업, 성별, 친분관계 등 몇 가지 복합적인 요인이 작용하여 표현된다. 조건은 상호 상반되기도 하고, 심리적 자질이 작용하여 복잡한 양상으로 나타난다.[11] 또, 신분, 항렬, 계급, 직급, 직위 등 사회적 규범이 언어형태 범주이며[12] 상대의 인격을 존중하고 미풍양속의 민족성을 표현한다.[13]

「-이-」「-쇼셔」

설명법 최상의 등급인 합쇼·하소서 체의 형태소는「-이-」이며 극존칭 명령형어미의 종결어미는「-쇼셔」이다. 진술한 바 본 지료에는 다양한 공손법의 등급이나. 敍法의 종결어미를 보기 어렵다.

1) 어엿브신 命終에 甘蔗氏 니ᅀᆞ샤ᄆᆞᆯ 대구담이 일우니이다 (月釋一. 3b)
2) 아ᄃᆞᆨᄒᆞᆫ 後世예 釋迦佛ᄃᆞ외시 ᄃᆞᆯ 普光佛이 닐ᄋᆞ시니이다 (月釋一. 3b)
3) 내말 옷 아니드르시면 ᄂᆞ외 즐거본 ᄆᆞᅀᆞ미 업스례이다 (月釋二. 5b)
4) ᄃᆞ토아 싸호면 나라히 ᄂᆞᄆᆡ 그에 기리이다 (月釋二. 6b)
5) 處所ㅣ며 弟子ㅣ며 다 이젯 世尊 ᄀᆞᆮ가지이다 (月釋二. 9b)
6) 沸星 도ᄃᆞᇙ제 白象ᄐᆞ시고 ᄒᆡᆺ 光明을 ᄐᆞ시니이다 (月釋二. 17a)
7) 天樂ᄋᆞᆯ 奏커늘 諸天이 조ᄍᆞᆸ고 하ᄂᆞᆳ고지 드리니이다 (月釋二. 17a)
8) 聖子ㅣ 나샤 輪王이 ᄃᆞ외시리니 出家ᄒᆞ시면 正覺ᄋᆞᆯ 일우시리소이다 (月釋二. 23b)
9) 本來 하신 吉慶에 地獄도 뷔며 불星 별도 ᄂᆞ리니이다 (月釋二. 30a)
10) 本來 하신 光明에 諸佛도 비취시며 明月珠도 ᄃᆞ ᅀᆞᄫᆞ니이다 (月釋二. 3a)
11) 諸光과 表衣와 長者ㅣ 아ᄃᆞᆯ 나ᄒᆞ며 諸釋 아ᄃᆞᆯ도 ᄯᅩ 나니이다 (月釋二. 43b)
12) 象과 쇼와 羊과 廏馬ㅣ 삭기 나ᄒᆞ며 蹇特이도 ᄯᅩ 나니이다 (月釋二. 44a)

---

11) 姜圭善 1988 : 73 . 20세기 초기 국어의 경어법 연구. 成大大學院 博士 學位論文
12) 申昌淳 1963 : 69. 現代國語 尊待法의 槪說. 高大文理大 文理大學報 5
13) 金惠淑 1983 : 29～30. 待遇法 形態素 變遷考. 東國大學校 東岳國文論集 17

13) 西天에 부톄 나시니…… 金비치 러시니 陛下 ᄉᆞ미샤미 당다이 긔샤싀 이다 (月釋二. 65b)
14) 震旦國中에 열아홉 고디니 이 그ᄒᆞ나히 니이다 (月釋二. 68a)
15) 五岳十八山 觀大山 三洞第子 저善信돌히 주그 罪로 말ᄊᆞᄆᆞᆯ 엳ᄌᆞᆸ노이다 (月 釋二. 69b)
16) 五百 사ᄅᆞ미 弟子ㅣ ᄃᆞ외아지이다 (月釋一. 9b)

1)은 소구담이 전생의 업에 대해 사형을 당하자 그 스승인 대구담이 죽은 자의 피를 가지고 소구담의 대를 잇게한 것이다. 화자는 이 글을 지은 首陽이고, 主語인 대구담을 상위자로 대우한 것이다. 2)는 특이하게도「-시-」와「-이-」가 겹쳐서「-이-」의 深意를 돕고 있다. 主語는 普光佛이고 話者는 1)과 같다. 3), 4)는 고마왕의 부인이 남편에게 대우하는 것으로「-리-」와「-이-」가 겸해서 미래를 나타낸다. 5), 16)은 阿難陁이며 主語는 世尊이다. 6)은 석존이 摩耶夫人의 胎 에 下降하는 모습을 話者가 서술하는 것으로「-시-」와「-이-」가 결합되어 尊敬과 恭遜을 함께 하고 있고 主語는 釋尊이다. 7)의 主語는 "하ᄂᆞᆳ 곳"이다. 話者는 저자며 지나간 사실을 서술하는 내용으로 「-니-」가 쓰였다. 8)은 釋尊의 父인 정반왕이 占者에게 釋尊의 장래를 묻고, 점자가 대답하는 것이다. 주어는 淨飯王이고 話者는 占者이다. "소"가 첨가된 것은 마땅함을 나타낼 때 (곧 태어난 아기가 부처가 된다는 확신) 받침이 있는 어간 밑에 오는 것이 원칙적인 것이지만 「-리-」의 의미를 분명하게 하기 위한 결합이다. 9)는 釋尊의탄생으로 지옥도 텅텅비고 (모두 구제했기에) 별도 나린다는 지나간 과거의 일을 話者가 대우하는 것이다. 10)은 겸양의 선어말어미와 과거시제 선어말어미「-니-」와 공손의 형태소 「-이-」가 함께 쓰여서 恭遜法을 보다 심도있게 해준다. 11)은 主語, 諸光, 表衣, 長者, 아들, 諸釋의 아들을 話者가 대우하고 있다. 12)는 祥瑞로운 동물이 釋尊을 기린다는 것이다. 13)은 부처의 탄생으로 金빛이 陛下(궁궐과 같다). 독특하게 主語는 無生物인 陛下 ᄉᆞ미샴 이다. 話者는 저자이다. 14)는 如來의 八萬四天 꽃 중에

‘열 아홉’꽃이 主語이며 화자는 저자이다. 15)는 明帝에게 胡教를 信奉할 것을 사뢰는 것이다. 明帝가 主語이며 話者는 諸臣들이다. 16)의 석존의 전 세상 사람 善慧가 外道人 五百을 教化했고 그들이 선혜의 제자가 되길 願望하는 것이다. 主語가 善慧 話者가 五百人이다. 형태소 「-이-」 主語에 대우하는 話者는 신분이나 사회적 지위가 낮은 경우이다.

1) 世尊일 ᄉᆞᆯᄫᆞ리니 萬里外ㅅ 일이시나 눈에 보논가 너기ᅀᆞᄫᆞ쇼셔 (月釋序. 1b)
2) 世尊말 ᄉᆞᆯᄫᆞ리니 千載上ㅅ 말이시나 귀예 듣논가 너기ᅀᆞᄫᆞ쇼셔 (月釋序. 1b)
3) 世尊하 날 爲ᄒᆞ야 니ᄅᆞ쇼셔 (月釋一. 17b)
4) 王이 네 아ᄃᆞᄅᆞᆯ 내리쇼셔 (月釋二. 6a)
5) 부톄 어셔 ᄃᆞ외샤 衆生ᄋᆞᆯ 濟渡ᄒᆞ쇼셔 (月釋二. 42b)
6) 우리 罪ᄅᆞᆯ 쇼ᄒᆞ샤 뎌와 겻구아 맛보세 ᄒᆞ쇼셔 (月釋二. 70b)
7) 法蘭法師끠 위효ᄒᆞ쇼셔 (月釋二. 75b)

1), 2)의 “世尊일 ᄉᆞᆯᄫᆞ리니 萬里外ㅅ 일이시나”과 “世尊일을 눈에 보논가(귀예 듣논가) 너기 ᅀᆞᄫᆞ쇼셔”로 재구할 수 있다. 앞에 쓰인「-시」는 世尊을 대우하는 주체존칭이고 뒤의「-숩-」으로 사용된 부분은 겸양의 형식으로 볼 것이다. 이 때의 「-숩-」은 “世尊의 일(말)”을 객어로 나타내는 것이다. 그런데 “-쇼셔”는 世尊에게 恭遜法으로 대우한 것이 아니고 世尊의 일(말)이 너무 크로 위대하기에 이 말을 듣는 聽者에게 간곡하고 곡진한 표현을 쓴 것이다. 話者<客語>聽者의 계급으로 1), 2)에 사용된 “-쇼셔”는 설명될 수 있다. 겉으로 보이는 형식은 극존칭 명령형어미로 보인다. 5)의 話者는 夜叉王, 天人이다 아직 부처가 되지 못한 太子(主語)에게 기원함이다. 6)은 明帝에게 신하들이 주하는 말이다. 主語 明帝 話者 臣下들이다. 7)의 主語도 明帝이며 話者는 道士들이다. 8)의 主語는 法蘭法師이며 話者는 道士들이다. 본 자료에는 恭遜法의 여러 체계가 나타나지 않는 특수성은 전술한 바 있으나 만일 善慧와 俱夷의 대화를 해라체로

생각해서는 오분석임을 예시하면 다음과 같다.

○ 善慧 對答ᄒᆞ샤ᄃᆡ 부텻긔 받ᄌᆞᄫᆞ리라 (月釋一. 10b)
○ 俱夷 ᄯᅩ 묻ᄌᆞᄫᆞ샤ᄃᆡ 부텻긔 받ᄌᆞᄫᆞᆫ 므슴호려 ᄒᆞ시ᄂᆞ니 (月釋一. 10b)
○ 善慧 對答ᄒᆞ샤ᄃᆡ 一切種種 智慧ᄅᆞᆯ 일워 衆生ᄋᆞᆯ 濟渡코져 ᄒᆞ노라 (月釋一. 10b)
○ 俱夷 니르샤ᄃᆡ…… 願ᄒᆞᆫᄃᆞᆫ 내 生生애 그딋 가시 ᄃᆞ외야 지라 (月釋一. 11b)
○ 善慧 對答ᄒᆞ샤ᄃᆡ…… 죽사릿 因緣은 듣디 몯호려다 (月釋一. 11b)

위의 선혜와 구이의 대화를 보고 해라체로 분류해서는 안된다. 선혜는 남자로 구이라는 여인과 처음 만나 꽃을 구하고자 하고 있다. 이들 친분은 +格式, -親密에 속하기 때문에 해라체로 적용시키면14) 오류에 빠진다. 이런 서술은 저자의 일방적인 기록에 불과한 것이다.

3. 尊敬法, 恭遜法, 謙讓法 등이 겹쳐 쓰인 예

1) 賣花女 俱夷 善慧ㅅ ᄠᅳᆮ 아ᄉᆞᄫᆞ 夫妻願으로 고ᄌᆞᆯ 받ᄌᆞᄫᆞ시니 (月釋一. 3b)
2) 釋迦 菩薩이 藥ᄏᆡ라 가 보ᅀᆞᄫᆞ시고, 깃ᄉᆞᄫᆞ며…… 부텨 向ᄒᆞᅀᆞᄫᆞ 손 고초샤 ……보ᅀᆞᄫᆞ시며 偈로 칭찬ᄒᆞᅀᆞᄫᆞ샤ᄃᆡ (月釋一. 52a)
3) 燃燈佛ㅅ ᄀᆞ장 七萬六千佛 막나ᅀᆞᄫᆞ니이다 (月釋二. 10a)
4) 불星 도ᄃᆞᆯ 제 白象ᄐᆞ시고 ᄒᆡᆺ 光明을 ᄐᆞ시니이다 (月釋二. 17a)
5) 아ᄃᆞᆨᄒᆞᆫ 후세예 釋迦佛 ᄃᆞ외시 ᄃᆞᆶ 普光佛이 니ᄅᆞ시니이다 (月釋一. 3a)
6) 本來ᄇᆞᆯᄀᆞᆫ 光明에 諸佛도 비취시며 明月珠도 ᄃᆞᅀᆞᄫᆞ니이다 (月釋二. 30b)
7) 五岳 十八山 觀大山洞 第子 褚善信ᄃᆞᆯ히 주그 罪로 ᄆᆞᆯ 엳ᄌᆞᆸ노이다 (月

14) 姜圭善1980 : 69. 尊敬法에 관한 고찰, 성대문학 21. 성대 국어국문학과

釋二. 60b)

8) 十方同行 菩薩이 다 드러와 安否ᄒᆞ시고 法 듣ᄌᆞᄫᆞ시며…… 설법ᄒᆞ더다(月釋二. 26b)

9) 王이 占ᄒᆞᄂᆞᆫ 사ᄅᆞᄆᆞᆯ 불러 ᄆᆞ르시니 다 ᄉᆞᆯᄫᆞᄃᆡ…… 出家ᄒᆞ시면 正覺ᄋᆞᆯ 일우시 리로 소이다(月釋二. 23b)

1)은 俱夷가 善慧와 夫婦가 될 願으로 두 개의 꽃을 선혜에게 주었다. 「-좁-」은 선혜>구이의 位相이고,

話者(서술자)는 首陽이며 聽者는 大衆들이나. 話者<客語(부치에게 비치는 꽃)>聽者이며「-시-」가 사용된 것은 俱夷>首陽의 계급 관계다. 2)는 普光이 석가보살을 빨리 成佛하게 하려고 설산寶窟에 들어 火禪定에 있을 때 석가보살이 불사보살 본 것을 話者(首陽)가「-숩-」으로 겸양하고 있다. 「-시-」는 話者가 석가보살을 대우한 것이다. 같은 文章에「-숩-」과「-시-」가 겹쳐 있는 곳은「-시-」의 深化로 볼 수 있으며「-숩-」이 단독으로 사용된 두 곳은 겸양법으로만 보는 것이 타당하다. 3)은 世尊이 부처가 많은 부처와 만난 것을 겸양법으로 처리하였다. 즉 聽者(後世人들)<客語>話者의 계급 관계가 성립한다. 8)도 世尊의 法을 "듣좁"는 것이다.「-좁-」은 부처의 法(客語)에 대한 겸양이며 「-시」는 主語 十方同行 菩薩에 대한 대우이다.「-숩-」계의 형태소와「-시-」가 결합되어 사용될 때는「-시-」가 후행하고,「-이-」와「-시-」가 같이 쓰일 때는「-시-」가 先行한다. 5)에 쓰인「-시-」는 普光佛에 대한 높임이고「-이-」는 대화의 상대에게 恭遜法인데 청자를 정할 수 없고 보광불의 授記를 받는다. 6)은「-이-」에「-숩-」이 포함되어 공손법을 深化시켜주는 구실을 하고 있다. 그예로

6′) 本來하신 吉慶에 地獄도 뷔며 불성 별도 ᄂᆞ리니이다 (月釋二. 30a)

6′)나 6)은 똑같은 대상(석가모니 불)에 대한 恭遜法이다. 그런데 6)은

「-숩-」을 첨가했고 6′)은「-이-」로써만 대우한 것이다.「-숩-」系가 존경법이나 공손법의 深意에 부가적 요소로 변하고 있는 것은 17C에 오면 더욱 심해진다.[15] 7)은 明帝에게 道士들이 自國의 道理를 버리고 佛敎를 구하는가 하고 말한 것이다. 8)은 석가모니가 부처가 되기전 보살이 됐을 때 十方同行 菩薩이 法을 듣고 설법한 것이다.「-줍-」은 客語 보살의 法을 「-시-」는 主語 十方同行 菩薩에 대우한 것이니 「-줍-」과「-시-」는 각각 존경법, 겸양법의 독립된 영역을 구축하고 있는 것이다. 9)의「-시-」는 석가모니에게「-이-」는 王(정반왕)에게 話者가 대우한 것이다.

○ 大愛道 善혼 쁘디 하시며 부톄 나거시늘 기르슨ᄫᆞ시니이다 (月釋八. 19a)

위 예는 尊敬, 恭遜, 謙讓이 함께 쓰인 예인데 이때도 「-숩-」은 客語 "부톄"를, 「-시-」는 大愛道에 대한 恭遜으로 사용된 것이다.

4. 謙讓法

겸양법의 형태소「-숩-」系가 사용될 수 있는 조건은 客語>主語, 客語>話者, 客語>聽者 등의 位相이 성립해야 사용될 수 있다. (客語와 主語의 위상관계는 꼭 필요한 것이 아님)[16]

1) 그지 업서 몯내 혜ᅀᆞᄫᆞᆯ 功과 德괘 (月釋序. 1b)

---

15) 姜圭善 1992 : 10~22. 17세기 국어의 경어법 연구. 人文科學11. 淸大人文科學硏究所

16) 安秉禧 1983 : 34~35. 중세국어의 겸양법 연구에 대한 반성. 國語學11. 國語學會. 姜圭善 前揭書 1988 : 116

부처의 功德은 헤아릴 수 없는 것이기에 보통의 功德이 아닌고로 話者 <客語(功德)>聽者의 계급 관계가 성립된다. 話者는 저자 또는 서술자가 되며 聽者는 이것을 낭독할 때 듣거나 스스로 읽을 때의 사람들, 즉 衆生이 된다.

2) 四生ᄋᆞᆯ 거려 제도ᄒᆞ신 功德을 어루이긔여 기리ᅀᆞᄫᆞ려 (月釋序. 9a)
3) 國王이 付囑 받ᄌᆞᄫᅡ 옹호ᄒᆞ논 배니 (月釋序. 9b)
4) 梵志 外道ㅣ 부텻 德을 아ᅀᆞᄫᅡ 萬歲ᄅᆞᆯ 브ᄅᆞᅀᆞᄫᆞ니 (月釋二. 44b)
5) 法師…… 부텻 功德을 讚歎ᄒᆞᄉᆞᆸ고 (月釋二. 75b)

2)~5)의 客語 功德, 付囑, 德, 功德으로 모두 부처(석가모니)와 관계 있는 것 들이며 話者는 모두 서술자이며 聽者는 1)과 같다.

6) 頃에 因追薦 ᄒᆞᅀᆞᄫᅡ (月釋序. 3b)
7) 근간에 追薦ᄒᆞᅀᆞᄫᆞᆷᄆᆞᆯ 因 ᄒᆞᅀᆞᄫᅡ (月釋序. 4a)
8) 셜ᄫᅥ 슬 ᄊᆞᄫᅩ매이셔 ᄒᆞ욜 바ᄅᆞᆯ 아디 몯ᄒᆞ다니 (月釋序. 10b)
9) 우흐로 父母 仙駕ᄅᆞᆯ 위ᄒᆞᅀᆞᆸ고 (月釋序. 18b)

6)~9)의 客語 죽은 昭憲王后와 관계 있는 것들이다. 즉 死者를 위한 追薦 8)은 소헌왕후의 죽음을 슬퍼함이며 9)는 극락왕생이다. 話者는 보두 首陽으로 話者<客語>聽者의 계급을 벗어나지 않고 있다.

10) 世尊일 ᄉᆞᆯᄫᅩ리니 萬里外ㅅ 일이시나 눈에 보논가 너기ᅀᆞᄫᆞ쇼셔 (月釋一. 1b)
11) 世尊말 ᄉᆞᆯᄫᅩ리니 千載上 말이시나 귀예 듣논가 너기ᅀᆞᄫᆞ쇼셔 (月釋一. 1b)
12) 金輪寶ᄂᆞᆫ… 天下ᄅᆞᆯ 다 도ᄅᆞ시ᄂᆞ니 그술위 보ᅀᆞᄫᆞ 나라ᄒᆞᆫ 降伏 ᄒᆞᅀᆞᆸᄂᆞ니라 (月釋一. 26a·b)
13) 法幢法會ᄅᆞᆯ 셰사 天人이 모ᄃᆞ릴씨 諸天이 다 깃ᄉᆞᄫᆞ니 (月釋一. 8a)
14) 부톄 겨샤ᄃᆡ 일후미 석가모니시고…… 뫼ᅀᆞᄫᆞᆫ 사ᄅᆞᄆᆞᆫ 아난태 러니(月釋二. 9a)

15) 天樂올 奉커늘 諸天이 조쫍고 하ᄂᆞᆳ고지 드르니이다 (月釋二. 17b)
16) 도率陀 諸天ᄃᆞᆯ히 닐오ᄃᆡ우리도 권속 ᄃᆞ니ᅀᆞᄫᅡ 法 ᄇᆡ호 ᅀᆞᄫᆞ리라 (月釋二. 24a)
17) 溫水 冷水로 左右에 ᄂᆞ리와 九龍이 모다 싯기 ᅀᆞᄫᆞ니 (月釋二. 34b)
18) 海中엣 五百 홍정바지 보ᄇᆡ 어더와 바티ᅀᆞᄫᆞ며 (月釋二. 45b)
19) 相師ㅣ 오라 萬歲ᄒᆞ쇼셔 브르ᅀᆞᄫᆞ며 (月釋二.46a)
20) 世尊오샤ᄆᆞᆯ 아ᅀᆞᆸ고 소사뵈ᅀᆞᄫᆞ니 녯 ᄠᅳ들 고티라ᄒᆞ시니 (月釋二. 48a)
21) 救ᄒᆞ쇼셔 비ᅀᆞᄫᆞ니 만령제신이 다 날ᄋᆞ려 니ᄅᆞ샤ᄃᆡ (月釋二. 52a)
22) 쉰 다ᄉᆞᆺ차힌 됴ᄒᆞ신 양ᄌᆞᄅᆞᆯ 몯내 보ᅀᆞᄫᆞ며 (月釋二. 59a)
23) 쉰 아홉차힌 모딘 사ᄅᆞ믄보ᅀᆞᄫᆞ며 항복ᄒᆞ야 저ᅀᆞᆸ고 (月釋二. 59a)
24) 네 ᄒᆞ마 맛나ᅀᆞᄫᆞ니 全生ㄱ 죄업을 어루 버스리라 (月釋二. 62b)
25) 내 지극ᄒᆞᆫ 말ᄊᆞᄆᆞᆯ 듣ᄌᆞᄫᆞᆫ ᄆᆞᅀᆞ미 몰기…… 부텨ᄭᅴ 歸依 ᄒᆞᅀᆞᄫᆞ리라 (月釋二. 64b)
26) 諸道士 舍利와 經와 佛像과란 길 西人녀긔 노ᅀᆞᆸ고 (月釋二. 77b)
27) 法師… 부텻 功德을 讚歎ᄒᆞᅀᆞᆸ고 (月釋二.75b)
28) 첫 相ᄋᆞᆫ 머릿 뎡바기ᄅᆞᆯ 보ᅀᆞᄫᆞ리 업스며 (月釋二. 55b)

위의 모든 예문들은 釋迦牟尼와 관계된 客語들이다. 즉, 10)은 세존의 일 11)은 말 12) 그의 위력 13) 法會 14) 석가모니 15) 追從 16) 追從 17) 洗顔 18) 供養 19) 頌讚 20) 善導 21) 기원 22) 모습 23) 구원 24) 業 25) 歸依 26) 經, 佛像 27) 功德 28) 머리 정바기 등이다. 이런 것들은 대개는 문장내에서 目的語로 등장한다. 이 客語는 話者<客語>聽者의 계급관계를 유지한다. 중세국어의 「-ᅀᆞᆸ-」系가 사용됨에는 꼭 위와 같은 계급 관계가 꼭 사전적으로 나타난다.

29) 내 慈命을 받ᄌᆞᄫᅡ (月釋序. 12a)
30) 進上 ᄒᆞᅀᆞᄫᆞᆫᄃᆡ 보ᄆᆞᆯ 주ᅀᆞ오시고 (月釋序.13a)
31) 이제와셔 尊奉ᄒᆞᅀᆞᄫᆞᄆᆞᆯ 엇뎨 누기리오 (月釋序. 13b)
32) 월워러 聿追ᄅᆞᆯ ᄉᆞ랑ᄒᆞ건댄 모로매 일ᄆᆞᄌᆞ 일우ᅀᆞᄫᆞᄆᆞᆯ 몬져호디니(月釋序.17a)
33) 우흐로 父母仙駕ᄅᆞᆯ 위ᄒᆞᅀᆞᆸ고 (月釋序. 18b)

34) 님금 셤기ᅀᆞᄫᆞᄆᆞᆯ 힘 ᄭᆞ장홀ᄊᆡ 忠이라 (月釋二. 63a)

35) 마등이 대궐에 드러 進上ᄒᆞᅀᆞᄫᆞᆫ대 明帝 ᄀᆞ장 깃그샤 (月釋二. 67a)

36) 舍利 나오신 여숫힛마대 道士ᄃᆞᆯ히 서레 님금 뵈ᅀᆞᄫᆞ리라 (月釋二. 69a)

37) 그ᄂᆞᆯ 朝集을 因ᄒᆞ야 연ᄌᆞᆸ져하고 (月釋二. 69a)

38) 朝集ᄋᆞᆫ 님금 뵈ᅀᆞᄫᆞ려 모ᄃᆞᆯ씨라 (月釋二. 69b)

39) 表 지ᅀᅥ 연ᄌᆞᄫᆞ니 그 表애 ᄀᆞ로대 (月釋二. 69b)

40) 五岳十八山 觀大山三洞第子 褚善信ᄃᆞᆯ히 말ᄊᆞᄆᆞᆯ 연ᄌᆞᆸ노이다 (月釋二. 69b)

29)~33)의 話者는 首陽이다. 물론 서술자가 首陽이고 그 문장내의 話者도 首陽이다. 즉 책을 서술하며 지은 저자도 수양이고 자신이 세종이나 죽은 소헌왕후와 관계있는 客語들을 겸양법으로 대우하고 있다. 29) 慈命 30) 月印釋譜 31)尊奉 32) 月印釋譜 저술 33) 父母 仙駕 등이 客語다. 34)~40)은 明帝에게 관계된 것들이 客語이다. 34) 님금 섬김 35) 進上 36) 님금 배알 37) 왕께 간함 38) 拜謁 39) 表지어 諫함 40) 進言 등이 客語다. 話者는 서술자인 首陽이다.

41) 子息 업슬씨ㅣ 몸앳 필 뫼화 그르세 담아 남녀ᄅᆞᆯ 내ᅀᆞᄫᆞ니 (月釋一. 2b)

42) 善慧 德 닙ᄉᆞᄫᅡ 第子ㅣ ᄃᆞ외야 銀돈ᄋᆞᆯ 받ᄌᆞᄫᆞ니 (月釋一. 3b)

43) 賣花女 俱夷 善慧ㅅ ᄠᅳᆮ 아ᅀᆞᄫᅡ 夫妻願으로 고ᄌᆞᆯ 받ᄌᆞᄫᆞ니 (月釋一. 3b)

44) 天龍八部ㅣ 讚嘆 ᄒᆞᅀᆞᄫᆞ니 (月釋一. 4a)

45) 나라해 빌머그라 오시니 다 몰라 보ᅀᆞᆸ더니 (月釋一. 15b)

46) 그 王이 사ᄅᆞᆷ브려 ᄧᅩ아 주기ᅀᆞᄫᆞ니라 (月釋一. 7b)

47) 대구담이 슬허 ᄢᅵ리그여 棺애 녀ᅀᆞᆸ고 (月釋一. 9a)

48) 衆生이 ᄃᆞ톨ᄊᆡ 平等王ᄋᆞᆯ 셰ᅀᆞᄫᆞ니 구담씨 그姓이시니 (月釋二. 40b)

49) 諸天이 뎌 두 相ᄋᆞᆯ 보ᅀᆞᆸ고 모다 ᄎᆞ기 너겨 ᄂᆞ리디 마시고 (月釋二. 15b)

50) 四天王이 술위 그ᅀᆞᆸ고 미틔 가시니 菩薩ᄋᆞᆯ 받ᄌᆞᄫᆞ니라 (月釋二. 36b)

51) 自然히 蓮花ㅣ 나아 발롤 받줍더라 (月釋二. 37b)
52) 四天王이 하ᄂᆞᆳ 가ᄫᆡ로 안ᄉᆞᄫᅡ 金凡 우희 연ᄌᆞᆸ고… 梵王ᄋᆞᆫ 잔잡ᄫᅡ 두 녀긔셔 ᄉᆞᄫᆞ며 (月釋二. 39a)
53) 아홉 龍이 香므를 ᄂᆞ리와 보술올 싯기ᄉᆞᄫᆞ니 (月釋二. 39b)

41)의 男女를 낸 것은 釋尊의 前生에 소구담이 그의 아우인 동생 왕에게 죽임을 당한 뒤 소구담의 스승인 대구담이 소구담의 왼녁 피 오른녁 피를 男·女로 만들어 소구담의 대를 이은 것이다. 그런데 대구담을 話者로 생각하기 쉬운데 話者는 3인칭 소설에서 관찰자적 서술을 首陽이 하고 있기 때문에 그가 話者가 되며 聽者는 이 글을 읽거나 그것을 듣는 者 즉 衆生들이다. 41)의 主語는 대구담이다. 42)~53)은 釋尊으로 化身하기 前生의 釋尊에 관계된 것들이 客語가 된다.

54) 구이 니ᄅᆞ샤ᄃᆡ 대궐에 보내ᄉᆞᄫᅡ 부텻긔 받ᄌᆞᄫᆞᆯ고지라 (月釋一. 10a)
55) 善慧 對答하샤ᄃᆡ 부텻긔 받ᄌᆞᄫᅩ리라 (月釋一. 10b)
56) 구이 ᄯᅩ 묻ᄌᆞᄒᆞ샤ᄃᆡ 부텻긔 받ᄌᆞᄫᅡ 무슴 호려ᄒᆞ시ᄂᆞ니 (月釋一. 10b)
57) 두 줄기를 조처 맛디노니 부텻긔 받ᄌᆞᄫᅡ 내 원을 (月釋一. 13b)
58) 善慧 듣줍고 깃거ᄒᆞ러시다 (月釋一. 18b)

54)는 대궐에서 王 부처에게 供養할 꽃을 거두고 있을 때 모든 꽃을 대궐에서 가져간 뒤라 善慧는 꽃을 구하러 다니다가 俱夷가 기지고 있는 꽃을 보게 되고 그것을 얻어서 다섯 줄기를 부처에게 헌화해서 중생 구제의 소원으로 바친다. 후에 선혜는 석존으로 구이는 부인(야쉬)으로 인연을 맺게 된다. 客語의 구실을 하고 있다. 즉 부처에게 바치는 꽃, 또는 꽃을 소재로한 이야기 등이 客語다. 이런 目的語에 「-숩-」系가 작용하여 겸양법을 구성하고, 話者는 3인칭 관찰자적 시점의 首陽이 된다.

59) 싯기숩고 제석법왕이 天衣로 ᄡᅳ리ᄉᆞᄫᆞ니라 (月釋二. 39b)
60) 天龍八部ㅣ 큰 德을 ᄉᆞ랑ᄒᆞᄉᆞᄫᅡ 놀애롤 블러 깃거ᄒᆞ시니 (月釋二.

40a)

61) 魔王 波旬이 큰 德을 새오ᅀᆞᄫᅡ 앉디 못ᄒᆞ야 시름ᄒᆞ더니 (月釋二. 40a)

62) 두푸시며 供養ᄒᆞᅀᆞᆸᄂᆞᆫ 거시고른 上문엣 마시시며 (月釋二. 41a)

63) 天龍八部ㅣ 空中에셔 풍류ᄒᆞ며 부텻 德을 놀애 브르ᅀᆞᄫᆞ며 (月釋二. 42a)

64) 그저긔 夜叉王돌히 圍繞ᄒᆞᅀᆞᄫᆞ며 一切天이 다 讚歎ᄒᆞᅀᆞᆸ고 (月釋二. 420b)

65) 婇女ㅣ 기베 안ᅀᆞᄫᅡ 어마닚 긔 오ᅀᆞᄫᆞ더니 大神돌히 뫼시ᅀᆞᄫᆞ니 (月釋二. 43a)

66) 婇女ㅣ …… 太子를 ᄡᅵ려 안ᅀᆞᄫᅡ 夫人ᄭᅴ 모셔오니 …… 大神이 侍衛ᄒᆞᅀᆞᆸ라 (月釋二. 43b)

59)~66)은 釋尊의 탄생과 관계된 것들이다. 59) 탄생한 석존을 씻기는 것. 60) 석존의 덕 61) 德을 시기함 62) 供養 63) 德을 頌함 64) 衛繞와 讚歎 65) 석존을 모심 66) 극진히 釋尊을 모심 등이 구체적인 客語들이다. 여기 문장에 나타난 주어들은 모두 客語보다 下位 범주다. 話者는 3인칭 관찰자적 시점의 首陽이다.

中世國語의 겸양법은 주체존대처럼 그 지표가 확실히 있었고 확실히 있었고 활발한 경어법의 한 부분이었다.17)

1447		1480 전·후		현대		
갑ᄉᆞᆸ고(報)	>	갑ᄉᆞᆸ고	>	갚사와		
갑사와	>	갑ᄉᆞ와	>	갚사와		
갑ᄉᆞᄫᆞ니	>	갑ᄉᆞ오니	>	갚사오니		
듣ᄌᆞᆸ고	>	듣ᄌᆞᆸ고	>	듣잡고		
듣ᄌᆞᄫᅡ	>	듣ᄌᆞ와	>	듣자와		
듣ᄌᆞᄫᆞ니	>	듣ᄌᆞ오니	>	듣ᄌᆞ오니		
ᄒᆞᅀᆞᆸ고(爲)	>	ᄒᆞᅀᆞᆸ고	>	ᄒᆞᄋᆞᆸ고	>	하옵고(유추로)
ᄒᆞᅀᆞᄫᆞ니	>	ᄒᆞᅀᆞ오니	>	하ᄋᆞ오니	>	하오니

17) 李翊燮·任洪彬 前揭書 1988 : 227.

ᄒᆞᅀᆞᄫᅡ > ᄒᆞᅀᆞ와 > ᄒᆞᄋᆞ와 > ……하와[18]
(그러나 "듣ᄌᆞᄫᅡ"는 듣ᄌᆞᄫᆞ, "ᄒᆞᅀᆞᄫᅡ"는 ᄒᆞᅀᆞᄫᆞ의 誤記인 듯 筆者註)

위의 '현대'에 해당하는 「-숩-」系의 변형은 文語体的인 것이고「-숩-」系가 혁신적인 변형은 17세기에 오면 기본적인 직능이었던 겸양법의 형태소로서의 가치를 상실하고 恭遜法, 謙讓法, 尊敬法의 深意를 배가시키는 요소로 변한다.[19]

겸양법 형태소의 사용이 한정적이고 객체에 대한 존대를 나타내는 것이 특수하게 몇 개가 따로 있다. "주다→ 드리다, 묻다→ 여쭙다, 보다·만나다→ 뵙다, 데리고→ 모시고" 가 있다.[20] 또 아뢰다, 사뢰다, 바치다, 올리다, 받들다를 첨가하는 경향이 있다. 그러나 이런 것들은 현대국어문법을 다룰 때 중세국어의 「-숩-」系가 없어지고, 그것에 대치하여 위의 몇 개 어휘가 겸양법을 대신한다고 주장한 논자들의 이야기다. 그러나 '모시다' '여쭈다' '뵙다'가 중세국어에도 나타난다는 사실이다.

○ 五岳十八山 觀大山 三洞第子 褚信돌히 주그罪로 말ᄊᆞᄆᆞᆯ 엳ᄌᆞᆸ노이다(月釋二. 69b)
○ 朝集ᄋᆞᆫ 님금 뵈ᅀᆞᄫᆞ려 모돌씨라 (月釋二. 60b)
○ 一萬王女ᄂᆞᆫ 幢蓋자바 뫼ᅀᆞᄫᅡ 이시며 (月釋二. 32a)
○ 오ᄂᆞᆯ 朝集ᄋᆞᆯ 因하야 엳ᄌᆞᆸ져ᄒᆞ고 (月釋二. 69b)
○ 世尊 오샤ᄆᆞᆯ 아ᅀᆞᆸ고 소사 뵈ᅀᆞᄫᆞ니 녯 ᄠᅳ들 고티라 ᄒᆞ시니 (月釋二. 48a)
○ 舍利 나오신 여슷힛마대 道士돌히 서례 님금 뵈ᅀᆞᄫᆞ라 (月釋二. 69a)
○ 婬女 기베 안ᅀᆞᄫᅡ 어마닚긔 오ᅀᆞᆸ도니 大神돌히 뫼시ᅀᆞᄫᆞ니 (月釋二. 43a)

위의 예를 보면 '뵙다, 여쭈다, 모시다' 등에 「-숩-」系가 함께 사용되고 있다. 謙讓法의 形態素「-숩-」은 話者<客語>聽者의 계급 위상과 主

---

18) 李崇寧 1986 : 371~372 . 中世國語文法. 乙酉文化社
19) 姜圭善 前揭書 1992 : 10~19
20) 李翊燮·任洪彬 前揭書 1988 : 223

語<客語의 관계도 대개는 지켜지고 있으며 話者와 聽者의 계급관게는 큰 문제가 되지 않는다. 본 月印釋譜의 자료에는 話者가 三人稱 소설의 관찰자적 시점의 首陽大君이 대부분 차지하고 있다.

Ⅲ. 結 論

敬語法 三部門인 敬語法, 恭遜法, 謙讓法을 하나의 문법범주로 묶을 수 있는 것은 계급 位相이 有機的인 관계에 있다.[21] 중세국어 경어법의 세 서열의 형태소가 「-시」, 「-이-」,「-습-」인 것은 주지의 사실이나 이들은 거의 배타적인 영역 구축을 형성하고 있다. 그러나 尊敬法의 형태소와 謙讓法의 형태소가 겹쳐 사용된 경우, 尊敬法 형태소와 謙讓法의 형태소가 함께 사용된 경우, 恭遜法의 형태소와 謙讓法의 형태소가 함께 사용된 경우와 세 행태소가 함께 사용된 경우도 있다. 그러나 그 내용을 분석해 보면 각가 세 부문의 경어법적 작용을 거의 엄격히 지키고 있음을 보았다. 尊敬法이 文章內의 主語를 높이고 話者는 그 主語보다 계급이 낮아야 되는 것이 원칙이나 그 文章이나 대화 속의 聽者가 話者>聽者이고 主語<話者일 때도 話者는 聽者를 기준으로 존경법을 구사해야 한다. 존경법에서 主語로 등장했던 人物이 恭遜法에서 聽者로 등장할 때는 존경법의 話者는 하오체 이상의 공손법을 사용해야 한다. 존경법에서 主語로 나타나고 공손법에서 청자로 등장했던 人物이 客語로 나타나면 존경법의 화자는 겸양법을 사용해야 한다. 이때 話者<客語>聽者의 원칙이 지켜진다. 이것이 尊敬法의 통일된 문법범주다.[22]

본 고의 존경법은 현대국어의 그것과 거의 같은 문법적 기능과 형태소의 차이가 없음을 알 수 있었다. 단「-시-」,「-샴-」,「-샤딕-」,「-샤-」,「-샨-」「-신-」 등의 다양한 형태로 나타나는데 「-샴-」,「-샤딕」,

21) 姜圭善 前揭書 1988 : 116~117
22) 姜圭善 前揭書 : 117

「-샤-」,「-샨-」에는 삽입모음 “오/우”가 작용함을 눈여겨 살펴야 한다. 공손법은 「-이-」가 현대국어의 「-ㅂ-」「-읍-」「-ㅂ니-」에 해당하는데 본 고의 자료로 택한 것에는 다양한 敍法에 의한 종격어미를 나타내지 않는다. 겸양법은 제일 문제가 되는 경어법인데 특수한 계급 位相과 앞음절 말음의 유무 등에 의해 이형태의 형태소가 작용하며 17세기에 형태소의 용도나 형태가 혁명적인 변개를 거쳐서 목적격이나, 여격, 처소격 등으로 客語의 관계를 잘 살펴야 한다. 본고의 계급 위상은 話者<客語>聽者이며 話者<客語의 位相을 보이고 있다.

【參考文獻】

月印釋譜卷一·二 西江大學校 人文科學硏究所 1988 影印
高永根(1991) 「標準 中世 國語文法」 塔出版社.
———(1994) “現代國語의 尊卑法에 대한 硏究” 「語學硏究」 10.1
김정수(1984) 「17세기 한국말의 높임법과 그 15세기로부터의 변천」 정음사
金惠淑(1983) “對偶法 形態素 變遷考” 「東岳語文論集」 17. 東國大學校
高永根·南基心(1985) 「標準國語文法論」 塔出版社
申昌淳(1962) “現代國語尊待法의 概說” 「文理大學報」 5. 高麗大學校
安秉禧(1961) “主體謙讓法의 接尾辭「-숩-」에 대하여” 「震檀學報」 22
———(1982) “中世國語敬語法의 한 두 問題” 「鄭炳昱 還甲紀念論文集」 新丘文化社
———(1983) “中世國語의 謙讓法 硏究에 대한 反省” 「國語學」 11
安秉禧·李珖鎬(1994) 「中世國語文法論」 學硏社
李崇寧(1986) 「中世國語文法」 乙酉文化社
李翊燮·任洪彬(1988) 「國語文法論」 學硏社
姜圭善(1988) 「20世紀 初期 國語의 敬語法 硏究」 成大大學院
———(1992) “17世紀國語의 敬語法 硏究” 「人文科學論集」 11. 淸州大學校
———(1983) “尊敬法 硏究 方法” 「人文科學論集」 2. 淸州大學校
———(1995) “恭遜法 硏究” 基谷姜信沆博士停年退任紀念 「國語國文學論叢」 太學社

第二章. 17世紀 國語의 敬語法 研究

Ⅰ. 序 論

敬語法은 4사람의 존재가 필요하다. 客體를 두어서 4사람의 존재를 논하기도 하지만 객체는 "행동과 상태의 상대"이므로 사람일 수도 있고 사람과 관계된 일이 될 수도 있다(허웅 1975 : 696) 客體(客語)를 빼면 셋이 되는데 그 세사람은 主語, 話者, 聽者이다.

15세기 敬語法은 이 셋의 구분을 위해 形態素「-시-」(으시),「-이-」(으이),「-숩-」등이 있어서 敬語法의 갈래를 명확히 하고 있다. 이 세기 지 형태소를 통해서 높여지는 갈래는「-이-」의형태소로 대표되는 恭遜法,「-시-」의 형태소로 대표되는 敬語法, 그리고「-이-」의 형태소로 대표되는 謙讓法이다(許雄 1954 : 139-208)(姜圭善 1983 : 5 1989 : 7)

이러한 尊敬法, 恭遜法, 謙讓法은 15세기에는 거의 배타적인 형태로 지켜졌었다. 간혹 尊敬法의 形態素「-시-」와 恭遜法의 형태소「-이-」가 함께 사용된 文章을 볼 수 있다.

- ○ 幢英이 菩薩끠 묻ᄌᆞᄫᆞᄃᆡ 어느 나라해 가샤 <u>나시리잇고</u> (月釋二 : 11)
- ○ 沸星 도돓제 白象ᄐᆞ시고 ᄒᆡᆺ光明을 <u>ᄐᆞ시니이다</u> (月釋二 :17)

謙讓法의 형태소「-숩-」과 恭遜法의 형태소「-이-」가 결합된 문장으로는

○ 天帝釋과 化明에 諸佛도 비취며 明月珠도 ᄃᆞᅀᆞᄫᆞ니이다 (月釋二 : 30)
○ 表지ᅀᅥ 엳ᄌᆞᄫᆞ니 그 表에 엳ᄌᆞᄫᆞ니 ᄀᆞ로ᄃᆡ 五岳十八山觀 六山洞弟子 褚善信 돌히 주긇죄로 말ᄊᆞᄆᆞ로 엳좁노이다(月釋二 :69)

등이 있다.

尊敬法, 謙讓法, 恭遜法이 함께 어우러진 것은

○ 우리 父母ㅣ 太子ᄭᅴ 드리ᅀᆞᄫᆞ시니……태자 ᄒᆞ마 나가시고 (月釋六 : 7)
○ 大愛道ㅣ 善ᄒᆞᆫ ᄠᅳ디 하시며 부톄 처ᅀᅥᆷ 나거시ᄂᆞᆯ 손ᅀᅩ 기르ᅀᆞᄫᆞ니이다 (月釋 八 :19)

등이 있다.

15세기에서는 恭遜法, 謙讓法, 尊敬法의 형태소가 중첩해서 사용되었다 해도 어느 한 형태소에 예속되어서 사용된 것이 아니고 각각의 本領의기능은 저버린 것이 아니다.

그러나 16 · 7세기로 내려오면서 특히 겸양법의 形態素가 다른 두 부문의 敬語法(존경법, 공손법)에 겹높임으로 사용 되면서 겸양법의 역할을 나타내 준다기보다는 배타적이였던 敬語法의 요소로 사용되고 있다.

이런 경우는 점차 謙讓法의 形態素「-숩-」이 그 본래의 기능을 잃어가고 있음을 알 수 있다.

본고는 15세기 敬語法 類型을 보이고 17세기 敬語法 한 종류인 「-숩-」系와 함께 변화하는 양상을 살펴보고자 한다.

Ⅱ. 15세기 敬語法

1. 敬語法

1) 兄님을 모ᄅᆞᆯ씨 발자쵤 바다 남ᄀᆡ ᄢᅢ여 性命을 ᄆᆞᄎᆞ시니 (月釋一 : 2)

「-시-」는 王位를 아우에게 맡기고 瞿曇婆羅文을 만나서 道닦고 있던 釋迦牟尼前身인 主語 甘蔗氏를 높인 것이다. 이때 話者는 首陽大君이 될 수 있고 聽者는 이글을 읽는 者이고 主語는 現存(文章 內)하지 않는다.

2) 나라ᄒᆞᆯ 아ᅀᆞ 맛디시고 道理 ᄇᆡ호라 나아가샤 瞿曇婆羅門을 맛나샤 ᄌᆞ갸 오ᄉᆞᆺ 란 밧고 구담ᄋᆡ 오ᄉᆞᆯ 닙으샤……좌시고 나래해 빌머그라 오시니 (月釋一 : 6)

2)는 모든 조건(話者 · 聽者 · 主語)이 같은게 話者가「-시-」로서 主語를 높인 것이다 주로 연결 어미에 의한 높임이다.

15세기 尊敬法의 형태소「-시-」가 나타난 것을「月印釋譜 卷一,二」과「釋譜詳節 卷六」에서 살펴보면 終結語尾, 連結語尾一註 2)는 月印釋譜 卷一, 二에서는 연결어미 118, 종결어미 16, 釋譜詳節卷六에서는 연결어미 65, 종결어미 11이 나타난다.

2. 謙讓法

3) 몸앳 될 뫼화 그르세 담아 男女를 내ᅀᆞᄫᆞ니 (月釋一 : 2)

3)은 大瞿曇이 小瞿曇의 죽은 피를 모아서 小瞿曇의 자식을 繼承한 것이다. 이 때의 主語는 大瞿曇이고, 話者는 首陽大君이며 聽者는 이 글을 읽는 者나 크게 낭독했을 때 들을 수 있는 者들이니 話者나 聽者보다 客語가 上位者(話者, 聽者가 下位者가 아니라 客語가 이들보다 上位者란는 개념이다) (安秉禧 : 1983, 34-35. 1982 : 52) (姜圭善 1988 : 116) 일 때 「-숩-」이 사용되는 것이다 즉, 話者< 客語 >聽者의 관계가 成立되지 않으면 「-숩-」이 쓰여져서 그 기능을 다 할 수 없는 것이다.

4) 外道人 五百이 善慧ㅅ덕 닙ᄊᆞᄫᅵ 弟子 ᄃᆞ외야 銀돈ᄋᆞᆯ 받ᄌᆞᄫᆞ니 (月釋一 : 3)

첫째의 "닙ᄉᆞᄫᅵ"는 外道人이 善慧의 덕을 입은 것이다. 바꿔 말하면 善慧가 外道人에게 德을 준 것이다. 文章에는 "善慧ㅅ德"이라 해서 목적어로 사용되었으므로 客語다. 그러므로 客語, 話者, 聽者의 계급 관계는 3)의 설명과 같다. 「-숩-」이 사용될 수 있는 조건을 다 갖추고 있다.

둘째 "받ᄌᆞᄫᆞ니"는 外道人이 善慧의 弟子가 되어 銀돈 五百을 바친 것이다. 곧 善慧가 받은 것이다. 이 때에도 話者는 首陽이고, 聽者는 이 글을 읽는 者들이다.. 話者< 客語 >聽者의 계급 위상이 설정된다..

5) 賣花女 俱夷 善慧ㅅᄠᅳᆮ 아ᅀᆞ바 夫妻願으로 고ᄌᆞᆯ 받ᄌᆞᄫᆞ니 (月釋一 : 4)

5)의 話者는 首陽이고 聽者는 大衆들이며 主語는 賣花女 俱夷다. 客語는 善慧의 뜻이다. 역시 계급순은 話者<客語>聽者가 된다. 곧 「-숩-」이 사용될 수 있는 요건을 갖추고 있는 것이다.

月印釋譜卷一,二에는 連結語尾 73, 終結語尾 17, 釋譜詳節卷六에는 連結語尾 53, 終結語尾 12가 나타난다.

3. 恭遜法

6) 甘蔗氏 니샤숌올 大瞿曇이 일우니이다 (月釋一 : 3)

大瞿曇에게 尊待하는 서술형종결어미이다. 「-이-」의형태소가 개입되어 상대를 높여 대우하고 있는 것이다. 이 恭遜法의 特徵은 연결어미가 별로 나타나지 않는다. 月印釋譜卷一,二에는 59, 釋譜詳節에는 74의 「-이-」로 표현된 공손법이 보인다.

4. 尊待法, 謙讓法의 形態素가 함께 쓰인 例

尊敬法의 形態素 「-시-」와 謙讓法의 形態素 「-솝-」이 함께 쓰인 例를 들면

7) 夫妻願으로 고졸 받즈ᄫ시니 (月釋一 : 4)
8) 菩薩이 둗니시며 셔계시며 안즈시며 누ᄫ샤매 十方諸佛이 드러와 안부ᄒ시매 十方同行菩薩이 다 드러와 安否ᄒ시고 法 듣즈ᄫ시며……說法ᄒ더시다 (月釋 二 : 26)
9) 護彌 그듸는 아니 듣즈ᄫ닛더시닛가 (釋六 : 17)
10) 우리 父母ㅣ 太子끠 드리ᅀᄫ시니 (釋六 : 7)

15세기의 敬語法은 形態素들이 겹쳐서 사용된다 해도 예속되어서 다른 敬語法의 존재를 深化 시켜주는 것이 아니고 각각의 敬語法 갈래의 직능을 다하고 있는 것이다. 물론 다른 敬語法 形態素의 의미를 깊게 한다는 것은 전적으로 배제할 수는 없다. 7)의 경우는 俱夷가 善慧와 夫妻願으로 두 줄기의 꽃을 善慧에게 주었다. 이때의 「-즈-」은 꽃을 받은 善慧는 俱夷보다

上位者이다. 話者는 首陽이며 聽者는 大衆이므로 "받ᄌᆞᆸ"이 쓰인 것이다. 「-시-」는 이글을 쓴 首陽(話者 이기도한)이 俱夷를 待遇하는 것이다. 8)의 경우도 "法듣ᄌᆞᆸ"은 十方諸佛의 法을 十方同行菩薩이 듣는 것이다. 「-시-」는 十方同行菩薩에게 話者가 尊待하는 것다. 話者의 法이 곧 佛이니 佛은 話者나 聽者보다 上位者이며 話者 首陽은 菩薩에게 尊待의 위치에 있는 것이다. 9)의 "듣ᄌᆞᆸ"은 客語 부처의 말씀을 "듣ᄌᆞᆸ"이고「-시-」는 護彌가 須達을 尊待하는 것이다. 이때의 계급관계도 話者< 客語 > 聽者이다. 10)의 "드리ᅀᆞᄋᆞ"는 太子 즉, 釋迦에게 하는 겸양이고「-시-」는 耶輸(석가모니의 부인)가 자신의 부모를 尊待하는 것이다.

이렇듯 15세기의 敬語法의 形態素는 함께 겹쳐서 사용된다 해도 그 본연의 직능을 각각 나타내고 있다.

5. 謙讓法과 恭遜法의 形態素가 겹친 例

11) 世尊일 ᄉᆞᆯᄫᆞ리니 萬里外ㅅ 일이나 눈에 보논가 너기ᅀᆞᄫᆞ쇼셔 (月釋一 : 2)
12) 世尊말 ᄉᆞᆯᄫᆞ리니 萬里外ㅅ 말이시나 귀예듣논가 너기ᅀᆞᄫᆞ쇼셔 (月釋一 : 2)
13) 善慧 對答ᄒᆞ샤ᄃᆡ 부텻긔 받ᄌᆞᄫᆞ리라 (月釋一 : 10)
14) 羅雲이 ᄉᆞᆯᄫᆞᄃᆡ 부텻法이 精微ᄒᆞ야 져믄아희 어느 듣ᄌᆞᄫᆞ리잇고 아래 ᄌᆞ조든 ᄌᆞ반 마ᄅᆞᆫ 즉자히 도로 니저 ᄀᆞᆺᄫᆞᆯ 쑤니니 ……자라면 어루 法을 비호ᅀᆞᄫᆞ 리이다(釋六 : 11)
15) 須達 ……므슴차바놀 손ᄉᆞ돈녀 ᄆᆡᆼᄀᆞ노닛가 太子 請ᄒᆞᅀᆞᄫᅡ 이받ᄌᆞᄫᆞ려 ᄒᆞ노 닛가 (釋六 :16)
16) 護彌 부텨와 즁과를 請ᄒᆞᅀᆞᄫᆞ려 ᄒᆞᄂᆞᆼ다 (釋六 : 16)
17) 須達이 ᄉᆞᆯᄫᆞ듸 내 어루 아ᄅᆞᅀᆞᄫᆞ리이다 (釋六 : 22)
18) 주어시든 말ᄃᆞ러 아ᄅᆞᅀᆞᄫᅡ지이다 (釋六 : 22)
19) 須達이 깃거 太子ᄭᅴ 가 ᄉᆞᆯᄫᆞᄃᆡ 加來 위ᄒᆞᅀᆞᄫᅡ 精舍를 아ᄅᆞᅀᆞᄫᅡ지이다 (釋六 : 24)

20) 須達이 ……부텻긔 發心올 니르와 다 인제 새어른 부텨를 가보ᅀᆞ보려뇨 (釋 六 : 19)
21) 須達이 精舍 다 짓도 王끠 가 ᄉᆞᆯ보ᄃᆡ 내 世尊 위ᄒᆞᅀᆞ바 精舍를 ᄒᆞ마 짓ᄉᆞ보 니 王이 부텨를 請ᄒᆞᅀᆞᄫᆞ쇼셔 (釋六 : 38)
22) 부텨 오ᄂᆞ시ᄂᆞᆯ 보ᅀᆞ바 ᄉᆞᆯ보ᄃᆡ 나를 죠고맛 거슬 주어시든 상네 供養ᄒᆞᅀᆞᄫᅡ 지이다 (釋六 : 44)
23) 羅雲이 ᄉᆞᆯ보ᄃᆡ 부텻법이 精徵ᄒᆞ야 져믄 아희 어느 듣ᄌᆞ보리잇고 (釋六 : 11)
24) ᄌᆞ조듣ᄌᆞᄫᆞᆫ 마ᄅᆞᆫ ᄌᆞᄌᆞ히 도로 니저 ᄀᆞᆺ질 ᄲᅮ니니 ᄌᆞᄅᆞ면 어루 법을 비호ᅀᆞ보리이다 (釋六 :11)

11)의 "ᄉᆞ보쇼셔"는 "-쇼셔"가 恭遜法의 "하소서체"이므로 이것을 하나의 형태소로 취급하기도 한다. (姜圭善 1980. 成大文學 : 63) 11)에 쓰인 「-숩-」은 話者는 世宗이나 首陽이며 聽者는 이 글을 읽는 자나 듣는 자이기에 계급의 위상은 話者 < 客語 > 聽者이다. 객어는 물론 "世尊의 일"이다. 12)도11)과 같은 설명이 필요하다 客語는 "世尊의 말"이다. 13)은 "받/좁/오/리/라"로 분석된다.「-리-」는 先語尾이며 "-리라"는 恭遜法의 恭遜한 語尾가 아니라 "해라체"에 해당되는 終結語尾이다. 「-좁-」은 客語 "부텨"가 실제로 文章에 나타나 있다. 話者는 善慧(문장내에서)이고 聽者는 俱夷인 것이다. 13)도 계급의 순서는 話者 < 客語 > 聽者이며 "해라체"를 사용한 것은 俱夷 < 善慧이기 때문이다. 14)의「-좁-」은 話者 (羅雲)가 太愛道에게 부처의 法을 어린 아이는 듣지 않는다는 말을 하고 있다. 話者는 羅雲이며, 客語는 "부텻法"이고 聽者는 護彌이다. "-잇고"의 의문형 終結語尾는 羅雲 < 護彌이기에 쓰인 것이다. 「좁-」"-잇고"의 사용은 각각 다른 계급에 쓰이는 것이지 어느 형태소에 예속돼 있지 않음을 알 수 있다.

14)의 "비호ᅀᆞ보리이다"도 위의 계급 설명과 같은 분석이 필요하다. 「-숩-」과「-이-」의 사용이 각각 다른 계급에게 사용한 것이다.

15)의 "이받ᄌᆞ보려ᄒᆞ노닛가"는 "이받ᄌᆞ보려ᄒᆞ노니잇가"의 준말로「-좁-」

은 話者 須達과 客語 太子와 聽者 護彌로 이루어진다. 계급 순서도 話者 < 客語 > 聽者가 되기에 「-줍-」이 사용될 수 있는 것이다. 「-이-」는 話者와 聽者의 관계에서 話者 須達보다 聽者가 上位者인 것이다. 만약 계급관계가 話者 > 聽者의 계급관계라 해도 +格式要因이면 「-이-」의 형태소는 사용가능한 것이다.

16)도 護彌와 須達의 對話다. 客語가 "부텨와 즁" "즁"은 謙讓의 先語尾 「-숩-」으로 대우할 수 없는데 "부텨"와 함께 客語를 형성했기 때문에 「-숩-」으로 처리될 수 있는 것이다.(安秉禧 1983 : 39) (姜圭善 1988 : 6) 이것은 非上位者와 上位者가 함께 名詞句로 主語로 쓰이거나 客語로 쓰이거나 上位者로 대우된다는 것이다. 話者 護彌, 客語 "부텨와 즁" 聽者는 須達이다. "-ᄒᆞ닝다"는 護彌가 須達에게 하는 대우이다. 話者, 청자의 계급은 거의 같은 계급인데 +格式要素가 작용한 것이다.

17)은 16)과 같은 護彌와 須達의 對話다. 話者는 護彌이고 聽者는 須達이며 客語는 부처에 관계된 일이다. 話者 < 客語 > 聽者의 계급이기 때문에 「-숩-」이 쓰일 수 있다. 「-이-」는 須達이 護彌에게 하는 恭遜法의 하소서체인 것이다. 須達이 護彌에게 하는 對話나 護彌가 須達에게 하는 대화가 모두 공히 공손법의 하소서체를 사용하는 것을 보면 이들의 관계는 +格式的 要因이 많은 것을 알 수 있다.

18)도 17)과 같은 분석이고 話者, 聽者, 客語가 모두 17)과 同一한 人物들이기에 설명을 17)로 대신한다.

19)는 話者가 須達이고 聽者는 太子이며 客語는 如來이다. 계급을 정리하면 須達 < 太子 < 如來이다「-숩-」형태소가 쓰일 수 있는 것은 話者(須達) < 客語(如來) > 聽者(太子)이기 때문에 사용되었다. 「-이-」는 須達 < 太子의 계급 관계이기 때문에 하소서체가 사용된 것이다.

20)은 話者가 須達이며 客語가 부처이고, 聽者는 護彌인 것이다. 그러므로 話者 < 客語 > 聽者의 계급이 성립되며「-숩-」이 겸양의 先語尾로 쓰일 수 있는 것이다. "-리어뇨"는 전술한 것처럼 須達과 護彌의 계급은

同格이라도 +格式이므로 하소서체 또는 하오체로 상호 대우한 것이다 (여기서는 하오체를 사용했음)

21)의 話者는 須達이고 聽者는 王이며 客語는 부처이다. 계급순은 話者 < 聽者 < 客語의 순서다. 最上位者가 客語(體)이다. 話者 < 客語 > 聽者이기에「-숩-」이 쓰일 수 있다. 「-쇼 · 셔-」를 話者가 사용하고 있는데 聽者가 王이기 때문에 하소서체를 사용한 것이다.

22)는 話者가 須達이며 客語가 부처이다. 聽者는 또한 부처인데 15세기에도 특이하게 恭遜法의 하소서체 겹높임이 나타난다. 즉,「-숩-」이 공손법의 형태소「-이-」에 예속하여「-이-」만이 쓰여서 하소서체를 형성하고 있는데「-숩-」이 하소서체를 겹높임하는 구실을 하고 있다. 그리고「-숩-」系의 본 기능이었던 겸양의 기능은 하지 않고 있는 것이다.

23)은 話者가 羅雲이며 客語는 부처法이고 聽者는 耶輸이다. 話者 < 客語 > 聽者의 계급순거이므로 겸양의 형태소「-줍-」이 사용될 수 있다.「-이-」는 話者 < 聽者의 계급관계이므로 하소서체를 사용한 것이다.

24)는 話者가 羅雲이고 客語는 부처의 法이며 聽者는 耶輸이다. 계급의 관계는 話者 < 客語 > 聽者이므로 「-숩-」이 쓰여서 겸양법을 형성하고 있다. 화자보다 聽者가 上位者이므로「-이-」의 恭遜法의 형태소가 사용되어 하소서체가 된다.

6. 尊敬法과 謙讓法이 形態素가 함께 쓰인 例

25) 賣花女 俱夷 善慧ㅅ ᄠᅳᆮ 아ᅀᆞ바 夫妻願으로 고ᄌᆞᆯ <u>받ᄌᆞᄫᆞ시니</u> (月釋一 : 4)
26) 菩薩이 ᄃᆞᆫ니시며 셔겨시며 안ᄌᆞ시며 누ᄫᅳ샤매 十方諸佛이 드러와 安否ᄒᆞ시 고 說法ᄒᆞ시며 十方同行菩薩이 다 드러와 安否ᄒᆞ시고 <u>法듣ᄌᆞᄫᆞ시며</u> ……說 法ᄒᆞ더시다 (月釋二 : 26)
27) 護彌 그듸ᄂᆞᆫ 아니 <u>듣ᄌᆞᄫᆡᆺ더시닛가</u> (釋六 :17)
28) 우리 父母ㅣ 太子ᄭᅴ <u>드리ᅀᆞᄫᆞ시니</u> ……太子ᄒᆞ마 나가시고 (釋六 : 7)

尊敬法과 謙讓法의 形態素가 함께 사용되었다 해도 尊敬法, 謙讓法의 기능을 각각 수행하고 있는 것을 살펴보면, 17세기의 경우와 판이한 점을 본다.

25)의 겸양법 형태소「-줍-」은 話者가 이 글의 저자인 首陽이며 客語는 부처이고 聽者는 이 글을 읽는 또는 듣는 大衆이므로 話者 < 客語(体) > 聽者의 계급순서를 유지하므로「-줍-」이 개입되어 謙讓法을 이루고 있다.「-시-」는 話者 首陽보다 上位者인 俱夷에 대한 尊敬이 이루어지고 있다. 결코「-줍-」이「-시-」의 예속으로 尊敬의 深化가 되지 않고 겸양법 형태소로 기능을 다하고 있다.

26)의「-줍-」은 話者가 역시 首陽이다. 客語는 부처의 法이다. 聽者는 大衆들이다. 主語는 諸佛이다. 계급관계는 話者 < 客語 > 聽者의 계급순서다.「-줍-」은「-시-」에 포함되는 것이 아니고 겸양의 형태소 이다.「-시-」는 話者 十方同行菩薩이므로 話者가 主語를 높여주고 있는 것이다. 17세기에 오면「-숩-」系가 공손법의 형태소「-이-」나 존경법의 형태소「-시-」와 합쳐져서 恭遜法 尊敬法의 높임의 정도를 깊게 행주는 것이다.

27)의 겸양의 선어미「-줍-」은 話者가 須達이고 客語는 부처의 말씀이며 聽者는 護彌이므로 謙讓法을 만족시키는 것이고 계급순서는 話者 <客語 > 聽者의 관계를 이루고 있다.「-시-」는 話者 須達이 직접 대좌한 護彌에게 대우하는 것이다.

28)의 話者는 耶輸이고 客語(体)는 太子이며 聽者는 羅雲이므로 話者 < 客語 > 聽者의 계급순으로 謙讓法의 형태소「-숩-」이 그 기능을 다하고 있는 것이다. 尊敬法의 형태소「-시-」는 聽者이며 主語를 높여주는 先語末語尾인 것이다.

7. 尊敬法과 謙遜法의 形態素가 함께 쓰인 例

29) 沸星 도ᄃᆞᇙ제 백상ᄐᆞ시고 힛光明을 <u>ᄐᆞ시니이다</u> (月釋二 : 7)

30) 이틄나애 왕ᄭᅴ 그 ᄭᅮ믈 ᄉᆞᆯᄫᆞ시니 왕이 점ᄒᆞᄂᆞᆫ 사ᄅᆞᆷ올 블러 므르시니 가 ᄉᆞᆯ ᄫᆞᄃᆡ ……出家ᄒᆞ시면 정상올 <u>일우시리로소이다</u> (月釋二 : 23)

31) 幢英이 菩薩ᄭᅴ 묻ᄌᆞᄫᆞᄃᆡ 어느 아리 해가샤 <u>나리시리잇고</u> (月釋二 : 11)

32) 護彌 ᄃᆡ답호ᄃᆡ 그ᄃᆡᄂᆞᆫ 아니 <u>듣ᄌᆞᄫᆡᆫ더시닛가</u> (釋六 : 3)

33) 世尊安否 묻ᄌᆞᆸ고 니ᄅᆞ샤ᄃᆡ 므스므라 <u>오시니잇고</u> (釋六 : 3)

34) 婆羅門이 닐오ᄃᆡ 수달이라 호리 잇ᄂᆞ니 <u>아ᄅᆞ시리니잇가</u> (釋六 : 14)

35) 太子法은 거즛ᄆᆞᄅᆞᆯ 아니 ᄒᆞ시ᄂᆞᆫ 거시니 구쳐 <u>ᄑᆞᄅᆞ시리이다</u> (釋六 : 24)

36) 世尊이 ᄒᆞᄅᆞ 몃리ᄅᆞᆯ <u>녀시ᄂᆞ니잇고</u> (釋六 : 23)

29)는 主語가 釋迦이다. 聽者는 大衆이며 話者는 世宗인데 尊敬法의 형태소「-시-」는 話者가 부처에게 尊敬法을 사용하고 있다. 「-이-」는 大衆들이 話者보다 上位者이기에 사용한 것이 아니고 樣式(十格式)적인 관계이기에 또는 기원적 서술이기에 恭遜法의 하소서체를 사용하고 있는 것이다. 29)를 잘못 分析하여 釋迦에게 「-시-」와「-이-」를 함께 대우해서 恭遜法의 하소서체 겹높임으로 처리하는 경우는 잘못이다.

30)은 主語인 摩耶夫人을 話者 점하는 이가「-시-」로서 尊敬法으로 본체를 높이는 것이다. 공손법의 형태소「-이-」는 話者 占하는 이가 聽者인 王에게 하소체를 대우하는 것이기에 두 형태소가 어울려서 함께 쓰인다 해도 각각의 기능을 수행하는 있는 것이다. 이 대화의 문장 主語가 대화의 장에는 현존해 있지 않다.

31)은 幢英이 菩薩에게 묻는 대화다. 그러므로 尊敬法의 형태소「-시-」와 겸손법의 형태소「-이-」도 보살에게 幢英이 하는 상대를 높여 대우하는 것이다. 이때는「-시-」와「-이-」가 함께 하소서체의 겹높임을

나타낸다. 이때의 주어와 청자는 동일한 인물이 되어야 한다.

32)의「-줍-」이 사용된 것은 話者가 護彌이고 客語가 부처의 일이며 聽者는 須達이다.. 이들 계급관계는 話者 < 客語 > 聽者의 순서이다. "-시니잇가"는 話者와 聽者가 +格式관계에 있다. 이들의 계급은 거의 同格으로 나타난다.

33)도 직접 話者가 耶輸이며 청자가 목운이 인데 직접대화이기 때문에 존경의 형태소「-시-」와 겸손의 형태소「-이-」는 주어이자 청자에게 직접 화자가 겸손법의 하소서체의 겹높임으로 대우하고 있는 것이다. 즉, 31)과 같은 경우이다. 명령법이나 의문법의 대화는 직접적인 대화로 처리될 수 있다.

34)의 話者는 파라문이고 聽者는 護彌이고 主語는 須達이다. 34)의 대화는 護彌와 파라문의 직접대화 이므로 主語를 존대하는 경우가 아니다. 곧「-시-」나「-이-」는 하소서체의 겹높임에 해당히는 것이다. 계급은 話者 < 聽者의 관계이다.

35)도 話者 須達고 聽者이며 主語인 太子에게「-시-」와「-이-」로 대우하는 것이기에 恭遜法의 하소서체 겹높임으로 처리할 수 있다.

36)은 話者가 須達이고 主語가 世尊이며 聽者는 舍利佛이다.「-시-」는 主語인 世尊에게 하는 높임의 뜻이고「-이-」는 須達이 舍利佛에게 하소서체로 존대하는 것이다.

疑問法이나 命令法, 請誘形은 尊敬法, 謙讓法, 恭遜法의 形態素가 결합되어서 恭遜法의 하소서체의 겹높임이 되기도 하지만 그 외는 尊敬法, 恭遜法, 謙讓法의 形態素가 각각 그 기능을 나타내고 있다. 그런점에서 15세기의 敬語法과 17세기 敬語法은 차이가 나고 있는 것이다. 특히 17세기에 오면 謙讓法의 형태로「-숩-」계가 恭遜法, 尊敬法의 형태소「-이-」,「-시-」의 기능을 심화시켜서 겹높임을 하게 되는 것이다.

Ⅲ. 17세기 敬語法

1. 尊敬法

「-시-」의 形態素가 尊敬法의 指標인 것은 주지의 사실이다. 존경법의 형태소「-시-」가 사용되어 主語를 높이는 형태는 各 敍法의 終結語尾와 함께 쓰인 것이나 冠形詞形이나, 連結語尾에 사용된 것이나 名詞形으로 사용된「-시-」이다. 이런 사실은 15세기나 현대국어에서도 동일하게 사용되고 있다.

그러나「-숩-」系列의 겸양의 형태소와 함께 쓰여서「-숩-」본연의 기능인 겸양법을 버리고「-시-」와 현에 어울려서 尊敬法의 높임을 겹으로 심화시키는 쪽으로 변하는 것을 볼 수 있다.

37) 어와 아름다이 오옵시도쇠 (釋一 : 2)

尊敬法의 "오시도쇠"보다는 尊敬度를 높이 하고 있어서 겹높임을 하고 있다. 「-시-」하나가 쓰인 높임 보다는「-시, 옵-」(옵은 숩의 변이형태) 그 높임의 정도가 다르다. 話者는 主語를 上位者로 대우함 위의 몇 개의 예문에서 보듯이「-시-」와 함에 있어 적극적인 자세다. 이때 主語는 聽者이고 계급은 主語(聽者) > 話者이다.

38) 엇디 닉일 양으로 니르옵시던고(捷二 : 5)

이때의 장면은 主語가 대화에 나타나 있지 않다. 話者는 분명히 聽者보다는 上位者이다. (-ㄴ고의 어미가 나타나 있음) "ᄒᆞ실" 과 "옵시"는 주어에게 화자가 겹높임으로 대우하고 있다. 계급은 화자 < 주어 > 청자 < 화자이고 話者가 主語를 上位者로 대우한다고 했지만 그 내용은 主語가 話者보다 上位者이기에 「-옵시」를 사용한다기 보다는 聽者보다 主語가 上位者이기 때문에 話者는 聽者의 입장에서 尊敬法을 사용하는 것이다. 話者가 주어 때문에 「-시-」를 사용하는 것은 主語가 聽者가 同一한 경우다.

39) 처음으로 뵈온듸 하 극진히 ᄃᆡ접 ᄒᆞ옵시니 술 올양도 업서이다 (捷三 : 5)

"-ᄒᆞ옵시니"는 연결어미다. 「-시-」가 쓰인 것보다 「-옵, 시-」가 사용되어 존경의 도를 겹으로 하고 있다. 대화의 장에 주어가 현존하고 주어와 청자는 동일인물이다.

40) 하옵시든지 오래 병드와 (捷三 : 7)

화자와 청자(주어과 동일함) 화자 < 주어의 계급순이다. 물론 「-옵-」은 「-시-」를 도와서 존경을 겹으로 하고 있다.

41) 주시ᄂᆞᆫ 양으로 가오려나와 公依를 드려주옵시면 보내올까 너기나이다 (捷三 : 25)

話者, 主語(=聽者)로 話者 < 主語의 계급순서이고, 「-옵, 시-」는 겹높임을 해주고 있다.

42) 너기압 시ᄂᆞᆫ고 ᄉᆡᆼ각ᄒᆞᄂᆞ이다 (捷三 : 26)

話者 < 主語 (=聽者)이며 「-옵, 시-」는 「-시-」만 쓰였을 때보다 주

어를 겹높임하고 있다.

43) <u>ᄒᆡ온 것도</u> 업ᄉᆞ온ᄃᆡ 머므로ᄋᆞᆸ가도 젓ᄉᆞᆸ건마ᄂᆞᆫ 이구석의 다람소원을 두엇ᄉᆞᆸ더 니 계가셔 차ᄅᆞᆯ 자ᄋᆞᆸ시고 (捷六 : 6)

연결어미 에 쓰인「-ᄋᆞᆸ, 시-」이다 보통의 높임일 때는 “자시고”일 것인데「-ᄋᆞᆸ-」이 첨가된 것이다. 간혹「-ᄋᆞᆸ-」과「-시-」가 위치가 바뀌어 지기도 하는데 그 기능의 차이는 별로 발견할 수 없다. 話者와 聽者(主語)가 직접하는 대화다.

44) ᄒᆞᆫ ᄢᅢ 수여 <u>가ᄋᆞᆸ시면</u> ……<u>뵈ᄋᆞᆸ고져</u> ᄒᆞᄂᆡᆼ 이다 (捷六 : 6)

위의 몇 개의 예문에서 보듯이「-시-」와 함께 어울려 사용된「-ᄉᆞᆸ-」은 그 기능인 겸양의 의미를 거의 갖지 못하고「-시-」의 기능을 돕는 것으로 만족한다. 「-시-」의 기능을 심화해서 겹높임을 하고 있는 것이다. 그렇다고 해서 겸양법의 고유기능(「-ᄉᆞᆸ-」혼자 쓰였을 경우)을 저버린 것은 아니다.

2. 恭遜法

45) 어와 아름다이 <u>오ᄋᆞᆸ시도쇠</u> (捷一 : 2)

공손의 형태소인「-이-」가 사용되지 않고「-ᄉᆞᆸ-」과「-시-」가 함께 쓰여서 공손법을 이루고 있는 예이다. 이경우는 하오체보다 격이 높은 “하오체 겹높임”(김정수 1984 : 68 참조)으로 볼 수 있다.

46) 路次의 ᄀᆞᆺ브매 이제야 門ᄭᆞ지 <u>왓ᄉᆞᆸᄂᆡ</u> (捷一 : 1)

44)보다는「-ᄉᆞᆸ-」만 쓰이고「-시-」는 사용하지 않고 있다. 恭遜法의 형태소「-이-」는 사용되지 않았다. 그러므로 44), 45)는「-ᄉᆞᆸ-」계나「-시-」가 그 본연의 기능인 겸양법이나 존경법의 소임을 벗아나 공손법의 기능을 하고 있는 것이다. 45)의 등분은 하오체가 될 수 있다. 여기 "捷解新語"에 나타난 하오체, 하오체 겹높임 더 나아가 하소서체의 등분은 그렇게 확연한 구분을 해서 사용하고 있지 않음을 말해둔다. 같은 話者가 같은 主語나 聽者에게 전술한 세등분의 대우를 같이 하고 있는 대화의 문장을 많이 발견할 수 있다.

46) 代官들도 ᄒᆡᆫ고래 잇ᄉᆞᆸᄂᆡ (捷一 : 2)

역시 하오체의 겹높임에 해당하는 공손법이다.「-ᄉᆞᆸ-」이 그 기능 대신 공손법의 기능을 담당하고 있음이 주안점이다.

47) 萬事의 두로 ᄡᅳ리시믈 미들 ᄯᆞ롬이ᄋᆞᆸ도쇠 (捷一 : 3)
48) 말ᄉᆞᆷ겻치 들엄즉 ᄒᆞ외 (捷一 : 4)

47)의 "-ᄋᆞᆸ도쇠"는 "-도쇠"보다는 좁더 겹높이는 것으로 하오체의 겹높임으로 처리할 수 있다. 48)의 "-ᄒᆞ외" "-도쇠" 등은 동격의 높임으로 하오체의 영역에 넣을 수 있다. 이상의 예문과 같은 어미들을 예로 들면 다음과 같다.

49) ᄆᆞ옴브터 시믈 미더ᄉᆞᆸ니 (捷一 : 1)
50) 미더ᄉᆞᆸ니 (捷一 : 9)
51) 다 無事히 渡涵ᄒᆞ시니 아름답다 니ᄅᆞ시ᄋᆞᆸᄂᆡ (捷一 : 1
52) 아름다워 ᄒᆞᄋᆞᆸᄂᆡ (捷二 : 2)
53) 그리 니르시믈 고디 아니 듯ᄌᆞᆸᄂᆡ (捷二 : 7)
54) 이제라도 드리아다 ᄒᆞᄋᆞᆸ새 (捷二 : 11)
55) 요ᄉᆞ이 ……그리 아니ᄒᆞ시니 (捷二 : 12)

56) 일뎡정 업ᄉᆞᆫ양으로 너기시ᄂᆞᆫ가 결리ᄋᆞᆸᄂᆡ (捷二 : 16)
57) 오ᄂᆞᆯ은 보ᄋᆞᆯ가 너기ᄋᆞᆸᄋᆡ (捷二 : 17)
58) 春品은 無事ᄒᆞ오니 아름답ᄉᆞ외 (捷二 : 8)
59) 우리도 깃비 너기ᄋᆞᆸᄂᆡ (捷二 : 19)
60) ᄠᅳᆺ에 걸려 ᄒᆞᄋᆞᆸᄂᆡ (捷三 : 4)
61) 절의는 처음으로 보ᄉᆞᆸ고 그지업서 ᄒᆞᄋᆞᆸ데 (捷三 : 4)
62) 어내 잘 ᄒᆞ시ᄂᆞᆫ 술이 ᄋᆞᆸ도쇠 (捷三 : 5)
63) 아ᄋᆞᆸ시ᄃᆞ시 오래 병드ᄋᆞ와 (捷三 : 7)
64) 이제 잢간 ᄒᆞ련사오듸 (捷三 : 7)
65) ……엿ᄌᆞᆸᄉᆞᆸᄂᆡ (捷三 : 7)
66) 오ᄅᆞ ᄂᆞ리기 어대의 ᄒᆞᆫ 일이 ᄋᆞᆸ도쇠 (捷三 : 14)
67) 자연 더딜가 너기 ᄋᆞᆸᄂᆡ (捷三 : 22)
68) 우리 듯기도 도옥 기ᄲᅳᄋᆞᆸ네 아모리 ᄒᆞᆫ줄도 모로올쇠 (捷三 : 27)
69) 어대면ᄒᆞ오니 아람다와 ᄒᆞᄋᆞᆸᄂᆡ (捷三 : 27)
70) 잘드라 건넬 양으로 닐럿ᄉᆞᆸᄂᆡ (捷四 : 4)
71) ᄒᆞᆫ가지 ᄋᆞᆸ도쇠 대경이 ᄋᆞᆸ도쇠 (捷四 : 5)
72) ᄒᆞᆶ긔 삼쌍도록 엇더 ᄒᆞ온고 도홀가 너기ᄋᆞᆸᄂᆡ (捷四 : 8)
73) 예서 잠ᄭᅡᆫ 보와도 아올쇠 (捷四 : 10)
74) 일암도 지블 업ᄉᆞ외 (捷四 : 10)
75) ……유듬이 ᄋᆞᆸ도쇠 (捷四 : 12)
76) 이대도록 폐로이 ᄉᆞᆲᄉᆞ올가 ᄆᆞᆺ기 쉬올ᄭᅡ 너기 ᄋᆞᆸᄋᆡ (捷四 : 22)
77) 이 민망을 ᄇᆡ올ᄃᆡ 업ᄉᆞ와 (捷四 : 23)
78) ……ᄒᆞᆫ가지 ᄋᆞᆸ도쇠 (捷四 : 29)
79) 신사 바즈라온 어사 ᄇᆡᄋᆞᆸ도쇠 (捷五 : 1)
80) 어사ᄂᆞᆫ 아뢰ᄋᆞᆸ도쇠 (捷五 : 1)
81) 됴ᄒᆞᆫ 천기 예 어사합이 ᄋᆞᆸ도쇠 (捷五 : 2)
82) 밤들게야 도라와 보ᄋᆞᆸ도 못ᄒᆞ와 슈고로이 건너오시도쇠 (捷五 : 6)
83) 긔별ᄒᆞᄋᆞᆸ소 ᄒᆞ시ᄂᆞᆫ 일이 ᄋᆞᆸ데 (捷五 : 7)
84) 어와 신주진을 극진이 ᄒᆞ시다 니르시니 안장ᄒᆞ여 ᄒᆞᄋᆞᆸᄂᆡ (捷五 : 8)
85) 짐작이 계실 ᄡᅥ시니 니ᄅᆞ ᄋᆞᆸ소 듯ᄌᆞᆸ새 (捷五 : 8)
86) 그리 아라기디리ᄋᆞᆸ소 듯ᄌᆞᆸ새 (捷五 : 8)
87) 불긔도 왓ᄉᆞ오니 깃브외 대경의
88) 태수도 일명깃비 너기시올쇠 (捷五 : 9)

89) 뎡ᄒᆞ얏다 니ᄅᆞᄋᆞᆸᄂᆡ (捷五 : 12)
90) ᄇᆞᄅᆞᆷ을 기ᄃᆞ려 ᄒᆞ신ᄃᆞ ᄒᆞᄋᆞᆸᄂᆡ (捷五 : 14)
91) 다 축원ᄒᆞᄋᆞᆸᄂᆡ (捷五 : 14)
92) 그러면 게셔도 일릴리 이실 듯 ᄒᆞ다 니ᄅᆞᄋᆞᆸ노쇠 (捷五 : 15)
93) 신사ᄢᅴ셔도 ᄎᆡ촉ᄒᆞ셔 이제 ᄇᆡ롤 ᄂᆡᄋᆞᆸᄂᆡ (捷五 : 16)
94) 대마도왕 맛조이로 왓ᄉᆞᆸᄂᆡ (捷五 : 187)
95) 힝여 비판ᄒᆞᆯ적이면 수괴 허일이 될가 이러ᄐᆞ시 구ᄋᆞᆸᄂᆡ (捷五 : 26)
96) 아므ᄃᆡ도 ᄒᆞᆫ가지 ᄋᆞᆸ도쇠 (捷六 : 3)
97) 출선ᄒᆞ실 양으로 ᄒᆞ쇼셔 조조출선 ᄒᆞᄋᆞᆸ쇠 (捷六 : 6)
98) 격기ᄒᆞᄂᆞᆫ 분네게로셔도 극진ᄒᆞᆫ 일이 ᄋᆞᆸ도쇠 (捷六 : 15)
99) 태수드르셔도 감격히 너기올쇠 (捷七 : 13)
100) 강호로셔 어사ㅣ 예ᄶᅡ지 왓ᄂᆡ이ᄃᆞ 여그 드ᄋᆞᆸ쇠 (捷七 : 13)
101) 극진히 닐러 도로 보내시믈 미럿ᄉᆞᆸᄂᆡ (捷八 : 4)
102) 말초ᄂᆞᆫ 다ᄒᆞ기 어려온 축원의 일이ᄋᆞᆸ도쇠 (捷八 ; 15)

이상의 것들은 「-ᄉᆞᆸ-」 이나 「-시-」 가 어미 "-쇠", "-ᄂᆡ"로 결합된 형태인데 「-ᄉᆞᆸ-」 이나 「-시-」 의기능은 없어지고 恭遜法의 기능을 돕고 있다. 恭遜法의 등분은 하오체, 하오체 겹높임으로 처리할 수 있다. 그러나 하오체의 처리가 더 두드러진다.

이러한 하오체의 등분을 연결어미로 표시하면 다음과 같다.

103) 茶體ᄂᆞᆫ 朝日ᄒᆞ오니 (捷一 : 27)
104) 안히 잇ᄉᆞ오니 (捷一 : 1)
105) 나 소임으로 왓ᄉᆞᆸ거니와 (捷一 : 2)
106) ᄯᅩᄂᆞᆫ 싱ᄉᆞᄒᆞᆫ 고시오니 (捷一: 2)
107) 氣遺ᄒᆞ오니 (捷一 : 3)
108) ᄆᆞᄋᆞᆷ의 걸리오니 (捷一 : 3)
109) 인ᄉᆞ양의 낫븐ᄃᆡ 업ᄉᆞ니 (捷一 : 5)
110) 아ᄋᆞᆸ게 그리ᄒᆞ오리 (捷二 : 27)
111) 다만 정관이 본디 병든 사ᄅᆞᆷ 이ᄋᆞᆸ더니 (捷二 : 27)
112) 머글 ㅅ것도 잘 못먹고 누엇ᄉᆞ오니 (捷二 : 28)
113) 나리 못ᄒᆞᆯ가 녀기오니 (捷二 : 28)

114) 茶體는 卒慶地間이오니 (捷二 : 29)
115) 병드럳 오니 (捷二 : 30)
116) 업亽며 (捷二 : 30)
117) 엳즈와 (捷二 : 32)
118) 녀겻숩더니 (捷二 : 2)
119) 사룸이 옵더니 (捷二 : 2)
120) 그러ᄒᆞ온딕 (捷二 : 2)
121) 뵈옵고 (捷二 : 6)
122) ᄒᆞ오니 (捷二 : 6)
123) 먹숩건마는 (捷二 : 6)
124) 숣亽더니 (捷二 : 8)
125) 우리도 日記롤 보고 숣亽오니 (捷二 : 11)
126) 우리는 ……이오니 (捷二 : 14)
127) 우리는 연고 업亽오니 (捷二 : 15)
128) 代官들은 아랏숩거니와 (捷二 : 16)
129) 看品은 無事 ᄒᆞ오니 (捷二 : 19)
130) 섭섭ᄒᆞ옵더니 (捷三 : 1)
131) 서루 보옵디 못ᄒᆞ오니 (捷三 : 1)
132) 병드오와 (捷三 : 2)
133) 다시 뵈옵디 못옵오니(捷三 : 1)
134) 념녀 ᄒᆞ옵더니 (捷三 : 2)
135) 권키 어렵숩것마는 진잡는 양을 보오니 (捷三 : 6)
136) 잔수는 디낫亽오나 (捷三 : 6)
137) 이제 잠깐 ᄒᆞ연亽오되 다리힘이 업亽와 (捷三 : 7)
138) ……네 압더니 (捷三 :8)
139) 보디 오래 셔기 잘 못亽오와 (捷三 : 9)
140) 이도 또 먹사오니 (捷三 : 10)
141) 이 나라 신하ㅣ 되엿亽오니 (捷三 :15)
142) 머그라니 ᄃᆡ신 잔마다 다 먹숩고 正體 업亽건 마온 (捷三 : 11)
143) 酒氣一切 업亽오니 (捷三 : 16)
144) 主人의 도리롤 출혀권할 양ᄋᆞ로 왓亽오니 (捷三 : 17)
145) 이러트시 술을 너모 먹숩고 (捷三 : 19)
146) 島主ㅣ 분부 하엿亽오니 (捷三 : 20)

연결어미의 예는 상술한 것 외에 매우 많기 때문에 더 예들기를 약한다. 「-ᄉᆞᆸ-」이 “ᄉᆞ오”로 “삽”, “압”, “ᄋᆞᆸ”.“오”, “습”으로 변한 모습을 16·7세기부터 볼 수 있다. 물론 연결어미에 사용된 「-ᄉᆞᆸ-」系의 형태소들도 그 본연의 겸양법적 기능을 하지 못하고 恭遜法의 기능으로 변하고 있는 형편이다. 「-ᄉᆞᆸ-」系가 변해서 된 공손법의 등급은 하오체의 등급과 같은 것이다.

「-ᄉᆞᆸ-」系가 공손법의 하소서체를 겹높임으로 변하는 예를 살펴보자.

147) 병이 더ᄒᆞᆯ까 너기ᄋᆞᆸᄂᆡᆼ이다 (捷二 : 5)
148) 예셔 죽사와도 먹ᄉᆞ오리이다 (捷二 : 7)
149) 하젓소이 너기*와 다 먹삽ᄂᆞ이다 (捷二 : 7)
150) 머검즉이 쟝만하엿ᄉᆞ오니 깃거 ᄒᆞᄋᆞᆸᄂᆞ이다 (捷二 : 8)
151) 검관들ᄭᅴ 니르고 잇ᄉᆞᆸᄂᆡ이다 (捷二 : 18)
152) 이제ᄂᆞᆫ 됴화ᄉᆞᆸᄂᆡ이다 (捷二 : 18)
153) 본의* 배ᄒᆞ도 너기ᄋᆞᆸᄂᆡ이다 (捷三 : 2)
154) ᄀᆞ장 됴ᄊᆞ오니 그리 ᄒᆞᄋᆞᆸᄊᆡ이다 (捷三 : 10)
155) 어의 ᄀᆞ티 다 먹ᄉᆞ오리다 (捷三 : 11)
156) 도중의셔도 그리 니르ᄋᆞᆸᄂᆞ이다 (捷三 ; 13)
157) 조정도 ᄉᆞ장 일ᄏᆞᄅᆞ시니이다 (捷三 : 14)
158) 술과 거동이 ᄀᆞᆽᄌᆞ와이다 (捷 : 16)
159) 안잣삽ᄂᆞ니다 (捷三 : 8)
160) 무틔 오ᄅᆞ셔 ᄒᆞᆯ리나 쉬시고 ᄇᆡ를 도로 ᄐᆞ시과댜 문안 하시ᄃᆡᆼ이다 (捷三 : 17)
161) 우리ᄂᆞᆫ 마촘 순풍의 무사히 ᄇᆞᆺᄌᆞ오니 깃거 ᄒᆞᄋᆞᆸᄂᆡᆼ이다 (捷 :18)
162) ……아름다와 ᄒᆞᄋᆞᆸᄂᆡᆼ이다 (捷三 : 18)
163) 아직 문안 알외ᄂᆡᆼ이다 (捷三 : 20)
164) 근심 마ᄅᆞ시고 이일이나 디나 보ᄋᆞᆸᄂᆞ이다 (捷五 : 20)
165) 맛당히 네시라 아니실가 근심ᄒᆞᄋᆞᆸᄉᆡ이다 (捷五 : 26)
166) 이도 축원의 일이라 엳ᄌᆞᆸᄂᆡ이다 (捷六 : 7)
167) 도로혀 븟그럽ᄉᆞ왕이다 (捷六 : 10)
168) 가도ᄭᆞ지ᄂᆞᆫ ᄇᆞ트실까 아름다와 ᄒᆞᄋᆞᆸᄂᆡᆼ이다 (捷六 : 13)

169) 반중에 ᄌᆞᆽ브심도 계실 써시니 이제 안선을 ᄐᆞ시고 오ᄋᆞᆸ심을 밋ᄌᆞᆸᄂᆡᆼ이다 (捷六 : 15)
170) 접ᄉᆞᆸ거니와 알외ᄂᆡᆼ이다 (捷七 : 4)
171) 아므려나 바드시고다ᄒᆞ야 알외ᄂᆡ이다 (捷七 : 6)
172) 자세 아ᄋᆞᆸ거이다 (捷七 : 10)

恭遜法의 형태소인「-이-」가 사용되어 하소서체를 형성하는데 여기에다 주로「-ᄉᆞᆸ-」이 함께 사용되어 하소서체의 겹높임을 하고 있다.「-시-」가 첨가되어 사용되기도 하지만「-ᄉᆞᆸ-」계가「-이-」와 함께 사용되는 경우가 대부분이다「-ᄉᆞᆸ-」은 본 기능인 謙讓法의 작용을 하지 못하고 공손법의 작용을 하지 못하고 恭遜法의 하소서체의 겹높임을 나타내는 구실을 하고 있다.

이때의「-ᄉᆞᆸ-」은 "ᄉᆞᆸ", "ᄉᆞ오", "ᄌᆞᆸ", "아오", "ᄋᆞᆸ", "사오"등으로 그 변이형태를 나타내고 있다. 중요한 것은「-ᄉᆞᆸ-」이 겸양법의 형태소로는 거의 소멸되고 겸양법의 기능을 담당하는 어휘가 나타나는 것이 조금씩 보이고 있다.

- 이런도리롤 동래의 엿ᄌᆞ와 (捷二 : 32)
- 뵈ᄋᆞᆸ디 몬ᄒᆞ믈 ᄀᆞ장 셜이 너겨 (捷二 : 5)
- 니르시ᄂᆞᆫ대로 동래ᄭᅴ 엿ᄌᆞ와 (捷二 : 10)
- 다체인날 죵용히 뵈ᄋᆞᆸ고 (捷二 : 17)
- 젓ᄉᆞᆸ거니와 알외ᄂᆡᆼ이다 (捷七 : 5)
- 내 힘으로 뎌 사ᄅᆞᆯ 자유히 ᄀᆞᄋᆞᆷ아디 못ᄒᆞᆯ 일이오니 이러ᄐᆞ시 엿ᄌᆞᆸᄂᆞᆼ이다 (捷 八 : 7)

엿ᄌᆞᆸ다(여쭈다), 뵈ᄋᆞᆸ다(뵙다)는 빈도가 매우 많다. 특징은「-ᄉᆞᆸ-」계의 형태소와 함께 사용되어 "엿/ᄌᆞᆸ", "뵈/ᄋᆞᆸ"처럼 사용되고 있다(강규선 1988 : 116)

하소서체는「-ᄉᆞᆸ-」계가 연결되지 않는「-이-」만으로 이루어진 하소서체가 나타난다.

173) 아므 일도 업시 완ᄂᆡ이다 (捷二 : 1)
174) 맛당ᄒᆞ여이다 (捷二 : 2)
175) 누어 잇ᄉᆞ오니 민망ᄒᆞ여이다 (捷二 : 3)
176) 無事ᄒᆞᄂᆡᆼ이다 (捷二 : 3)
177) 이졔라도 념녀ᄒᆞᄂᆞ이다 (捷三 : 13)
178) 우리도 듣고 ᄀᆞ장 아름다워 ᄒᆞᄂᆡ이다 (捷三 : 13)
179) ᄒᆡ마다 올라 가ᄂᆞ이다 (捷三 :13)

「-이-」가 사용되어 만들어진 하소서체는 매두 많기 때문에 그 예를 더 이상 들 필요는 없다. 「-습-」계의 변천을 주로 다루기 위해서이다.

恭遜法의 疑問법은 捷解新語의 특수성 때문에 다양하지 않다. 하소서체의 겹높임은 별로 흔히 나타나지 않는다.

180) 아니 뵈오링잇가 (捷二 : 6)
181) 엇디 얼현히 ᄒᆞ링잇가 (捷五 : 25)
182) 그리 ᄒᆞᆫ갓 셜운 일만 ᄉᆡᆼ각고 혬을 아니 혜옵시ᄂᆞ니잇가 (行狀 : 129)
183) ᄌᆞ겨ᄂᆞᆫ 외오셔 모ᄅᆞ옵시거니와 ᄌᆞ젼으로 겨오셔 엇디 념녀ᄅᆞᆯ ᄒᆞ오시ᄂᆞᆫ가 너기옵시ᄂᆞᄂᆡᆼ잇 (行狀 : 129)

捷解新語에서는 同一人物의 話者와 聽者사이라 해도 하오체, 하소서체, 하소서체겹높임이 함께어울려 나타나는 특이성이 있기도 하다 " 션도 횡장"은 왕가의 언어이기에 그 예가 가능할 수 있다. 182, 183은 「-습-」과 「-시-」가, 「-이-」를 도와서 恭遜法의 疑問법 하소서체의 겹높임을 만들어 내고 있다.

疑問법의 하소서체는

184)아니 뵈오링잇가 (捷二 : 6)

185) 엇디 얼연히 ᄒᆞ링잇가(捷五 : 25)
186) 엇디 남기링잇가 (捷五 : 5) (捷五 : 22)
187) 아나라 臣下ㅣ 되엿ᄉᆞ오니 므릇 일을 엇디 얼연히 ᄒᆞ리잇가 (捷三 : 15)

「-이-」가 사용되어 정상적인 하소서체를 형성하고 있다.

의문법의 하오체 겹높임은 다음과 같다.

188) 언머 슈고 ᄒᆞ옵셔요 (捷二 : 18)
189) 이래도록 어렵사리 니ᄅᆞ옵시ᄂᆞᆫ고 (捷五 : 21)
190) 평티 못ᄒᆞ오신가 시브오니 민망념녀ᄀᆞ이 업ᄉᆞ와 ᄒᆞ압ᄂᆞ니다 (諺覽 : 151)

「-숩-」이나「-시-」가 그 본기능을 무시하고 恭遜法의 기능을 심화시켜주고 있다. 즉, 188), 189)의 「-숩-」과「-시-」는 그 본기능 보다는 恭遜法의 구실을 하면서 하오체의 겹높임을 하고 있다. 190)"못ᄒᆞ오신가"의 "오"는「-숩-」의 변이형태임을 알 수 있다.

의문법의 하오체는「-숩-」계가 사용되어 형성됨을 알 수 있다.

191) 몬져 보심이 올티 아니 ᄒᆞ온가 (捷二 : 14)
192) 朝鮮 사ᄅᆞᆷ들ᄒᆞᆫ 므어시라 니ᄅᆞ옵는고 (捷五 : 11)

191)은「-숩-」의 이형태가 사용된 것이고, 192)는「-숩-」의 이형태가 사용되었다. 해라체는 그 사용 빈도가 다양하고 직접「-숩-」과는 무관하기 때문에 그서술을 생략한다.

命令法의 하소서체 겹높임의 예는

193) 아래 사ᄅᆞᆷ의게나 주실 양으로 ᄒᆞ옵쇼셔 (捷八 : 2)
194) ᄉᆞ연 덜고 저번 가실 제 셔후힝의 ᄂᆞᆺ말을 엿ᄌᆞ와 습더니 슈슈 발락

을 못미 처 아라 와시니 ……ᄒᆞᄋᆞᆸ쇼셔 (諺覽 : 128)
195) 使ㅣ아라 御體술 올오시소 (捷七 : 4)
196) 아모리 쉽셔도 두로 ᄉᆡᆼ각ᄒᆞᄋᆞᆸ쇼셔 (諺覽 : 129)
197) 브ᄃᆡ 젼의 덕ᄉᆞ온 말숨 닛디 마ᄋᆞᆸ시고 지경을 관억ᄒᆞᄋᆞᆸ셔 과히 ᄋᆡ샹지 마ᄋᆞᆸ쇼셔 (諺覽 : 141)
198) 대지 명ᄒᆞ야 드오쇼셔 (行狀 : 5)

捷解新語에는 하소서체의 겹높임이 흔하게 나타나지는 않는다. 15세기의 형태는 11), 12)에서처럼 “ᄉᆞᄫᆞ쇼셔”, “숩오쇼셔”, “ᄉᆞ쇼셔”가 있다. “-숩/-아쇼셔”가 “ᄉᆞ오쇼셔”의 분석이고 “-숩·시-/ᄋᆞ쇼셔”가 “숩쇼셔”의 분석이다 (김정수 1984 : 17) 「-숩-」계의 변이형태가 “ᄋᆞᆸ”, “옵”, “오” 등으로 나타난다. 捷解新語에는 그 사용한 수가 적어서 다른 문헌에서 예하였다.

命令文의 하소서체는 그 예가 많다. “쇼셔”의 종결어미가 사용된다.

199) 判事네도 동도ᄒᆞᆫ야 오쇼셔 (捷一 : 1)
200) 나실 양으로 ᄒᆞ쇼셔 (捷二 : 27)
201) 이 盞을 보쇼셔 (捷三 : 70
202) 수이 출혀 나쇼셔 (捷五 : 19)
203) 그리 너기디 ᄆᆞᄅᆞ쇼셔 (捷三 : 19)
204) 이러나 저러나 자네네 맛디오니 ᄒᆞᆯ시됴케 ᄒᆞ쇼셔 (捷六 : 19)
205) 폐롭ᄉᆞ오나 내나 놈이나 민망호믈 프러주쇼셔 (捷六 : 19)
206) 이제 오로올 쎠시니 ᄆᆞ암편히 ᄉᆡᆼ각ᄒᆞ쇼셔 (捷六 : 20)
207) 됴ᄒᆞᆯ 양으로 술와 주쇼셔 (捷七 : 15)

命令法의 하오체 겹높임은 그 사용이 매우 많다.

208) 아직 편히 안줍소 (捷一 : 2)
209) 하 無斗方ᄒᆞ여 하는 일이오니 샤ᄒᆞ옵소 (捷一 : 6)
210) 경見의 무러보ᄋᆞᆸ소 (捷一 : 7)
211) 茶體는 어ᄂᆞ긔 ᄂᆞ올고 수이 ᄒᆞᆯ양으로 ᄒᆞᄋᆞᆸ소 (捷二 : 1) (捷二 :32)

212) 자ᄂᆡ도 혜아려 보시소 (捷二 :32)
213) 나의 ᄉᆞᄉᆞᆺ 졍읫 잔이오니 一만 ᄌᆞᆸᄉᆞᆸ소 (捷二 :7)
214) 아후란 이러티 아니케 니ᄅᆞᄋᆞᆸ소 {捷二 :11)
215) 別事네 말 잘 드르시소 (捷一 :9)
216) ᄂᆞᆺ출 보오니 이제도 병비치 겨시니 됴리ᄒᆞᄋᆞᆸ소 (捷三 :3) (捷三 : 25)
217) 아직 公木을 드러 주ᄋᆞᆸ소 (捷四 :9)
218) 公木 五十束 드련ᄒᆞ오니 나가 보와 잡ᄉᆞᆸ소 (捷四 : 9)
219) 됴합 구ᄌᆞᆸ을 군말 업시 잡ᄉᆞᆸ소 (捷四 : 17)
220) 자ᄂᆡ네 ᄒᆞ실 대로 ᄒᆞᄋᆞᆸ소 (捷四 : 19)

“-ᄉᆞᆸ-/-소-”의 형태가 그 전부이다. 「-ᄉᆞᆸ-」의 이형태는 “ᄌᆞᆸ”, “ᄋᆞᆸ”, “습”, “옵”, 등이 있고 “-시-/-소-”의 형태도 보인다. 하오체의 겹높임이라 해서 상대를 높이는 정도는 별로 높지 않는 것을 볼 수 있다. 212), 221)은 “자ᄂᆡ”라는 대명사가 나온다. “자ᄂᆡ”와 어울릴 수 있는 것은 반말체가 제격인데 “보시소”나 “ᄒᆞᄋᆞᆸ소”로 대우하고 있다. 국가를 대변하는 통사격으로 왕래하는 경우라면 +格式의 의미가 깊다할 것이다. 220)의 경우도 “-군말업시”라는 下待格의 대와인데도 “-잡ᄉᆞᆸ소”가 쓰였다.

命令法의 하오체는 실제 대화에서는 하소서체와 함께 사용하고 있다.

221) 여긔 보내소 (捷七 : 2)
222) 아므리케나 나 ᄒᆞᄂᆞᆫ대로 ᄒᆞ소 (捷七 : 7)
223) 술 낼 일도 소임의게 그 ᄉᆞ졍을 닐러 들리소(捷七 ; 12)
224) 그대도록 ᄆᆞᄋᆞᆷ 결리 ᄉᆡᆼ각디 마소 (捷七 ; 12)
225) 내 경감을 드르시과댜 (捷九 ; 21)
226) 인쥬자오 (釋解上 : 60)
227) 우리도 술을 못ᄒᆞᄋᆞᆸ건마ᄂᆞᆫ 하 그러과댜 니르시니 그러ᄒᆞ온디 ᄀᆞ장 취ᄒᆞ오 듸 정근을 계요출혀 안ᄌᆞᆸᄉᆞᆸᄂᆞ이다 (捷三 : 18)
228) 니ᄅᆞ시ᄂᆞᆫ 바ᄂᆞᆫ 브듸 밧과댜 니르시거니와 본졔브터 ᄎᆞᆯ혀 안ᄌᆞᆸᄉᆞᆸᄂᆞ이다 (捷三 : 18)
229) 그러면 계셔도 이실ᄃᆞᆺᄒᆞ다 니르ᄋᆞᆸ노쇠 그러과댜 (捷五 : 14)

230) 어와 자네ᄂᆞᆫ 우는 사람이로쇠 흘리ᄂᆞᆫ 농구도 업시 사롬을 흘리ᄂᆞᆫ 사롬이 옵쏘쇠 엇디 이리 긔롱ᄒᆞ시ᄂᆞᆫ고 ……우소온 일이 옵도쇠 자네 일본말 바ㅣ 와 시작호미 계오 오륫년도 못한듸 그대로록 ᄆᆞᄋᆞᆷ 뎌리 싱각디마소 (捷九 ; 19~20)

227), 228). 230)을 보면 하오체의 겹높임의 어형과 하노체 등이 함께 어울려 사용하고 있다

231) 자네 ᄉᆞ셜ᄒᆞᄂᆞᆫ 배 난난치 축전전의 그지 업ᄉᆞ신 도리로소이다……아므러커 나 나 ᄒᆞ는 대로ᄒᆞ소 (捷七 : 7)

위의 230)으 "-옵되쇠"(하오체 겹높임) 231)의 "-로소이다" (하오서체) "마소", "하소"(하오체)등으로 대화가 이뤄지고 있다. "자네"라는 후칭을 봐도 하오체, 하오체 겹높임, 하소서체, 등의 구분과 커다란 차이가 없다. "-과뎌"는 15세기에서도 그 예를 볼 수 있고 17세기에서도 똑같은 예가 나온다. "과뎌"는 "-고져"로 풀이되어 있기도 하다 (劉昌淳 1979 : 77) 命令의 語尾에 가까울 정도이다. "과뎌"가 하오체에 들 수 있는 것은 하오체 겹높임과 함께 쓰이고 있는 것이 뒷받침 된다.

請誘形의 하소서체 겹높임음 "-숩/-상이다"의 형이다.

232) 안자셔 體어려오니 당테로 잔뿐들기를 체를 숩새 ᄀᆞ장 됴ᄊᆞ오니 그리ᄒᆞ옵싸이다 (捷三 : 10)

233) ᄂᆡ일 나죄란 入궁하여 보옵새이다 (捷一 : 21)

234) 념여ᄒᆞ신 事ㅣ 옵도쇠 인ᄂᆞᆫ듸로 념녀ᄒᆞ시모로 ᄀᆞ장 조촐ᄒᆞ야 ᄆᆞᄋᆞᆷ 편히 쉬 오니 근심마르시고 일이일이나 디나 죵용커든 보옵새이다 (捷五 : 21)

"-숩-/-상이다"의 형을 기본으로 잡을 수 있다. 청유형의 하소서체 겹높임은 "-숩새"나 "-ᄊᆞ오니" "-옵도쇠"등과 어울려 쓰인다. 하오체나 하소

서체가 한 문장에서 동일한 話者, 聽者가 주저없이 사용하고 있다.

請誘形 하오체 겹높임을 보면

235) 닉일 나죄란 入궁ᄒᆞ여 보ᅀᆞᆸ새이다 그리ᄒᆞᄋᆞᆸ소 슈고ᄒᆞᅀᆞᆸ시닉 (捷一 : 21)

236) 그는 그러커니와 書契를 내 친히 보고 자닉네 姓名을 아라 부산포에 술와 주진홀 거시니 서계를 내ᅀᆞᆸ소 (捷一 : 17)

하소서체 겹높임에서도 언급한 것처럼 하오체의 겹높임과 하소서체 겹높임과도 함께나타난다. 이 어형은 "-ᅀᆞᆸ-/-상이다" (하소서체 겹높임)과 함께 15세기에서는 보이지 않는다.

敬語法의 사용은 敬語法을 사용할 수 있는 相對方이 필요한 것이다. 이 말은 恭遜法에서는 하오체 이상의 어미를 사용해야 敬語法의 의미를 내포한다고 할 수 있다는 말이다. 17세기의 문헌이라해도 "淸州北一面順天金氏墓出土簡札"의 경우는 주로 아랫사람에게 보내는 簡札이므로 뚜렷한 敬語法의 使用예는 별로 찾을 수 없다. 물론 簡札에서 上位者의 安否를 묻는다든지 상위자에 대한 서술이 있을 경우에는 간혹 보이기는 하나 그것이 敬語法의 구체적인 사용이라 보기에는 회의적이다. 직접간접의 대화에서 나타난 예를 보면(淸州北一面順天金氏墓出土簡札) 하오체 (原文 1, 2, 3, 4, 5, 6, 20, 22)에 "-소" "쇼"가 보이고

하소서체 (原文 2, 5, 12, 64)는 "-닝이다" "-쇼셔"등과 「-시-」가 나타난다.

原文 191에는

문안 ᄒᆞᄋᆞᆸ고 요ᄉᆞ이는 엇다 ᄒᆞ신고 온 정저는 그별 몰라 ᄒᆞᄋᆞᆸ뇌이다 예는 다 됴히 계시이다 날로 치워가고 몸조심 ᄒᆞ여 간ᄉᆞᄒᆞ쇼셔 약갑슨 술와 건마는 보내신디 몰라 ᄒᆞᄋᆞᆸ뇌……아긔 초여는 갓가ᄉᆞ로 술와 지여보내뇌이다

위 出土簡札은 하소서체의 겹높임(ᄒᆞ옵외이다), 하소서체(겨시이다,ᄒᆞ뇌이다), 하오체의 겹높임, 하오체(ᄒᆞ옵뇌, ᄒᆞ옵고, ᄒᆞ신다)등이 겹쳐서 나타난다. 한 人物에게 다양한 체계를 구가한 것이 특이하다. 「-숩-」「-이-」가 결합하여 恭遜法的 깊이를 더하고 있는 것이다.

"呂氏鄕約·正俗諺解"에서는 같은 17세기의 文獻이라해도 어떤 사실의 서술이기 때문에 敬語法의 구체적인 실현은 기대하기 어렵다.

Ⅳ. 結 論

15세기의 敬語法은 恭遜法, 尊敬法, 謙讓法 등이 形態素인 「-이-」, 「-시-」, 「-숩-」系 등이 질서있게 사용되어 敬語法의 기능을 수행하였다. 「-숩-」系가 「-시-」와 쓰이거나 「-쇼·셔-」와 쓰이거나 「-이-」와 함께 쓰여도 「-숩-」이 「-시-」의 구실을 돕는 부속성분으로 변하거나 「-숩-」이 「-이-」와 어울려 사용돼도 「-이-」의 기능을 돕는 성분으로 변하는 일은 거의 없음을 설펴보았다.

그러나 17세기에 오면 특히 「-숩-」系가 謙讓法의 기능을 수행하는 경우보다는 尊敬法이나 恭遜法의 기능을 돕는 즉 겹높임의 역할을 하고 있음을 살펴보았다. 謙讓法관계는 다루지 않고 다음으로 미루고자 한다.

【參考文獻】

· 釋譜詳節卷六·九·十三·十九中에서 六卷 1978, 한글학회 영인.
· 月印釋譜 卷 一·二 (19880 西江大學校, 人文科學硏究所.
· 呂氏鄕約 · 正俗 諺解(合本) 태학사 영인.
· 淸州北一面順天金氏墓出土간찰 (1981) 忠北 大學校 博物館.
· 親筆諺解總覽.

· 션도힝장 애산학보1 (1981). 영인.
· 譯語類解上 · 下. 亞細亞文化史 영인(1974).
· 李朝語辭典(1979). 수창항 연대출판부.
捷解新語卷 一～九
金正洙 (1984) 「17세기 한국말의 높임법과 그 15세기로부터의 변천」 정음사.
許　雄 (1975) 「우리옛말본」(개정), 正音社.
——— (1954) 「尊待法史」 (成均館報) 一輯. 成均館大學校.
安秉禧 (1982) 「中世國語敬語法의 한두問題」 (鄭炳익回甲記念論集) 新舊文化史.
——— (1983)「中世國語의 謙讓法硏究에 대한 反省」 (國語學). 11. ——— (1961) 「主體謙讓法의 接尾辭 「-숩-」에 대하여」 (震檀學報). 22.
李圭昌 (1992) 「國語尊待法論」, 集文堂.
高永根 (1965) 「現代國語의 敍法體系에 대한 硏究」, (國語硏究), 15.
——— (1974) 「現代國語의 尊卑法에 대한 硏究」(國語硏究), 10-2.
姜圭善 (1980) 「尊敬法硏究方法」(成大文學) 21號. 成大國文科
——— (1983) 「尊敬法硏究方法」(人文科學), 이, 淸州大學校 人文科學硏究所.
——— (1988) 「20세기 초기 국어의 敬語法 硏究」 (成大 大學院), 박사학위논문.
——— (1989) 「20세기 국어의 경어법 硏究」 (어문논총육·칠합집), 청주大學校 國語國文學科.
——— (1991) 「20세기초기 국어의 『尊敬法』 연구」 (人文科學) 10. 淸州大學校 人文科學硏究所.

第三章. 20세기 국어의 敬語法 硏究

- 『無情』을 중심으로 -

Ⅰ. 序 論

本稿는 20세기 초기 敬語法 연구의 일환으로 서술된다.[1]『신소설』전반에 걸쳐 연구되었던 敬語法이 다시 『無情』[2]을 자료로 삼은 것은 『無情』이 현대 장편소설의 시작이기에 같은 20세기 초기라 해도『신소설』의 그것과는 차이가 있을 것이라는 것이기 때문이다.

敬語法 연구는 그 통시적 서술이 (姜圭善 1988 : 4-10)에 상술된 바 있다.

본고는 敬語法 전반(尊敬法, 恭遜法, 謙讓法)을 다루고 체언, 조사, 접미사, 감탄사 등도 포함된다. 종결어미에 나타난 敬語法은 본고에서는 다루지 않기로 했다. 그 이유는 Altai 諸語의 문장 특징이 종결어미에 의해 主語의 행위나 심상 등이 결정되기 때문이다. 그리고 가능한 한까지 『신소설』의 敬語法과 비교하는 일도 할 것이다.

---

1) 20세기 초기 敬語法의 연구는 姜圭善. 1988. 博士學位論文(成大 大學院)에서『신소설』에 밝힌 바 있다. 이 연구와 비교하는 의미에서 1917년에 每日申報에 연재된『無情』을 자료로 하여 경어법을 考究한다.

2) "無情" 1917年 1月 1日부터 6月 14日까지 每日申報에 연재된 것 1984. 9. 20 印刷, 1984. 9. 25 發行 景人文化社 影印本임.

Ⅱ. 本 論

1. 體 言

1.1 家族名稱

1) 부인끠셔(1.3.2)[3)]
2) 이가 너 안히요 져이가 너 ᄯᆞᆯ이요(1.3.2)
3) 졔 ᄌᆞ식을(1.3.2)
4) 너 ᄯᆞᆯ 친구요 부모도 업고(1.3.2)
5) 부친님 올아버님을 뵈온 듯...(1.1.0.6)
6) 아부님끠셔...오라버니(올아버니)(1.10.6)
7) 죠부를 생각ᄒᆞ얏다(3.2.48)
8) 아버님 산소에...(3.2.48)
9) 어버이를 대한 듯...(3.2.48)
10) 어머니끠셔(3.15.58)
11) 너 누일셰(3.16.59)
12) 옵바의 얼굴도(3.16.59)
13) 아버지 무덤이고(3.21.63)
14) 지아비를 섬겨(3.27.66)
15) 형뎨ᄌᆞ미가 되어셔(3.28.67)
16) 아쥬머니끠셔...(4.7.73)
17) 김장로의 짜님(94.10.75)
18) 김장로의 양주끠셔(4.10.75)
19) 어머니 어먼님은...모친, 조모끠셔(4.28.91)

---

3) 괄호 속의 숫자는 每日申報에 연재된『無情』의 월, 일을 (1월 3일) "1.3"으로 표시하고 "2"는 연재된 횟수를 표시함. 以下 모든『無情』자료의 월, 일 표시와 연재된 횟수를 이렇게 표시함.

20) 병옥의 <u>ᄌᆞ친</u>은 (5.10.101)(많은 용례중에서 대표적인 것만 서술했음. 이하모든대화문은 모두 같음)

조부, 조모, 부친(님), 모친, 아번님, 어먼님, 아버지, 어머니, 어버이, 아쥬머니, 올아버님, 올아버니, 옵바, 형님, 지아비, ᄯᆞ님(ᄯᆞᆯ), ᄌᆞ친등 3대 이내의 상용 호칭이 다양하게 보인다. 가족호칭은『신소설』의 경우보다 한 명칭에 대해 다양하게 세분되어 있다. (姜圭善 1988 : 34-36)

1.2 代名詞

1) <u>그가</u> 유명한 미인이라던데 <u>ᄌᆞ네</u>네 힘에(1.1.1)
2) <u>ᄂᆡ</u> ᄯᆞᆯ을 위ᄒᆞ야 로형 ᄀᆞᆺ흔 <u>이가</u>(1.1.1)
3) <u>졔</u>가 아는 것이 업셔서(1.1.1)
4) <u>이</u> 어른이 <u>ᄂᆡ</u>가(1.5.3)
5) <u>이</u> ᄋᆡ 지금 공부를 시작ᄒᆞ지 슌ᄋᆡ는 어ᄃᆡ 갓나 <u>그ᄋᆡ</u>도 갓치(1.5.3)
6) <u>져</u> 어른이 리션ᄉᆡᆼ이 올시다(1.9.5)
7) 애 <u>져</u> 노릐롤 듯ᄂᆞ냐(2.10.35)
8) <u>ᄌᆞ긔</u>가 좀 도아 쥬어야 되겠네(2.16.36)
9) 여보게 <u>그게</u> 참말인가(2.16.36)
10) 여보 <u>당신</u>은(2.21.40)
11) 엇지ᄒᆞ면 <u>그네</u>의 힝실을 만들고 <u>그네</u>의 정신을(3.29.68)
12) 그것은 <u>뉘</u> 말입닛가(5.6.98)
13) 너는 <u>ᄂᆡ</u>가 보고 십지도 안이ᄒᆞᆫ 게로고나(5.10.101)
14) <u>이</u> <u>이</u>ᄂᆞᆫ 김션형씨라는 인데(5.12.103)
15) 애 <u>우리</u>도 ᄂᆞ리자 <u>져</u> <u>이</u>들도(6.9.118)
16) <u>여러분</u>(6.9.118)
17) <u>당신</u>네 ᄉᆡᆼ각에 합당ᄒᆞ면(4.29.92)
18) <u>그네</u>의 신세도 불상ᄒᆞ고(6.9.123)

1). 10). 13)의 너, 자네, 당신 등은 2인칭을 구분할 수 있다. 13)은 上位者인 부친이 자식에게 하는 호치이고, 1)은 친한 친구 사이에 사용하고 있

다. 10)의 당신은 +格式 -親密의 경우다. 남·녀 사이에 사용된 대화다. 17)의 『당신』은 3인칭으로 사용된 것이다. 8)의 ᄌᆞ긔는 원래 1인칭이지만 2인칭으로 쓰여서 현대적 사용으로 볼 수 있다. 『신소설』에서는 거의 볼 수 없는 용례다. 3). 13). 15)의 나, 저, 우리는 1인칭으로 폭넓게 나타난다.[4] 11). 18). 2). 4). 5). 6). 15)의 그, 그네, 이, 이어른, 이ᄋᆡ, 그ᄋᆡ, 져어른, 져이들 등은 3인칭으로 다양한데 특히 그네, 그가 등은 이제까지 『신소설』에서는 찾을 수 없는 것이다. 3인칭의 발달은 획기적인 것이다.[5] 12). 16)의 미지칭 뉘나 여러분도 자연스럽게 대중을 상대로 사용되고 있고 사물대명사 근·원칭의 대명사도 자연스럽게 사용하고 있다.

1.3 일반적인 상대어

1) 일젼에 말삼 ᄒᆞ엿거니와(1.3.2)
2) 이 어른이...유명ᄒᆞᆫ 어른이오(1.3.2)
3) 졀므신 이가 언제 그러케(1.3.2)
4) 리 션싱...션싱님(1.9.5)
5) 그 어른은 로인이라(1.13.9.)
6) 열 점쯤 교쥬ᄃᆡᆨ으로 가랍니다(1.26.19)
7) 여보 리 형식씨 ᄂᆡ가 이젼부터 로형의...알앗쇼(1.30.22)
8) ᄇᆡ 학감인가 ᄒᆞ는 량반(2.2.25)
9) 일류신사님네는...(2.14.34)
10) 손님 모시고 어ᄃᆡ 갓소(2.16.36)
11) 여보 ᄇᆡ형... 무슨 짓이오(2.21.40)
12) 죠반이나 먹고 챠ᄌᆞ 봅시다(3.15.58)
13) 김장로 양쥬ᄭᅴ셔는(4.10.75)
14) 나ᄒᆞ고 김장로ᄃᆡᆨ에 가시지오(4.10.75)
15) 감히 말ᄉᆞᆷ 호릿가(1.14.79)

---

4) 1인칭의 용례가 매우 많지만 몇 개의 예만 용례로 사용했다.
5) 『신소설』에서는 그네, 즉 그라는 3인칭 사용을 찾을 수 없다. 이것은 너, 나, 그의 공동체 의식과 사회발전의 소산이다.

16) 로형 ㅈ한이가 드므시닛가(1.1.1)

1)은 話者가 上位者인데도 +格式 -親密이므로 '말삼'으로 대우하였다. 또, 중세어의 '말솜'처럼 경어의 의미가 없는 경우로도 생각할 수 있다. 15)의 경우는 話者가 下位者이며 응당 높임말로 경어를 사용해야 할 부분이다. 이 경우도 +格式 -親密이 된다. 2). 5)의 '이 어른', '그 어른' 외에도 '어른'의 용례는 매우 많다. 2)의 화자는 장차 사위가 될 사람을 자신의 부인에게 처음 소개하는 장면이기에 +格式이 된다. 5)는 話者 < 聽者의 계급을 이루고 있다. 3)은 話者가 上位者라 해도 여자의 신분이고 처음 보는 사이로서 +格式的이다. 6). 14)는 경어임에 틀림없다. 16)은 話者보다 上位者에게도 사용하는 예가 많았다. 이런 경우는 『신소설』 경우도 같은 형편이다.(姜圭善 1988 : 40) 8)은 경어로 취급할 수는 없다. 그러나 일반적인 평어보다는 높임의 뜻이 있다. 9)는 『신소설』에서는 볼 수 없는 말일데 조롱조의 의미도 내포된다. 10)은 물론 경어다. 그러나 11)은 경어라기보다 평어 이하의 의미로 사용되었다. 학감이었던 자의 도덕적인 문제를 질타하는 대화다. 12)는 '아침밥'과 대를 이루어 사용된 한자투의 격식어의 하나다. 13)의 경우도 '-끠셔'가 쓰인 것만 봐도 경어임에 틀림없다.

2. 接尾辭 및 助詞

1) 로형끠셔 맛하셔(1.1.1)
2) 션싱님도 그런 친구를 사괴는지 (1.9.5)
3) 리 선싱끠셔 계셔요(1.9.5)
4) 져 갓흔 계집이 션싱님끠...(1.9.5)
5) 부친님 올아버님을 뵈온 것 ㅈ습니다 (1.10.6)
6) 아부님끠셔 도라가시고(1.10.6)
7) 은인의 뜨님이오구려(1.10.6)
8) 김쟝로의 뜨님이 보고 십던 계지(4.7.73)

9) 형식씨를 보고 말슴을 ᄒᆞ엿지요(4.14.79)
10) 네가 형식씨에게 약혼을 청ᄒᆞ얏니(4.17.81)
11) 옵바ᄭᅴ셔는(4.29.92)
12) 형님ᄭᅴ셔 나히 만으셔요(5.1.93)
13) 선형씨 물어볼 말이 잇습니다(5.6.98)
14) 형식씨인가 하는 이도(5.12.103)
15) 이이는 김션형씨라는 인데(5.13.104)
16) 여러분ᄭᅴ셔(6.7.122)

높임의 접미사는 -님, -씨, -분 등이 있는데 그 양상은 『신소설』에서 보여주는 것과 대동소이하다.(姜圭善 1988 : 42-43) 즉, -님, -분은 話者가 下位者로 聽者인 (또는 主語를) 上位者를 높여주고 있다. 『신소설』에서는 아주 다른 것은 -씨의 등장이다. 성에 붙여서 사용하던 -氏의 발달임은 주지의 사실이다. 『無情』에 등장한 -씨는 보다 현대적인 사용으로 등장한 것이다. 이는 서구문물의 영향도 관계 있음을 알 수 있다.[6] 9). 11)은 같은 경우로 話者가 上位者인 데에도 사용되었다. 그런가하면 14). 15)는 이성간의 +格式에 사용된 것이다. 그리고 '-씨'의 사용은 본 자료인 『無情』에서는 보편적인 경어로 상용된 것을 알 수 있다.

助詞는 '-ᄭᅴ셔', '-님ᄭᅴ셔'가 나타난다.(許雄 1961 : 9-8, 姜圭善 1988 : 48) 주로 主語를 높여주는 구실을 하고 '-시'와 호응하여 尊敬法을 '-ㅂ니다' 호응해서는 恭遜法을 형성하고 있다.

體言, 接尾辭, 助詞, 一般的 上待語 등은 終結語尾와 호응하여 敬語法과 밀접한 유기적인 관계에 있다.

6) Mr, Miss의 보편적인 사용이 우리말의 '-씨'에도 영향을 준 것은 당연하다. 특히 번역문과 서구의 교육을 받은 젊은 소위 '하이칼라'층에서는 유행처럼 사용함.

3. 感嘆詞

1) 에그 (1.1.1), (2.17.37), (3.9.55), (3.16.60), (4.24.86), (4.29.92), (5.9100), (5.10.101), (5.12.103), (5.130.104)
1) A 에그 못생긴 것 (4.12.77)

감탄사는 몇 개를 제외하고는 敬語法과 직접적인 관계가 없는 경우가 많다. 話者, 聽者 중 누가 上位者가 되더라도 공히 사유롭게 사용될 수 있다.

그 종류는 『신소설』의 그것과 차이가 있지 않다.(姜圭善 1988 : 46-50) 1)은 주로 여성 전용의 감탄사다. 그러나 1)A 같은 경우는 남자들 간에도 사용하는 용례다.

2) 올치 (1.1.1), (4.19.83), 올타(2.17.37)

2)는 '올치', '올타'인데 주로 남자들이 사용하고 있다. 여성 사용의 예는 찾을 수 없다.

3) 오냐 오냐(4.20.84)

3)은 해라체, 하게체, 반말체와 호응할 수 있다. 여기에서는 친한 친구 사이의 해라체가 종결어미에 사용된 예다.

4) 엑(1.1.1). 엑기(4.20.84)

엑(엑기) 3)과 같이 下位者가 上位者에게는 사용할 수 없다. 하게체와 반말체에 사용되었고 남성 전유물의 감탄사다. 곧 '에그'(에그머니)와는 대조를 이루고 있다.

5) 히히(1.1.1), 허허(4.110.75), 허(4.10.75)
6) 호호(2.17.37)

'히히'는 上位者에게는 사용할 수 없다. '허허'와 '허'는 話者가 하오체 이하의 恭遜法,尊敬法에 사용할 수 있다. 본 자료에는 하오체 하게체에 사용되었다. 그리고 이것들은 주로 남성들이 사용하고 있다. 6)과 비교하면 '허허'가 남성 전용이고 '호호'는 여성들이 주로 사용함을 알 수 있다.

7) 아이구(3.7.52)A, (3.13.57)B, (3.16.59)C, (4.20.84)D, (5.22.109)E, (5.23.110)F, (5.9.100)G

7)은 남 녀 공히 사용하고 있다. 7)A. B. C. D. E는 여성들이 사용하는데 上位者에게나 下位者들에게 다 사용하고 있다.

8) 아(3.9.54)A, (5.18.106)B, 아(4.8.74)C, (5.9.100), 어(4.12.77)D, 에(3.7.52)E

8)A는 매우 놀라거나 입을 다물 수 없을 만큼의 일을 당했을 때 사용하고 있다. 8)E도 마찬가지다. 8)E는 사랑하는 남자가 다른 사람과 결혼했다는 사실을 알고는 "에…혼인…"하고 경악하는 장면의 대화다. 8)C. D. B는 허두의 형태로 쓰여서 다음 말을 잇는 발어의 의미만이 존재한다. 8)D. E는 기쁨을 나타내는 말 앞에 쓰였다. 8)은 話者가 聽者의 관계 무관하고 희·비와도 관계없이 사용할 수 있다.

9) 흥(4.8.74), (4.10.75)

9)는 上位者에게는 사용되지 않고 동료나 상대방의 속 뜻을 다 알고 있

는 상태로 비꼬는 투로 쓰였다. 남・녀간 모두 사용할 수 있다.

10) 에그머니(4.8.75), 훼(5.13.104)

'에그머니'는 '에그'와 함께 분류할 수 있다. '에그'보다 '에그머니'는 여성 전용의 감탄사다. '훼'는 개탄하는 한숨을 내품는 실패, 낭패의 내용과 호응한다. 남・녀 모두 사용할 수 있다.

4. 下層階級語體

'-ㅂ-'의 지표가 나타나는 것은 『신소설』과 같다.(姜圭善 1988 : 115) 다른 점은 『신소설』에서는 '-ㅂ죠'(ㅂ지요), (-ㅂ지오)가 나타나지만 소설 『無情』에서는 '-ㅂ시오'가 대부분이다.

설의법, 의문법, 명령법 등이 모두 같은 '-ㅂ시오'이다. 그리고 『無情』에서는 하급어체와는 무관하게 話者(聽者까지도)가 모두 지식층의 경우가 대다수다. 교육정도가 높다해서 하층계급어를 사용할 수 없는 것이 아니라는 사실이 『無情』에서는 보여준다. 서구문명과 자의식의 발로, 班・常의 격차가 좁혀진 종합적인 현상으로 받아들여 질 수 있다.

1)납시오(1.10.6)	2)부칩시오(3.16.59)	3)줍시오(3.16.59)
4)여봅시오(3.8.53)	4)′ 합시오(3.8.53)	5)씻습시오(4.24.87)
6)봅소(4.29.92)	7)살려줍시오(6.3.119)	8)ㅂ시오(3.7.52)
9)안집시오그려(4.5.71)	10)합시오(4.5.71)	11)-히줍시오(5.25.112)
2)용서합시오(6.13.125)	13)-면잡시오(4.12.77)	14)읽읍시오(1.3.2)
5)여봅시오(1.10.6)	16)이리줍시오(4.7.73)	17)여봅시오 웨그러셰요 (4.25.88)
18)우습시오(4.26.89)		

2). 4). 7). 8). 15). 16)은 話者가 기생들의 신분이나 퇴기가 되어버린 여

인들이다. 聽者들은 나이가 연소한 남자들이다. 그러나 이들 聽者들은 사회적인 계급으로는 話者 < 聽者이다.

1). 3). 11). 14)는 話者가 남자들이고 聽者들은 여자들이며 話者와 계급위상이 같거나 하위에 속한다. 13)의 경우는 話者가 上位者이고 聽者는 下位者이다.

『無情』에 나타난 '-ㅂ시오'는 이른바 하위계급층의 언어는 결코 하층계급이 사용하는 어체라고는 볼 수 없다. 이런 점은 『신소설』과는 매우 차이가 있는 사실이다.

5. 謙讓法

중세국어에서는 謙讓法의 형태소인 '-숩-'系가 있어서 恭遜法의 '-이-', 尊敬法의 '-시-'와 함께 질서 정연한 문법적인 관계를 유지하고 있었다.

그 후 謙讓法의 형태소 '-숩-'系는 尊敬法의 형태소와 결합되기도 하고, 恭遜法의 형태소와 함께 사용되어 기존의 尊敬法, 恭遜法의 내용을 보다 깊고 정중하게 심화시켜 주는 구실을 해왔다.(허웅 1988 : 449, 김정수 1984 : 221-223, 姜圭善 1992 : 6-10)

謙讓法의 형태소는 자신의 영역보다는 다른 敬語法(尊敬法, 恭遜法)의 역할 분담을 담당하면서 삽입모음, 연결어미 -아/-어, 조음소 -ᄋᆞ/-으 등과 결합으로 인하여 이 형태가 나타나기 시작했다.(姜圭善 1992 : 10-22)

그리하여 17세기 이후부터는 점점 謙讓法의 형태소가 점점 자취를 감추게 되고 그 자리를 어휘가 차지하기 시작하였다. (이익섭, 임홍빈 1988 : 227, 신창순 1962 : 77, 姜圭善 1988 : 116-118)

謙讓法을 나타내는 특수한 동사는 '드리다', '여쭈다', '뵙다', '모시다'(이익섭, 임홍빈 1988 : 227) 외에 '아뢰다', '사뢰다', '바치다', '올리다', '받들다' 등을 첨가하는 경우도 있다.(신창순 1962 : 77)

謙讓法은 客語와 主語, 客語와 主語의 相關 관계 중 한 조건으로만 설명되지 않는다. 두 조건 客語 > 主語의 조건과 客語 > 話者의 조건이 모두 맞아야 謙讓法이 설명된다.(안병희 1983 : 12, 姜圭善 1988 : 116) 17세기 이후 몇 개의 동사에 의해 謙讓法이 형성된 후에도 이러한 조건은 변함이 없다.

그러나 主語와 客語가 동일 인물일 경우가 있다. 또 話者와 主語가 동일 인물일 경우도 간혹 있다.

1) 션싱을 뵈오니 돌아가신 부친님과 함끠 뵈온 것 ᄀᆞᆺ습니다(1.9.6)

1)은 主語가 '제가'(영채라 하는 인물임)로 써야 할 것을 생략하였다. 客語 '션싱'과 '부친'이다. 계급의 관계는 話者 < 客語, 主語 < 客語이며, 話者 = 主語의 관계다.

중세국어의 경우는

* 몸앳 픨 외화 그릇에 담아 남녀를 내ᅀᆞᄫᆞ니(月印釋譜-:2)

대구담이 소구담의 죽은 뒤에 그 피를 모아서 소구담의 자식을 계승한 것이다. 이 때의 主語는 대구담이고, 客語는 부처의 전세상 종족인 '남·녀'다. 일반적인 상식으로는 대구담이 소구담의 스승이였기 때문에 위의 경우 謙讓法이 형성되지 않을 것 같으나 그 소구담은 부처의 종족이기에 또는 사자에 대한 경의를 표한 것으로 생각할 수 있다. 즉, 主語 < 客語 > 話者, 이 때의 話者는 그 장면을 본 사람이거나 그 말을 듣고 이 글을 서술하는 자라고 할 때 부처의 전세상 종족보다는 下位者임에 틀림없다.

* 外道人 五百이 善慧ㅅ德 넙ᄊᆞᄫᆞᆫ 弟子 ᄃᆞ외야 銀돈을 반ᄌᆞᄫᆞ니(月印釋譜-:3)

첫째 '닙ᄊᆞᄫᆞ'는 외도인이 선혜의 덕을 입은 것이다. '선혜ㅅ덕(을) 닙ᄊᆞᄫᆞ'에서 '선혜ㅅ덕'이 客語다. 둘째는 외도인이 선혜의 제자가 되기 위해 '은돈을' 바친 것으로 '은돈'이 客語다.

이 문장의 화자는 이 장면을 서술하는 자나 읽는자라 할 수 있는데 그 화자는 客語보다 下位者인 것이다. 부처 전세상 인물인 '선혜의 덕'이기 때문이다. 主語는 '외도인'이기에 주어 < 객어의 관계가 된다.

두 번째는 主語가 역시 '외도인'이며 客語는 '은돈'인데 이것은 선혜에게 바치는 은돈이기 때문에 그 客語는 主語 < 客語 > 話者의 관계가 성립되는 것이다.

위의 두 예처럼 중세국어의 謙讓法은 主語 < 客語 > 話者의 엄격한 규칙과 主語, 話者는 각각 독립적이다.

그러나 『無情』이나 『신소설』에서는 主語 = 話者가 될 수 있는 예가 있다. 이것은 중세국어의 경우는 과거에 있었던 일을 서술하는 글이고 소설에서는 직접 대화이기에 글ㄴ 차이가 있을 수 있는 것이다.

위의 1)의 예는 직접 대화기 때문에 話者 = 主語가 될 수 있고 聽者는 앞에 있는 '뵈오니'에 의해 謙讓法으로 처리 되었기에 여기서는 客語 = 聽者의 관계로 성립된다.

2) <u>엿쥬어볼</u> 말삼이 잇습니다(3.13.57)

2)는 다시 이렇게 재구성할 수 있다.

2)′ 제가 션싱님께 말숨을 엿쥬어보겟습니다(재구성)

초변이기에 '합쇼체'를 사용했고 主語는 話者이며 客語는 聽者를 겸하고 있다. 話者 < 客語 > 主語(主語 = 話者)인 문장이다.

3) 아버지 방문 밧게 거러드릴람니다(4.29.92)

主語가 생략된 문장으로 "제가 아버지 방문 밧게 거러드릴람니다"란 문장으로 꾸밀 수 있다. 여기서 '아버님'이 아님 '아버지'의 호칭은 며느리가 아닌 딸이 아버지에게 하는 대화이기에 -格式 +親密 때문이다. 결코 '아버지'는 불경의 호칭이 아니다. 계급관계는 主語 = 話者이며 客語에 관계된 자는 聽者가 된다. 主語 < 客語 > 話者의 관계다.

4) 글셰 엿줄 말삼이 잇스니 여그 좀 안즈셰요(5.9.100)

위 4)를 재구성하면

4)′ 제가 오라버니끠 엿줄 말삼이 잇스니 여그 좀 안즈셰요(재구성)이 된다. 話者는 聽者의 누이다. 主語 = 話者이며 客語 = 聽者로 이뤄지므로 主語 < 客語 > 話者의 관계다.

5) 벌셔 말삼 드려야 홀 것인데...(5.12.103)

남녀간의 대화로 +格式的이다. 主語가 생략된 문장이며 主語 = 話者, 客語 = 聽者, 主語 < 客語인 계급관계다. 格式的이므로 종결어미는 물론 합쇼체로 서술되어야 한다.

6) 얼골이 혹 뵈온 듯도 흡니다만은(1.5.3)

대화의 연속이며 聽者, 話者가 목전에 있기 때문에 主語가 생략되었다. 主語 = 話者이며 客語 = 聽者 관계이고 話者 < 客語 > 主語의 계급이 형성된다. 6)도 매우 +格式的인 대화다.

7) 월향씨(가) 손님모시고 어듸 갓소(2.16.30)

재구성하면

7)′ 월향씨(가) 손님(을) 모시고 어디 갓소(재구성)

이 될 수 있다. 이런 경우는 話者와 聽者와 客語가 각각 독립적이다. 主語 < 客語, 話者 < 客語이며 참고로 話者와 聽者의 계급은 하오체로 대우했을 뿐 사회적인 계급은 話者 > 聽者이다. 이제까지 예를 든 1)~6)이나 뒤에 예시할 8)은 主語 = 話者 < 聽者 = 客語의 관계로 이루었지만 7)의 경우는 중세국어의 겸양법을 만족시키는 요소가 갖추어졌다. 『신소설』에서는 敬語法 구서열 관계가 자세히 서술되었고, 아울러 1) ~ 6). 7). 8). 9)의 경우가 잘 서술되었다.(姜圭善 1988 : 117-118)

8) 제가 씨셔 드리지요(4.24.87)

재구성은

8)′ 제가 (당신의)(얼굴을) 씨셔 드리지요(재구성)

가 된다. 이때도 1)~6)의 경우와 같은 설명이 필요하다.

9) 당하시는 부친을 뵈옴이라(3.4.50)

9)는 편지글이기 때문에 文語의 형식을 예로 들기가 생생한 느낌이 없다. 여기에서는 主語가 생략되어 있다. 聽者는 이 글을 읽는 사람이고, 主語와 話者는 동일 인물이다.

『無情』에는 편지글이 한 번 나타나는데 여기에는 謙讓法의 형태소 '-숩-'系의 잔재가 보인다.

* -깃브옵기, -션싱끠옵셔(3.4.50)
* 주옵시고(기도문), 주옵소셔(기도문) (4.18.77)
* 주옵소슨(4.11.70)

이들은 謙讓法의 형태소가 이형태가 되어 尊敬法이나 恭遜法의 형태소들과 어울려 사용되고 있다. 문자의 보수성을 엿볼 수 있다.

6. 尊敬法

尊敬法은 형태소 '-시-'로 표시되어 主語를 높여주는 어법이다. 話者나 主語, 聽者를 고정해서 설정한다 해도 그들이 처한 환경, 심리변화에 따라서 변화가 생긴다. 이런 점이 敬語法 전반의 어려움이 따르는 것이다.(남기심 1981 : 8)

6.1 설명법

1) 안으로 들어오시랍니다(1.3.2)
2) 은혜 만히 바드셧 습니다(1.3.2)
3) 밤 맛이 달으시겟습니다(1.5.3)
4) 져 어른이 리션싱이시외다(1.5.3)
5) 학감 끠셔 가시던 집이요(2.7.29)
6) 여긔 리형식씨 오셧슴니다(2.18.38)
7) 여보 이러나쇼 손님 오셧소(3.2.48)
8) 그런데 아씨가 평양으로 가셧셔요(3.2.48)
9) 대학 교수가 되실 터이닛가(4.12.77)
10) -그러세요(4.15.80)
11) 이상흐게 너 얼골 보시던데(4.17.81)
12) 글쎄요 옵바끠셔 가라시는 날 가지오(5.9.100)

1)은 주어가 표면에 나타나 있지 않다. 1)을 재구성하면,

1)′ 장로님끠셔 선싱님 안으로 들어오시라고 하십니다
A B

주인공 이형식이 김장로의 딸 선형을 영어 개인교수하기 위하여 방문했을 때 심부름하는 사람이 話者가 되어 간접적으로 전언하는 형식이다. A 부분은 선생님께 대한 장로와 話者의 높임이고, B는 장로에 대한 話者의 높임이다. 話者(심부름하는 자)는 이형식(선생)보다 下位者이기에 형식을 '-시-'로 대우할 수 있다. 나타나지 않은 主語인 장로는 형식보다 上位者이지만 초면이기에 +格式으로 '-시-'를 사용하고 있는 것이다.

삼대가 한집에 살고 있는 경우, 조부, 부, 자나 백부, 부, 자(부의자) 중에서 먼저 조부가 話者가 되어 손자에게 :

* 너의 아범 어디 가셨니? (話者는 祖父)

* 너의 아버지 어디 가셨니? (話者는 伯父)

로 손자나 조카에게 물을 수 있다. 이때 話者는 主語보다 계급이 높지만 話者가 하는 말을 듣는 聽者(손자나 조카)의 입장에서 '-시-'를 사용한 것이다.(고영근. 남기심 1985 : 327, 姜圭善 1988 : 54) 2). 10). 12)는 話者 < 主語의 관계인데 +格式이며 -親密이다. 話者는 主語(聽者)보다 나이가 上位者이고 主語(聽者)는 話者의 가위가 된다. 즉 상황에 의한 尊敬法의 사용이 변하고 있다. 3)은 話者 < 主語의 계급이고 主語 = 聽者이다. 직접대화다. 4)는 話者 < 主語, 聽者 < 主語 고로 3). 4)는 정상적인 尊敬法의 실현이다. 이 때 聽者 < 主語의 입장이 고수되려면 話者 > 主語의 계급 관계라도 '-시-'는 聽者의 입장에서 사용될 수 있는 것이다.(姜圭善 1988 : 51) 5) ~ 8). 11)도 같은 차원의 분석이 필요하다. 9)는 主語 = 話

者(친구지간)이며 聽者 < 主語이다. 그런데 話者는 좀 야유하는 태도인 것이다. 이런 점이 심리적인 문제의 尊敬法 양상이라 할 수 있다. 聽者의 입장에 의해하는 대화는 전후 사실로 미루어 알 수 있다.

6.2 命令法

尊敬法이나 명령법에는 話者와 聽者의 관계만이 존재한다. 대화내용은 다른 인물이 나타닐 수도 있지만 마지막 종결어미는 2인칭의 직접 聽者에게만 주어지는 話者의 대화인 것이다.

'-시-'로 표시된 尊敬法은 話者 < 聽者의 계급 관계가 성립된다. 어미는 '-시오', '-십시오', '-셔요'(시어요, 셰요), '-시지오'등이 나타난다. 이 중에서 '-십시오'가 가장 +格式적이고, 정중하며 '-시오'는 +格式的이라 해도 話者 > 聽者의 경우가 된다. '-셔요'는 -親密度로 볼 수 있다. '-시지오'는 '-십시오'보다 정중하게 할 수 있는 것으로 (이익섭, 임홍빈 1988 : 233, 姜圭善 1988 : 60) 아무리 높여서 대우해도 명령은 명령이기에 부드러운 어투의 사용이기도 하다.

『신소설』에서는 '-쇼셔'(기원의 문어체), '-옵쇼셔', '-옵시오'가 나타난다. 그러나 『無情』에는 나타나지 않는다. 기원문이나 문어체의 문장(擬古的)이 현대적 대화인 소설 『無情』에서는 나타나지 않는다. 이것은 문어체적 소설 어투가 구어체로 넘어가는 과도기적인 현상이라 할 수 있다.

1) 쟈 부치를 부츠시오(1.3.2)
2) 올라 오십시오(1.3.2) 부인끠셔 물어보십시오(4.18.82)
3) 안즈십시오(2.3.33) 자유를 어드 십시오(4.27.90)
4) 오 즘싱 놈들은 포박 되얏스니 안심ᄒᆞ시오(2.18.38)
5) 칼을 주시오(2.3.42) 자 얼른 말솜ᄒᆞ시오(4.15.80)
6) 좀 알도록 가르쳐 주시오(1.3.2)
7) 돌아가셔요(4.6.74) 자 잡수세요(4.25.88)

8) 그러케 ᄒᆞ시지요(4.12.77) 정식으로 말슴 ᄒᆞ시지오(4.11.82)

9) 직접으로 말슴ᄒᆞ시지오(4.15.80) 자 일어 나시오(5.22.109)

6.3 疑問法

1) 이젼에 영어를 배호셧슴니가(1.3.2)
2) 져를 모르시겟슴니가(1.5.3)
3) 웨 그러시오(2.16.36)
4) 웨 느즈셧셔요(2.24.43)
5) 엇지 벌셔 오셔요(4.6.74)
6) 엇더ᄒᆞ시오((4.18.82)
7) -ᄒᆞ시겟소(4.19.83)
8) 지금도 사랑ᄒᆞ시오(4.21.90)
9) 손님은 어디 가셧니(5.9.100)

의문법도 설명법과 같이 여러 형태의 尊敬法 양상이 나타날 수 있다. 즉, 『신소설』의 예를 보면,

A) 대감 마님과 ᄌᆞ근아씨 일힝은 뫼시고 오다가 소인은 ᄇᆡ오기셔 먼져 와슴니다(치악산 下:85)

B) 너의 셔방님 일몬으로 기시던지 오시던지 내가 알짜랄이 잇ᄂᆞ냐(치 악 산 上:55)

C) 아버지 그 편지에 무어라 ᄒᆞ시얏셔요(치악산 下:89)

A)는 話者 < 聽者의 계급순이고 內包 돼 있는 문장은 話者 < 話中人物, 聽者 > 話中主語 > 話者의 경우다.

B)는 話中主語 < 話者 > 聽者의 경우이거나

C)는 主語 > 聽者 > 話者의 다양한 계급 이동의 대화가 존재할 수 있다.

9)의 話者 > 聽者 >主語로 이루어진 것을 제외하고는 모두 話者 < 聽

者로 이루어진 두 사람만의 대화가 나타난다. A)의 경우 계급이 낮은 主語와 높은 主語가 함께 主語로 사용될 경우 계급이 높은 主語를 기준으로 '-시-'를 사용한다(안병희 1983 : 39, 姜圭善 1988 : 53)는 형태의 대화는 『無情』에서는 나타나지를 않는다.

'-시-'로 존대한 대화가 話者 < 聽者(主語)의 계급처럼 보인다 해도 인물들의 내용은 +格式, -親密이기 때문에 '-시-'로 主語를 높여준 것이지 실제 내용을 살펴보면 話者 > 聽者(主語)의 계급형성이 많았다.

1). 2)는 같은 인물인데 1)의 話者가 2)에서는 聽者(主語)가 된다. 즉 대화의 방향은 1) ⇄ 2)이다.[7] 3). 4). 5)도 主語(聽者), 話者가 交變한다. 그러나 '-시-'로 존대함은 변함이 없다. 이런 경우는 +格式 -親密의 조건이 가해진 것이다. 6)의 경우는 +格式만이 작용한 것이다. 話者는 남편이고 聽者는 부인이다. 8)은 話者가 聽者를 존대하지만 그 話者가 聽者의 언니(上位者)가 되어 해라체를 사용한다. 이런 것들은 +格式, -親密일 경우에 나타난 것이다.

6.4 感嘆法

1) 그만ᄒᆞ면 알으시겟구려(4.11.76)
2) 더러 타십시오그려(5.12.103)
3) 령감끠셔 오시는구려(2.16.36)

감탄법은 설명법이나 명령법에 '-구려'를 첨가해서 만들어질 수 있다. 1). 3)은 설명법의 종결어미 '알으시겠습니다', '오십니다'에 '-구려'가 첨가된 것이다. 2)는 명령형어미 '-십시오'에 역시 '-구려'가 첨가되어 감탄법을 만든 것이다.

그러므로 감탄법을 문체법에 설정하는 문제가 거론되고 있니만(고영근

---

7) 1) ⇄ 2)는 1)의 화자가 2)에서는 청자가 되는 자리바꿈을 뜻한다. 이하 모든 ⇄ 는 같은 의미임.

1974 : 139) 敬語法에서도 확실한 독립성을 부여하는 것도 문제가 된다. 하소서체에 '-고녀'를 들고 있으나(이희승 1957 : 106) 찾을 수 없고 표준어의 영역인 '-구료'도 보이지 않고, '-구려'가 나타난다.

1)은 추측법으로 話者 > 聽者인 계급관계지만 지극한 +格式이 작용했다.[8] 2)는 話者 > 聽者의 계급으로 정상적인 尊敬法이다. 聽者가 話者의 '오라버니'이다. 3)도 사회적 계급은 話者 < 聽者이지만 연령은 話者가 손위다. 그러나 話者는 聽者의 환심을 사기 위한 속셈이 있는 대화다.

그밖에 請誘法이나 許諾法등은 나타남이 거의 없으므로 다루지 않는다.

7. 恭遜法

恭遜法은 상대존대, 상대높임법, 상대 경어법 등으로 사용되었다.[9] 敬語法[10]의 생성에 관해서는 여러요인으로 규정되어 있다.(姜圭善 1969 : 2-8)(姜圭善 1988 : 73) 敬語法의 하위범주인 尊敬法, 恭遜法, 謙讓法이 하나의 문법 범주로 통합할 수 있는 것은 일정한 話者가 主語, 客語를 上位者로 대우하는 것이 공통이기 때문이다.(姜圭善 1988 : 73) 恭遜法의 이름은 여러 가지로 사용되었으나 그 등급은 4~7등급으로 분류되어 논술되고 있다.[11]

---

8) 話者는 목사이고 聽者는 이형식으로 나이 차이는 물론 사회적인 계급도 話者 우선이다.

9) 허웅, 1961.
남기심, 1981.
고영근.남기심, 1985.
이익섭.임홍빈, 1988.

10) 敬語法은 尊敬法, 恭遜法, 謙讓法을 한데 묶어서 敬語法이라 하고 이들 3서열은 유기적 관계를 유지한다. 체언, 조사, 접미사, 일반상대어 등과도 敬語法은 유기적인 관계를 맺고 있다.

11) 李熙昇 :『새고등문법』, 일조각, 1957:101.

본고에서는 등급의 규정을 5등급으로 분류하였다.(이희승 1957 : 101, 고영근 1974a : 118-157, 姜圭善 1988 : 73)

7.1 합쇼체

7.1.1 설명법

합쇼체와 하소서체는 함께 포함시킨다. 합쇼체의 '-ㅂ-'이 형태론적 지표이고 하소서체는 '-이-'이며, 합쇼체는 '-리-', '-고-'앞에서는 '-오'로 변이한다. 직설법은 동사, 형용사, 존재사, 체언 아래서 '-(으)ㅂ니다' "-옵ᄂᆞ이다' '-ᄉᆞ옴ᄂᆞ이니' 등이 나타난다. 최상법에서는 '-ㅂ더이다'등이 있다.

본고에서는

* '-ㅂ니다' (-ㅁ니다) (-습니다)

1) 처음 보입니다(1.1.1)
2) 처음인가 봅니다(2.1.3)
3) 은혜 만히 바드셧습니다(3.1.5)
4) 아니올시다 져도 쳐음 입니다(3.1.5.)
5) 션싱을 차자오셧는딕 기싱갓습니다(1.7.4)

강복수. 유창균 : 『文法』, 형설출판사, 1969:42.
金敏洙 : 『新國語學』, 정음사, 1964:12.
崔鉉培 : 『우리말본』, 정음사, 1957:252.
강윤호 : 『정수문법』, 지림출판사, 1968:70.
許　雄 : 『표준문법』, 신구문화사, 1969:63.
安秉禧: "2人稱 代名詞 '그듸'에 대하여", 1965, 『국어국문학』:28.
고영근 : "現代國語의 尊敬法에 대한 연구", 1974, 『國語硏究』10卷2號..
"現代國語의 終結語尾에 대한 構造的 硏究", 『語學硏究』 10卷 1號:138.

6) 실례ᄒᆞ엿습니다(1.7.4)
7) 함끠 도라 가셧습니다(1.7.4)
8) 함끠 뵈온 것 갓습니다(1.10.6)
9) 이제는 양보할 수가 업습니다(1.26.19)
10) 학생들이 동밍 휴학을 ᄒᆞ엿 담니다(2.2.25)
11) 저는 모르겠습니다(2.7.29)
12) 교사를 그만 둘랍니다(4.6.72)
13) 아버지 문 앞에 거러드릴람니다(4.29.92)
14) 교주댁으로 가랍니다(1.26.19)

1)′ 셥셥해서 갑데다(1.7.4)
2)′ …합데다(1.11.7)
3)′ …줍데다(1.13.11)
4)′ 긱이 륙칠인이 되옵데다(1.16.10)
5)′ 잘 데가 업다고 합데다(1.16.10)
6)′ 무슨 ᄌᆞ미에 살으시는지 모르겟습듸다(4.8.74)
7)′ 보기 실타 합듸다(5.1.93)
8)′ 동싱이라 그럽데다(5.16.105)
9)′ ᄎᆞᄌᆞ 왓습데다(5.18.108)

1)은 +格式 −親密을 나타낸 것이며 이들은 처음 만나는 이성간이다. 2). 3). 13)은 전형적인 話者 < 聽者의 관계다. 聽者는 父母格의 人物이다. 4) ⇄ 1) 4).1)은 話者 聽者가 바뀌어도 합쇼체가 나타난다. 이것은 +格式 −親密이어서 반말 형식이 된다. 1) ⇄ 7)도 같은 설명이다. 5) 12) ⇄ 10)인데 주인공 형식과 노파의 대화인데 형식은 사회적 계급은 노파보다 上位者이지만 연령적으로는 형식 < 노파의 위치다. 이런 관계는 +格式에 의해 합쇼체를 사용하고 있기 때문이다. 親密관계는 별무상관이다. 9). 14)는 같은 직업 같은 연령이지만 +格式적이다.

* '-ㅂ데다' (-ㅂ듸다, -옵데다) (-ㅂ데다)

'-ㅂ데다'는 ㅂ/더/이/다로 분석 가능한데 회상의 선어말어미 '-더-'와 恭遜法의 형태소 '-이-'가 결합된 형태다. '-ㅂ더이다'의 '-이-'를 서술격 조사의 어간으로 볼 수 없는 것은 중세국어의

A) 舍衛國 사ᄅᆞ미 十八億이러니(釋譜詳節 6권:28)
B) 님금 臣下 ㅅ 疑心 이러시니(月印千江之曲 上:22)
C) 부텨나히 셜흔 세히러시니(釋譜詳節 6권:11)

A). B). C)에서 '-러-'(더의 유음화 현상) 앞의 '-이-'가 서술격 조사의 어간인 것을 감안하면 의의 -ㅂ/더/이/다의 '-이-'는 중세국어의 '-이-'가 변이된 것으로 본다. -ㅂ/드/ㅣ/다(-ㅂ듸다)의 '-드-'는 근대국어에서는 '-더-', '-드-' 또는 '-ᄃᆞ-'로 나타나기도 한다.

셔울 머글거시 노든가 흔든가(老乞大諺解 上:8)
닐ᄋᆞ뎌 나니 ᄒᆞ드냐(朴通事諺解 中:40)
ᄉᆞ양코져 너겻ᄃᆞ니마ᄂᆞᆫ(捷解新語 二:25)

그러므로 '-듸-'는 '드/ㅣ'로 나눌 수 있다. '-ㅃ다'는 대화에는 그 主語가 나타나지 않는 話者 < 聽者와 聽者≠主語이며 합쇼체를 사용하는데 主語와 聽者와는 무관하다.

* '-올시다'

받침이 없는 어간에 붙어서 '-ㅂ니다'보다 좀더 친절한 뜻으로 쓰이는 조사 '-아니다'의 어간에 붙어 '-ㅂ니다' 뜻으로 쓰이는 종결 서술형 어미다.[12] 또는 받침이 없는 체언이나 '아니다'의 어간에 붙어 '-읍니다'보다 좀더 정중하게 이르는 끝맺는 어미[13] '옳다'와 '-ㅂ니다'의 합해진 의미로

12)『신콘사이스 국어사전』1975. 동아출판사:420.

볼 수 있다. '-ㅂ니다'와 같은 급의 종결어미로 취급했으나 '-ㅂ니다'보다는 단정적이고 분명함을 나타내는 話者의 의지가 있다.

현대국어의 어형에서는 거의 찾을 수 없는 의고적인 종결어미이며, 여성보다는 남성 전용의 종결어미다.

1) 리형식 올시다(1.1.1)
2) 졔가 아는 것이 업셔셔 그것이 민망ᄒᆞ올시다(1.3.2)
3) 졔 자식을 위ᄒᆞ야 슈고를 ᄒᆞ신다니 감사ᄒᆞ올시다(1.3.2)
4) 천만에 말삼이 올시다(1.3.2)
5) 천만에 말삼이 올시다(1.7.4)
6) 네 산보 나가던 길이 올시다(4.10.75)
7) 저희는 음악을 알아셔 ᄒᆞ려 홈이 안이 올시다(6.7.122)
8) 글셰 올시다(6.7.122)
9) 여긔 올시다(2.7.29)

1)은 +格式 -親密이다. 同格의 친구지간이지만 친밀하지 않기에 '-올시다'이다. 그러나 그들이 너, 나 하는 막역한 사이가 되어서는 하게체나 해라체를 상호 사용한다. 2). 6). 9) 話者 < 聽者의 계급 관계인데 話者는 聽者의 사위가 된다. +格式적이다. 3)은 話者 > 聽者사이지만 +格式적이고 話者가 여성이며 감사의 정중한 의미가 있다. 4)는 3)의 대답으로 매우 格式적이다 5)와 8)은 話者와 聽者가 이성간인데 +格式이 있고 정중한 내용이기에 '-올시다'의 사용이 가능하다. 7)은 대중을 상대로 하는 연설이기에 확신감과 진실을 가미하는 기능으로 사용된 것이다. 9)는 話者가 학생이며 聽者는 선생님이다.

1)′ 2)′ 는 그 여자가 섭섭해서 갑더이다(재구성)인데 話者는 노파이고 聽者와는 사회적 계급은 話者 < 聽者이고 나이는 話者 > 聽者다. 3)′ 도 主語가 나타나지 않는다. 계급은 話者 < 聽者다. 4)′ 의 '-옵데다'는 겸양

---

13) 『새 우리말 큰사전』 신기철, 신용철. 삼성출판사, 1988.

의 형태소가 이형태로 존재한다. 곧 '-ㅂ데다'보다 좀더 심화시킨 恭遜法이다. 5)′ ~ 9)′ 등도 위와 같은 설명이 필요하다.

* -소이다 (-사이다,쇼이다,쇠다)

'-소이다'는 '-시오이다'의 변형이다. '-시오'는 '숩+ᄋᆞ(조음소)'가 'ᄉᆞ오'로 변하고 ' '의 소멸로 인하여 '-사오-'로 되었다가 Hiatus에 의해 '-사오-'는 '-소'가 된 것이다. 그리고 '-소이다'는 '-쇠라'로 변한 것이다. 이처럼 '숩'系가 17세기부터 자신의 본령인 謙讓法의 영역보다는 恭遜法, 尊敬法의 부속적 요소로 삽입되어 恭遜法, 尊敬法의 의미를 깊게 해주고 있는 것이다.

1) ᄎᆞᄌᆞ주시니 고맙소이다(1.7.4)
2) 여러분…싸흐사이다(2.13.33)
3) -로 쇼이다(3.4.50)
4) 이런 고마울 데가 업쇠다(6.6.121)

* '-나이다'

'-나이다'는 편지글 (주인공 형식에게 영채가 유언으로 남긴 편지글)에만 나타난다.

* ...살앗나이다(3.4.50)

중세국어의 '-ᄂᆞ이다'에서 'ㆍ'의 탈락과 'ㆁ'의 초성에서의 사용하지 않는 사실로 '-이-'가 된 것이다. 매우 정중한 곳에 사용하는 어미다.[14]

---

14) 『새 우리말 큰사전』, 신기철. 신용철, 삼성출판사, 1988.

* -외다

1) 대동강 이외다(3.9.54)
2) 리션싱끠셔 깃버ᄒᆞ실 말삼이외다(4.10.75)
3) 느져셔 미안ᄒᆞ외다(4.5.71)
4) ᄂᆡ가 죄인이외다(5.18.108)
5) 은혜 ᄇᆡᆨ골 난망이외다(6.6.121)
6) 조흔일이외다(6.7.122)

謙讓法의 형태소 '-ᄉᆞᆸ-'이 '-ᄋᆞᆸ-'으로 변한 후 'ᄋᆞᆸ+ᄋᆞ(조음소)'가 '-ᄋᆞᄫᆡ-'로 그리고 '오'로 된 것이다. '-외다'는 '-ㅂ니다'보다 정중하고 格式적이다. 그러나 의고적인 어미다. 계급간의 위상은 話者 < 聽者의 경우가 거의 없다. 오히려 話者 > 聽者의 경우가 많다. 1)은 사회적으로 話者 > 聽者며 2)역시 話者 > 聽者다. 話者는 목사이고 나이가 위이며 聽者는 이형식으로 선생이다. 3)은 더구나 話者가 선생님이고 聽者는 학생들이다. 4) ~ 6)은 話者, 聽者가 거의 同格이 된다. 그러므로 이것은 매우 格式적인 합쇼체의 종결어미인 것이다.

* '-리다'

추측법 '-리다'는 '-리이다'의 준 꼴이다. '리/이/다'로 분석될 수 있고 '-이-'는 '-이-'의 변형이다. '-리-'는 추측의 선어말어미다. '-리다'도 의고체의 어형이다.

1) 오는 길에 들느리다(4.12.77)

話者는 목사이고 聽者는 이형식이다. 즉 話者 > 聽者로 格式的인 대화다.

7.2.1 疑問法

1) 녀ᄌᆞ 못보셧습니가(3.13.57)
2) 엇더케 드러감니가(3.15.58)
3) 어듸 갓다어셧습니가(4.5.71)
4) 졔가 감당할 수가 잇습닛가(4.15.80)
5) 졔가 알겟습닛가(4.19.84)
6) 아니 쥭고 엇더케 함닛가(4.26.89)
7) 무엇 이겟습닛가(5.6.98)
8) 나를 사랑ᄒᆞᆷ닛가(5.6.98)
9) 무슨 확령임닛가(5.6.98)
10) 무엇이 즁함닛가(5.6.98)
1) 지아비를 아니 ᄉᆞ랑ᄒᆞ겟습니가(5.8.99)
12) 뉘 말임닛가(5.8.99)
13) 성경에 안잇습니가(5.8.99)
14) 알겟습니가(5.12.103)
15) 어 디 오닛가(3.15.58)
16) 누구 오닛가(3.15.58)
17) 녀ᄌᆞ는 저 먹을 것도 못번답듸ᄭᅡ(5.9.100)
18) 그릐 그 동힝이 누굽데가(5.16.105)
19) 시작ᄒᆞ오릿가요(3.15.58)

직설법에는 '-ㅂ닛가'(-ㅁ닛가) '-오닛가' 회상법에는 '-ㅂ데가'(-ㅂ듸ᄭᅡ, -디ᄶᅡ), 추측법에 '-오릿가'등이 있다.

1). 2)는 話者 < 聽者이지만 사회적 계급이고 실제 나이는 그 반대다. 이는 사회적 제약이 恭遜法의 한 원인임을 알 수 있는 것이다. 3) ~ 5)는 정상적인 下位者의 話者가 上位者인 聽者에게 행하는 恭遜法이다. 3)은 話者가 학생 4), 5)는 사회적으로 연령이 적은 자가 話者다.(聽者가 후에 장인이 됨)

7.1.3 命令法

* '-십시오'

1) 부인끠셔 물어보십시오(4.18.82)
2) 자유를 얻으십시오(4.27.90)
3) 분명히 말삼ᄒᆞ십시오(5.6.98)
4) 영치도 사랑히 주십시오(5.9.100)
5) 자 쌀기 잡수십시오(3.25.112)
6) 공칙과 연필을 쥬십시오(3.15.58)
7) 자, 지나건 말을 ᄒᆞ여 쥬십시오(1.11.7)
8) 쥬무십시오(4.28.91)

* '-ㅂ시오'

9) 넘어 슬퍼 맙시오(3.15.58)
10) 이리 줍시오(3.16.59)
11) 이번엔 얼른 부칩시오(3.16.59)
12) 확실ᄒᆞ게 허락을 합시오(4.12.77)
13) 비누로 씻습시오(4.24.87)

* '-쇼셔'(-소서, -소사)

14) 영어를 가르쳐 줍소사 ᄒᆞ고...(3.15.58)
15) 아버님끠 아시 다리고 오십소사 ᄒᆞ고...(4.15.80)
16) 부르쇼셔(3.6.51)

* '-시지오'

17) 나ᄒᆞ고 김장로덕에 가시지오(4.11.76)
18) 그러케 ᄒᆞ시지오(4.12.77)
19) 가보시지오(5.22.109)

'-십시오'의 '-시-'는 尊敬法의 선어말어미이지만 恭遜法의 정중한 심도를 갖게 한다. 이는 尊敬法의 '-시-'와는 다른 성질을 가지고 있다.(고영근 1974a : 146-147, 姜圭善 1988 : 80) '-오'로 귿난 종결어미를 하오체의 영역에서 귀속시킨다면 명령법의 합쇼체는 '-십시다'가 된다.(고영근 1974a : 146) 그러나 '-십시다'는 청유형의 합쇼체가 되어야 할 것이고, '-십시오'는 '-오'로 끝났지만 이는 합쇼체에 넣어야 한다. 그 이유는 대화의 장에서 설명법 '-ㅂ니다', 의문법 '-ㅂ니까'와 함께 어울려 사용되고 있고, 엄격한 의미에서는 '-시-'가 들이간 하오체는 하오체 이상의 것이기 때문이다.

『신소설』에서는 '-쇼셔'가 나타나는 빈도가 많지만(姜圭善 1988 : 81) 본 자료에서는 '-ㅂ시오'가 많다. '-ㅂ시오'는 '-십시오'보다는 정중한 분위기를 적게 풍기고 있다. 그러나 동일 인물의 話者, 聽者간에서 이 둘은 구별없이 사용되고 있다.

'-시지오'는 '-십시오'가 '-시지오'로 대치되는 수가 잇다. 명령법은 아랫사람에게는 강압적인 의미로, 즉 명령조의 말이지만 윗 사람에게는 정중하게 하기 위해 권유로 바귀는 것으로 '-시지오'가 사용될 수 있다. 청유법에도 '-시지오'가 더 적합하다는 이론도 있지만(이익섭, 임홍빈 1988 : 233, 姜圭善 1988 : 81) 17) ~ 19)는 명령어라기보다는 권유의 형태다.

'-쇼셔'는 대화체의 형식에 사용되지 못하고 주인공 영채의 유서에 나타난다. 『신소설』에는 '-옵쇼셔'등이 대화에 나타나는 것하고는 대조적이다.(姜圭善 1988 :81)

'-소사'는 물론 '-쇼셔'(소서)의 이형태다. 이 때도 '-소사'는 話者인 김장로가 그의 부인과 딸을 종자에게 시켜서 나오게 하는 것으로 김장로는 종자의 입장이 되어서 상전에게 올리는 대화인 것이기에 직접적 대화는 아닌 것이다.

7.1.4 感嘆法

1) 저기 집들이 반이나 잠겻습니다 그려(6.3.119)
2) ᄌᆞ연히 눈물이 납니다 그려(1.10.6)
3) 바로 구 사람이외다 그려(1.16.10)
4) 남들이 그럽데라 그려(1.30.20)
5) 아직도 즙으십니다 그랴(2.28.46)
6) 그만ᄒᆞ면 알으시겟구려(4.11.76)
7) 더러 타십시오 그려(5.12.103)
8) 에그 영감끠셔 오시는 구려(2.16.36)
9) 별로 업슴니다그려(4.29.89)

감탄법은 문체법에 설정해야 하는가 하는 문제도 있지만(고영근:1974 a·139) 敬語法에서 구분되는 지표도 생각해볼 문제로 '-구료'가 표준의 형태이다.(姜圭善 1988 : 83) 그러나 『신소설』이나 『無情』에서는 '-구료'가 나타난다. 또, 하나의 특징은 『신소설』에서는 나타나지 않는 것으로 합쇼체의 설명법의 종결어미에 '-구려'만 덧붙여 감탄법을 만들고 있는 것이다. 1) ~ 6)은 바로 그런 형태들이다. 4)는 회상법이고 6)은 추측법이다. 6)은 '-알으시겟습니다그려'의 준 꼴이다. 1) ~ 3).5)는 물론 직설법이다. 7)은 명령법의 합쇼체에다. '-그려'가 첨가되어 감탄법을 만든 것이다. 8)과 같은 것이 동사의 뒤에 '-구려'가 붙어서 직설법으로 이루어진 감탄법의 모습이다. 그리고 계급관계는 6). 9)는 話者가 上位者인데도 합쇼체로 대우한 것은 +格式 -親密이 작용하고 있다. 그 나머지는 話者 < 聽者의 계급이다.

7.1.5 請誘法

1) 죠반이나 먹고 차ᄌᆞ 봅시다(3.15.58)
2) 죠반이나 먹읍시다(3.17.58)

3) 집으로 갑시다(3.24.64)
4) 나하고 동무가 됩시다(3.28.67)
5) 자, 시작합시다(4.5.71)
6) 너 나ᄒᆞ고 지내입시다(3.28.67)
7) 하느님끠 기도를 올입시다(4.18.82)
8) 이것도 물어봅시다(4.19.83)
9) 자갑시다. 덤심이나 먹읍시다(4.24.87)
10) 자, 우습시다(4.27.90)
11) 우리 집으로 갑시다(5.13.104)
12) 병인을 누입시나(6.5.120)
13) 자, 저리로 갑시다(6.6.121)
14) 말삼이나 듯습시다(1.10.6)
15) 말슴하시지오(4.10.75)
16) 용서히 줍시오(5.25.112)
17) 이 사람을 살려줍시오(6.5.120)

* '-ㅂ시다'

『無情』에 보이는 청유법의 합쇼체는 그 빈도가 많다.『신소설』에서의 그것은 적은 편인데 그 이유는 사회적 조건의 차이라 할 수 있다. 즉, 下位者인 話者가 上位者인 聽者에게 청유법을 행사하기가 사회적인 계급성에 의해 어렵다는 점이다. 그것을 반영이라도 하는 것처럼 『無情』에서 나타난 합쇼체의 청유법도 1). 3). 4). 6) ~ 8). 11). 13). 14)등은 話者, 聽者의 계급관계가 거의 수평적 관계가 있음을 알 수 있다.

2). 9). 10). 12)는 +格式적이기 때문에 聽者가 上位者가 아님을 알 수 있다. 특히 5)는 話者가 교사이고, 聽者는 학생들이다. 윗 사람을 話者의 의도대로 어찌하기에는 거북한감이 잇기 때문이다.(姜圭善 1988 : 85) 이는 청유법의 특징을 대변해 주기도 한다.

* '-ㅂ시오'

이는 명령법의 합쇼체를 표함시켜 설명하였다. 그러나 대화의 내용을 보면 명령형인지 청유형인지 구별된다. 16)은 청유법에 넣는 것이 타당하다. 이형식이 영채에게 용서해달라는 부탁이기 때문이다. 17)은 위경에 처한 외침이다.

*'-시지오'

이것도 명령법으로 다루엇으나 대화의 내용을 보면 청유법에 넣을 수 있다.

7.2 하오체

7.2.1 說明法

하오체의 설명법은 동사, 형용사, 체언 등에 나타난다. 주로 직설법, 추측법의 형태로 나타난다.

* '-지오'(-지요)(-리지오)

'-지오'와 '-리지오'는 추측법에 해당한다. 단정적인 직설법은 '-오(요)'가 받침없는 어간에 쓰이고, '-소(쇼)'는 받침있는 어간에 붙어서 나타난다.

1) 셔당이 오면 알터이지요(3.13.57)
2) -옵비지오(3.24.64)
3) 아니 왓던 게지오(3.24.64)
4) 다 제 팔즈지오(4.10.75)
5) 합당하지오(4.15.80)
6) -됴겟지오(4.17.81)
7) 졔가 씨셔 드리지오(4.24.87)

8) 약혼이 즁한 것은 아니지오(5.6.98)
9) ᄉᆞ랑ᄒᆞ셔야지오(5.8.99)
10) 문명을 주어야지오(6.9.123)
11) ᄒᆞ야지오(6.10.124)

* '-오(요)' (-소(셔))

12) 나도 쥭엇스면 조켓소(3.15.58)
13) 갓흔 학교 친구요(3.20.62)
14) 평양갓다 왓셔요(4.5.71)
15) 학교에도 다 갓소(4.6.72)
16) 못견디겟소(4.7.73)
17) 너가 영치를 쥭엿셔요(4.10.75)
18) 쥬져홀 것이 잇셔요(4.15.80)

1). 12). 17). 8). 9)는 話者, 聽者가 섞바뀌어 대화가 되어 나타난다. 그러나 사회적인 계급은 1). 12). 17). 8)의 聽者가 上位者다. 특히 5). 18)은 50대 이상의 연령층이고 사회적 지도층이다. 6)은 話者 < 聽者의 계급이다. 7)은 하오체를 사용하지만 후에는 手上이 되어 해라체를 사용한다. 10). 11)은 중대한 일을 처리하는 장의 대화다.

하오체는 話者 < 聽者의 관계이거나 동등한 관계, 또는 +格式 -親密이 적용할 때는 話者 > 聽者의 계급관계라 해도 하오체가 사용됨을 알 수 있다.

7.2.2 疑問法

하오체의 의문법 종결어미는 설명법, 명령법의 형태와 동일하다. 대화 내용이나 억양에 의해 구분될 수 있다.

'-오'(-요)는 받침없는 어간에 연결되고, '-소'(-쇼)는 받침이 있는 어간에 온다. 용언의 어간에 '-지오'가, 동사 아래 '-시오'가 올 수 있다. '-시오'는 '-오'보다는 格式적이다.

1) 무슨 일이오(3.3.57)
2) 전보를 노핫ᄂᆞᆫ데요(3.13.57)
3) 왼일이야요(3.3.57)
4) 셜마 죽기야 ᄒᆞ얏겟셔요(3.13.57)
5) 에그 고의가 탓지오(3.16.59)
6) 어ᄃᆡ 가시는 길이오(4.10.75)
7) 밧부시지 안으셔요(4.10.75)
8) 형식씨 ᄉᆡᆼ각에도 엇덧쇼(4.19.83)
9) 형님 ᄉᆡᆼ각에 엇ᄯᅥ소(4.17.81)
10) 부인 ᄉᆡᆼ각에는 엇더ᄒᆞ시오(4.18.82)
11) 셩례를 ᄒᆞ고 미국으로 보낼가요(4.19.83)
12) 글세요 졸업을 ᄒᆞ겟나요(4.17.81)
13) 집이 평양이시야요(4.25.88)
14) 학교에 다니셔요(4.25.88)
15) 무슨 말슴이야요(5.3.95)
16) 영치가 엇던 사람이야요(5.13.104)
17) 업겟지오(6.9.123)
18) 왼일이시오(1.5.3)

1) ⇄ 2)와 같은 대화의 방향이라도 하오체를 사용하는걸 보면 +格式적이다. 3) ⇄ 4)는 친숙한 사이지만 사회적인 계급은 주인공 형식이 노파보다 높다. 상호 존중의 대화다. 16) ⇄ 17)도 남(형식), 여(선영)의 대화인데 지극한 +格式적이다. 같은 '-지오'라도 5)는 의지적이며 17)은 추측법이다. '-시오'의 '-시'는 尊敬法에 사용되었을대와는 아주 다른 것으로 恭遜法의 범위를 갖는다.

11) ⇄ 12)는 50대 이상의 인물로 장로, 목사인데 +格式을 갖는다. 13) ⇄ 14)는 우선 13)⇄ 14)는 +格式적이다. 13)의 話者는 후에 聽者의 언니가 된다. 초면이기에 -親密까지 포함된다. 그 나머지는 화자 < 聽者의 계

급을 갖고 있다.

7.2.3 命令法

'-세요', '-셔요', '-오', '-소', '-시오' 등이 있다. '-(으)오'가 보편적으로 나타나고 '-소'가 받침 유무에 관계 없이 수의적으로 통용된다. 개화기 자료에는 '-소'가 사용되는 일이 많다.(고영근: 1974a · 146)고 했지만 '-(으)오'가 주로 나타난다. '-시-'가 '-오'와 간음화 되어 '-쇼'가 '-시오'는 '-오' 보다 공손의 도가 높다. '-요'는 보다 친밀감을 주게 된다. '-세요', '-셔요', '-시오'는 동일 형태로 볼 수 있다.

1) 드러 오세요(3.15.58)
2) 자 이대로 부치셔요(3.16.59)
3) 조용히 ᄒᆞ시오(4.5.71)
4) 일싱을 부탁ᄒᆞ오(4.19.83)
5)여봅시오 들으세요(4.27.87)
6) 엇더케 ᄒᆡ요(4.25.88)]
7) 아버지 이제 봅소(4.29.92)
8) 안즈시오(5.25.112)
9) 부치를 부츠시오(1.3.2)

1). 2). 5). 6). 9)는 話者 < 聽者의 계급인 일상적인 하오체이다. 3)은 話者가 교사이고 聽者는 학생이므로 +格式으로 사용된 것이다. 4) 8)의 話者는 후에 聽者의 장인이 되무로 +格式적 사용이다. 7)은 부녀간의 대화인데 -格式, +親密이 작용한 것이다.

7.2.4 感歎詞

'-그려'(이희승:1957 · 104)는 나타나지 않고 '-구려', '-구랴', '-오구려',

'-시구려'가 나타난다. 그리고 감탄법은 직설법과 회상법에 의해 표현되며, 용언, 체언의 아래에 연결된다.

1) 덥겟구려(3.16.59)
2) ᄯᅡᆷ이 흐르구려(3.17.60)
3) 젹삼 등에 ᄯᅡᆷ이 비엇구려(3.20.62)
4) 슐이 취한 것 ᄀᆞᆺ치 붉구려(3.20.62)
5) 다른 교실에 상학ᄒᆞᆯ 슈가 업구려(4.5.71)
6) 지금은 슬데 업단 말ᄉᆞᆷ이구려(4.8.74)
7) 잘못ᄒᆡ셔 쥭엇구려(4.8.74)
8) 리선싱이 마음에 드는 모양이구려(4.11.76)
9) 동의 ᄒᆞ신단 말삼이구려(4.18.82)
10) 형식이가 기ᄉᆡᆼ집에 단인다구려(5.3.95)
11) 매우 더웁구려(1.3.2)
12) 모르시구려 아직도(2.21.30)
13) 신쥬ᄉᆞ시구려(3.2.48)

대화의 방향이 1). 2) ⇄ 3). 4)이며 사회적 계급은 1). 2) < 3). 4)의 관계다. 그러므로 이들 대화도 +格式적이다. 5)는 동등한 학교 교사들로 +格式이 작용한 대화다. 6) ⇄ 7) 6)은 話者 > 聽者의 계급이며 나이는 話者 < 聽者인데 +格式과 -親密이 자용한 것이다. 8). 11)은 話者가 후에 장인이 된다. 그러나 초면이기에 +格式 -親密이 작용한 것이다. 10)은 부부지간인데 話者가 남편이다. 50대 이상의 행세하는 집안의 +格式인 대화다. 부부간의 대화에서 남편 → 부인의 대화에서 하오체를 하는 것은 『신소설』에서는 찾을 수 없던 현상이다. 12)는 '-시구려'가 사용되었는데 5)와 같은 인물들로 매우 格式적이다. 13)은 話者 < 聽者의 계급으로 되었다.[15]

15) 청유법, 허락법 등은 그 존재가 미미하므로 제외시킴.

7.3 하게체

하게체는 그 말을 듣는 사람을 조금 낮게 보고 하는 말(최현배 1961 : 262-3)이나, 해라체보다는 아랫 사람이나 듣는 사람을 높인다.(姜圭善 1988 : 95) 주로 친구에게 사용하되 해라체나 반말보다 얼만큼 높여 대접하는 상대 敬語法이며 聽者의 나이가 놈 들어 아랫 사람이지만 함부로 대하기 어렵다는 태도를 보이는 등급이다.(임홍빈, 이익섭 1988 : 223) 현재도 장년층 이상의 사람들에게서는 사용하고 있다.

7.3.1 說明法

설명법의 하게체는 직설법은 지정사 밑에서 '-ㄹ세'(감탄법으로 처리함) 동사 아래서는 '네', 형용사 아래서는 '-에', 회상법에는 '-데'가 있으나 본고에는 '-네'와 '-데'가 나타난다.

1) 오놀 왓네(3.20.61)
2) 긔ᄌ묘를 보러가네(3.20.61)
3) 시톄나 차자야겟네(4.10.75)
4) 벌셔 다 ᄯ나려 ᄒ겟네(4.10.75)
5) 나는 경성학교 ᄉ직ᄒ엿네(4.12.77)
6) 평양으로 ᄯ나겟네(4.12.77)
7) ᄶ겨나겟나 보데(4.12.77)
8) 약혼을 ᄒ엿네(4.20.84)
9) 졸업 후에 ᄒ라데(4.20.84)
10) 가서 영치씨를 좀 보고 오겟네(5.22.109)

1) ~ 10)은 話者, 聽者 보두 친구지간이다. 9). 70은 '-데'로 회상법이며 이때의 하게체는 친구사이라 해도 3) ~ 9) 주인공 형식과 우선의 대화인

데 이들이 처음 만났을 때는 하오체 이상으로 대화가 오갔다. 그리고 이들은 해라체 반말까지 그 영역을 넓게 사용하고 있다. 그 만큼 敬語法의 사용요건은 환경, 감정, 느낌까지도 함께 작용함을 알 수 있다. 『신소설』에서는 하게체가 上位者의 話者가 非上位者에게 하는 대화가 많음을 볼 수 있다.(강규선 1988 : 96) 非上位者가 上位者에게 하게체를 사용한 예는 독백적인 것을 제외하고는 찾을 수 없다.(고영근 1947b : 76, 姜圭善 1988 : 96) 그 외의 대화들은 話者가 上位者거나 同格, 同性의 인물들이 +親密과 -格式을 띠고 행해지며, 연령도 문제가 된다.(최현배 1961 : 253) 특히 『無情』에서 나타난 『신소설』과의 다른 점은 上位者가 話者가 되어 하게체가 실현되 대화는 없는 점이다.

7.3.2 疑問法

의문법은 직설법 동사의 아래 '-는가'(ㄴ가), '-는고'(-ㄴ고), '-나'(누)(ᄂᆞ)(노) 형용사 지정사 아래서 '-ㄴ가'(-ㄴ고) 회상법 용언 아래서 '-던가'(-던고) 추측법은 '-겟지', '-ㄹ가'(-ㄹ고)(-ㄹ손가)가 있다.

1) 윈 일인가 언제 왓ᄂᆞᆫ가(3.20.62)
2) 내 집으로 오지 안히ᄒᆞ고(3.20.62)
3) 져 녀ᄌᆞᄂᆞᆫ 누구 인가(3.20.62)
4) 어ᄃᆡ로 가는가(3.20.62)
5) 언제왓나, 그래챠졋나(4.10.75)
6) 영치는 엇데케 ᄒᆞ고(4.12.77)
7) 열람이 될터인가(4.12.77)
8) 미국 가서 말인가(4.20.84)
9) 무엇을 빅홀 터인가(4.21.85)
10) 이 일을 엇지ᄒᆞ면 됴흔가(5.29.119)
11) 무ᄉᆞᆫ 말인가(5.29.114)

1). 2). 3). 4). 6) ⇄ 5)의 대화 방향을 설정할 수 있고 이들 話者, 聽者는 同格, 同性의 친구지간이다. 7) ⇄ 8)도 同格, 同性의 여성들이다. 이들은 -格式 + 親密이 작용하고 있다.

7.3.3 命令法

명령법의 하게체는 아랫 사람이나 친구에게 해라체, 반말보다는 상대를 얼만큼 높여 대접하는 상대 敬語法이며, 그 어미는 '-게', '-네', '-나', '-세'로 표현된다.(이익섭, 임홍빈 1988 : 230) 명령법은 동사, 존재사 아래서 '-게'로만 나타난다. 물론 형용사, 체언 아래서는 나타나지 않는다.

1) 너 집으로 오게(3.20.62)
2) 이제부턴 사람이 되게(4.12.77)
3) 약혼ᄒᆞ고 미국가게(4.12.77)
4) 맥쥬나 사 쥬게(4.12.77)
5) 너가 문안 ᄒᆞ더라고 그러게(5.22.109)
6) 이리좀 오게(5.29.114)
7) 어서 가주게(5.29.114)
8) 편지를 쓰게 어셔어셔(3.3.49)

1) ~ 4), 6) ~ 8)은 동사 밑에 사용된 '-게'이고 5)는 형용사 밑에 사용된 것이다. 이들도 話者, 聽者의 위상은 同格, 同性의 친구지간으로 +親密 -格式이다.

7.3.4 感嘆法

하게체의 감탄법은 동사 아래서 '-네그려' 존재사 아래서 '-네그려' 형용사 아래서 '-네그려' 체언 아래서 '-ㄹ세그려'로 분류하고(이희승 1957 : 103, 고영근 1974 : 140)있다.

본고에서는 '-네그려', '-ㄹ셰', '-ㄹ셰그려' 회상법에 '-데그려' 추측법에 '-게그려', '-ㅁ셰'등이 나타난다.

1) 찾지도 아니하고 왓네그려(4.10.75)
2) ᄌᆞ네 ᄲᅧᆼ 잡앗네 그려(4.12.77)
3) 십년도 부족일 것일셰(4.21.85)
4) 큰일 낫네 그려(5.20.118)
5) 영치씨 울데 그려(5.19.114)
6) 뎐보를 힛네그려(6.10.124)
7) 말ᄒᆞ려던 즁일셰(6.13.125)
8) 오래 되엿구려(1.1.1)
9) 와달라기에 가는 길일셰(1.1.1)
10) 이 일은 ᄂᆡ가 마틈셰(2.21.40)
11) 오늘 ᄭᅡ지 일셰그려(3.1.47)
12) 이리 들어오게 그려(3.2.48)
13) 참 희한ᄒᆞᆫ 일일셰(5.18.106)

1). 2). 4). 5) ~ 8). 12)는 동사 아래 쓰인 것이고 3). 13). 9). 10)은 체언 밑에 쓰였다. 대화의 방향은 1). 2). 4). 5) ⇄ 6) ~ 10)으로 同格, 同性으로 -格式, +親密을 내포한다. 11). 12)은 話者, 聽者가 고정적인데 사회적 신분은 話者 > 聽者의 관계다.

7.4.5 請誘法

해라체에는 '-세'(-셰)가 있을 뿐이다. 동사나 존재사 아래서 실현된다. 청유법의 형태가 '-세'(-셰) 다음에 '-그려'가 붙어서 감탄법을 만들기 때문에 실상은 감탄법과 청유법을 '-세그려' 속에서 구분하기가 곤란한 점이 있다. 본고에서는 '-셰그려'는 감탄법의 범주에 포함시켰다.

1) 밤 리약이나 ᄒᆞ셰(3.20.60)

2) 청료리 집에나 가셰(4.12.77)
3) 자, 잔말 말고 가셰(1.1.1)
4) 참말일세 참말이여(2.16.36)
5) 아모려나 드러가보셰(3.1.47)

대화의 방향은 1). 2) ⇄ 3). 4). 5)이며 친밀한 同格, 同性들로 역시 +親密, -格式이 작용한다.

7.5 반말

7.5.1 說明法

직설법 동사 아래서 '-지', '-닛가', '-킈' 용언 아래서 '-게', '-야'(-어)(-어), '-셔'(-서), 회상법 용언아래서 '-던데', 인용법 '-데'등이 나타날 수 있다.

반말은 등외로 처리하는 것이 예사다. 하게체보다도 上位者인 話者가 聽者를 下位者로 여겨서 해라체보다는 格式을 갖춘 대화다. 이때 話者, 聽者가 보다 친밀도가 깊으면 해라체를 사용하기도 한다. 친구들 사이에서는 반말과 해라체를 섞어 사용할 수 있다. 이 때는 格式은 하게체의 그것보다 차리지 않고 친밀도는 짙게 작용한다.

1) 다녀갈 양으로 온 것이닛가(3.20.61)
2) 김장로 짜님 보고 십던 게지(4.10.75)
3) 어듸까지 짜라가지(4.10.75)
4) 약혼이나 되거던 ᄒᆞ지(4.12.77)
5) 대학교수가 되실 터이닛가(4.12.77)
6) 내 얼굴을 보시던데(4.17.81)
7) 물마시고 야시ᄒᆞ고 왓지(4.19.83)
8) 나만 올가 갓치 단녀야지(5.12.1030

9) 죽엇셔야히(5.24.111)
10) 내가 쓰려 옥게(6.6.121)
11) 익숙지를 못히셔(1.1.1)
12) 응 녀자야(1.1.10
13) 썩를 못버셔셔92.18.38)

1) ~ 13) 모두 절친한 친구 사이며 하게체와 섞어서 반말을 사용하고 있다. 간혹 해라체와도 함께 사용함을 볼 수 있다. 반말은 특이한 것이 반말로 끝난 종결 밑에 '-요'가 반말과 結合可能한 문제를 제기 한적도 있다.(姜圭善 1980 : 成大文學21 · 73) 사실 요즘 대화에서 반말고, 해요는 상당한 부분을 차지한다. 이것과 함께 반말 '-데'와 '-요'의 통합 문제도 관심거리다. 젊은 학생(특히 국교, 중, 고)에게 그들에 대한 문제나 의견을 물었을 때 '-데요'가 많이 쓰인다는 것도 생각해볼 문제다.

7.5.2 疑問法

직설법은 체언 아래서 '-이야', '-여'(-어)동사 아래서 '-고', '-지'(-가), 형용사 아래서 '-나', 추측법은 형용사 아래서 '-지'등이 나타날 수 있다.

1) 무슨 걱정이야(4.12.77)
2) 성례는 언제ᄒᆞ고(4.20.84)
3) 화가 나셔 울엇지(5.12.103)
4) 무슨 소리어(5.29.114)
5) 신문에 내도 됴겟지(6.10.124)
6) 어썬 사람인데 기인교수를 밧어(1.1.1)
7) 얼굴이 붉어지나 응(1.1.1)
8) 무슨일로 가시는가(2.23.42)

1). 4)는 체언 아래, 2). 3),. 6). 8)은 동사 아래, 5). 7)은 형용사 아래 쓰인 반말이다. 話者, 聽者의 계급관계와 친.소는 설명법과 같다.

청유법의 반말체는 명령법의 그것과 같거나 구분할 수 없는 정도다. 대화의 내용이나 분위기로만 구분지을 수 있다. 감탄법의 반말체도 하게체의 그것과 확정한 구분이 어렵다. 구지 '-구려'라는 지표를 빼고 예를 든다면

1) 에그 얼마만이여(5.13.104)

의 '에그'라는 깁딘시가 있기에 '-여'를 감탄법으로 처리될 수 있는 것이다. 그렇지 않고는 의문법으로 처리해도 별무상관이다.

2) 졈심을 먹엇는 걸(1.1.1)

前後의 대화를 보면 식사하지 못했음을 걱정하는 친구에게 '괜찮아 정말 먹었어' 하는 '-걸'을 반말의 감탄법으로 처리할 수 있을 것이다.

3) 그처녀 말이구만(1.1.1)

잘아는 처녀와 친구가 어떤 관계를 갖는 데서 놀람의 대화가 '구만'으로 나타난 것이다. 즉 2), 30의 경우는 文尾에 '그려'가 와도 될 수 있고, 생략되었다고 볼 수도 있는 것이다.

4) 어더케 그러케(1.10.6)

도처히 있을 수 없는 일이 일어났을 때 당혹한 대화다. 형태소나 감탄법의 지표를 따지기보다 대화에서 생략이 많이 작용하는 우리 언어의 특징을 고려할 때 이런 것들을 감탄법의 반말에 넣는 것도 가능하리라고 본다.

7.6 해라체

7.6.1 說明法

해라체의 등급분류도 話者, 聽者의 대화에 의해서만 가능하다. 신문, 잡지나 일반독자를 대상으로 하는 말도 해라체를 쓴다. 라디오, T.V에 의해 전달되는 뉴스 등에는 합쇼체가 사용된다. 직접 듣고, 보고 있는 시청자들을 하나하나 개인적인 관계로 전달하는 것이기 때문이다.(姜圭善 1988 : 105) 이때의 합쇼체도 엄밀히 말해서 등급을 뛰어넘는 등급으로 처리될 수 있다. 전술한 신문, 잡지 등에 사용되는 해라체도 사실의 전달일 뿐임을 감안하면 등급외로 해야한다.

어미는 '-다', '-리', '-니라', '-더(러)라', '-더(러)니라'등이 있을 수 있다. 제일 많이 사용하는 '-다'는 용언, 체언과 함께 '-겠-', '-았/었-','-도-', '-사', '-ㄴ(는)-'과도 결합된다.

'-라'는 '-더(러)-', '-리-', '-노-'로 연결된다.

1) 이제 말한다(5.8.99)
2) 처음탄다(5.11.102)
3) 당쟝 홀리겟더라(5.12.103)
4) 너 동창이다(5.16.105)
5) 미국 가는 길이란다(5.18.108)
6) 가슴이 쓰씀ᄒᆞ리라(5.23.110)
7) 나가 뒤어져라
8) 죄되ᄂᆞ니라(3.1.47)

1) ~ 5)는 '-다'로 동사와 연결되나 5)는 체언과 연결되고 있다. 3)은 회상법이다. 6)은 추측법이다. 話者, 聽者의 관계는 1)의 친절한 친구 사이지만 제외하고는 話者 > 聽者의 관계가 된다.

7.6.2 疑問法

'-냐', '-뇨', '-더냐', '-랴', '-니(늬)', '-야', '-ㄹ소냐'가 있다. 체언, 용언 밑에서 직설법에 '-냐' 회상법에 '-더-'와 결합된 '-냐'가 올 수 있다. 추측법에는 '-리-'와 '-아'가 결합된 '-랴'가 온다.

1) 네 ᄉᆡᆼ각에 리션ᄉᆡᆼ이 엇더냐(4.17.81)
2) 바로 아뢰지 못ᄒᆞᆯ테야(4.20.84)
3) 주릿ᄃᆡ를 안고야 말을 ᄒᆞ겟니(4.20.84)
4) 광대 노릇을 ᄒᆞ겟니(4.29.92)
5) 더운데 너더러 김매라드냐(4.29.92)
6) 손님 어ᄃᆡ 가셧니(5.9.100)
7) 무슨 근심이 잇어보이니(5.9.100)
8) 그러케 앏흐더냐(5.12.103)
9) 알면 엇더냐(5.24.111)
10) 웬 일이냐(5.24.111)

1). 5). 8). 9). 10)은 '-냐'로 된 해라체인데 6). 8). 9)는 회상법이고 10)은 직설법이다. 4). 5)는 추측법이고 6)은 '-었-'과 연결된'-니'이다. 話者, 聽者의 관계는 2). 3)의 친구지간인 것을 제외하면 모두 話者 > 聽者의 계급관계다.

7.6.3 命令法

'-어라'(아라), '-거라', '-너라', '-라', '-마라'는 부정의 연결어미 '-지-'와 연결된 것이다.

1) 자느냐 문열어라(3.15.58)
2) 풍금이나 타거라(4.13.78)

3) 애 - 엿주어라(4.15.80)
4) 읽어 보아라(4.17.81)
5) 어셔 딕답을 ᄒᆞ라(4.18.82)
6) 영치도 오너라(5.11.102)
7) 애야 조심ᄒᆞ 가거라(5.12.103)
8) 이상ᄒᆞ게 녁이겟다 울지마라(5.25.112)
9) - 엿ᄌᆞ아라(1.3.2)
10) 너 혼자 살아라(2.14.34)
11) 정신을 차려 참어라(2.23.42)

1). 2). 4). 5). 9). 10). 11)은 직설법 동사 밑의 '-어라'(아라)이고, 2). 7)은 '-거라'로 '-아'로 끝난 자동사의 아래 연결된다. 5)는 동사 아래 직설법 '-너라'이다.

명령법은 話者, 聽者의 계급관계가 話者 > 聽者로 설명법, 의문법에 보였던 話者 = 聽者의 계급은 보이지 않는다.

7.6.4 感嘆法

감탄법은 설명법에 넣어서 설명하기도 한다.(최현배 1961 : 313)『신소설』에 나타난 것은 '-구나'(-고나), '-도다'(-로다), '-노라'(-로라)등이 있다. 직설법의 체언, 동사 아래서 '-구나'(-고나), 회상법에 '-더구나'만이 나타난다.

1) 너는 어린ᄋᆡ로구나(3.16.59)
2) 미쳣구나(5.9.100)
3) 아버지ᄭᅴ셔 허락을 안이 ᄒᆞ시ᄂᆞᆫ구나(5.9.100)
4) 너는 닉가 보고 십지도 안이ᄒᆞᆫ 게로구나(5.10.101)
5) 그ᄯᅢ 부활을 ᄒᆡᆺ구나(5.12.103)
6) 시침ᄯᅦ고 안졋두구나(5.24.111)
7) 학교장 혼자 일어낫고나(2.14.34)

8) 학교장이로구나(2.14.34)
9) 영치가 셔방을 마잣고나(2.22.41)

1). 8)은 체언 밑의 연결이고, 2) ~ 7)은 동사 아래의 연결이다. 6)은 '안졋두구나'의 '-두-'는 회상의 선어말어미 '-더-'에 해당하는 회상법이다. 話者, 聽者의 계급관계는 話者 > 聽者의 관계다.

7.6.5 請誘法

'-자'(쟈)만이 동사 아래 직설법으로 존재한다. '-구나'와 결합하는 형태가 현대 국어에는 있다.(고영근 1974a : 149)

1) 이제는 영치의 말좀ᄒᆞ자(4.22.86)
2) 애 잠간 드러가자(5.12.103)
3) 영치야 손을 주므르자(6.6.121)
4) 자 업고가자(6.6.121)
5) 애 져긔 올라가 보자(2.10.32)
6) 청량리로 가쟈(2.16.36)
7) 피를 죄 씻자(2.23.42)

6)만은 형식과 우선의 대화로 話者, 聽者가 同格이다. 그 외는 모두 話者 > 聽者의 관계다.

7.6.6 許諾法

'-렴', '-려무나'(려므나)등이 있다. 동사 아래 직설법으로 연결된다.

1) 네 마음대로 ᄒᆞ렴으나
2) 애 안즈려무나(5.25.112)

話者, 聽者의 계급은 1)은 話者가 오라버니다. 2)는 話者가 언니이므로 모두 話者 > 聽者의 계급이다.

Ⅲ. 結 論

체언에서는 『신소설』의 경우보다 관직의 호칭이 거의 나타나지 않는다. 즉, '대감마님', '진사', '호방비장', '부령', '참판', '사도'등은 『신소설』에서 일반적으로 나타났던 것들이다. 『無情』과 『신소설』의 연대 차이는 미미하지만 급변하는 당시 사회적 반영이기도 하다.

家族호칭도 '마누라님', '실닉마님', '마마님' 등의 호칭보다는 '부인', '조부모',. '부친', '아버지',. '어머니' 등 평상적인 호칭으로 바뀌어 간다.

일반적인 어휘도 '속냥', '하님', '상전', '과인', '소인', '쇤네'등 계급사회의 어휘가 『無情』에서는 '그네'라는 3인칭이 나타나고 이름 다음에 '-씨'라는 접미사가 보인다는 사실이다. 감탄사의 경우는 『신소설』과 대동소이하다. 여성, 남성 전용의 감탄사와 上下位者에게 구분없이 아용할 수 있는 것과 上位者에게는 사용할 수 없는 것으로 구분된다.

尊敬法, 恭遜法의 합쇼체나 하오체가 非上位者가 上位者에게 대우하는 체계로만 규정했으나 +格式 -親密에 의해 사회적으로 또는 연령으로 上位者인 話者가 非上位者에게 합쇼체나 하오체를 사용한다는 사실이다.

尊敬法의 형태소는 '-시-'임은 틀림없다. 謙讓法 형태소 '-숩-'系는 16C부터 다른 尊敬法(尊敬法, 恭遜法)의 정도를 심화시켜주는 구실을 하면서 17C에 오면 그것을 대신하는 다른 용언이 나타난다.(姜圭善 1992 : 15)

'-시-'나 '-숩-'系의 형태소들은 결국 恭遜法의 구실을 보강해 주거나 심화시켜주는 구실을 해주고 있다. 용언의 語順 배열이 마지막에 종결어미로 처리되는 관계이기도 하다. 尊敬法은 '-시-'가 지표가 됨은 물론이다. 문제는 謙讓法의 형태소 '-숩-'系가 '-시-'와 결합되어 나타나는 尊敬法의

深化는 『신소설』에 비해 많지 않음은 현대국어의 특징을 보는 듯하다.

恭遜法의 경우도 '-쇼셔','-옵소서'등은 기도문이나 편지글에만 나타난다. 謙讓法의 형태소 '-숩-'系가 결합되어 恭遜法의 深化를 나타내는 것도 『신소설』에 비하여 미약하다.

謙讓法은 『신소설』에서처럼 특별한 어휘에 의해 실현되고 '-숩-'系의 異形態가 나타남을 찾을 수 없다.

下層階級語의 경우는 『無情』에서는 하층계급의 사람들이 전적으로 사용하지 않고 일반계급의 話者들이 尊敬法, 恭遜法의 일환으로 사용되고 있다. 이는 사회의 開化나 班常의 철폐, 과거제도의 붕괴, 직업관의 변화 등을 들 수 있다. 즉 『無情』에서의 敬語法은 현대국어의 敬語法에 가깝게 변화하고 있다.

敬語法의 형태가 尊敬法, 恭遜法, 謙讓法으로 나뉘지만 이것은 有機的 관계에 있다.

즉, 話者 X가 Y를 상대로 발화할 경우 恭遜法을 사용하면 X는 Y를 上位者로 대우한 것이고, 그 Y가 主語로 나타나면 尊敬法을 X가 사용하고, Y가 客語로 나타나며, 主語보다 上位者이면 X가 謙讓法을 사용하고 Y가 客語로 나타나며 主語 < 客語이면 謙讓法을 사용하는 것이다.(안병희 1983 : 35)

또한, 體言의 관계나 접미사, 조사의 관계도 終結語尾에 나타난 敬語法과 호응하는 유기적 관계가 있는 체언, 조사, 접미사까지 敬語法의 분석 조건이 되는 것이다.

【參考文獻】

『無情』(1917.1.1 ~ 6.14) 每日申報에 連載된 것, 1984, 景仁文化 社, 影印 每日申報

李熙昇(1957), 『새 고등문법』, 一潮閣.

崔鉉培(1961), 『우리말본』, 正音社.
許 雄(1961), "서기 15세기 국어의『존대법』과 그 변천",『한글』 128.
—— (1963), 『中世國語 硏究』, 正音社.
—— (1962), "또다시 『존대법』의 문제를 논함", 『한글』130.
고영근.남기심 (1985), 『표준 국어 문법론』, 탑출판사.
고영근(1965), "現代國語의 敍法體系에 대한 硏究",『國語硏究』15.
—— (1974a), "現代國語의 終結語尾에 대한 構造的 硏究",『語學 硏究』 10.1.
—— (1974b), "現代國語의 尊敬法에 硏究", 『語學硏究』10.2.
—— (1976), "現代國語의 文體法에 대한 硏究", 『語學연구』12.1.
남기심(1981), "국어 존대법의 기능",『人文科學』45, 延世大學校.
申昌淳(1962), "尊待語論", 『한글』130.
安秉禧(1961), "主體謙讓法의 接尾辭『-숩-』에 대하여", 『震檀學 報』22.
—— (1982), "中世國語 敬語法의 한 두 問題", 『鄭炳昱 還甲 紀 念論集』, 新丘文化社.
—— (1983), "中世國語의 謙讓法 硏究에 대한 反省",『國語學』 11.
金正洙(1984),『17세기 한국말의 높임법과 그 15세기로부터의 변천 』, 정음사.
강복수 · 유창균(1962), 『文法』, 형설출판사.
金敏洙(1964),『新國語學』, 정음사.
강윤호(1968),『정수문법』, 지림출판사.
姜圭善(1969), "現代國語의 尊敬法에 관한 硏究", 成大 大學院.
—— (1980), "尊敬法 硏究方法", 『成大 文學』, 成大國文學科.,
—— (1988),『20세기 초기 국어의 敬語法 硏究』,『成大 大學院 』博士學位論文.
—— (1990), "20세기 초기 國語의 謙讓法 小考", 『基谷 姜信沆先 生華甲紀念論文集』.
—— (1992), "17세기 國語의 敬語法 硏究",『人文科學論集』11, 淸州大學校, 人文科學硏究所.

第四章 20世紀 初期 國語의 敬語法 研究

-『신소설』을 중심으로-

Ⅰ. 序 論

1. 研究目的

본 연구는 20세기 초기 국어의 경어법 체계를 考究하려 한다. 국어의 경어법에 대한 연구는 小倉進平(1929, 1938) 이래 崔鉉培(1973), 金亨奎(1974), 許雄(1954, 1963), 全在寬(1958), 安秉禧(1961, 1982, 1983) 李崇寧(1962, 1964), 李承旭(1973), 李翊燮(1974)등 주로 中世國語를 대상으로 했다.

그리하여 敬語法의 體系와 敬語法과 恭遜法은 거의 話者, 聽者간의 관계나 話題속에 등장하는 인물과 화자, 청자의 관계에서 의견의 일치를 볼 수 있다. 다만, 겸양법의 접미사「-숩-」에 대하여는 상당한 논란이 있었다. 그러나 용어가 다양하고, 또 관련 접미사의 서열도 다르지만 安秉禧(1983)에서 통일성을 보여서 존경법, 공손법, 겸양법이 경어법이란 문법 범주로 함께 다루어지게 되었다.

근대국어의 경어법 연구도 조금은 고구되었다. 許雄(1954), 李承旭(1973), 최기호(1978), 김정수(1980)등이 있다..

20세기 초기의 경어법의 고구가 현대전기국어라 하여 고영근(1974,a,b)가 있다.. 그러나 1955년 정음사의 「韓國新小說全集」 등에서 자료를 취했기 때문에 현대 철자법에 의해 예문을 보인 것이 아쉬운 일이다.

박재주(1982)는 「은세계」, 「설중매」를 가지고 20세기 초기의 경어법 체계를 고구했으나 자료로 취급한 작품이 현대 철자법에 의해 예문을 보인 것이 아쉬운 일이다.

여타 제 경어법 연구들은 현대국어를 대상으로 한 것이다. 그 결과 중세국어의 경어법과 현대국어의 경어법은 체계나 공손법의 등급이 어느정도 밝혀졌다고 할 수 있다.

중세국어로부터 20세기 중기 이후의 현대국어 사아의 국어 경어법에 대한 연구가 좀더 이루어져야 국어 경어법의 역사가 완전히 밝혀질 것이다. 더욱이 20세기 초기의 국어의 경어법은 다른 시기에 비하겨 미약함을 느낀다. 이에 본 연구는 20세기 초기의 경어법의 체계 공손법의 등급 등을 고찰함으로써 경어법 역사의 한 부분을 밝혀 국어의 경어법 연구에 기여함을 그 목적으로 하게 된 것이다.

2. 硏究方法과 範圍

2.1 硏究方法

본 연구는 「신소설」에 나타난 인물 상호간의 계급을 나누고 그 인물들 간의 대화를 가지고 체언류의 상대어와 조사, 접미사, 감탄사 등의 상대어와 용언중에서 종결어미에 의한 공손법의 등급과 어미의 구조분석을 가한다.

종결어미에 의해 나타나는 존경의 선어말어미「-시-」의 문제를 다루어 존경법의 문제를 고찰한다.

겸양법은 15, 16세기「-숩-」등과 그 이형태에 의하여 표시되어 굴절의 문법범주로 문법적 일반성을 유지하고 있었으나 겸양법의 형태소「-숩-」등이 17 세기부터 변형되어 공손법의 형태소와 결합되는 결과로 겸양법은「-숩-」이 공손법으로, 전이되고 특수한 어휘에 의해 유지되고 있는 현상도 고찰한다.

그러나, 연결어미에 나타나는 경어법 곧, 공손법은 다루지 않았다. 보다 확실한 공손법의 실현은 종결어미에 나타나기 때문이다.

용어에서도 경어법이나 경어법의 하위범주인 존경법, 공손법, 겸양법을 취하기로 한다(안병희 1983 : 37~38).

주체와 객체는 주어와 객어로 하고 주어, 객어를 명사구로 하기로 한다. 존·비관계는 상위자와 비상위자로 한다(안병희, 1983 : 34~335).

2.2 研究範圍

본 연구는「신소설」에 나타나는 대화를 자료로 한 경어법연구다.

시대적으로 신소설에 나타나는 언어사실은 1900년대 초기에 속한다.

구체적으로 언급하면 1906년부터 1912년까지의 시기에 저작된 작품들이다.

신소설이 나타난 시기는 1906년부터며 그로부터 1920년 사이에 전 작품이 만들어진 것이다.

그러나, 그 속에 나타난 인물의 계급이나 어휘들이 근대국어의 특징들을 압도적으로 내포한다는 것을「신소설」이 발표된 초기가 합방전이라 조선조의 정치, 경제, 문화의 언어습속에 지배를 받았기 때문이다(민현식, 1985 : 19).

이러한 사실을 감안하면서 대화내용을 분석해보면 관료적이고 계급지향적인 것이라 내용은 개화사상을 담고 있음이 사실이지만 인물들은 근대적 사고를 벗어나지 못하고 있다.

이런 점은 신소설이 한국 근대화과정의 한 반영이라(전광용 1967 : 1163)한 것은 시사적이다.

따라서 거기에 보이는 경어법도 근대에서 현대로 옮아가는 과도기의 모습을 보인다고 할 수 있다.

「신소설」과 「고대소설」과의 비교는 「고대소설」이 듣는이의 귀를 의식한 청각위주의 낭독 소설임에 반해「신소설」은 산문체로 읽는이의 눈을 의식한 시각적 위주의 기능 곧, 헌독소설의 성격을 보이면서 언중의 진솔한 언어를 사실적으로 담고 있다(민현식, 1986 : 108)고 볼 때 실질적인 그 시대의 언중에 의한 생생한 언어생활이기에 「신소설」에 등장한 인물들간의 대화를 분석 대상으로 삼게된 것이다.

「신소설」이 출현한 시기를 1906년부터 1930년 이전까지의 시기로 잡고 이 시기의 명칭을 현대표준전기라 해서 시재적으로 구분하기도 한다(고영근, 1948a : 118).

「신소설」이란 용어는 1906년 이인직이 만세보에 「혈의 루」를 연재할 때부터 붙여진 명칭이다(송민호, 1965 : 92).

본 연구에서 자료대상으로 삼은 작품은 「혈의 루」(이인직, 1960), 「치악산」下(이인직, 1911), 「鬼의 聲」上(이인직, 1960),

「鬼의 聲」下(이인직, 1980),「銀世界」(이인직, 1908), 「紅挑花」上(이해조, 1910), 「紅挑花」下(이해조, 1911),「鬢上雪」(이해조, 1908), 「再逢春」(이상협, 1912),「玉壹奇錄」(민준호, 1912),「馬上涙」(민준호,1912), 「玩月樓」(남궁준,1912),「驅魔劍」(이해조,1908),「雙玉笛」(김용준, 1911),「牧丹花」(김교제, 1911),「牡丹屛」(이해조, 1911)등 17작품으로 작자별 작품수는 이인직5작품, 민준호2작품, 남궁준1작품,김교제2작품, 김용준1작품, 이상협1작품 등 일곱사람의 작품이다.

이인직은 그 출생, 생애, 문학활동, 정치적활동 등이 자세히 밝혀져 있다(전광용, 1986 : 22~31, 1957 : 161), 전광용(1957 : 161에 의한 「國民學契 趣旨 反 規則」(1904)에 작성된 출생년대가 "이인직 임술칠월 칠일 음

죽"라 돼있고 契薄에 기재된 이해조의 출생년대가 현존 호적과 같은 것을 볼 때 신빙성을 가질 수 있고, 이인직의 사거 내용과도 합치되므로 확증할 수 있어 출생은 경기도 음죽임을 알 수 있다.

이해조는 경기도 포천군 신북면 신평리 121에서 1869년 고종6년 을사에 태어났다(이용남, 1986 : 94) 서울로 이주한후 문필과 언론에 종사하였다. 부인 宋氏가 40세에 사망하자 전씨와 여생을 보냈다. 그는 1927년 뇌일혈로 고향에서 병사하여 포천군 신북면에 부인 宋氏와 合窆되어 있다(이용남, 1986 : 95).

金敎濟는 未詳인데 「牧丹花」,「지장보살」,「현미경」,「비행선」,「鸞鳳奇合」,「鏡 中花」,「江上村」,「一萬九千」등 잘품 연대로 미루어 이인직, 이해조와 비슷한 연배로 추정된다.

그 밖의 민준호,남궁준, 김용준, 이상협 등은 자세한 기록이 없다. 그러나 이들이 활동한 지역이 서울인 사실로 미루어 하나의 중부방언대로 묶어서 「신소설」17작품을 동질적 언어를 배경으로 한 개의 소설로 보고 분석에 임했다.

첨언해 둘 것은 잘 알려지지 않은 작가의 작품도 선택된 사실이다. 이는 그간 문헌 연구 부문에서 다루어온 것들이 몇몇 유명작품에 치우쳤기 때문에 고른 선별을 하려고 한데 말미암은 것이다.

3. 硏究史

1) 국어의 경어법이 학문적으로 주목된 Underwood(1890), Eckardt(1923) 등 외국인들의 문법서로 부터이다. 문법서가 아닌 연구논문으로 다루게 된 것은 소창진평(1929, 1938)이다. 그는 「-시-」를 존경법으로 처리하고 「-삽-」과 「-이-」를 겸양법의 조동사로 이원적 체계로 다루었다.

경어법이 우리나라 사람들에 의해 논의의 대상이 되기 시작한 것은 崔

鉉培(1973)에 의해 시작되었다. 金亨奎(1947)은 소창진평의 논지를 수용하면서「-시-」는 존경사로 상위자의 행동을 높이는 것이며「-숩-」,「-이-」로 표현되는 겸양사는 화자를 낮추고 상대에게 경의를 표한다 하였다.

이에 비판을 가한 허웅(1954, 1964)은 15세기 후반기 국어 존대법의 범주를 형태소「-시-」로 표시되는 주체존대법「-숩-」계의 형태소「-시-」로 표시되는 주체존대법「-숩-」계의 형태소로 표시되는 객체존대법과「-이-」의 형태소로 표시되는 것과 어미「-쇼셔-」로써 표시되는 것을 상대존대법이라 하였다.

소창진평 등이「-숩-」과「-이-」를 겸양사로 본 것을「-숩-」은 객체존대법으로「-이-」는 상대존대의 형태소로 분리시킨 것이 괄목할만한 것이었다.

객체존대를 다시 목적어존대, 여격어존대, 처소격어존대로 분류했다.

허웅(1963)에서 중세국어의 경어법은 정리된 것으로 학계에서는 받아들여졌언 것이다.

全在寬(1958)은 언어성립 조건을 화자, 청자=객체, 화제의 셋으로 하고, 화자가 언어표현의 주체라 하였다. 「-이-」는 화자 자체의 직접적인 겸양표현이며「-숩-」은 화제상에서 화자가 존자에 대한 비자의 파악이며「-시-」는 주어가 화자보다 귀할 때 표현된다는 것이었다. 安秉禧(1961)은 접미사「-숩-」은 주로어떤 동작 또는 상태 및 판단의 주체보다는 물론이료 이를 언술할 화자보다도 존귀한 인물에 관계되는 비자의 동작, 상태 및 판단의 서술에 나타나는 것이라 하여「-숩-」의 문법적 사용범위를 확정지었다.

이숭녕(1962, 1964)는 허웅(1954)에서 주장한 경어법체계의 3항의 대립관계를 기술하여 그실질적 용어에 수정을 가하였다. 형태소「-시-」로 표시되는 존경법「-숩-」으로 표시되는 겸양법,「-이-」로 표시되는 공손법 등이 그것이다.

이로부처 경업버의 3서열의 관계가 부각되기 시작했다고 할 수 있다.

허웅은 존대라는 기반하에 때상 상태를 파악하여 주체, 객체, 상대 등으로 범주를 설정한 것이고, 이숭녕은 주어와 동사의 문장구조에 기인해서 푸체를 설정하고 이것의 언어적 계급성이 존대겸양, 공손의 범죽로 나타낸 것이다. 이승욱(1973)은 허웅, 이숭녕의 설을 수용하고 3서열 외에 그것들과 비교되는 항「-α-」을 평대로 추가했다. 그러나 이렇다 할 진전이 있는 것은 아니었다.

안병희(1982, 1983)에 오면 안병희(1961)과 이숭녕(1962, 1964)를 근간으로 경어법의 3서열이 유기적 관계를 유지하고 있어서 하나의 문법범주로 묶을 수 있는 이론적 배경을 구축하였다.

특히 겸양법 관계가 중세국어 경어법의 문제점인 것을 감안하기 보다 자세하고 확연한 예를 통하여 화자, 주어, 청자의 관계를 명시하였다. 경어법의 하위범주에 존경법, 공손법, 겸양법, 등으로 용어에 있어서도 확정하고 주체,객체를 주어, 객어로 존자, 비자를 상위자 비상위자로 하여 종합적인 경어법의 문법범주를 서술하였다.

이익섭(1974)에서는 객체존대설이나 주체겸양설은 주체-객체간의 존비관계만이 성립의 조건이며 객체를 높인다 주체를 겸양 비하시킨다는 것은 상호보완 공존의 관계에 있는 것이며 상대경어법은 문밖의 두 NP의 관계이고 객체경어법은 문안의 두 NP의 관계이며 주체경어법은 문밖 NP와 문안의 NP관계라 했다.

객체존대법에서는 객체와 주체간의 존비관계만이 경어법을 결정짓는 주요 조건이 된다고 하였다. 이는 겸양법범주의 하나인 화자를 무시해버린 것이다. 곧 화자, 주어, 객어의 관계가 어떤 조건에 의해 성립되지 않고는 겸양법은 논의의 대상이 될 수 없다.

2) 근대국어의 경어법체계는 16세기 후반의 국어를 시작하여 17세기에 결쳐 그 변개를 논하고 있다. 허웅(1954, 1963)는 존경법「-시-」는 그 본질의 변개가 없이 유지되고 있다.. 「-숩-」등은 17세기 초기에는「-숩-」

계가 상대존대법에 전화되어 상대존대법에는 3가지 방법이 있었던 것으로,

첫째, 「-ᄉᆞᆸ-」系만이 사용하는 방법

둘째, 「-이다」 만이 사용하는 방법

셋째, 「-ᄉᆞᆸ-」 계와 「-이다」 계를 합용하는 방법이 있어서 최 공손법은 셋째이고 그다음이 둘째, 첫째의 순위가 된다했다. 17세기 「-ᄉᆞᆸ-」 계에는 「-ᄉᆞ-, -ᄌᆞᆸ-, -ᄋᆞᆸ-, -ᄉᆞ오-, -ᄌᆞ오-, -ᄋᆞ오-, (으로, 오)」로 변천되고, 「ᄋᆞ」음의 소멸에 의해 「-ᄉᆞᆸ-」은 「-삽-, -습-」 「-ᄌᆞᆸ-」은 「-잡-」으로 「-ᄋᆞᆸ-」은 「-ㅂ-, -읍-, -옵-」으로 「-ᄉᆞ오-, -ᄌᆞ오-」는 「-사오-, -자오-」로 변하고, 「-ᅀᆞ오-, -으로-, -오-」는 결국 「-오-」로 변하였다.

그뒤 「-사옵-, -자옵-」이 추가되고 모음이 결합된 「-옵-, -으옵-, -으압-, -으오-」가 자음 밑에도 쓰이게 되었다.

그리하여 오날날은 「-ᄉᆞᆸ-」 계의 변형은 「-삽-, -습-, -잡-, -ㅂ-, -옵-, 압-, -사오-, 자오-, -오-, -사옵-, -자옵-, -읍-, -으-, -옵-, -으압-, -으오-」 등이 사용되는 것으로 되어 있다.

현재의 「-ᄉᆞᆸ-」 계의 변형은 문어적 범위를 벗어나지 못하고 있다. 이때부터 겸양법은 형태소를 잃고 다른 어휘에 의해 명맥을 있게된다.

이승욱(1973)은 허웅(1954)을 벗어나지 못하고 있다. 단지 「-ᄉᆞᆸ-」 등이 변개를 이루게 한 것은 「-ᄉᆞᆸ-」 계의 내적 요인과 음운이나 문법범주의 변이에 따라 일어난다고 보는 외적 요인으로 나누어 본 것이다.

최기호(1978)은 17세기 국어의 존재법은 15·16세기의 3원적 구조에서 「-ᄉᆞᆸ-」 등의 상실로 2원적 구조로 바뀌고 객체존대법은 객체존대어로 그 자리를 보충하고 상대본대법은 「-이-」의 변동을 가지게 되어 「-이-」가 단독으로 상대존대의 구실을 수행할 수 없게 되어 「-ᄉᆞᆸ-」과 결합을 갖게 되었다는 허웅(1954)의 주장을 따르고 있다..

결국 겸양법의 형태소 「-ᄉᆞᆸ-」 등이 음운론, 형태론적으로 변이를 일으키면서 공손법의 영역으로 전화되어 갔고 겸양법은 「-ᄉᆞᆸ-」의 형태소 자

리를 겸양어로 대치되었다는 것뿐이다.

존경법의 3서열이 2원적으로 변했다는(최기호 : 1978)것은 단편적인 고룽에 의한 결론이다. 겸양법이 겸양의 어휘에 의해 유지되고 있다해도 경어법의 범주로 그 몫을 충분히 해내고 있다는 것을 실증적으로(신소설 작품내의 경어법을 분석해보면)처리될 수 있음이다.

그것은 안병희(1983)의 이론적 바탕아래 존경법, 공손법, 겸양법은 별개의 것이 아니고 존경법으로 화자가 상대한 주어가 공손법의 청자가 될 때는 상대의 대상이 되며 겸양법의 객어로 등장하면 겸양법을 사용한다는 3서열의 유기적인 관계가 20세기 초기 국어와 현대 국어에서도 실증적으로 나타난다.

김정수(1980)는 17세기 공손법 형태소「-웅이-」(ㆁ이, 이, ㆁ)는 15세기의「-으이-」(이)도 표기는「-이-」이 앞음절의 끝으로 옮아갔을 뿐 사용의 가치는 변함이 없으며, 존경법 형태도「-시-」의 사용은 그 형태와 함께 변화가 없다고 했다. 겸양법의 형태소「-숩-」계는 그 기능은 별로 달라지지 않았으나 사용빈도가 적어졌다는 논지이다.

그러나 15세기「-숩-」의기능이나 음운론, 형태론적으로 변한 것은 물론 주로 공손법의 형태소와 결합하든가. 다른 형태소로 전이되어간 것을 간과할 수 없다.

겸양법에서의「-숩-」계도 그 어형의 변화를 가져온 것이다.

더구나「-업ᄉ오시니」(김정수, 1980 : 50)의「-ᄉ오시-」가 존경법의 형태소와 결합된「-ᄉ오-」의 극존경법으로 인정하지 않고 혼태현상으로 본 것도 재고의 의미가 있다.

3) 20세기 초기의 경어법을 현대전기국어라 해서 다룬 것은 고영근(1974a)니다. 종결어미의 구조를 공손법의 4체계와 문체법에 의해 분석하였다. 자료는 1900년 초기에서 1930년을 넘지 않은 범위에서 택하고 있다. 물론 종결어미에 국한된 분석이었다.

고영근(1974b)는(1974a)가 형식(형태)를 중심으로 종결어미(결어법)에 대한 분석인데 반해 결어법에 포괄되어 있는 문체법의 구조적 양상과 의미의 특성을 구체적으로 파악하여 문체법과 서법체계의 정립을 시도하였다. 그 방법은 결국 공손법의 4체계에 의해 분석되고 존경법, 겸양법은 취급되지 않았다.그러나 반말과 「-요」의 2원적 체계를르 상론하였다.

林在洙(1982)는 「신소설」 중에서 「은세계」 「설중매」 를 가지고 종결어미의 형태를 서법에 의해 고구한 것으로 공손법의 고찰에 국한 되었다. 고영근(1974b)의 방법론에 의한 것이었고 자료의 소량은 객관성을 기할 수 없는점도 있다.

4) 김석득(1967(1968 a, b)는 경어법이 심층구조의 생성적 변이에 의해 생성된 표면적 구조의 하향적, 상향적, 확산적으로 분류됨이 현대 경어법의 특징을 갖고 있다.

송석중(1967), 이홍배(1970)는 화자와 청자에 자질[±Humble] [±Respect]을 부여하여 규칙을 세우고 서정수(1972)는 [±격식]을 첨가하였다.

이익섭(1974)은 경어법의 체계화를 시도하였는데 존경법에서 청자의 역할보다 화자의 역할을 깊이있게 다루었다. 자질표시는 [하대], [존경], [친밀]에 의해 제시하였다.

성기철(1970, 1976)은 「-요」와 대우의 등분과 각 등분간의 호응에 주안점을 두었다. 「-요」를 하나의 형태소로 분석하고 반말과의 통합관계를 반말높임이겨, 객체존대는 주어와 객체간의 결정이 아니고 화자와 객체간의 화자겸양이라 한 것은 화자. 주어, 객체간의 3요소의 관계임을 착안하지 못한 결과이다.

「-요」의 2원적 통합관계를 논하거나 「-요」가 통합할 수 있는 선행형태소를 대체로 종결어미라 한 것은 신창순(1963), 고영근(1974 a, b), 서정수(1979), 김정태(1982)등이 있다.

서정수(1978), Lukoff(1978)등은 「-시-」의 문제에서 간접존대의 「-시-」

는 필수적이거나 수의적으로 나타나며 상대존대법의 예의적 용법, 정감적 용법으로 갈라 보았다. 종지법 종결어미를 결식체(존대), 비격식체(비존대)로 나누었다. 이것은 이익섭(1974)에서 격식이라 하여 친밀에 대한 반대적 개념으로 쓴 바 있다. 이것은 고영근(1947b)에서도 논의 되었고, 임홍빈, 홍경표, 장인숙(1983)에서도 언급된 바 있다.

남기심(1981)은 주체존대에서 「-시-」를 사용해야 할 대상이라도 청자기 주체보다 상위자인 경우에는 「-시-」를 사용학 수 없다는 것도 주체가 화자보다 비상위자인 경우이지만 청자보다 상위자인 경우에는 「-시-」를 존대해양 한다는 경우와 상대존대법은 일정한 청자, 화자가 정해져도 한가지 이상의 등급을 섞어서 사용하는 것을 설명할 수 없음과 「해라체」가 신문, 잡지, 소설 등에서 사용될 경우 낮춤의 뜻이 없다는 곧 등급의 체계를 벗어난다고 본 것이다.

오수근(1982)는 경어법 체계를 셋으로 분류하고 등분은 존대, 비존대의 두등분으로 나누었고「-요」통합문제를 다루었다. 최홍규(1981)과 같은 존지를 펴고 있다.

고영근·남기심(1985), 이익섭·임홍빈(1988) 존경법의 3부문에서 포괄적이고도 일반적인 예와 상세한 종합적 설명을 하고 있다. 이외에 많은 양의 현대국어의 경어법 연구를 다 열거할 수는 없다.

그러나 경어법 연구는 양적인 면돠 특히 연구방법은 높이 살 수 있지만 존경법 공손법 겸양법을 문법적으로 통합할 수 있는 연구보다는 부분적인 고찰에 그치고 있는 점이 아쉽다.

4. 研究資料

본 연구의 자료는 한국개화기문학총서Ⅰ, 신소설, 번안(역)소설(한국학문학연구소편, 서울, 아세아문화사, 1978)중에서 전기한 17작품에 나타난

각 인물들간의 대화를 주된 자료로 하였다. 그리고 각 계급의 인물 즉, 양반, 상민, 천민계급들은 등급별에 의해 기호화했다.

각 작품의 대화자들을 일정한 기호로 표시할 수는 없다. 왜냐하면 각 작품마다 인물의 설정이 다르고 구성의 차이 때문이다. 각 대화자(화자, 청자)들에 부여한 기호는 그 화자, 청자의 계급을 표시하는(계급의 등급) 것이 된다. 대화자들의 계급간의 폭이 넓은 작품도 있고 좁은 것도 있지만 그 속에 내재해 있는 체계나 등급은 모두 갖추어져 있다. 본 연구는 각 작품내에서 양반, 상민, 천민에게 각각 다른 기호를 부여했다.

최상위자에게는 기호 Ⅰ로 하고, Ⅰ의 동격 친구이거나 같은 계급의 사돈간인 남성에게 I^1을 부여하고, 동격의 친구가 1인 이상일 때는 $\mathrm{I}^2\mathrm{I}^3$으로 기호를 부여했다. 그리고 Ⅰ의 부인에게는 Ⅰ의 동격 남성의 기호를 부여하고 I^n으로 하였다. 만약 Ⅰ의 사돈의 계급이 I^1이고 I^1의 부인이 있을때는 Ⅰ의 부인의 기호 다음으로 하였다.

그리고 Ⅰ의 아들에게 Ⅱ를 부여했다. Ⅱ손위의 삼촌이나 고모 등이 있을때는 Ⅱ의 계급표시는 Ⅲ으로 하였다. Ⅱ의 부인이나 동격친구들에게도 위Ⅰ의 경우와 같이 하였다. 기호로 표시된 계급 순위는 Ⅰ이 Ⅱ보다 Ⅱ가 Ⅲ보다 상위자임은 물론이다. Ⅱ가 형제가 있을 경우도 $\mathrm{II}^1, \mathrm{II}^2 \cdots \mathrm{II}^n$으로 표시했다.

양반계급이 Ⅰ,Ⅱ… 등으로 표시되며, 상민계급은 Ⓘ, Ⓥ 등으로 기호를 ○속에 표시한다.

그러므로 Ⅰ, Ⅱ, Ⓘ, Ⓥ … 등으로 표시된 기호는 작품에서 양반계급[1], 상민계급[2]등의 계급표시임을 알 수 있고, 반면 a, b, c … 등의 기호는 비상위자인 천민계급[3]에 속하는 대화자들이고 a의 부인은 a1으로 하였다.

---

1) 고려, 조선조대에 지체나 신분이 높은 귀족이나 관리들의 상류계급 또는 그 계급에 딸린 사람들을 일컬음.
2) 상·공업, 농업, 어업, 工匠 등에 종사하였으며 국가에 대하여 모든 의무를 졌음.
3) 제도상으로 정해진 가장 천대를 받던 신분의 인민, 진척, 역정,

이들 비상위계급에서도 계급순위는 a가 b보다 동급중의 상위자인 것이다.

1) 치악산(상, 하)4)

치악산 상권은 1912년 10월 30일 「매일신보」 제2113호에 의하 면 이인직 작품이며 제작년대는 1908년이고, 하권은 아곡 김교제 의 작품으로 연대는 1911년이다(전광용, 1956 : 232~233)(河東鎬, 1966 : 349~352).

Ⅰ 이판서 : 개화인, Ⅰ^{1}과는 사돈간, Ⅲ^{1}의부친, Ⅲ의 장인, Ⅰ^2 의 남편, 사위인 Ⅳ을 일본에 유학시킴.
Ⅰ^{1}홍참의 : Ⅰ과는 사돈간, Ⅲ의 부친, 낙향한 고루한 선비
Ⅰ^{2}부인 : Ⅰ의 부인, 덕을 갖춘 여인
Ⅰ^{3}김씨부인 : Ⅰ^{1}의 재취부인, 며느리 Ⅲ^{1}을 핍박함.
ⓘ송도집 : Ⅰ^{1}의 첩
Ⅲ홍철식 : Ⅰ^{1}의 아들, Ⅰ의 사위, Ⅲ^{1}의 남편, 동경 유학함.
Ⅲ^{1}이씨부인 : Ⅰ, Ⅰ^{2}의 딸, Ⅲ의 부인, 주인공
Ⅳ남순이 : Ⅰ^1, Ⅰ^{3}의 딸, 올캐인 Ⅲ^{1}을 핍박하는 일에 적극 적임.
Ⓥ 김생원 : Ⅰ^{3}의 남동생
Ⓥⅰ 보살 : Ⅰ^{3}을 권선징악으로 다스림. a^{1}가 보살로 분장함
Ⓥⅰ^1 스님 : a^{1}의 일행인 Ⅰ의 집 하인들이 분장함.
a 배선달 : Ⅰ의 집 하인 나이가 듦
a^1 화개동연인 : a의 부인, Ⅰ의 집 유모(Ⅲ^{1}의 유모). Ⅵ과 동일 인물임.
a^2 검홍 : Ⅲ^{1}의 시종. Ⅲ^{1}이 시집올 때 데리고 온 여자하인
b 구두쇠 : Ⅰ^{1}의 집 하인. b^{1}의 남편, 강직한 성격
b^1 옥단 : Ⅰ^{1}의 집 하인. b의 부인. Ⅰ^{3}과 함께 Ⅲ^{1}을 구박 하는데 선봉이 된다.
d 길동 : Ⅰ^{1}의 집 하인. d^{1}의 남편
d^1 츄월 : Ⅰ^{1}의 집 하인. d의 부인

양수척, 재인, 악공, 노비 등을 통틀어 천민이라 한다(註 1, 2, 3은 신기철, 신기용, 1988, 「새우리말큰사전」에 의거함).

4) 치악산 上卷은 (치)로 下卷은 (치下)로 예문 끝에 표시함.

f 금동 : Ⅰ^{1}의 집 하인. f^{1}의 남편
f^{1} 춘심 : Ⅰ^{1}의 집 하인. f의 부인
h 최치운 : Ⅲ^{1}을 넘본 남자
i 계집 하인들
j Ⅰ의 집 하인들
k 억쇠 : Ⅰ의 집 하인
n 만득 : Ⅳ를 Ⅲ^{1}인줄 알고 보쌈을 함.
m 하인들
A 로파 : n의 모친
M 장포수 : Ⅲ^{1}을 넘본 사람

2) 혈의 루5)

「혈의 루」(1906)는 이인직의 작품이며 동년 7월 22일부「만 세보」제 23호에서부터 연재하여 10월 10일 제 88호지에 제 55 회로 끝막음 했고, 하권은 「모란봉」이다(전광용, 1957 : 179).

Ⅰ 최주사 : 60세쯤 된 양반. Ⅱ^{1}의 부친. Ⅱ의 장인.
Ⅱ 김관일 : Ⅱ^{1}의 남편. 평양거주. 청·일 전쟁시 부인과 헤 어짐.
Ⅱ^{1} 최씨부인 : Ⅰ의 딸. Ⅱ의 부인. Ⅲ^{1}의 모친.
Ⅱ^{2} 정상군의 : 일본인. Ⅱ^{3}의 남편. Ⅲ^{1}의 양부. 전사함.
Ⅱ^{3} 정상부인 : 일본인. Ⅱ^{2}의 부인. Ⅲ^{1}의 양모.
Ⅲ 구완서 : 서생으로 일본 유학에서 Ⅲ^{1}을 만나 같이 도미 함.
Ⅲ^{1} 옥년 : Ⅱ, Ⅱ^{1}의 딸. Ⅱ^{2},Ⅱ^{3}의 양녀. 난리중 부모를 잃어버리고 Ⅱ^{2},Ⅱ^{3}을 따라 일본에 건너감. Ⅲ을 만나려 도미하고 아버지(Ⅱ)를 만난다.
a 막동 : Ⅰ의 하인.
b 고장팔모 : 60세쯤 된 노파. Ⅰ의 집 하인이었음.
c 고장팔 : b의 아들. 막일하는 자.
d 로파 : Ⅱ^{3}의 집 침모. 일본인.

---

5)「血의 淚」는 (혈)로 예문 끝에 표시함.

e 셜자 : Ⅱ²의 집 하인. 일본인.
f 남자 : Ⅱ¹에 접근 하던자.
g 사람들
h 체젼부(우체부)

3) 귀의 성(상·하)6)

「귀의 성」상·하 양편은 1906년 10월부터 11월 5일까지「만세보」지상에 연재된 것주의 하나다. 작자는 이인직이다(전광용, 1956b : 59).

Ⅰ 김승지 : 춘천군수 시절 강동지(Ⅲ)의 딸 길슌(Ⅳ)을 첩 으로 삼음.
Ⅰ¹ 부인 : Ⅰ의 본부인. 길슌(Ⅳ)을 없애려고 갖은 수단을 부림. 종래는 길슌(Ⅳ)과 그의 소생 거복이를 살해한다.
Ⅱ 박참봉 : Ⅰ과 가까움. 빈궁한 선비.
Ⅲ 강동지 : 춘천의 농민. 김승지가 춘천군수 시절 강동지 는 그의 딸 길슌(Ⅳ)을 첩으로 보냄. 양반덕을 보려는 인물.
Ⅲ¹강동지부인 : 순박한 시골부인. Ⅰ에게 딸을 시집보낸 것을 못내 후회함.
Ⅳ길슌 : Ⅲ, Ⅲ¹의 딸, Ⅰ의 첩. 그의 소생 거복이와 함 께 Ⅰ¹의 하수인 최가(e)에게 살해당함.
Ⅴ¹침모 : Ⅰ의 침모. 후에 Ⅰ의 첩실이 됨.
Ⅴ침모모친 : Ⅴ¹의 모친, 장님이나 사리판단이 밝음.
a Ⅰ의 집 하인들
c작은 돌이 : Ⅰ의 집 하인. Ⅰ의 심복.
c¹졈슌 : Ⅰ의 집 하인. c의 부인. Ⅰ¹의 심복으로 Ⅳ를 제거하는데 최가(e)와 함께 선봉이 됨.. 최가 (e)와는 불륜의 관계임.
e최서방 : Ⅰ¹과 c¹의 사주를 받고 Ⅳ와 그의 아기 거복을 살해한다.
f 갑쇠 : Ⅰ의 집 하인.
g 교군
h 인력거군

6) 이하 (귀), (귀下)로 예문 끝에 표시함.

i 더부사리 계집
k 스님
m 노인
j 장님

4) 은세계7)

「은세계」는 신문연재는 알 길 없으나 융희 2년(1908) 동문사 판이 존재하고 하권은 유·무의 확증을 잡을 수 없다(전광용, 1956a : 234).

Ⅰ사도 : 원주 감영의 탐관오리의 총수
Ⅱ최병도 : 강릉의 부농. 개화인. 사도(Ⅰ)에게 장살 당함.
Ⅱ^{1}김치일 : Ⅱ의 절친한 친구. 개화인.
Ⅱ^{2}보평아씨 : Ⅱ의 부인. 부덕이 있는 여인. 남편을 잃고 정 신 이상이 됨.
Ⅱ^{1}김치일의 부인: Ⅱ^{2}와 친한 사이(Ⅱ,Ⅱ^{1}, Ⅱ^{2}, Ⅱ^{3} 등은 절친한 부부간의 친절한 사이다). Ⅱ, Ⅱ1의 아들 옥 남(Ⅳ1), 옥순(Ⅵ)를 도미 유학시킴.
Ⅲ 비장 : Ⅰ의 부하, 탐관오리의 하나임.
Ⅳ 장차 : Ⅰ과 Ⅲ을 도와 수탈의 앞잡이가 된다.
Ⅴ 독립운동자
Ⅵ 옥순 : Ⅱ, Ⅱ^{2}의 딸. 도미 유학을 함.
Ⅵ^{1} 옥남 : Ⅵ의 동생.
a 천쇠 : Ⅱ의 집 하인. 충직함.
a^{1} 복례 : Ⅱ의 집 하인. a의 부인.
c 사령 : 원주 감영의 사령들.
d 백성들 : 동리 주민들
e 봉평아씨의 해산을 돕는 여인들
f 교군군
g 유모 : Ⅵ^{1}의 유모

7) 이하 예문 끝에 (은)으로 표시함.

j 동리 사람들

5) 홍도화(상·하)[8]

「홍도화」 상은 1910년 유일서관 발행이고, 하권은 1910년 5월 10일. 동양서원, 1911년 10월 20일 동양서원, 1912년 4월 22일 동양서원 판이 있고, 작자는 이해조이다(하동호, 1966 : 349~ 352).

Ⅰ 리직각 : 고루하고 편벽된 성격 Ⅰ^{2}의 남편. Ⅰ^{1}의 매부.
Ⅰ^{1} 김참집 : Ⅰ의 처남. Ⅰ2의 오라비. 개화사상 팽배.
Ⅰ^{2} 김씨부인 : Ⅰ의 부인. Ⅰ^{1}의 동생. Ⅳ^{1}의 생모. 부덕을 갖 춘 여인.
Ⅰ^{3} 상호모친 : Ⅳ의 모친. 며느리 Ⅳ^{1}을 배척함.
Ⅱ 홍생원 : Ⅳ^{1}의 시숙. Ⅰ과는 사돈간임.
Ⅱ^{1} 쟝씨 : Ⅱ의 처. Ⅳ^{1}와는 동서지간.
Ⅲ 시동집 : Ⅰ의 후처. Ⅳ를 없애려는 생각으로 일관함.
Ⅳ 심상호 : Ⅰ, Ⅰ^{2}의 사위. Ⅰ^{1}의 조카사위. Ⅳ^{1}과 결혼함. 개화사상 팽배.
Ⅳ^{1} 태희: Ⅰ, Ⅰ^{2}의 딸. Ⅰ^{1}의 조카. Ⅳ의 부인. 주인공.
Ⅴ 순사
Ⅵ 류가 : Ⅲ의 사촌동생(Ⅳ1)을 납치해가는 도중 Ⅰ^{1}에게 잡힘.
Ⅵ^{1}무뢰한
Ⅶ Ⅱ, Ⅱ^{1}의 아들. 주인공 Ⅳ^{1}의 조카.
a 고두쇠 : Ⅰ의 집 하인.
b 사공
c 교군군
d 룡례 : Ⅰ의 집 하인.
e 칠월 : Ⅰ^{3}의 집 하인.
f 동리 사람들.

---

8) 이하 上卷은 (홍)으로, 下卷은 (홍下)로 예문 끝에 표시함.

6) 빈상설[9]

「빈상설」은 1908년 광학서림에서 초간했고, 1911년 9월 30일 동양서원에서 재판되었다(河東鎬, 1966 : 349~352). 작자는 이해 조이다.

Ⅰ 승지령감 : 직소를 하다 제주도로 유배당함.
Ⅰ^{1} 백발노인
Ⅰ^{2} 승지부인 : Ⅰ의 부인
Ⅰ^{3} 옥희 모친
Ⅱ 서씨 : 부유한 집 아들로 Ⅱ^{1}와 결혼했으나 Ⅲ을 다시 첩으로 맞이한 주색잡기의 장본인.
Ⅱ^{1} 아씨 : Ⅰ, Ⅰ^{2}의 딸. Ⅱ와 결혼했으나 버림을 받음. 현 숙한 여인. 주인공
Ⅱ^{2} 승학 : Ⅰ, Ⅰ^{2}의 아들. Ⅱ1의 동생. 여복색으로 변장하 여 누님(Ⅱ^{1})을 구함.
Ⅲ 평양덕 : Ⅱ가 첩으로 맞이한 여인. 화류계 출신으로 Ⅱ^{1} 을 간접적으로 박대함.
Ⅳ 화순덕 : 주모. Ⅲ을 Ⅱ에게 소개하고 못된 짓을 골라서 함.
Ⅴ 옥희 : 승학(Ⅱ^{2})과 인연을 맺음.
Ⅵ 황은률 : 황해도 은률 사람으로 Ⅱ^{1}을 넘보려 했던 사람.
Ⅵ^{1} 상인(喪人) : Ⅲ의 사주에 의해 복단(c)의 시신을 암매장한 자. 나중에 승학(Ⅱ^{2})에게 덜미가 잡힌다.
Ⅵ^{2} 경무청사람 : Ⅲ과 b를 잡으러 온 경찰서 사람.
a 장서방 : Ⅰ의 집 하인. Ⅱ^{1}를 극진히 모심.
a^{1} 복단모 : a의 부인. 아씨(Ⅱ^{1})를 극진히 모심. c의 생모.
b 금분이 : Ⅲ의 집 하인. Ⅱ^{1}를 박대하는 데 손발이 되어 Ⅲ을 도 와줌.
c 복단이 : a, a^{1}의 딸. Ⅱ^{1}의 몸종이었으나 Ⅲ이 차지하고 급기야 Ⅲ의 하수인에게 살해됨.
d 거복이 : Ⅱ의 집 하인.

9) 이하 (빈)으로 예문 끝에 표시함.

e 찻집 : Ⅱ의 집 하인.
g 영미 : Ⅱ의 집 하인.
h 쏘복이 : Ⅰ의 집 하인.
i 교군군
j 돌이 : Ⅱ의 집 하인.
l 놈이: Ⅰ의 집 하인.

7) 지봉춘[10]

「재봉춘」은 1912년 8월 15일 동양서원 발행 이상협의 작품이 나(河東鎬, 1966 : 349~352).

Ⅰ 허부령 : 전 육군 부령으로 허씨부인을 양녀로 맞이하여 빅성달(I^{3})과 허씨부인에게 돈을 뜯어내나 참 사람이 된다.
I^{1} 허부령의 부인
I^{2} 됴씨 : 리참셔(Ⅱ)의 모친. II^{1}를 싫어하고 Ⅱ와 II^{2}를 결혼시키려고 함.
Ⓘ^{3} 빅셩달 : 허씨부인의 부친. 재산가이나 계급이 미천하여 허부령(Ⅰ)에게 딸(II^{1})을 양녀로 보냄.
Ⓘ^{4} 최씨 : I^{3}의 부인. II^{1}의 생모.
Ⅱ 리참셔 : II^{1}의 남편. I^{2}의 아들.
II^{1} 허씨부인 : Ⅱ의 부인. 빅성달(I^{3})의 딸.
II^{2} 슉희 : I^{2}의 조카딸. Ⅱ의 정혼녀였음.
Ⅲ 슈절어멈 : 계순(c)의 이모. II^{1}의 유모.
a 칠녀
b 복월
c 계순 : Ⅱ의 집 하인이나 a, b와는 달리 허씨부인(II^{1}) 의 충직한 하인이다.

10) 이하 (재)로 예문 끝에 표시함.

8) 옥호긔연11)

1912년 1월 20일 동양서원 53면, 발행자 민중호(河東鎬, 1966 : 349~352).

Ⅰ 류통정 : 금쥬(Ⅱ1)의 父.나이 50에0 금쥬를 무남독녀로 얻었다.
Ⅰ[1] 쥬감리 : 막동의 父. Ⅰ과는 사돈간.
Ⅰ[2] 현씨 : 금쥬의 모친. Ⅰ의 부인.
Ⅰ[3] 리씨 : 막동의 모친. Ⅰ[1]의 부인.
Ⅱ 막동이 : 외모는 좋으나 나쁜 친구들과 어울림. 금쥬를 납치하기도 했으나 풀어준다.
Ⅱ[1] 금쥬 : 막동(Ⅱ)와 결혼함. Ⅰ[1]과 Ⅰ[3]의 딸.
Ⅱ[2] 양복장이 : 금쥬가 부친(Ⅰ)과 구경차 외출시 금쥬를 업어 가던 사람들.
Ⅱ[3] 여러건달들 : 막동이의 친구들.
Ⅲ 슌ᄉᆞ : 막동이가 금쥬를 납치했을 때 류통정(Ⅰ)이 도 움을 청한 자.
Ⅳ 동네사람 : 막동과 금쥬가 혼인했을 때 신방을 지켜보던 자들.
a 하인

9) 마상루12)

1912년 8월 30일 제작 작자 민준호, 동문관 발행된 「마상루」 는 작자나 제작년대는 고구되지 않아서 소설뒷장의 기록을 그대 로 기록함.

Ⅰ 이진사 : 리씨(Ⅱ)의 父
Ⅰ[1] 홍평양 : Ⅰ과 죽마고우. 리씨(Ⅱ)를 도와줌.
Ⅱ 권도ᄉᆞ : Ⅱ의 남편. 명문거족.

11) 이하 (옥)으로 예문 끝에 표시함.
12) 이하 예문 끝에 (마)로 표시함.

Ⅱ^{1} 리씨부인 : Ⅰ의 딸. Ⅱ의 부인. 부덕과 아름다움을 겸비 함.
Ⅱ^{2} 과텩 : Ⅱ와 함께 지냄. Ⅰ의 딸.
Ⅱ^{3} 홍진사 : 홍평양Ⅰ의 아들. Ⅱ를 흠모함.
Ⅱ^{4} 승려 : Ⅱ가 부인(Ⅱ)을 찾아 다니다가 만난 승려.
Ⅲ 할미 : Ⅱ가 도망가다 신세진 집주인.
Ⅲ^{1} 명보 : Ⅱ의 동생
Ⅲ^{2} 총각 : Ⅱ를 데리고 도망한자.
Ⅲ^{3} 산골총각 : Ⅱ를 흠모함.
Ⅲ^{5} 명보부인.
a 검돌 : Ⅰ의 집 하인.
b 하인 : Ⅰ의 집 하인.

10) 완월루[13)]

1912년 8월 28일 제작, 작자 남궁준, 조선인쇄소, 「완월루」는 작자나. 제작년대는 연구되지 않아서 소설자체의 뒷장의 기록을 참조함.

Ⅰ 샹 : 장한림의 똑똑함을 봐서 후쥬를 장한림의 부인 으로 추천한 임금.
Ⅰ^{1} 윤정승.
Ⅱ 공즈, 조부마 : 후쥬의 부모
Ⅲ 장한림의 부모
Ⅲ^{1}유어스 : 금강에 빠져 죽으려던 쇼씨를 구해줌.
Ⅲ^{2}쥬부인 : Ⅲ1의 부인.
Ⅲ^{3} 장판서의 부인.
Ⅳ 유동녕 : 쇼씨의 외삼촌.
Ⅳ^{1} 김씨 : Ⅳ의 부인. 쇼씨를 싫어한다.
Ⅳ^{2} 로인 : 금강 근처에 있는 집 쥬인.
Ⅴ 장소져 : Ⅲ의 딸.
Ⅵ 장한림(공자) : 쇼씨(Ⅳ^{1})의 남편. 착하나 후쥬의 계략에 넘어 가 쇼씨 (Ⅳ^{1})를 내쫓지만 후회한다.

13) 이하 예문 끝에 (완)으로 표시함.

Ⅳ^{1} 쇼씨 : 장한림(Ⅵ)의 부인. 심성이 곧음.
Ⅵ^{2} 후쥬 : 장한림의 후처로 쇼씨를 모함한다.
Ⅶ 윤씨 : 후쥬의 유모. 후쥬와 짜고 쇼씨를 모함.
Ⅶ^{1} 두운 : 유어ᄉᆞ(Ⅲ^{1})의 양ᄌᆞ로 있었는데 알고보니 쇼씨 (Ⅳ^{1})의 남동생.
Ⅶ^{2} 츄향 : 쇼씨의 유모.
Ⅷ 명경 : 쇼씨의 아들.
Ⅷ^{1} 윤경 : 명경(Ⅷ)의 동생.
a 션힝 : 장소져의 하인(쇼씨(Ⅵ^{1})의 아기를 죽인다).
b 운향 : 장소져의 하인

11) 구마검[14]

「구마검」은 1908년 대한서림에서 발간된 것과, 1912년 10월 20일 박문관에서 1917년 10월 20일 이문당 발간의 것이 있고 저 자는 이해조이다(河東鎬, 1966 : 349~352).

Ⅰ 그쟈=림셩원 : 함진희(Ⅱ)의 전처 묘자리를 봐주러 온 사람.
Ⅱ 함진희 : 주인.
Ⅱ^{1} 쵸씨 : Ⅱ의 부인(재취부인).
Ⅱ^{2} 함만초 : Ⅱ의 친구.
Ⅱ^{3} 문쟝 : Ⅱ의 친구.
(Ⅱ)^{4} 함상인 : Ⅱ의 재취.
Ⅲ 일청 : Ⅱ^{1}의 동생.
(Ⅲ)^{1}강셔방 : Ⅰ을 찾으러 Ⅱ의 집에 온 사람.
Ⅳ 만득 : Ⅱ^{1}의 아들.
Ⅳ^{1} 종표(판사) : Ⅲ^{1}의 맏아들.
(Ⅳ)^{2} 함일덕.
(Ⅴ) 만신 : 규수당단신.
(Ⅴ)^{1} 최싱원 : 별일없이 무위도식하는 자
a 로파 : Ⅱ의 집 하인.

---

14) 이하 (구)로 예문 끝에 표시함.

b 만신이 : 함진히 전처의 신이 접해서 분한 인물.

c 삼랑 : 만신 집에서 일하는 아이들.

d 계집종.

12) 쌍옥적[15]

「쌍옥적」 1911년 12월 1일 보급서관 발행 작자 김용준으로 되 어 있다 (河東鎬, 11966 . 349 - 352).

Ⅰ 김승지 : 돈을 잃어버린 사람.

Ⅱ 경무청관리.

Ⅲ 원각대사 : 금강산 절에 있는 중으로 정순금(Ⅳ), 김순금 (Ⅵ)을 죽이려 한다.

Ⅲ^{1} 금초 : 정순금이 돈을 훔친 사람이라고 단정한 자.

Ⅲ^{2} 한은 : 정순금이 범인이라고 미행하고 있는 자.

Ⅳ 정순금 : 화기동 사는 자로 괴찰하기로 유명한 사람.

Ⅳ^{1} 김순금 : Ⅳ와 같은 일을 하는 사람.

Ⅳ^{2} 고쇼사 : 여탐정이라고 소문이 나있는 자이다.

Ⅳ^{3} 강셔방

Ⅳ^{4} 신셔방

Ⅴ 로봉 : 금초 한은이 있던 술집주인.

Ⅴ^{1} 로파.

Ⅴ^{2} 쥬인 : 절 근처의 주막집 주인.

Ⅵ 쌍옥적 : 돈을 훔친 사람으로 일고 있는데 단소를 부는 사람이다.

Ⅴ^{1} 손가형제 : 지금까지의 일을 벌린 장본인.

Ⅴ^{2} 패거리들 : 쌍옥적과 같이 있는 사람들.

Ⅶ 남산놋들 : Ⅳ^{1}가 만난 아이들로 사건의 실마리가 아이들 (Ⅶ)로 인해 잡힌다.

a 석돌이 : Ⅰ의 집 하인.

b 봉운 : Ⅰ의 집 하인.

---

15) 이하 (쌍)으로 예문 끝에 표시함.

c 상즈 : 절에서 일하는 아이

13) 목단화[16]

「목단화」는 1911년 5월 17일, 광학서포 발간, 작자 김교제(河 東鎬, 1966 : 349~352).

I 리춤판 : 정슉(III)의 父.
I^{1} 셔춤셔 : I과 만난 친구.
I^{2} 빅춤위 : I^{1}의 친구.
(I)^{3} 양복 : I의 집에 찾아온 사람.
I^{4} 부인 : I의 후처.
(II) 쥬인 : 로파가 정슉을 숨기려고 간 집 주인.
(III)^{1} 최과부
(III)^{2} 령감 : 정슉(III)이가 비를 피하려다 만난 사람.
(III)^{3} 로파 : II의 부인.
(III) 정슉 : I의 딸. 박승지덕으로 출가했으나 학교 다니는 이유로 쫓겨남.
(III)^{1} 식문방셔방 : 금연(a)에게 흑심을 품었던 자.
(IV) 방슌모 : 금연(a)의 부. 남재문에서 일하는 자.
(IV)^{1} 늙은 놈 : III이 시켜서 금연에게 父가 죽었다고 전하러 온 자.
(IV)^{2} 쌈판 : 쌈판션의 주인.
(IV)^{3} 의쥬집(노파) : 셤월()과 짜고 정슉(III)을 빼돌린 자.
(IV)^{4} 리치슈(그놈) : 의쥬집에서 정슉을 놀리던 자.
(IV)^{5} 장선달
(IV)^{6} 로동쟈 : 방슌모와 일하는 자.
(V) 계집 : 술집주인.
(V)^{1} 금슌 : IV의 딸. I이 구해줌.
(V)^{2} 무당 : I의 단골무당.
a 금연 : 정슉(III)의 하인.
b 셤월 : I의 집 하인. I와 한통속.

---

16) 이하 (목)으로 예문 끝에 표시함.

c 평셔방 : Ⅲ의 하인.
d 솜득 : 심부름하는 아이.
e 자근돌 : Ⅲ의 하인.

14) 모란병17)

「모란병」은 1911년 박문광에서 출판되었고 이해조의 작품이 다. 「모란병」은 1911년 박문광에거 1911년 8월 25일 재판, 1916 년 1월 25일 3판, 1918년 1월 20일 4판이 발행되었고 작자는 이 해소이다(河東鎬, 1966 : 349~352).

Ⅰ 감사 : 금션(Ⅳ)이가 도망가다 하소연 했던 감사.
Ⅱ 최별감 : 변선달에게 돈을 주고 금션이를 산 사람.
Ⅲ 변선달 : 무식하나 돈이 있는 사람으로 현고직이를 속여 금션이를 팔아 넘김.
Ⅲ1 현고직 : 선혜청 고직이로 있음. 금션(Ⅳ)의 父.
Ⅲ2 마누라 : Ⅲ1의 부인.
Ⅳ3 순겸 : 금션을 구해준 사람.
Ⅲ4 장씨부인 : 유복자 슈복(Ⅳ1)의 母.
Ⅳ 금션 : 주인공. Ⅲ1, Ⅲ2의 딸.
Ⅳ1 슈복 : Ⅲ4의 유복자.
Ⅳ2 슈득 : Ⅳ1의 사촌. Ⅳ1가 죽었다는 구실로 Ⅲ4에게 돈 을 뜯어낸다.
Ⅴ 그사람.
Ⅴ1 초립 쓴 자들 : 벽도(Ⅳ6)집에 온 술꾼들.
Ⅴ2 남자들 : 벽도 집에 온 술꾼들.
Ⅴ3 송순겸 : 벽도 집에서 금션을 도우려고 도망친 여자.
Ⅳ3 로가(창문) : 금션을 샀던 사람. 벽도의 주인.
Ⅳ4 문션 : 금션(Ⅳ)의 친구. 벽도집 여인.
Ⅳ5 Ⅳ2의 친구.
Ⅳ6 벽도 : 기생집 주인.

17) 이하 (모)로 예문 끝에 표시함.

a 힝낭하인 : Ⅱ의 집 하인.
b 검희류득잉무 : 벽도집 기생들.
c 벽도집 하인.
d 계집.

Ⅱ. 體言, 接尾辭, 助詞, 感歎詞

2.1 名 詞

名詞의 上待語는 가족호칭의 범주와 일반 漢字로 된 것 그리고 官職名 등으로 大別할 수 있다.

2. 1. 1 家族呼稱[18]

<아씨>

(1)^{1} a^{2} → Ⅲ^{1} 앗씨 앗씨게서 쉰네를(치 : 3)
(1)^{2} d → Ⅱ^{3} 아씨 이를 엇지ᄒᆞᄂᆞ 우리 령감게셔 도라 가셨 네 (혈 : 44)
(1)^{3} c → h 인력거 ᄐᆞ고 가시던 앗씨 어ᄃᆡ 계신 앗씨오(귀 : 57)
(1)^{4} a → a^{1} 우리 작은 아씨(홍 : 67)
(1)^{5} a → Ⅰ^{2} 마님 작은 작은 아씨 ᄯᅳ리지 말고 쉰네를…(치 : 12)
(1)^{6} a → Ⅳ 작은아씨(치 : 7)[19]

18) 최재석, 改訂「韓國家族硏究」1982, 제8장, p 396에는 가족호칭을 직접면전 호칭과 관계지시 호칭으로 나누어서 논술하였으나 본 연구에서는 직접면전 호칭을 주로 다루었다.
19) 이하 예문은 부록으로 처리했음. 부록의 부호는 (부)로 부여함. 그러므로, 본문에 없는 대화는 부록에 수록되었음.
※→는 對話의 方向임.

「앗씨」「아씨」로 호칭하는 話者는 모두 비상위계급에 속하는 하인계급이다. 이때 話者 자신은「소인」이라고 겸양어를 사용하는 경우는 모두 남성이다. 話者가 자신을 겸양하여「쇤네」라고 하는 겸양어를 사용하는 경우는 여성들이다.「쇤네」는 여성들이 주로 사용하는 겸양어이고「소인」은 남성들이 주로 사용하는 겸양어이다.

한 가족중에 어머니가 있고, 며느리나 과년한 딸이 있을 경우, 어머니 되는 여인은「마님」으로 호칭되는 수가 있으나, 그 때는 나이가 40세가 넘어선 중년 이후에「마님」으로 호칭되고 40이 아직 넘지 않은 여인들에게는「큰아씨」로 호칭되거나「아씨」라고 호칭하며, 딸이나 며느리는「작은아씨」로 호칭된다.($(1)^1$ $(1)^2(1)^{3-6}$ (무) $(1)^7$~$(1)^{12}$)의 대화 참조

나이가 많은 언니가「아씨」로 호칭되고 그 동생이「작은아씨」로 호칭되는 것이 아니다.

㉠ b → I 옥년 아기와 졀무신 서방님을…(혈 : 30)

위 ㉠의 예문은 열살 미만의 아이에게 하는 호칭인데 話者는 60이 넘은 여인이다. 위의 예문들 중에서「아씨」는 시집간 젊은 여인에게 하는 호칭이기도 한데 (1)~(1) (무)[$(1)^{7\sim16}$]이 그것이다. (무)$(1)^{15}$의「아가씨」는「아씨」와「아기씨」(아기)의 중간에 속하는 나이에 해당한다.

「아씨」의 호칭은 話者가 남·녀 하인들로, 계급도 10대부터 60대까지 분포된다.

<령감>

$(2)^1$ $Ⅲ^1$ → Ⅲ 여보 령감(귀 : 2)

$(2)^2$ a → I^1 소인이 령감마님께 괴망흔 죄는 죽어도 남겟슴 니다 (치하 : 108)

$(2)^3$ b^1 → b 령감게셔는 셔방님 오신 쥴 알고 계신듸(치 : 59)

$(2)^4$ a → I^3 령감게셔 건너방 아씨를 부르시고(치 : 64)

(2)[5] Ⅲ[1] → Ⅲ 여보 김승지 령감이…(귀 : 4)
(2)[6] Ⅱ → c[1] 이의 너의 덕 령감이…(귀 : 50)
(2)[7] Ⅱ → Ⅰ 큰 일 날 일이 있습니다. 령감…잇습니다(귀 : 45)
(2)[8] Ⅴ[1] → Ⅰ 지금 령감을 뵙고 령감덕인 줄 아랏습니다(귀 : 59)

「령감」의 호칭은 비상위자가 話者가 될 때 上待語에 해당한다. 이 때의「령감」은「령감마님」까지도 極上待語로 동원되고 그렇지 않다해도「-께셔」의 존경주격조사가 올 수 있다. (2)[2] (2)[3] (2)[4] (甲) [(2)[26] (2)[10] (2)[13] (2)[17] (2)[18] (2)[22] (2)[26] (2)[27] (2)[28] (2)[29] (2)[36]] 등을 예로 들 수 있다. 부부간의 대화에서 話者가 부인으로「령감」이라 호칭되는 경우는 (2)[1] (2)[8] (甲) [(2)[9] (2)[11] (2)[13] (2)[21] (2)[29]] 등이다. 이중에도 話者되는 부인은「-께셔」의 조사를 사용하기고 한다.

(2)[5]는 부인이 그의 남편 강동지와 하는 대화인 데, 그 대화에게 나오는「령감」은 김승지로 사위벌이 되지만 강동지의 신분이 낮고, 그의 딸 길슌은 김승지의 첩으로 출가한 터이기에 신분상의「령감」호칭이다. (2)[6]은 박참봉이 김승지를 호칭하는 것인데 신분상의「참봉」과「승지」의 차이에 의한 것이다. 곧 경어법이 사회, 신분에 관계된다는 것을 알 수 있다(신창순, 1984 : 231, 남기심, 1981 : 1, 이익섭, 1974 : 40). (2)[6]도 같은 경우이다.

(甲) (2)[12]의 경우는 김승지의 실질적인 첩실이 된 침모가 하인 졈슌이와 하는 대화주에 나타난 것으로「-께셔」는 첨가되지 않았으나,「-시-」의 형태소가 쓰인 것을 보면 역시 상대어로 사용된 것이라 할 수 있다.

(甲) (2)[16]은「시싱」이란 겸양어가 쓰이고,「령감」이란 호칭을 쓸 때는 분명한 상대어로 쓰인 것이다. 이 경우는 연령의 차이에서 오는 敬語法의 실현이다. Ⅳ는 나이는 적지만 양반계급이기 때문이다.

(甲) (2)[20]의 경우는「령감마님」이 話者의 부친이다. 그러나 聽者가 하인인지라 聽者의 입장에서「령감마님」의 호칭을 했다. 敬語法이 聽者에 의해서도 작용하는 일면을 보여주는 부분이다.

령감은 ①남자 노인을 이르는 말. ②나이가 든 내외간에 아내가 그 남편을 높이어 이르는 말. ③정 3품과 종 2품의 관원을 이르는 말. ④대감의 다음가는 인물이다(신용철, 신기하, 1988 : 2855). 여기서는 ①, ②의 의미로 어의 확대에 의한 것이라 생각된다.

(2)^{8}의 경우 침모 (Ⅴ)^{1}는 김승지(I)에게 「령감마님」이라고 호칭하고 있었는데 그후 침모((Ⅴ)^{1})는 김승지(I)의 둘째「첩실」이 된다.「첩실」이 되고부터는「령감」이라는 호칭이 자연스럽게 이뤄진다. 이것은「당신」에 해당하는 호칭이 되는 것이나. 곧[-격식]이 작용하고 [+친밀]이 된 호칭이다.

<마님>, <령감마님>, <대감마님>
<나리마님>, <마마님>, <마누라>
<마누라님>, <실ᄂᆡ마님>

(3)^{1} a^{2} → I^{3} <u>마님</u> 작은아씨 ᄯᅳ리지 말고 쉰네를…(치 : 12)
(3)^{2} (Ⅵ) → I^{3} <u>마님</u>ᄃᆡᆨ 일은 져 하님에게 들었습니다(치下 :8)
(3)^{3} a → I 소인이 <u>령감마님</u>게 괴망ᄒᆞᆫ 죄는 죽어도 남겟슴 니다(치下 : 108)
(3)^{4} a^{2} → I^{3} <u>령감마님</u>게셔 건너방 아씨를 부르시고(치 :110)
(3)^{5} a → I^{2} <u>대감마님</u>과 작은아씨 일힝을 뫼시고 오다가… (치下: 85)
(3)^{6} b → I ᄋᆡ구 <u>나리마님</u>이 이 나리 중에 여긔 오셧네(혈 : 30)
(3)^{7} c^{1} → (Ⅳ) ᄃᆡᆨ <u>마님</u>게셔…(귀 : 108)
(3)^{8} I → c^{1} <u>령감마님</u>게도 엿쥬어라(홍 : 48)
(3)^{9} c^{1} → (Ⅳ) ᄃᆡᆨ <u>마님</u>게셔…(귀 : 108)
(3)^{10} c^{1} → Ⅵ 춘천셔 오신 <u>마마님</u>은 계십니ᄭᅡ(귀 : 50)
(3)^{11} c^{1} → Ⅱ 어서 <u>마마님</u> 뵙고 가겟습니다(귀 : 50)
(3)^{12} c → (Ⅴ)^{1} 에그 침모 <u>마누라님</u>도 여그 와 계시군(귀 :81)
(3)^{13} c → (Ⅴ)^{1} 침모 <u>마누라님</u>은 언제부터… 로 마님은 혼자 계심닛가(귀 : 85)
(3)^{14} c^{1} → i 여보 이ᄃᆡᆨ이 젼동 별실 춘천 <u>마마</u>ᄃᆡᆨ이지오(귀 : 80)
(3)^{15} j → c^{1} 여보 <u>마누라님</u>ᄃᆡᆨ 어ᄃᆡ요(귀下 : 82)
(3)^{16} b^{1} → (Ⅵ) 에그 져 <u>마누라님</u> 뫼셔오지 아니힛드면(치 :15)

(3)^{17} Ⅰ → a^1 화기동 마누라 자네는…(치下 : 83)
(3)^{18} $Ⅰ^1$ → $Ⅰ^3$ 마누라는 종작이 업는 사룸이지(치 : 15)

「마님」으로 호칭되는 경우는 비상위자인 하위계급들이 장년이상의 부인을 호칭하는 것으로 나타난다. (3)^1, (3)^2, (3)^7, (3)^9, (무) [(3)^{29}, (3)^{24}, (3)^{19}, (3)^{32}]등이 하인계급이 話者가 된다.「마님」과 대칭되는 것으로 「령감마님」이 있음을 예로 들기 위하여 예문이 나탄냈는데,「마님」과 함께 그 호칭을 받을 수 있는 연령층은 장년층 이상의 남성들이다. 이 때「나리마님」「대감마님」의 호칭도「령감마님」과 같은 층위로 사용되고 있기에 예를 든 것이고「관직명」에서 재론할 것이다.「령감마님」「대감마님」「나리마님」의 호칭은 話者가 비상위 계급임은 말할 것도 없다.

예문 (3)^3 -(3)^6, (3)^8, (3)^9, (무) (3)^{20} 등은 그런 현상이다.「마님」보다 나이가 많은, 현대어의「노파」에 해당되는 여인에게 하는 호칭이 드물기는 하지만「로마님」이 보인다. 이것은 침모(V^1)의 모친에 대한 호칭인데 침모가 김승지(Ⅰ)의 첩실이 되었기에 로마님으로 대우하는 것이다.

그러나,「마님」과 같은 등급의 上待語가 안닌 것은 확실하다(예문 (3) 13 참조).

「마마님」의 경우는 (3)$^{10\sim11}$ (무) (3)$^{21\sim24}$에 나타나는데 마님보다는 등급이 낮고,「마누라님」보다는 높은 계급성을 갖고 있다. (무) (3)^4 는 침모(V 1)가 김승지(Ⅰ)의 실질적인 첩실이 된 후 김승지(Ⅰ)와 하는 대화이다.

이 대화에 나타나는「마님」은 김승지(Ⅰ)의 본처($Ⅰ^1$)이고「춘천마마님」은 (Ⅳ)김승지가 정식으로 맞이한 첩실이며, 이 일이 김승지가 침모를 실질적인 첩으로 맞이하기 전의 일이므로 침모(Ⓥ^{1})는 본처를「마님」으로「춘천마마」를 그 다음의「마님」「마마님」으로 호칭하고 있는 것이다. 보다 확실한 것은 (무) (3)^{21} 의 예문으로 점순(c^1)이 가 김승지의 본부인에게 김승지의 첩실인「춘천마마」의 이야기를 하는 대화인지라「마님」이「마마님」보다 상위의 계급순의 호칭임을 알 수 있다. 또 (무) (3)^{22} 는 침모가 졈순(c^1)을 향해 하는 대화인데 침모나 졈순(c^1)은 모두「마님」이 「마마님」보다 상위의 계급순의 호칭을 공통적으로 인지하고 있는 것이다. 이런 경우는 $(3)^{13}$ $(3)^{16}$ 의 예문에서도 찾을 수 있다. $(3)^{15}$ 는 초면에 만난 남성이 나이가 적지만 여인에게는 일반적인 호칭에 해당하는 것이다.

「마누라」의 호칭은 남편이 자신의 부인을 호칭하는 경우와 양반계급의 남·녀가 하인계급의 비상위자를 호칭하는 경우에 사용된다. 전자의 경우가 $(3)^{18}$ ㊐ [$(3)^{25\sim26}$, $(3)^{29\sim30}$, $(3)^{32}$] 등이고 후자의 경우는 $(3)^{7}$ $(3)^{31}$이다. $(3)^{17}$ 은 話者가 이판서(I)이고 聽者의 경우 그댁 행낭살이하는 여인이다.

그러나 나이가 장년을 넘어선 부인이기에 상위자인 話者가 아무렇게 대하는 것을 피하고 있음은 확실하다.「마누라」는 話者가 聽者나 대화내의 인물을 높여서 대우하는 것은 아닌 것이다.

㊐ $(3)^{28}$의「실녀마님」은 틱희(II^1)가 자신의 부모를 아버지는「령감마님」으로, 어머니는「실녀마님」으로 호칭함인데 대화내용의 목적어로 聽者가 아니라 話者가「령감마님」이나「실녀마님」으로 호칭함은 聽者 영민(g)의 입장이 되어서 하는 호칭이라 볼 수 있다.

<서방님>

$(4)^1$ b^1 → b <u>셔방님</u> 오실 찌까지 인역이 셔울 있다가 뫼시고 오지 아니ᄒ고(치 : 59)

$(4)^2$ I^1 → b 리판셔 딕감게 딕 <u>셔방님</u> 차져 보내십사 ᄒ여라 (치 : 42)

$(4)^3$ b^1 → b 령감게셔는 <u>셔방님</u> 오실 줄 알고 계신듸(치 :59)

「아씨」의 대칭으로 남성에게「셔방님」이 사용되고,「마님」의 대치로「령감」,「령감마님」이 호칭되는 것은「신소설」전편에 많이 나타난다.「셔방님」은 주로 결혼한 남성이지만 아직 벼슬이 없어서 그 직함을 부를 수 없을 때 쓰이고, 시누이 남편이나, 시동생에게도 사용된다. 벼슬이 없어도 나이가 장년 이상이면 셔방님 이라는 호칭은 쓰이지 않는다.

「쥬인마님」 등이 쓰일 수 있다. 「셔방님」 의 호칭을 사용하는 話者는 비상위자들이다. (4)^{1}, (4)^{3} (早) [(4)$^{4\sim6}$, (4)$^{8\sim16}$, (4)$^{18\sim20}$] 등은 話者가 비상위자의 입장이거나 비상위자다. (4)^{2}는 話者가 비상위자가 아니다.

대화내의 주어를 聽者의 입자에서 높이려는 곧, 恭遜法과 尊敬法이 복합된 문장임을 알 수 있다. (4)^{2}의 경우는 내포문의 목적어를 셔방님으로 나타냈는데 聽者중심으로 話者가 사용한 것이다. (早) (4)^{17}은 話者가 자신을 「셔방님」 으로 또는 「-오셨다고」 로 높이고 있는데 이것도 聽者중심의 문을 열고 닫고 하는 심부름하는 하인의 입장에서 대문밖에 있는 장본인 「셔방님」 은 자신을 높여서 나타내는 것이다.

이것은 통인을 중간에 세우지 않고 방문객과 주인이 대문을 격하고 방문의 대화를 하는 경우도 있다. (早) (4)^{7}은 「셔방님」 이 아니고 「셔방」 인데 상대의 접미사 「-님」 이 있을 때와 없을 때는 上待의 도가 매우 다르다. 이 경우는 「셔방」 이 「남자」 정도의 평대에 속할 수 있다.

<조부·모>, <부·모>

(5)^{1} Ⅲ^{1} → Ⅰ 에그 아버님게셔 오직 답답ᄒᆞ야 그 아드님다 려 나오라고 전보를 노셧슬가(치下 : 90)

(5)^{2} (설명문) 상호가 모친게 말을 ᄒᆞ고(홍 : 69)

(5)^{3} c^{1} → j 아버지 날 살려 주오(귀下 : 92)

(5)^{4} Ⅳ → 거복이(아기) 거복아 네의 아버지가 요시는 왜 한 번도 아니 오시난지 모르깃다(귀下 : 6)

(5)^{5} Ⅳ → Ⅱ^{2} 어머니 어머니 이것이 왼 일이오(은 : 82)

(5)^{6} Ⅳ^{1} → Ⅰ^{3} 어머님 그선짓 풀빗에 이슬갓흔 것 알는데(홍 下 : 7)

(5)^{7} Ⅵ^{1} → Ⅱ^{3} 망모의 영장을 지지겟습니다(빈 : 37)

「조부」, 「한아버지」, 「할아버지」 가 (早) (5)^{47}의 예문처럼 보인다. 「할아버지」 의 단계로 되기 전의 「한아버지」 의 모습을 볼 수 있고 이런 것은 안동방언의 「큰 아베」 (강신항, 1980 : 613)와 일맥 상통하고 있다.

「아버님」,「아버지」,「어머님」,「어머니」,「부친」,「모친」,「망모」등으로 호칭되는 것이 부·모의 호칭이다. (5)[1], (5)[3~5] (早) [(5)[10~13], (5)[15], (5)[17~18], (5)[21], (5)[25], (5)[27~31],] 등은 上待語에 속하는 부모호칭이라 할 수 있다. 그러나 (早) [(5)[8~9] (5)[14] (5)[16] (5)[19]]등은 일상적 가족호칭에 해당한다. 친자나 친자의 직접적인 관계에 있는 친구가 아닌 타인들이 부르는 친자의 부·모 호칭은 일상적 가족호칭으로 봐야 할 것이다.

(早) (5)[22~25]에 나타난「어미」「아비」는 존경어가 아니고 비어에 해당한다. 예문에 넣은 것은 話者가 상위지일 때 하인을 호칭할 때도 그 자식의 이름 뒤에「어멈」,「아범」,「아비」,「어미」라 부를 수 있다. 또 부·모 스스로 자신을 일컬을 때도「아비」「어미」의 호칭은 보인다.

「빅모」는 (早) (5)[33]이 드물게 나타나고「모친」「부친」은 (早) [(5)[32], M (5)[34]]처럼 지문에 주로 나타남을 볼 수 있다.

예문 (5)[1]의「아버님」과 (早) (5)[21] 의「아버지」를 살펴보면「아버님」은 텩희(Ⅲ[1])의「시아버지」를 호칭하는 것이고「아버지」는「친정아버지」를 호칭하는 것이다. 이 경우 (早) (5)[21]의「아버지」는 상대의 의미가 없는 것이 아니고 [+친밀]과 [-격식]이 작용한 것이다(이익섭, 임홍빈, 1988 : 233). 부·모 호칭의 하위범주로는「아범」,「아비」(인비),「어멈」,「어미」(에미) 등이 보인다(강규선, 1986 : 46).

가족호칭은 아니지만 일반적 어휘의「부인」이 많이 나타나는데 대화에서 남의 부인이나 3인칭의 일상적 용어로 나타난다.

<남편, 부인>

(6)[1] g → g[1] …부인일세(혈 : 49)
(6)[2] Ⓘ[3] → Ⅱ[1] 양반집의 부인이 되얏스닛가(재 : 120)
(6)[3] Ⅰ[2] → Ⅱ 남의 부인 이라는 것이(재 : 130)
(6)[4] Ⅰ → Ⓘ[3] 그사람 부인으로 안져서 남편안인(재 : 171)
(6)[5] Ⓘ[3] → Ⅰ 박복한 부인이(재 : 184)
(6)[6] Ⓘⓘⓘ[2] → Ⅱ[1] 여보 부인 쉬여 갑시다(마 : 18)

(6)^{7} (Ⅲ)^{2} → Ⅱ^{1} 부인도 일즉 죽으시오(마 : 28)
(6)^{8} (Ⅲ)^{3} → Ⅱ^{1} 부인의 말이 당연하나(마 : 43)
(6)^{9} Ⅵ^{2} → Ⅵ^{1} 부인의 여년을 맛겟ᄉᆞ오니(완 : 39)
(6)^{10} Ⅵ^{2} → Ⅵ^{1} 부인 어ᄃᆡ로 가시나잇가(완 : 52)
(6)^{11} Ⅵ^{2} → Ⅵ^{1} 부인 엇진 일이오(완 : 88)

(6)$^{1\sim5}$ 는 話者가 聽者를 호칭하는 것이 아니고 제 3의 인물을 지칭하는 「부인」이다. (6)$^{6\sim11}$은 話者가 聽者를 호칭하는 것인데, 어느 정도 尊敬의 의미가 내포되어 있다.

「부인」과 대칭이 되는 것으로는 「남편」이 있다.

(7)^{1} (Ⅰ)^{3} → Ⅰ 남편이 뭇난 말에(재 : 184)
(7)^{2} Ⅱ → Ⅰ 남편을 버리고 아모 말업시(재 : 197)
(7)^{3} Ⅱ → Ⅰ 남편과 시집을 버리지 아니 ᄒᆞᆯ 슈(재 : 199)

이때의 「남편」은 거의 평대에 해당한다.

<짜님>, <아드님>, <누님>, <아저씨>, <아지머니>, <오라 번이>, <형님>(성님), <족하>, <수씨>, <당숙>

(8)^{1} e → (Ⅳ) 참 ᄂᆡ가 미처 말을 못ᄒᆞ엿소 아저씨 말슴에 두분 아지머니…(귀下 : 9)
(8)^{2} c → a^{2} 복단 아주머니 거기 계시구려(번 : 10)
(8)^{3} Ⅱ → (Ⅲ) ᄂᆡ가 자네 짜님을 보ᄋᆞᆸ네(귀下 : 45)
(8)^{4} (Ⅲ) → Ⅱ ᄂᆡ ᄯᆞᆯ 잘 잇답디가(귀下 : 23)
(8)^{5} (Ⅳ) → e 여보 족하님 이심니나 되는 것 ᄀᆞᆺ소(귀下 : 23)
(8)^{6} e → (Ⅳ) 아저씨게서 제일 거북이를 보고 십퍼ᄒᆞ십듸다 (귀下 : 11)
(8)^{7} e → (Ⅳ) 아지머니가 가실 터이면 교군 타시오(귀下 : 10)(귀下 : 22)
(8)^{8} (Ⅵ) → (Ⅳ)^{1} 여보 누님 뭇습니다(은 : 116)
(8)^{9} (Ⅵ)^{1} → (Ⅱ)^{1} 아저씨 나는 아저씨 보러왓소(은 : 10)(은 : 86)
(8)^{10} (Ⅵ)^{1} → (Ⅵ) 누님 누님 죠션셔 편지 왓소(은 : 104)(은 : 92)

(8)^{11} Ⅰ^{2}→ Ⅰ^{1} 누가 오라번이 말숨이 그르기야 ᄒᆞᆫ답닛가(홍 : 44)
(8)^{12} Ⅳ^{1} → Ⅱ^{1} 형님 벌써 가을이 되엿습니다(홍 : 36)(홍 : 39)
(8)^{13} Ⅲ → Ⅳ^{1} ᄯᆞᆯ님 아기씨님 우리 ᄯᆞᆯ님 아기씨(홍下 : 37)
(8)^{14} Ⅱ^{2} → Ⅱ^{1} 여보 수씨 친뎍에셔 하인이 급보로 ᄂᆡ려 왓구 려(홍 : 36)
(8)^{15} Ⅱ^{4} → Ⅰ 져 형님(재 : 33)
(8)^{16} Ⅲ → Ⅲ^{1} 형님이 오작 조아 하실나구(마 : 97)
(8)^{17} Ⅴ → Ⅲ^{1} 옵바(구 :47)
(8)^{18} Ⅴ → Ⅲ^{1} 누의(구 :47)
(8)^{19} d → Ⅳ^{1} 우리 아지머니 금슌 어머니(목 : 30)
(8)^{20} Ⅱ^{1} → Ⅲ^{3} 그런듸 엇더케 우리 오라버니(목 : 45)
(8)^{21} Ⅰ^{3} → Ⅳ 너의 당숙게 식리ᄒᆞ여 주십사(홍 : 63)

「아저씨」「아지머니」(아주머니)는 (8)^{1}, (8)^{2}, (8)^{6}, (8)^{7}, (8)^{9}, (8)^{19} 등에 나타나는데 현대어처럼 아무에게나「아저씨」를 붙이는 것이 아니고, 촌수나 항렬에 의한, 적어도 부·모격의 상위자에게 하는 호칭이다.

요사이 나이 많은 할머니가 손주벌 되는 청년에게「아저씨」라고 하는 호칭은 근자에 와서 발전된 변화라고 생각된다.「신소설」에 나타난「아저씨」「아주머니」(아지머니)는 항렬이 부·모와 비슷한 인물에게 하는 가족호칭의 범중에 넣을 수 없다.

(8)^{3}의「ᄯᆞ님」과 (8)^{4}의「ᄯᆞᆯ」은 비교하기 위하여 (8)^{4}를 예시한 것인데 박참봉(Ⅱ)이 강동지(Ⅲ)에게「ᄯᆞ님」이라는 접미사「-님」을 붙여 강동지(Ⅲ)의 ᄯᆞᆯ을 높여주었다. 이 경우는 강동지의 ᄯᆞᆯ 길순(Ⅳ)이가 박참봉의 상위자인 김승지(Ⅰ)에게 첩실로 들어 갔다는 것을 은연중 내포하는 것이다.

(8)도「족하님」이라 상대의 접미사를 붙인 것은 최서방(e)(김승지(Ⅰ)의 조카로 변신함)의 나이가 길순(Ⅳ)보다 많고 초면이기에 아무리 시집조카라도「-님」을 붙이지 않을 수 없다. 이런 경우는 나이많은「조카」를 요즈음도「-님」을 붙여 대우 해주는 경우가 사회적 통념이다. (8)^{5}의 경우는 (8)^{13}과 같은 것이라 말할 수 있다. (8)^{13}의「ᄯᆞᆯ님」(아가씨님)은 서모로

들어온 話者 시동집(Ⅲ)이 비록 聽者(Ⅳ1)의 아버지하고 살고 있지만 서모라는 입장과 서모 텩희(Ⅳ[1])의 나이가 話者(Ⅲ)하고 비슷한 데서 연유한 것이다.

「누님」,「누의」,「오라번이」,「옵바」, 「형님」 등의 호칭은 별로 특이함이 없다. 다만 오라번이의 경우는 성년의 연령에서 사용한다.

「수씨」가 유일하게 (8)[14]에 보이려는「제수씨」의 줄임말이다.

2. 1. 2 官 職 名

<사도>, <진사>, <판셔>, <호방비장>, <부령>, <참판>, <나리>, <나리마님>, <대감마님>, <령감>

(9)[1] Ⅰ[1]→ b 리판셔대감게 셔방님 차져보내십사 하여라(치 : 42)

(9)[2] a →Ⅰ[1] 소인이 령감마님께 그망ᄒᆞᆫ 죄는 죽어도 남겟슴니다 (치下 : 108)

(9)[3] a →Ⅰ[2] 대감마님과 작은아씨 일힝은 뫼시고 오다가 소인은 ᄇᆡ오기셔 먼져 왓습니다(치下 : 85)

(9)[4] a → Ⅰ나리게셔도 무엇을 좀 사다가 잡숫고 쥬무시면 좃 겟슴니다 (혈 : 26)

(9)[5] b → Ⅰ애구 나리마님이 이 난리 주에 여괴 오셧네(혈 : 30)

(9)[6] Ⅰ → g 저 집이 김관일 김초시 집이오(혈 : 22)

(9)[7] Ⅲ[1] → Ⅲ 여보 김승지령감이…(귀 : 3)(귀 : 44)

(9)[8] c[1] → Ⅱ 에그 누가 나으리 뫼오러(귀 : 50)

(9)[9] Ⅴ → c 영문 사도에 최셔방님이 패가하셨다는…(은 : 13)

(9)[10] d → d 김진사덕 마당으로 가자(은 : 20)

(9)[11] Ⅳ → c 나는 호방비장 나릿게 드러가셔(은 : 13)

(9)[12] g → b 셔의정덕 이라도 쓸ᄃᆡ 업다(빈 : 78)

(9)[13] b → Ⅱ[1] 허부령 령값긔셔 오셧습니다(재 : 71)

(9)[14] Ⅰ → c ᄯᅩ 너 집에 잇슬 ᄶᅦ는 김참판덕 ᄌᆞ근 아씨…(재 : 4)

(9)[15] Ⅱ → Ⅱ 에그 나으리(마 : 109)

(9)[16] c → Ⅳ 대감게 읍셔 무어시라(완 : 19)

(9)[17] V → a 대감 환츠ᄒ시기를 기다려…(완 : 77)

「나리」,「나리마님」은 벼슬이 있던 없던 모든 양반계급에 사용되고 있는 통칭으로 나타난다.「령감」,「령감마님」도 원래는 정 3품(종 2품) 당상관에게 호칭되던 것이다. 위의 호칭들은 나이 많은 남자에게 사용되는 의미의 확대가 되었다. 나머지 예문에 보이는 것처럼 전에 벼슬이 있었던 인물에게 그 벼슬에서 물러난 후에도 그 직함을 그대로 붙여주고 있는 것이다. 話者는 상비 상위자의 구분이 없다. 문제는 이러한 종적인 계급사회에서 야기된 호칭 때문에 상대의 대명사 발달이 늦어진 이유의 하나가 된다.

2. 1. 3 一般的인 上待語

(10)[1] I[1] → Ⅲ[1] 이판셔의 은혜는 빅골난망 쳐실을 제어치 못ᄋ야 (치 : 109)

(10)[2] I → d[1] 속냥은 ᄒ여쥬마(치 : 82)

(10)[3] d → d[1] 샹젼의게 미인 몸이라(귀 : 31)

(10)[4] d → Ⓘ 덕 마님게셔(귀 : 108)

(10)[5] c[1] → e 진지나 하여 드립시다(귀 : 85)

(10)[6] g → a 네, 힝차 모시고…(귀 : 19)

(10)[7] Ⅳ → I 마님덕 일은 져 하님에게 들엇슴니다(치下 : 108)

(10)[8] a → g ᄒ님 부르리가(귀 : 19)

(10)[9] Ⅱ → I[3] 말솜할 길이 업슴니다(귀 : 45)

(이하 부록에 예문 수록함)

일반적인 上待語는 한자어휘자 주가 되는데 그 上待語는 相對를 높이는 것도 있지만 대개는 단어 자체의 격이 높아진 정도의 것들이 대부분이다. 상대어를 사용한 話者는 상비상위자를 구분할 수 없다. 그러나 話者나 聽者들의 계급을 살펴보면 (10)[2], (10)[5~7], (10)[8] 등의 비상위자들끼리의 대화를 제외하면 모두 話者가 비상위자에게서 상위자로, 또는 상위자들 끼리의 대화이다. 특정한 작품 특히「홍도화상·하」에는 다른 작품에서 찾을 수 없을 만큼 한자어휘다 많은데 이는 작가의 차이에서 오는 것이다.

「명사」에서 上待語는 가족호칭, 관직명칭, 일반경어 등으로 나뉘는데 敬語法과 직접적인 관련을 맺고 있는 부분은 가족호칭과 관직명칭이다. 왜냐하면 이것들은 대화에서 주어로 등장하면서 후술할 조사와 종결어미와도 호응하는 관계를 맺기 때문이다.

2. 2 代名詞

(11)^{1} Ⅳ⃝ → c 이의 사령들아(은 : 10)
(11)^{2} Ⅳ⃝ → c 나는 호방비장 나리께 드러가셔(은 : 13)
(11)^{3} Ⅳ⃝ → c 우리들아 잘 보아 드리자(은 : 14)
(11)^{4} d → d 그 양반이 무슨 죄가 잇셔(은 : 14)
(11)^{5} Ⅱ⃝^{1} → Ⅳ⃝ 너의들 명식이 영문 장차라는 고나(은 : 18)
(11)^{6} Ⅱ⃝^{1} → b 이 동네 빅셩들(은 : 19)
(11)^{7} d → d^{1} 저 놈들을 잡아가지고(은 : 20)
(11)^{8} Ⅱ⃝^{1} → Ⅱ⃝ 자네나 너나 큰 일 날터이니(은 : 21)
(11)^{9} Ⅱ⃝^{2} → d 뉘게 들엇나(은 : 50)
(11)^{10} Ⅳ→ Ⅰ^{3} 제가 불쵸함으로…제 소위는…져부터 치죄흐여… (홍下 : 14)
(11)^{11} Ⅳ^{1}→ Ⅰ^{1} 져는 죽어도 원수로는 못가겠습니다(홍下 : 38)
(11)^{12} (설명문) 그네들이라(홍下 : 4)
(11)^{13} Ⅰ^{1}→ Ⅵ⃝ 로형이 그댁 후취분도 뵈왓겟구려(홍下 : 82, 83)
(11)^{14} a → a^{1}(Ⅱ) 돈냥이나 별면 당신 마누라님 조석(빈 : 6)
(11)^{15} (설명문) 상호가 자기 모친게 말삼하고(홍 : 69)
(11)^{16} b → a^{1} 누가 당신다려 말냇소(빈 : 12)
(11)^{17} a → b 옥단이 여긔 업네(빈 : 10)
(11)^{18} Ⅲ⃝→ b 거긔 누가 왓니(빈 :26)
(11)^{19} j → Ⅱ^{1} 제가 미거ᄒᆞ야(빈 : 145)
(11)^{20} Ⅰ→ Ⅰ⃝^{3} 자네의게 탓들을 일은 업네(재 : 66)

(11)[21] a → b 령감ᄂᆡ외분이 금슬이…(재 : 10)
(11)[22] Ⅱ^{2}→ Ⅱ 져 형님(재 : 33)
(11)[23] a → Ⅰ 제가 집어간다고 편지를(재 : 150)
(11)[24] Ⅱ^{1}→ (Ⅰ)^{3} 네 저 올시다(재 : 142)
(11)[25] Ⅰ→ Ⅱ^{1} 이의 금쥬야(옥 : 2)
(11)[26] (Ⅱ)^{3}→ Ⅱ ᄂᆡ게 잇지(옥 : 11)
(11)[27] Ⅱ→ (Ⅲ) 자네 급하드라도(마 : 11)
(11)[28] Ⅰ→ Ⅲ 과인이 경에게(완 : 26)
(11)[29] Ⅵ^{1}→ b ᄃᆡ감 내외분 옴나오시거든(완 : 63)
(11)[30] Ⅵ→ (Ⅶ) 그ᄃᆡ는 마님을 뫼시여(완 : 63)
(11)[31] Ⅳ→ Ⅵ 소형이 비록 황천고혼이나(완 : 21)
(11)[32] (Ⅳ)^{2}→ (Ⅲ)^{2} 당신(구 : 50)
(11)[33] Ⅰ^{4}→ (Ⅴ)^{2} 그러나 로형은(목 : 340)
(11)[34] Ⅰ→ Ⅰ^{2} 그 규수를 로형이(목 : 366)
(11)[35] (Ⅲ)→ (학부형에게) 본인은 녀ᄌᆞ로 여러분ᄭᅴ(목 : 351)
(11)[36] (Ⅱ)^{2}→ (Ⅲ)^{1} 로형이 졸업을(목 : 342)
(11)[37] Ⅰ^{1}→ (Ⅳ) 뎌분 어머니 되시는 니도 계시던가요(홍下 : 82)

대명사의 上待語는「신소설」작품에는 거의 나타나지 않는다.

1인칭에「나」「니」(내),「져」「제」(제),「우리」「과인」「자기」, 2인칭에「너」「네」「자네」「당신」「너의들」「로형」그리고 3인칭에는「뉘」「그네」「뎌분」「누가」등이 있고, 「여러분」「내외분」「소형」지시 장소에는「이것」「죠런」「여긔」「그게」「거긔」들이 나타난다.

대명사의 上待語가 발달하지 못한 것은 비상위자들이 話者가 되어 상위자에게 대화하는 경우 上待語의 대명사로 호칭할 것을 관직명이나 가족호칭으로 부르기 때문에 대명사의 경어가 발달하지 못한 것이다. 상위자와 상위자들 끼리의 話者, 聽者가 될 때 역시 가족호칭이나 직함을 부르는 것으로 나타난다.

그러나, 반대로 상위자가 話者가 되고 비상위자가 聽者가 될 경우는 上

待語의 대명사를 사용할 수 없고 직접 비상위자(하인)의 이름을 부르거나 청자인 비상위자의 나이가 많은 경우는「××아범」「××어멈」「할멈」으로 부르거나, 下待의 호칭을 하기가 보통이다. 상위자의 양반계급들도 비상위자를 호칭할 때는 下待의 상말이 쓰임이 너무도 당연하였다.

계급사회의 엄격한 사회적 신분성의 특징에 의해 개인의 개성, 의식이 발달하지 못하였기 때문에 가족호칭, 관직명으로 부르는 것이 곧 높임의 대명사 발달을 늦게한 원인이 될 것이다.

「신소설」 작품의 이곳 저곳에는 종을 "사유물"처럼 여기고 있고 상호 주고 받거나 팔고 사는 것은 물론 사형을 가하는 것은 예사이다. 비상위자인 하인 계급들도 "상전부모…"라고 스스로 사용하고 있는 것을 보면 근대 사회적 특징이 작품속에 두드러짐을 볼 수 있다.

(11)[14]의「당신」은 2인칭의「당신」이 아니라 3인칭의「화중주어」를 높이는 것이다. (11)[16]의「당신」은 분명 2인칭으로 매우 드물게 나타난다. (11)[32]의 경우도 같다. 겸양의 대명사에 해당하는 것으로는「저」(졔, 제, 져),「소형」등이 나타나고, 평대의 경우는「자네」가 쓰였다.「자네」는 평교간의 쓰임이 주가 되나 상위자가 비상위자에게 사용하기도 한는데 이때는 비상위자의 나이가 많은 경우다.

3인칭 대명사의 경우 20세기 초기에는 생성단계에 있었던 것이고 그 이전에는 존재하지 않았다. 이점은 우리말과 같은 계통 언어들과의 비교언어학의 차원에서 고찰이 필요한 문제점을 남긴다.

2. 3 接尾辭

(12)[1] i → Ⅰ 마님 마님 원쥬 성방님 오심니다(빈 : 5)
(12)[2] Ⓘ → Ⅰ[3] 마님댁 일은 져 하님에게 들엇습니다(치下 : 11)
(12)[3] b → Ⅳ 에그 져 보살 마누라님(치下 : 16)
(12)[4] b → Ⅰ 에구 나리마님게셔 여긔 오셧네(혈 : 30)
(12)[5] a → Ⅰ 짜님 아씨도…(혈 : 21)

(12)^{6} a → Ⅰ 나라는 양반님네가 망ᄒᆞ야 노앗지오(혈 : 27)
(12)^{7} Ⅱ^{2} → (독백) 세상에 불상한 거슨 여편네라(혈 : 9)
(12)^{8} e → Ⅱ^{3} 우리ᄃᆡᆨ 령감게셔 돌아가셧네(혈 : 47)
(12)^{9} b → Ⅰ 옥년아기와 졀무신 셔방님은(혈 : 30)
(12)^{10} f → Ⅱ^{1} 여보 왼 녀편네가 여괴 나와 잇소(혈 : 43)
(12)^{11} c^{1} → Ⅳ^{1} 춘천마마ᄃᆡᆨ이 어드요 구경좀 ᄒᆞ것소(귀 : 69)
(12)^{12} c^{1} → Ⅳ^{1} 춘천서 올라오신 마마님(귀 : 33)
(12)^{13} Ⅲ → 동리사람들, 자-동네 아지먼네 편안이들 게시요(귀 : 115)
(12)^{14} c^{1} → Ⅰ^{1} 마님음 시러서 말슴이 오닛가(귀 : 76)
(12)^{15} c → c^{1} 누가 김승지ᄃᆡᆨ 종노릇 아니ᄒᆞ면 주는다더냐(귀 : 68)
(12)^{16} Ⅴ → Ⅱ 최서방님… 순사도ᄭᅴ 말슴만 잘하면…(은 :11)
(12)^{17} Ⅱ^{2} → (하늘에 원점) ᄒᆞ나님 ᄒᆞ나님 죄업는 사ᄅᆞᆷ을 술게 하여 줍시사(은 : 11)
(12)^{18} d → d^{1} 본평ᄃᆡᆨ 셔방님이 영문에 잡혀가신다지(은 : 11)
(12)^{19} d → d^{1} 져 놈들을 잡아가지고 김진사ᄃᆡᆨ 마당으로 가자(은 : 21)
(12)^{20} Ⅳ^{1} → Ⅰ^{3} 어머님 그까짓 풀숫에…(홍下 : 7)
(12)^{21} a → Ⅰ^{3} 마님 마님(홍下 : 19)
(12)^{22} Ⅳ^{1} → Ⅱ^{1} 형님 벌써 가을이 되었습니다(홍 : 36)
(12)^{23} a → Ⅲ 그러코 말구요 량반님내시닛가 그쁜ᄒᆞ시지요(홍 下 : 63)
(12)^{24} b → Ⅱ^{1} 쇤네가 아씨를 뵈옵고 십어서 왓습니다(빈 : 11)
(12)^{25} b → a 여보 노인네 그리를 말으시오(빈 : 13)
(12)^{26} d → h 애구 복단이네…(빈 : 60)
(12)^{27} b → i 뉘ᄃᆡᆨ 힝차인 줄 알으시고 이리ᄒᆞ심닛가 인동 셔 판셔ᄃᆡᆨ 너힝이신듸(빈 : 78)
(12)^{28} Ⅳ → Ⅱ^{2} 두 양주분이 줌으시지도 않고 웨 부르시오(빈 : 85)
(12)^{29} k → Ⅱ^{2} 그ᄃᆡᆨ 하님에 금분이라고 잇지오(빈 : 99)
(12)^{30} Ⅳ^{2}→ Ⅱ 여보게 주가 ᄌᆞ네ᄃᆡᆨ 집안 살님 이약이 드르러 왓 나(빈 : 112)
(12)^{31} Ⅰ^{3}→ Ⅰ^{2} ᄃᆡᆨ에는 남미분을 두셧다는듸 셔울 계심잇가 (빈 : 136)

上待의 접미사로는「-님」「-ᄃᆡᆨ」「-분」그리고 평대 정도의「-네」(내) 상대의 접미사는 아니지만「-질」드이 나타난다.

「명사」「대명사」+「-님」은 높임을 나타낸다.「명사」「대명사」+「-님」+높임의 조사「-게셔」「-게」의 형태는 최상의 명사구가 된다.「명사」,「대명사」+「-님」+「-게셔」의 형은 (12)[4], (早) [(12)[33], (12)[51], (12)[54]] 등으로 나타낸다.

上待의 조사는 사용되지 않았지만 (12)[1], (12)[21], (早) [(12)[46], (12)[47]] 등도 최상의 명사구가 될 수 있는 것이다.

+「-님」의 형이 제일 많이 나타난다. 매우 일반적인 현상이라 할 수 있는데 현대에는 그 사용 빈도를 더욱 심화시키고 있음은 주지의 사실이다. (12)[1~5], (12)[9], (12)[12], (12)[14], (12)[16~18], (12)[20~23], (早) [(12)[34~39], (12)[43], (12)[45], (12)[47~50], (12)[52~53], (12)[55~59], (12)[61~64], (12)[60], (12)[71]] 등인데 話者는 비상위자이고 聽者는 모두 상위자이다. 이런 경우는 +「님」「-게셔」도 話者는 비상위자이고 聽者는 상위자이다.

+「-네」의 형은 (12)[6], (12)[12], (12)[23], (12)[24], (12)[25], (12)[26], (早) [(12)[41~43], (12)[72], (12)[73], (12)[65], (12)[66]]등인데「-네」는 상대에 해당하는 접미사는 아닌 것 같다.

(12)[6], (12)[13], (早) [(12)[23], (12)[25], (12)[72], (12)[73]] 등은 상대의 의미를 가질 뿐이고 (12)[7], (12)[10], (早) (12)[42] 은 「녀편내」로 높임의 요소가 없다. 더구나 (12)[24], (早)[(12)[41], (12)[43], (12)[65]] 등은「쇤네」곧 「소인+네」의 형식이므로 결코 上待의 뜻을 가지고 있지 않다. 그 중에도「-님」+「-네」의 형식은 (12)[6], (12)[23]로 話者는 비상위자이며「-님」+「-네」를 첨가시킨 명사구의 인물은 대화의 직접적인 聽者는 아니고 화중 인물이다. (12)[26]의 "복단이네"는 복단에게 붙이는 것이 아니고 "복단이 모친"을 지칭하는 것이다. 話者, 聽者는 모두 비상위자들이다.

「-분」(12)[29], (12)[32], (早) [(12)[46], (12)[67]] 등은「명사」+「-분」=「대명사」로 된 것인데 분명 높임의 형태소인 접미사임을 알 수 있겠다.(12)[30], (12)[31],

「-덕」의 경우는 (12)[2], (12)[8], (12)[11], (12)[15], (12)[19], (12)[27], (12)[30], (12)[31], (早) [(12)[34], (12)[60]] 등인데 (12)[2], (12)[8], (12)[15], (12)[19], (12)[27], (12)[30], (12)[31], (早) [(12)[34], (12)[60]] 은 "집"을 높여 말하는 의미가 아직은 남아있다. 그러나 집을 높이는 한자말의 "宅"

의 의미 보다는 접미사의 영역으로 넘나들고 있음을 본다. 그 가운데에서 ⑿11의「춘천마마덕」은「춘천」서 온 사람의 의미가 더 짙게 느껴진다. 이는 안성에서 시집온 여인은 "안성댁" "수원댁"등으로 불리워진 것과 같은 것이다.

그 밖에 높임의 접미사는 아니고 하대의 것으로「-질」은 ㊥[⑿68, ⑿69~70] 등으로, 현대국어에서도「-질」은 매우 하대의 접미사이다.

2. 4 助詞

주격에「-게셔」(게서) (-끠셔), 여격「-께」(-끠) (-게), 호격「-시여」등을 설정하고 있다(허웅, 1961 : 9~8).

그러나 주격, 여격은 나타나지만 호격은 나타나지 않는다.

⒀1 a^4 → Ⅲ1 앗씨 앗씨게셔 쉰네를 여러번 부르셧슴니까(치 : 3)
⒀2 a^2 → Ⅲ1 서방님게셔야 앗씨께 향한 마암이 좀 딕단ᄒᆞ 심닛가(치 : 6)
⒀3 a → Ⅰ 소인이 령감마님께 괴망함은…(치 : 5)
⒀4 a^2 → Ⅲ1 마님게셔 쉰네 말숨을…(치 : 73)
⒀5 f → ⅠⅠ 송도마님게…(치下 : 43)
⒀6 b^1 → Ⅲ1 아씨게셔도 쥬무십시오(치 : 111)

주격에 사용되는 상대의 조사는「-게셔」(-께셔) (-계셔). (-끠셔)등이 나타난다.

중세국어에는「-이」,「-ㅣ」「zero」의 주격이 있었고 尊敬의 등분이나 일반적인 주격조사는 18세기에 활발하다. 일반적인 주격조사「-가」가 16세기 후기에 나타나는 것만 봐도 그 사실을 알 수 있을 것이다.20)

---

20) 仁室王後御筆 顯宗初(1550) : 두르럭이가 불의예도다 브어오르니, 松江慈堂內簡(1572) : ᄎᆞᆫ구드러 자니 비가 세니 러셔 ᄌᆞ로 둔니라, 捷解新語-8(1676) : 어제 거동의 니광하가 통네 막혀 압히 인도ᄒᆞ올제, 捷解新語- 26 (1676) : 東萊가 요ᄉᆞ이 편티 아니 ᄒᆞ시려니…

주격「-게셔」는 대화중 話者는 모두 비상위자로 나타난다. 話者가 주어로 등장하는 명사구에「-게셔」를 사용할 경우에는 예외로 話者가 상위자일 수 있다. 왜냐하면 尊敬法과 恭遜法이 합쳐진 대화에서 話者보다 비상위자인 주어라 해도 聽者보다 높을 경우에는「-게셔」를 話者가 샤용해야 하기 때문이다.

(무)[(13)[24~26], (13)[123], (13)[31], (13)[48~50]]은 話者가 원주 감영의 장차(Ⅳ)이고 聽者는 사령(c)이다. 처음엔 최병도(최서방님)를 죄인 다루듯 하고 나중에는 상황의 변동(동리 사람들에게 몰매를 맞게 된 것을 최병도가 만류하고 자신은 순순하게 잡혀 갈 것을 장차에게 말했음)이 있은 다음 최서방님이란 호칭을 하고 있다. 그리고 聽者의 입장에서「-님」을 사용하기도 한 것이다. (무) (13)[64]은 話者가 시동집(Ⅲ)이고 Ⅰ의 후실이다. 는 聽者인데 하인계급의 비상위자이다. 주어로 나타난 「령감」은 Ⅰ의 딸(곧, Ⅲ의 딸이라 할 수도 있음)과 함께사는 「사위」인데도「령감」과「-게셔」를 사용하고 있다. 물론 聽者중심의 上待의 조사를 사용한 것이다.

◦ 너의 아버지 돌아 오셨니? (話者=큰아버지, 聽者=話者의 조카, 주어=話者의 동생)이 경우는「-시-」하나만 선어미로 사용된 예인데 이것은 비문이 된다.「-시-」가 용어에 사용되는 것은 주어와 아무런 관계가 없이 사용되는 것이 아니라 다음과 같이 사용되는「-께셔」와「-시-」의 용례가 올바른 것이 아닌가 한다.

◦ 너의 아버지께서 돌아오셨니?

이것이 올바른 敬語法이라 할 것이다.

(무) (13)[64]의 계급순위는 話者>주어>聽者의 순서이다. 話者는 [+존대]의 의향과 [+聽者기준]에 의해「-게셔」와「-시-」를 사용한 것이다.

명사「령감」,「마님」「령감마님」「셔방님」「앗씨」「아버님」(아버지),「어머님」(어머니)「부모」각「관직명」대명사의 상대어에「-게셔」가 결합하여 上待의 범위가 결정되면 비상위자인 話者는 자신을 겸양하는「쇤네」「소인」또는「져」(저)(졔) 등의 겸양하는 상·하의 등분이 확연히 한 대화에서 나타난다. (13)[1~4] (부) (13)[61~62] (부) (13)[63] 등이 그런 예들이다. 그리고 話者 자신을 나타내는 겸양의 명사나 대명사는 대화중에 직접 나타나지 않았지만 생략된 것으로 보면 예문 거의가 같은 예에 속할 수 있다.

여격「-게」(-께) (-끠)도 話者가 주어에게 上待의 주격조사를 사용한 명사구가 여격으로 사용될 경우 上待의 여격조사를 사용하는 통일성이 나타난다. 주격의 경우처럼 話者>주어>聽者의 계급순위가 되어 있고 話者가 최사위의 경우에도「-게」의 여격조사를 사용할 수 있다.

◦철수야 이편지 아버지께 갖다 드려라(話者=큰아버지, 주어=철수의 부, 聽者=화자의 조카인 철수)

여격조사「-께」 등의 예문은 (13)[2~3], (13)[5], (부) [(13)[8], (13)[11], (13)[13], (13)[16], (13)[18], (13)[20~22], (13)[24], (13)[25~29], (13)[34], (13)[37], (13)[39], (13)[45], (13)[48~50], (13)[54], (13)[60]] 등이고 (부) [(13)[46], (13)[47], (13)[56]] 등은 상대의 여격조사가 아니라「-더러」「-ᄃᆞ려」등은 上待의 것과 비교하기 위한 것이다.

극존칭의 주격조사「-끠옵셔」(대황데 폐하끠옵셔)가 나타나는데 구한말의 정치적 사회적 단면을 보이기도 한다.

(부) (13)[36]은 "령감을 뵈이고 내셔 그리 ᄒᆞ더라고…(홍下 : 55)「-셔」라는 平待의 주격조사가 쓰이기도 한다. (부) (13)[58]의「-가」도 비교하기 위해 보인 것이다.

上待語의 명사, 대명사, 어휘나 上待의 접사, 조사 등은 어휘론적 방법에 의해 설명되어야 하고 그렇에 중요한 문제로 취급하지 않았으면 체언과 조사는 그 敬語法 표시의 방법에 일반성이 없다하여 중요한 과제가 되지 않고 용언의 敬語法을 중요하게 다뤄왔다(허웅, 1961 : 7).

그러나 체언을 지배하는 용언과 체언의 관계가 소원할 수 업고 그 체언을 구성하는 곡용어미와 굴절접사는 오히려 질서있고 그 질서는 용언의 敬語法을 3서열로 구분하는 기준이 되고 있다.

◦ 선생께서 아버지께 책을 주셨다.

「-님」「-께서」와「주셨다」그리고「-께」는 어느요소 하나가 결여되어도 비문이 된다.「님+께서」가 있으므로「주셨다」의「-시」는 존재할 수 있는 것이다. 우리국어가 의미부와 형태부로 나뉘어서 오히려 의미부는 고착된 느낌을 갖게 한지만 형태부(기능부)의 다양성에 의해 전체의 의미가 결정되고 그 속에는 시제 존경 등이 결정되는 것이다.

더구나 그 기능부 <님, 께서, 께, 을, 시, 었, 다>의 유기적인 문제를 생각한다면 체언과 조사의 기능을 결코 어휘론적인 문제로만 생각해서는 안될 것이다.

2.5. 感 歎 詞

감탄사는 上待의 것과 下待, 平待의 것으로 구분되어 있지 않고 話者, 聽者의 상·하위자와 관계가 없다. 또한 그 종류도 매우 많다. 호격의 감탄사로 「여보」「여보시오」「여보게」그것들은 上·下의 계급적 차이에 의해 쓰임이 다르게 나타나기도 한다.

(14)^{1} Ⅳ → Ⅰ^{1} 에그 아버지두 참(치 : 9)
(14)^{2} Ⅰ → Ⅳ 에 그년 무엇에 쓴단 말이냐(치 : 11)
(14)^{3} Ⅰ^{3} → Ⅳ 오냐 그만 두어라(치 : 11)
(14)^{4} Ⅰ^{1} → Ⅳ 아서라 …마라(치 : 10)
(14)^{5} Ⅰ^{3} → Ⅰ^{1} 여보 그래지를 마시오(치 : 16)
(14)^{6} Ⅰ^{3} → Ⅰ^{1} 에그 령감(치 : 28)
(14)^{7} Ⅲ^{1} → Ⅲ 여보시오 셔울 두리집에 가시오(치 : 23)
(14)^{8} Ⅲ → Ⅲ 여보 녀편네라고(치 : 23)
(14)^{9} Ⅰ^{2} → Ⅲ 여보게 자네도 딱한 사람일세(치 : 37)
(14)^{10} Ⅰ^{1} → Ⅲ 웅 경서를 읽어라(치 : 31)
(14)^{11} Ⅰ → b 어 그거 밍랑ᄒᆞ구나(치 : 55)
(14)^{12} b^{1} → b 여보 요란 스럽소(치 : 37)
(14)^{13} Ⅰ^{3} → b^{1} 올치 그럿치(치 : 83)
(14)^{14} Ⅰ^{3} → b 글세 네 말을 드러보아라(치 : 81)

(14)^{15} Ⅰ^{1} → Ⅰ^{3} 어 마누라도(치 : 83)
(14)^{16} b^{1} → b 응 이제 알겟고(치 : 62)
(14)^{17} Ⅲ^{1} → b 여보게 업쇠 아범(치 : 126)
(14)^{18} Ⅰ^{3} → (독백) 에라 베라먹을 년이(치下 : 5)
(14)^{19} Ⅰ^{3} → (Ⅵ) 에그참 일세(치下 : 10)
(14)^{20} b^{1} (다급한 경우) ᄋᆡ이그 ᄒᆞᄂᆞ님 맙시ᄉᆞ
에그그 붓텨님 맙시ᄉᆞ
ᄋᆡ구구 몹슬 년놈들아
에그그 사람 살려주오(치下 : 25)
(14)^{21} b^{1} → a^{2} 에그 우슴소리 까지 흡사ᄒᆞ지(치下 : 20)
(14)^{22} b^{1} → (Ⅵ) 에그 보살님이 이즈섞네 압다 우리덕 종년이오(치下] : 21)
(14)^{23} (Ⅵ) → b^{1} 오 그러튼가(치下 : 21)
(14)^{24} b^{1} → (Ⅵ) 올치오 이제야 쏫 바로 아셧소(치下 : 21)
(14)^{25} Ⅰ^{1} → f 어 망측ᄒᆞ고 어 괴악ᄒᆞᆫ지고(치下 : 44)
(14)^{26} e → d 어 빗바둑이 곱으면(치下 : 40)
(14)^{27} m → Ⅳ 슬슬 무어세 쓰나(치下 : 50)
(14)^{28} Ⅰ^{3} → b^{1} 암 그년들이야(치下 : 66)
(14)^{29} Ⅰ^{2} → a 호 오냐 자네 양주의 공로는 (치下 : 86)
(14)^{30} Ⅱ (독백) 에구 세상도 쌈쌈ᄒᆞ여라(혈 : 2)
(14)^{31} g → Ⅰ 네 그 집이오(혈 : 22)
(14)^{32} Ⅲ^{1} → Ⅱ 응 어머니 편지라니 어머니가 사랏소(혈 : 81)
(14)^{33} Ⅱ^{1} → f 여보 왼 사람이오(혈 : 5)
(14)^{34} b → Ⅱ^{1} 에그 어셔 말솜좀 시연이 ᄒᆞ여 쥬십시오(혈 : 92)
(14)^{35} Ⅱ → Ⅲ^{1} 참 짝ᄒᆞᆫ 일이로 구나(혈 : 66)

「에그」(에그, ᄋᆡ그, ᄋᆡ구, 에구우, 에구우, 에구)등은 대개는 부정적인 경우에 쓰이고 있다. 특히 (14)^{1}, (14)^{7}, (14)^{20}, (14)^{23}, (14)^{31}, (14)^{35}, (早)[(14)^{42}, (14)^{43}, (14)^{54}, (14)^{59}, (14)^{60}, (14)^{62}, (14)^{63}, (14)^{67}, (14)$^{116\sim119}$, (14)^{120}, (14)^{122}, (14)^{124}, (14)$^{72\sim94}$, (14)^{80}, (14)^{82}, (14)^{87}, (14)^{91}, (14)^{96}, (14)^{102}, (14)^{106}]는 부정적인 내용에 쓰이고 있다. 話者, 聽者의 구분도 상·비상위자의 구별이 없이 사용되고 있다. (早)[(14)^{78}, (14)^{90}, (14)^{111}, (14)^{130}, (14)^{132}] 등의 「에그」의 감탄사는 놀랍거나 어처구니 없는 일에 쓰이

고 있다.

「에그」는 대체적으로 여인들이 주로 사용하는 감탄사로 나타난다. 반면「에구」는 남성들이 주로 사용하고 있다.「에그」를 좀더 강조한「에그요」가 사용되기도 하다. 남·녀 구별없이「익이고」「에그그」「익구구」「에그으」를 사용하고 있는데 매우 다급한 경우에 쓰이고 그 감탄사와 이어지는 것으로는「ᄒᆞ나님」「부쳐님」「살려쥬」 등이 연결된다.

「애그머니」(익고머니) (익그머니)는 (早)[(14)[112], (14)[121]…]처럼 아주 놀래거나 했을 때 여인들이 사용하는 전유물이다.

응답 감탄사의 예는「오냐」,「응」,「예」그중에서「오냐」는 話者가 상위자이다. (14)[4], (早) [(14)[77], (14)[86], (14)[91], (14)[101], (14)[103], (14)[109], (14)[111]]의 話者는 모두 사위자들이다.

「응」의 경우는 (14)은 화자가 부친이고, (14)[16]은 話者가 부인이며, (14)[32]은 [+친밀]을 내포한 것으로 話者가 딸이고, 聽者는 아버지다.

(早) [(14)[44], (14)[47], (14)[49], (14)[52], (14)[53], (14)[81], (14)[71]]등은 話者가 상위자들이다. 聽者는 모두 話者보다는 계급이 낮은 쪽이다.

「네」(녜) (예) (早) [(14)[38], (14)[48], (14)[65], (14)[66], (14)[75~76], (14)[79], (14)[93], (14)[109]]등은 話者가 비상위자이고 그 중 (早) (14)[38]은 초면의 대화일 뿐이다.「오냐」와「네」는 정반대의 話者, 聽者의 입장이다.

「여보게」는 동등한 등위의 계급간 話者가 상위자이고 聽者는 비상위자인 경우로 나눌 수 있다. 話者, 聽者가 동등한 관계는 (早) [(14)[55~56], (14)[70], (14)[89], (14)[97], (14)[110], (14)[113]]등이 나타난다. 이들 話者, 聽者는 구체적으로는 친구간이거나 부부사이가 대부분이다. 話者가 상위자이며, 연령적으로 장년이상의 사이에 사용되는 것으로 나타났다.

「여보게」는「하게체」의 겨우처럼 聽者가 비록 비상위자라 할지라도 나이가 들어 함부로 대할 수 없는 경우, 또는 話者의 권위가 많이 포함되는 말투임을 알 수 있다(이익섭, 임홍빈, 1988 : 230).

「여보시오」는 대화의 심각성에도 나타난다. (14)[8]은 Ⅲ1(부인)이 Ⅲ(남편)에게 자신의 의지를 부각시키려는 의도적 호칭이다. 동일인 話者가 (14)9에는「여보」로 [+친밀]을 나타내는 경우가 그것이다. 또한 부부간중에 부인이 話者가 되는 경우가 많다. (早) [(14)[125], (14)[136]]「어」는 (14)[11]는 話者가 상위자이고 놀람, 경탄에 쓰였다. (14)[18]은 어처구니가 없는 경우에 사용되었다. (早) (14)[46]은 별 뜻없이 사용되는 경우이다. (早) (14)[50]은 동료간의 대화이며 허두로 쓰인 것이다. (早) (14)[114]는 話者, 聽者가 동료들이며 경탄적 사용이다. (早) (14)[123]는 대답하는 정도로 사용되었다.

「에」는 (14)[2]와 (早) (14)[83]인데 부정적인 의미로 사용되었다.「올치」는 話者가 상위자인 것은 (14)[13], (早) [(14)[61], (14)[64], (14)[94]]이고, 話者가 비상위적인 섯은 (14)[223]가 있다. 그리고 (早) (14)[143]은 독백의 형태로 나타난다. 話者가 상위자이든 비상위자이든「올치」의 사용은 동참과 잠재했던 자신의 의사가 대화에서 적절하게 일치의 경우에 사용된다. 상, 비상위자들의 구분에 의해 쓰이는 것은 아니다. (14)[25]는 「올치」라는「-오」를 덧붙이는 강조의 의미가 깊다.

「오」는 (14)[23], (早) [(14)[5~9], (14)[68], (14)[88]]등인데 모두 話者는 상위자이고, 감정적인 것을 제외하면 나머지는 반가움, 놀람의 표현에 사용되고 있다.

「끌끌」은 (14)[27], (早) (14)[144]이고, 혀끝을 차는 소리이다. 話者는 상위자가 절대적이다.「암」은 (14)[28]로 동조하는 것으로 쓰인다.「참」의 경우는「글세」와 같은 차원에서 쓰이고 있다.「압다」는 (早)[(14)[37], (14)[58], (14)[69]]인데 話者가 상, 비상위자의 계급적 관계는 없이 나타난다. 답답함과 거북스러움의 내용에 쓰이고 있다.「아」,「오」는 거의 같은 것으로 감탄과 깨달음 반가움에 쓰이고 있다.「후」,「휘」는 한숨의 경우인데 안도감, 답답함에 쓰이고 이 역시 話者의 상·하 구분이 없다.

「허」는 (早) [(14)[45], (14)[135], (14)[236], (14)[137]] 話者의 등급은 구분이 필요없디 나타난다. 허무와 기가 찬다는 의미로 사용되고 있다.

「허허」는 (早) [(14)[85], (14)[123], (14)[131]]는 話者의 상·하관계는 무관하고, 첫째, 웃음의 일종으로 사용되기도 하고 허탈한 느낌을 갖기도 하다.

「여보」는 (14)[5], (14)[8], (14)[12], (早) [(14)[36], (14)[51], (14)[94], (14)[95], (14)[99], (14)[142]]는 話者가 부인다다. (早) [(14)[111], (14)[127]]은 話者가 남편이다.「여보」는 부부간의 상호 호칭으로 쓰이고 있다. 그러나 초면에 쓰이는 것들은 (14)[33], (早) [(14)[140~141], (14)[134]]가 있다.

「글세」(글셰)는 話者의 상·하 관계는 없다. 거의 동조하는 의미로 사용된 것이다. 곧 (14)[14], (早) (14)[129] 등이 동조의 의미로 쓰였다. (早) (14)[139]은 망설임의 의미로 사용되었다.

그 나머지는「홍」(早)[126] (14)의 비웃음과「그릐」의 (早)[(14)[103], (14)[104~105]]는 話者가 상위자로 긍정과 반전의 의미로 사용되었다.

감탄사의 사용은 話者, 聽者의 상·하의 구별이 없는 것을 알 수 있었고 남성적 전용어와 여성적 전용어가 몇가지 구분되고 있다. 예를 들면

「에그」는 여성적 사용어 임에 대하여「에구」는 남성적 사용에 속하는 것이라든지「에그머니」는 여성의 전용어임을 알 수 있다.

「허허」는 남성적임에 비해「하하」는 여성적인 전용사용어임을 알 수 있다. 그러나 대개의 그많은 감탄사들은 거의 모두 남·녀의 구분이나 상·하의 계급적 구별이 확연하지 않다.

Ⅲ. 對話의 終結語尾에 표현된 敬語法

話者, 聽者 대화에 나타난 終結語尾의 분석은 주로 대하중 語尾에서 이루어진다. 話者나 聽者의 대화는 敬語法, 恭遜法, 謙讓法으로 분류된다.

恭遜法은 체계의 등급을 정할 때 話者를 동일한 인물로 설정하고 청자를 여러 계층에 다양하게 비교 연구하는 방법이 있고, 청자를 동일한 인물로 설정하고 화자를 다양하게 변하기켜서 하는 고찰이 있을 수 있다.

그러나, 화자를 일정한 인물로 설정하거나 청자를 일정한 인물로 고정설정해도 환경과 심리변화에 따라서 존경법의 존경의 등급이 차이를 나타

내는 데서 존경법의 등급을 정하는 어려움이 있다(남기심, 1981 : 8).

존경법은 화자가 주어에 대한 존경의 의향이 필요하고 중요한 것은 청자와의 관계도 중요한 영향을 주기도 한다.

존경의 형태소인「-시-」가 꼭 필요한 곳에「-시-」가 쓰이기도 하고 안쓰이기도 한다. 존경의 형태소「-시-」가 사용되지 않아도 될 주어에 사용되기도 한다. 존경법은 청자>주어>화자의 계급 관계나 화자>주어>청자가 최하위자로 되는 경우와 화자가 최사위자가 되는 경우가 문제점으로 지적되기도 한다(남기심, 1981 : 6, 이익섭·임홍빈, 1988 : 223)

3.1 尊敬法

1) 說明法

(1)^{1} a^{2} → Ⅲ^{1} 저 달만 좃차 가시면 됩니다(치 : 50

(1)^{2} i → Ⅰ 마님 마님 원쥬 셔방님 오심니다(치 : 5)

(1)^{3} a^{2} → Ⅲ^{1} 마님게셔 쉰네 말삼을 잘 못 알아 드르시나 보이 다(치 : 73)

(1)^{4} a → Ⅰ^{1} 셔방님게셔 나려오심니다(치下 : 92)

(1)^{5} a → Ⅰ 나리게셔도 무엇을 좀 사다 잡숩고 쥬무시면 좃켓 슴니다(혈 : 26)

(1)^{6} d^{1} → d 마님게셔 슈표ᄶᅡ지 써주마 하시는데(치下 : 41)

(1)^{7} c^{1} → c 령감마님게셔 셔방님 오실 줄 알고 계신듸(치下 : 19)

(1)^{8} c^{1} → h 인력거ᄐᆞ고 가시던 엇씨 어ᄃᆡ 계신 앗씨오(귀 : 57)

(1)^{9} v^{1} → c^{1} 여보게 마마님 드르시리… 마마님은 령감이 첩으로 정ᄒᆞ야 두신터이 아닌가(귀 : 110)

(1)^{10} e → k 대사님 살려쥬십시오(귀下 : 104)

(1)^{11} c^{1} → Ⅰ^{1} 마님게셔 암만 그리ᄒᆞ시면 쓸ᄃᆡ 잇슴닛가(귀 :73)

(1)^{12} c^{1} → v^{1} 령감게셔는 마마님게문 마음이 잇스시고(귀 : 96)

(1)^{13} c^{1} → Ⅰ 사랑에 손님이 오셧슴니다(귀下 : 70)

(1)^{14} c^{1} → Ⅰ^{1} 령감게셔 마마님ᄃᆡᆨ에 가셧는ᄃᆡ 침모도 거기잇담니다(귀下 :

71)

(1)[15] c[1] → Ⅳ 마마님 죽산 셔방님이 올러 오셧슴니다(귀下 : 7)

(1)[16] v[1] → Ⅰ[1] 니가 령감을 뵈우러 아니 오더릐도 령감게겨 늘 보러 잠 오신담니다(귀 : 128)

(1)[17] e → j 여보 장님 참 용ᄒᆞ시외다(귀下 : 90)

(1)[18] c[1] → c 마님 솜씨에 방망이로 쳐죽이실 걸(귀 : 32)

敬語法 가운데에 恭遜法, 尊敬法 및 謙讓法은 독립해서 대화에 나타날 수도 있으나 대개는 恭遜法과 尊敬法이 함께 대화에 나타나기도 하고 恭遜法과 謙讓法, 尊敬法과 謙讓法, 恭遜法, 尊敬法 그리고 謙讓法이 어우러져 실현되기도 하다.

예문 (1)[1]은 話者가 하인「검홍」이고 聽者는 話者의 상전인「아씨」로 「아씨」가 시집올 때 친정에서 데리고온 몸종에 해당된다. 恭遜法과 尊敬法이 함께 작용한 대화다.

(1)[2]는 話者가 남자 하인이고 聽者는 가장 最上位者인「령감마님」이다. 주어로 등장한「셔방님」은 Ⅰ의 사위이다. 계급순서는 聽者>主語>話者의 순서이다. 聽者보다 계급이 낮은 主語를 聽者의 면전에서「-시-」를 써서 높이고 있는 것이다 (고영근·남기심, 1985 : 327, 이익섭·임홍빈, 1981 : 223)

(1)[3]은 (1)[1]과 같은 존경법이 실현된 것이다. (1)[3]에서「마님」은 주어인데 직접 대화하고 있는 것이 아니다.「마님」은 (아씨)의 시어머니 되는 인물이다. 아씨(Ⅲ[1])가 聽者이고 話者는 쇤네라는 겸양어로 표시되고 있다. 助詞 "-게셔"가 쓰이고 話者 자신을 낮추는 겸양의 名詞가 쓰이고 主語를 상대하기 위한「-시-」가 쓰였다. 그리고 화자가 聽者를 恭遜法으로 대우하기 위하여 語尾「-이다」가 쓰였다. 곧 主語>聽者>話者의 계급순위가 작용한 尊敬法과 恭遜法이 함께 나타난 문장이다.

(1)[4]는 (1)[2]와 같은 聽者>主語>話者의 계급순으로 이런 것들은 話者가 그들(聽者, 主語)을 자기보다 上位者로 판단했기 때문이다. (남기심, 1982 :

2, 이익섭·임홍빈, 1988 : 223)

이는 존경법의 대상이「-시-」에 의하여 존대받는 사람임이 원칙이고 그 비교 대상이 화자 자신과 대비하여 결정하는 것이다. 곧 사회적으로 천민계급이 양반게급에 대한 대화의 방향이다. (이익섭·임홍빈, 1988 : 222)

名詞 부분에서도 전술하였듯이 주어에 "-게셔"의 助詞나 接尾辭 "-님"이 主語에 첨가되어 사용되고 존경의 형태소「-시」가 사용된 것은 존경법의 실현이 용언의 先語尾에만 국한된 것이 아님을 확인할 수 있다. (1)^{5}는 話者가 聽者 최주사(Ⅰ)의 종자다. 話者 聽者간의 사이에서 이루어진 대화인데 "잡숩고"(잡수시다) "주무시다"는 尊敬法에 따르는 형태상의 특징으로 몇 개의 어간들은「-시-」와 결합할때 다른 형태로 변하는 것들이 있는데 먹다→잡수시다, 자다→주무시다, 있다→계시다(있으시다), 아프다→편찮으시다. (아프시다) (이익섭·임홍빈, 1988 : 224)

(1)^{6}은 두 개의 문장이「-고」에 의해 한 개의 문장으로 이어졌다.

主語는 둘로「짜님아씨」와「손녀아기」이다.「짜님아씨」에게는 돌아가시다로 대우하고「손녀아기」에게는 '죽다'로 쓰였다(안병희, 1983 : 37)

「짜님아씨와 손녀아기」로 한 개의 주어로 묶였다면 돌아가시다로 대우했을 것이다(안병희, 1983 : 39). 돌아가시다와 죽다로 각각 대우된 것은 화자의 판단에 의한 것이며 화자와「짜님아씨」,「손녀아기」의 비교에 의해 결정된 것이다.

(1)^{6}의 대화도 聽者>主語>話者의 등급에 의해 나타난 尊敬法과 恭遜法이 겹쳐 있는 것이다.

(1)^{8}, (1)^{9}등은 話者, 聽者는 물론 존재하고 대화중의 주어가 존재한다. 이때의 계급순서는 主語>聽者>話者의 순서가 거의 모두 같이 유지되고 있다. 聽者와 話者의 계급은 주로 聽者가 보다 상위자로 나타나는 경우가 많다.

그러나 그 반대의 경우도 있다. 그것은 主語를 높이는데 큰 의미가 없다. (1)^{8}의 화자는「졈슌」(c^{1})이고 聽者는 인력거군(h)이다. 主語는 아씨

(Ⓘⓥ, 길슌)이다.

(1)^{9}는 화자가 침모(Ⓥ^{1})이고 청자는 졈슌(c^1)이며 주어는 춘천마마=길순((Ⓘⓥ)이므로 계급은 話者<主語>聽者이고 話者>聽者이다. 그런가 하면 (1)^{13}의 경우는 話者가 졈슌(c^1)이고, 聽者는 침모(Ⓥ^{1}), 주어는 령감마님(I)이므로 話者<主語>聽者는 물론이고 話者<聽者이다. 곧 대화중에 나타나는 聽者 이외의 主語를 존경하는 경우는 화자, 聽者의 상위의 관계는 문제가 되지 않는다.

문제가 되었던 (1)나 (1)의 경우처럼 청자>주어>화자의 계급순서인데도 주어에게「-시-」의 존경의 선어미를 사용한 것들은 (1)에 있는 주어는 죽산셔방님이다. 그런데 주어는 마마님의 조카벌되는 데도 화자는「-시-」를 사용한 것이다. 이는 화자의 척도에서 청자보다도 낮은 계급에 존경을 한 것이다.

그리고 문제가 되었던 話者>主語>聽者의 예 이를테면,

◦ 너의 아버지 돌아오셨니? [話者 : 큰아버지(청자의)]
[主語 : 아버지(청자의)]
[聽者 : 話者의 조카, 主語의 아들]

곧, 聽者의 입장에서「-시-」를 話者가 話者>主語의 계급순인데도 사용하는 것이다(고영근·남기심, 1985 : 327).

그러나 위의 예는 나타나지 않는다.

(1)^6, (1)^{7}은 소위 반말에 해당한다. 물론「반말」로 끝난 語尾는 話者가 聽者를 직접「-시-」로서 상대하지는 않는다. 대화내의 主語를 높이는 형태를 나타낸 것이다. (1)^{6}d^{1}와 d는 부부지간인데 d^{1}가 부인이다. 자신들의 상전인「마님」을 존경하는 것이고, (1)^{7}은 역시 話者, 聽者가 부부간이고 話者가 부인이다.「-시-」로써 대우된 인물은 직접 모시고 있는 「령감마님」이다.

話者가 직접 聽者에게「-시-」를 써서 존경하는 경우는 모두 하오체 이상의 語尾에 해당하고, 하게체나 반말체, 해라체에「-시-」가 나타난 것은 聽者를 높이는 것이 아니라, 대화중의 主語를 높여주는 것에 해당한다.

2) 疑 問 法

(2)^{1} a^{2} → Ⅲ^{1} 쉰네를 부르셧습닛가(치 : 3)
(2)^{2} a^{2} → Ⅲ^{1} 우ᄋᆡ 어느싀 드러오셧습닛가(치 : 3)
(2)^{3} a^{2} → Ⅲ^{1} 못가시싯습닛가(치 : 5)
(2)^{4} a^{2} → Ⅲ^{1} 앗씨게셔 도라가실 마음이시오닛가(치 : 48)
(2)^{5} j → a 배선달님 틱평이 단겨 오심닛가(치하 : 85)
(2)^{6} a → Ⅰ^{2} 대감마님과 ᄌᆞ근아씨 일힝은 뫼시고 오다가 소인 은 빅오기
셔 먼져 와습니다(치下 : 85)
(2)^{7} Ⅲ^{1} → Ⅲ 우리집에 가계시면… 니가잇소(치 : 20)
(2)^{8} Ⅲ^{1} → Ⅲ 무슨 사업을 하시깃소(치 : 21)
(2)^{9} j → b 쟝서방 오시오, 평안ᄒᆞ시오(치 :32)
(2)^{10} Ⅰ^{3} → Ⅰ^{1} 령감게셔 비상은 차져 무엇 ᄒᆞ시려오(치 : 107)
(2)^{11} Ⅰ^{3} → Ⅰ^{1} 여보 웨 이리 ᄒᆞ시오(치下 : 54)
(2)^{12} Ⅲ^{1} → Ⅰ 아버지 그 편지에 무어라 ᄒᆞ시얏여요(치下 : 89)
(2)^{13} Ⅲ^{1} → a^{2} 검홍아 셔방님은 언제 오신다는 작정도 없시 타 국에 가셧
스니 어느 세월에 셔방님을 뵈옵깃느냐 (치 : 46)
(2)^{14} Ⅳ^{1} → Ⅳ^{1} 홍참의 령감이 아니신다(치下 : 25)
(2)^{15} Ⅰ → b 너의 셔방님이 일본으로 가시던지 오시던지 내가 알싸둘이
잇ᄂᆞ냐(치 : 55)
(2)^{16} Ⅰ → b 그래 너의 뎍 셔방님이 참 일본에 가셧다ᄂᆞ냐(치: 55)

의문법도 說明法과 대동소이한 양상으로 나타난다. (2)^{1}은 話者가 聽者를 직접 같은 장에서 「-시-」를 사용해서 면전에서 상위자인 聽者에게 높임을 하는 것이다.

이때의 話者는 모두 非上位者이고 聽者는 모두 上位者이다. 話者가 모시고 있는 상전을 직접 존경하고 있는 경우는 (2)$^{1\sim3}$, (무) [(2)$^{22\sim23}$, (2)$^{18\sim21}$, (2)$^{38\sim39}$, (2)$^{42\sim43}$, (2)$^{34\sim35}$, (2)$^{55\sim56}$, (2)$^{57\sim59}$, (2)$^{60\sim61}$, (2)^{62}] 등이다.

인물 기호에 보듯이 이들은 모두 하인계급들이 話者이고 그리고 공손법적인 면에서도 하오체 이상의 등급으로 聽者를 대우해 주고 있다.

(2)[5] a → Ⅰ[2] 대감마님과 ᄌᆞ근아씨 일힝은 뫼시고 오다가 소 인은 비오기셔 먼져 와습니다(치下 : 85)

먼저 話者는 행랑살이 하는 배선달(a)이고 聽者는 話者가 살고 있는 대감마님의 부인이고 主語로 등장한 사람은「대감마님」(Ⅰ)과「ᄌᆞ근아씨」가 복합된 명사구고 복합명사가 주어이다. 그리고이 명사구인 주어는「-시-」(모시다)로 대우하고 있다. 복합된 주어가 아니고「대감마님」과「ᄌᆞ근아씨」가 독립된 주어로 나타났다면 결과는「-시-」(모시다)로 대우되지 않는다. 곧 상위자와 비상위자가 주어로 된 명사구는 상위자로 대우됨을 알 수 있는 것이다. (안병희, 1983 : 37~38)

이와는 대조적인 것으로 주어가 복합명사구로 나타나지 않은 대화의 문장을 보면

(1)[1] a → Ⅰ 짜님앗씨도 도라가시도 손녀아기도 죽어스니…… 올시다(혈 : 27)

話者는 聽者의 후자인 막동(a)이고 聽者는 최주사(Ⅰ)이며, 主語는「짜님아씨」와「손녀아기」인데 복합된 명사구가 아니고 두 문장을 '-고'라는 연결어미로 이었을 뿐이다. 그 결과「짜님아씨」는「-시-」(돌아가시다)로 대우했고「손녀아기」는 '죽다'라는 중립적 평대를 하고 있는 것이다.

(2)[5]와 같은 경우의 대화를 다시보면

◦ b → Ⅰ 옥년 아기와 졀무신 셔방님은 어디가셔 도라가섯 는지 나리오신 것을 못만나 뵈네……(혈 : 30)

여기서도 話者는 聽者 최주사(I)의 집에서 더부살이하던 노파인데「옥련아기」((4)[6]에서는「손녀아기」라 호칭됨)와「셔방님」(I 의사위)을 복합된 명사구로 主語를 삼았기 때문에 非上位者인 명사와 上位者인 명사가 上位者로 대우된 것이다.

(2)[11]의 경우는 話者가 聽者의 딸이고 편지를 보낸 인물은 話者의 남편이며 청자의 사위다. 話者(Ⅲ1)는 자신의 남편 철식(Ⅲ)을 계속「-시-」로 대우하고 있었다. 그 예는 (2)[12]에서도 자명하게 나타난다. 그러나 聽者가 최상위자인 주어격인 편지의 집필사는 그 다음이고 話者는 그 다음에 해당하는 계급순서이기에「-시-」의 사용이 억제된 것이다. 소위 압존법이라고도 하는 부분이다.21)

(2)[12]의 경우 처음 話者가 상위자이고 聽者가 비상위자인 경우는 그 대화내에 주어가 등자하는 것이다. 상위자인 話者가 비상위자인 聽者를「-시-」로써 높이는 것이 아니라 대화내의 주어를 높이기 위한 방편으로「-시-」를 사용한 것이다(그러나 話者가 상위자이고 聽者가 비상위자라 해도 초면에 만났거나 특히 초면에 만난 남·여의 대화는 높이는 경우가 있다).

(2)[12]의 대화는 話者(Ⅲ[1])의 남편(Ⅲ)을 대우하는 결과로「-시-」르 ㄹ사용한 것이다. (甲) (2)[16]도 話者가 상위자이고 a는 하인계급의 비상위자이다. 主語는 a의 집 양반이고 그 양반의 안부를 묻는 대우의「-시-」가 쓰인 것이다. 이런 것들은 (甲) [(2)[17], (2)[26], (2)[33], (2)[57]]등이고 그 분석은 (2)[12], (甲) (2)[16]등과 같다.

(甲) (2)[16]은 話者, 聽者가 계급이 거의 같은 인물들이고 초면이며 여성들이며 장년을 넘어선 나이이다. 主語는 聽者의 자식들인데 「-시-」로써 대우하고 있는 것은 聽者의 자식들을 높여서 상대하려는 것이 아니고 聽

21) 서정수 :「존대법의 연구」, 한신문화사 1984, p. 37에는 압존법은 어떤 대상을 더욱 높이기 위하여 그 보다 덜 높은 대상에 높임을 억제하는 방식이라 했음.

者를 높여주려는 話者의 심적 의도의 발로가 아닌가 한다.

(무) (2)25는 화자 d나 청자 a가 다 같은 하인계급에 속하는 인물들이지만 a는 d보다는 연륜이 많고 d의 아버지벌이 되는 나이다. 그러나 그 대화중의 주어는 그들이 모시고 있는 상전의 장성한 아들인 것이다. (무) $(2)^{26}$은 II^2 그 보다 계급이 낮은 V에게 「-오」라는 공손법을 사용하고 있고 대화중의 인물에게도 「-시-」로 대우한다. 이들은 초면의 대화인 것이다.

(무) $(2)^{63}$은 같은 동계급의 話者 聽者지만 d > 1의 계급성을 띠고 있다. 이런 경우는 (무) $(2)^{27\sim29}$도 같은 계급성을 갖는다. 이들 비상위자인 하인계급들 간에도 그들 나름의 위상이 있음을 알 수 있는데 대화중의 주어는 이들 話者나 聽者의 상전들인 상위계급인 것이다.

이들은 話者 聽者의 처지가 뒤바뀌어도 主語를 똑같은「-시-」로 대우할 것이다.

(무) $(2)^{37}$은 話者 聽者가 모두 양반계급이지만 話者가 비상위자이고 聽者가 상위자이며 그 대화중의 主語를「-시-」로 대우하고 있다. (무) $(2)^{32}$는 話者가 비상위자이고 聽者는 상위자이기에 恭遜法은「-오」로 대우하고 있다. 그 대화중의 主語는「디분마님」으로「-시-」로 話者는 대우하고 있는 것이다.

(무) $(2)^{33}$은 話者가 聽者(Ⅱ)의 어머니라 話者나 主語는 동등하다. 聽者의 입장에서「-시-」를 사용한 것이다. (무) $(2)^{30\sim31}$의 話者 聽者는 (무) $(2)^{30}$과 (무) $(2)^{31}$는 상호 바뀌어 있으나 그 대화중에 있는 主語는 다 같이 높여주고 있다.

(무) $(2)^{37}$은 II^2가 동생이고 I^1은 II^1의 형이다. 즉 동생이 話者이고 형이 聽者인 것이다. 이때 등장한 主語는「아쥬머니」(I^1의 부인이 됨)인데 형(I^1)의 입장은 자신의 부인을 「-시-」로써 대우하지는 않았을 것이다. 그러나 동생(II^1)는「-시-」로써 대우하고 있다. 이들의 계급순서는 聽者>主語>話者이므로「-시-」를 사용할 수 없는데 사용한 것이다. (무) $(2)^{40}$은 話者가 비상위자이고 청자는 직접「-시-」와 恭遜法으로 합쇼체로 대우

하고 있는 것이다. (부) (2)^{64} 話者는 비상위자이고 聽者는 상위자이며 主語는 話者의 부모인데 그 주어는 결국 聽者보다는 낮은 계급이다. 즉, 聽者>主語>話者의 계급순서이다. 尊敬法의 「-시-」가 쓰이고 안쓰이는 그 관건은 話者에게도 심도가 깊다는 것을 느끼게 한다.

(부) (2)^{36}은 최상위자가 主語로써 主語>話者>聽者 와 聽者는 부부간임)의 계급순서임을 알 수 있다. (부) (2)^{42}도 話者는 聽者 主語의 자식이므로 (부) (2)^{36}과 같은 설명이다. (부) (2)^{48}은 話者 聽者가 동등한 계급이다. 體禮를 귀중히 여기는 당시 양반들의 대화이고 이들 나이가 장년 이상이기에 [+格式]을 내포한 것이다. (부) (2)^{45}은 話者가 비상위자이다. 聽者와 직접 하는 대화인 것이다. (부) (2)$^{51\sim52}$ 話者가 비상위자이고 主語는 나타나 있지 않지만 主語를 높여 대우하는 것이다. 聽者는 상위자이기에 「-오」로 대우하고 있다. (부) (2)^{65}은 話者가 상위자인데 主語를 대우하고 있는 聽者에게는 해라체로 하대하고 있다.

(부) (2)^{47} (부) (2)^{46}의 「-마옵시고」, 「-ᄒᆞ시올-」, 「-옵셔-」, (부) (2)^{56} 「-ᄉᆞ온-」 등은 중세국어의 「-습-」 등의 변형임을 알 수 있는데, 恭遜法(상대높임)에 사용하여 말 듣는 이를 각별히 공손의 뜻을 나타내는 방법으로 사용되기도 하고 상대방이나 주어의 행위를 표현하는 말, 특히 "-(으)시-"을 사용해서 높여야 할 사람의 행위를 나타내는 말에도 사용된다. (고영근·남기심, 1985 : 333)

(부) (2)^{47}은 계급순위가 主語>聽者>話者의 별 문제가 없는 순서이다. (부) (2)54의 계급순은 話者>聽者>主語의 순서가 된다. (부) (2)^{49}의 순서는 主語>聽者>話者로 (부) (2)^{47}과 같은 설명이 필요하다. (부) (2)^{50}도 같은 설명이 필요하다. (부) (2)^{53} 계급은 主語>話者>聽者로 (부) (2)^{49}와 같다.

3) 命 令 法

(3)^{1} a^{2} → III^{1} 아씨…마십시오(치 : 6)

(3)^2 Ⅳ → Ⅰ 아버지 돌아가셔요(치 : 11)
(3)^3 Ⅰ^3 → Ⅰ 여보 그러지를 마시오(치 : 16)
(3)^4 Ⅲ^1 → Ⅲ 내 걱정은 마르시오(치 : 21)
(3)^5 Ⅲ^1 → Ⅲ 밧비 ᄡᅧ나시오(치 : 23)
(3)^6 Ⅲ^1 → Ⅲ 고국에 도라오시오(치 : 27)
(3)^7 a^2 → Ⅰ^3 쉰네를 죽여 줍사오(치 : ·12)
(3)^8 Ⅱ →Ⅰ ᄂᆡ집도과히 번거ᄒᆞ지안이ᄒᆞ지마는…… 절간가치 좋 용ᄒᆞ집이
 잇스니 그리로가 계시게ᄒᆞ지오(구 : 40)
(3)^9 (Ⅳ)^1 → (Ⅴ) 로인이… 고만두시게오(쌍 : 49)
(3)^{10} (Ⅱ) → (Ⅲ) 방은 누츄ᄒᆞ나마 이리들어오시기오(목 : 335)
(3)^{11} Ⅱ → Ⅰ ᄒᆞ실말솜이 잇스면 ᄒᆞ시지오(재 : 197)

명령법의 존경법은「-시-」와「-십시-」의 형태소가 보인다.「-시-」는 모든 敍法의 尊敬法에 나타나는 형태소이기 때문에 불문가지이나「-십시-」는「-시-」와「ㅂ시-」로 나눌수 있고「-ㅂ-」은 합쇼체의 표식이라면(고영근, 1965 : 17, 1967 : 60) 앞의「-시-」와「-ㅂ-」을 제외한「-시-」는 모두 尊敬法의 형태소로 볼 수 있다.

「-시-」가 쓰인「-시오」형으로 볼 수 있다. 이중에는「-셔요」,「-ㅂ세요」,「-ㅂ시오(요)」,「-쇼셔」,「-옵쇼셔」,「-옵시오」등으로 다양한 형태들이 보인다.「-쇼셔」(소셰)는 극존칭의 어미인 것을 알 수 있다. 이「-쇼셔」는 명령법에서 하소서체에 해당한다. ㊥(3)^9 (Ⅳ)^1 → (Ⅴ)^{2}에 나타나는 "-고만 두시게오"는 특이한 형태이다. 작품「쌍옥적」의 작가가 金容後인데 그의 출생이나 기타 사항을 찾을 길이 없지만

◦ Ⅰ <독백> 돈이 천원이나 되니 이럴 쥴 알앗드면 아ᄇᆞ지 씌셔……(쌍 : 6)

의 "아ᄇᆞ지" 등을 보면 방언론의 고찰이 필요하다.[22)]

---

22) 특수한 방언이 극소수의 단어에 나타나지만 그것으로 체계의차이나 변화를 주는 영향은 아니다.

이런 사항을 뒷바침하는 용례로는 ㊕(3)[10] Ⅱ → Ⅲ 방은 누츄ᄒᆞ나마 이를 들어오시기오(목 : 35)에도 같은 작자는 아니지만(牧丹花는 金敎濟 작품임) 나타난다.

「-시-」의 형태보다는 한층 더 고차원의 대우인 것이다.

가장 극존대의「-십시오」는 합쇼체의 영역으로 그 다음의「-시오」는 하오체의 영역으로 분리할 수 있다.「-십시요(오)」는「-시지요」로 대치되는 수가 있다. 그 이유는 아무리 정중하게 말하여도 명령이므로 권유로 바꾸는 것이며 합쇼체를 써야 할 사람에게는「-시지요」가 더 적합하다(이익섭·임홍빈, 1988 : 233). 이를 뒷받침 하는 것으로 ㊕(3)[11]에는「-하시지오」(재 : 197), ㊕(3)8에도「-게시게ᄒᆞ지오」(구 : 40)등이 나타난다.

4) 感 歎 法

(4)[1] Ⅲ[1] → Ⅲ 날 생각지 마르시고 셔울이나 가시구려(치 : 20)
(4)[2] Ⅰ[3] → Ⅰ[1] 별말슴을 다 ᄒᆞ시구려(치 : 32)
(4)[3] Ⅲ[3] → Ⅲ 압다 답답ᄒᆞᆫ 소리도 ᄒᆞ시구려(귀 : 9)
(4)[4] Ⓥ[1] → Ⓥ 에그 이방보게 아리목이라고 넝김도 아니 가시엿소구려(귀 : 117)
(4)[5] c1 → j 여보 잘하여 주시구려(귀 : 84)
(4)[6] Ⅰ → Ⅱ 식젼 일즉 ᄂᆞ섯쇼구려(귀 : 40)
(4)[7] Ⅱ → Ⅰ 정신 업스시구려(귀 : 44)
(4)[8] Ⓘⓥ → Ⅱ 압다 호방비장 나리께 약이나 좀 쓰고 계화란년은 옷ᄒᆞ야 입으라고 돈빅이나 집어 주시구려(은 : 12)
(4)[9] Ⓥⓘ → Ⅰ[1] 말삼좀 ᄒᆞ시오구려(홍下 : 78)
(4)[10] b → Ⅱ[1] 에그 진지 잡수시네 복단 아주머니도 거긔 계시구려(빈 : 11)

(4)[1]의「-시구려」는 (4)[2], (4)[3], (4)[5], (4)[7], (4)[8], (4)[10], ㊕[(4)[12], (4)[13], (4)[16], (4)[19], (4)[21], (4)[23], (4)[24]] 등이다. 이 경우 話者와 聽者의 관계만 성립된 대화의 구성이다. 話者는 언제나 聽者보다 비상위자이고 聽者는 話者에 비하여 상

위자이다. (4)^{1}은 話者가 부인이다. (4)^{2}도 話者가 부인이다. 그러나 (4)^{1}의 경우는 20대 초반의 젊은 부부이고 (4)^{2}는 50을 가까이 하는 부부간이다. (4)^{1}의 경우는 작품 전후의 내용으로 보아 [+格式]적인 것을 알 수 있다. 부인(Ⅲ^{1})이 남편(Ⅲ)에게 시골에서 무위도식하지 말고 서울가서 일본 유학을 결심하라는 충고와 헤어짐을 앞에 놓고 하는 심각성이 있는 대화다.

(4)^{3} 강동지(Ⅲ)에게 그의 부인(Ⅲ^{1})이 하는 대화다. 이들의 나이는 50대 초반이다. 젊은층 보다는 나이가 많은 사람들이 [+格式]을 더하기 때문에 전술한 바처럼 근대의 문물을 답습한 개화기의 시대 양상은 부부간이라 해도 여성과 남성의 차이는 매우 현격한 계급적 차이가 있었다.

(4)^{5}는 점순(c^{1})이가 나이 많은 장님(j)(이 장남은 강동지(Ⅲ)가 그의 딸을 원수를 갚기 위한 방법으로 변장을 한 것임)에게 話者가 되어 비상위자의 입장에서 하는 대화다.

(4)^{7}은 박참봉(Ⅱ)이 話者이고 김승지(Ⅰ)가 聽者이니 관직으로 봐도 김승지가 상위자이다.

尊敬法의 실현은 話者의 尊敬의 의사가 있음으로 행해진다는 것을 시사하듯 이 영문 장차(Ⓘ)는 무고한 최병도(Ⅱ)를 처음 잡으러 왔을 때는 죄인 다루듯 해라체를 사용하고 있었으나 최병도 때문에 생명을 부지한 후로 경어로 그를 대우하는 것이다.

(4)^{10}은 話者가 하인이다. (早)(4)^{12}도 話者가 비상위자이다. (早)(4)^{13}은 話者가 부인이고 聽者는 남편이다. (早)(4)^{16}의 話者는 聽者의 동생이므로 聽者가 상위자다. (早)(4)^{19}도 계급순위로 봐서도 聽者가 물론 상위자이다. (早)(4)^{21}은 話者, 聽者가 부부사이고 話者가 부인이다. (早)(4)^{23}도 話者가 부인이다. (早)(4)^{24}는 는 하인이고 聽者는 양반계급이다.

「-섯쇼구려」(4)^{6}인데 (早)(4)^{9} (早)(4)^{25}의 「-시오구려」의 과거형임을 알 수 있다. (4)^{6}은 話者가 김승지(Ⅰ)로 聽者 박참봉(Ⅱ)보다 상위자인데 '-섯쇼구려'(-시엇소구려)의 「-시-」를 사용해서 청자를 대우한 것처럼 표면상으로는 보이지만 축첩으로 곤한몸을 해가 중천에 뜰때까지 늦잠을 자고나온 김승지가 일찍부터 김승지 사랑에서 기다렸던 박참봉(Ⅱ)에게 하는 대화이기에 표면적 구조와는 차이가 있는 것이다.

더구나 박참봉(Ⅱ)이 김승지(Ⅰ)에게 했던 대화를 보면 (4)[6]처럼 Ⅰ가 인사를 했을 때 (4)[7]로 Ⅱ가 한 대화에는「-시구려」로 대우하고 있음을 본다.「-셧쇼구려」와「-시구려」의 차이에서도 Ⅱ<Ⅰ의 계급 관계임을 느낄 수 있다. 그러므로 (4)[6]은 존대의「-시-」로 쓰인 것이 아니라 할 것이다.

「-시오구려」(4)[9], (4)[25]인데 話者가 모두 聽者보다 비상위자이다.「-시구나」는 특이하게 (부)(4)[11]의 대화에서 해라체에 나타난「-시-」의 형태소가 사용된 예인데 이는 話者가 聽者에게 직접 존대를 하는 것이 아니고 대화내의 主語에 대한 존대임을 알 수 있다. 이들의 계급은 主語>話者>聽者이게에 話者가 主語에게는「-시-」로 존대하고 聽者에게는 해라로 하대한 것이다. 이러한 계급관계와 그 계급에 사용된 화자의 일관된 敬語法의 사용이 있기에 主語를 상위자로 명명했을 때 話者가 하위자 아닌 비상위자라 할 수 있고 聽者의 입장에서 보면 話者가 또한 상위자이며 聽者는 비상위자이지 하위자일 수가 없다.

물론 聽者의 입장에서 主語와 話者의 등위는 主語가 최상위자이고 話者는 상위자인 것이다. 이들에게 명명한 최상위자, 상위자의 이름도 이들의 대화의 장에서만 존재 할 수 있는 것이다.

(부)(4)[17]도 위 (부)(4)[11]의 설명으로 대신할 수 있다.

(부)(4)[14]의「-신가보오구려」, (부)(4)[15]의「-시나보구려」, (부)(4)[18], (부)(4)[20]의「-시는구려」, (부)(4)22의「-셧나보구려」등은 모두 話者가 聽者에 비해 비상위자이다.

感歎法에서의 尊敬法은 話者가 직접 聽者를 상대하는 경우가 많았고 대화중의 話者, 聽者도 아닌 명사구를 上待 하는 경우는 흔하게 나타나지 않았다.

5) 請 誘 法

(5)[1] a[2] → Ⅲ[1] 아씨…… 맙시오(치 : 48)
(5)[2] a[2] → Ⅲ[1] 앗씨 가시지요(치 : 4)
(5)[3] Ⅳ → Ⅰ[3] 어머니 우리들이 사랑에 나가셔 아버지께 드러옵시사 엿쥽시다(치 : 180)
(5)[4] b[1] → Ⅰ[3] ……ᄒᆞ십시다(치下 : 18)
(5)[5] Ⓘ[1] → Ⅰ[1] ……가십시다(치下 : 18)
(5)[6] Ⅳ → Ⅰ[3] 칼을 물고 업드려 빨리 죽으십시다(치下 : 53)
(5)[7] Ⅴ → Ⅰ[3] 셔울 길을 써나십니다(치下 : 114)

請誘法의「-십시다」는 명령법의「-십시오(요)」와 같은 구조다. (5)[4~7], 㘾[(5)[16~17], (5)[30~31], (5)[37], (5)[40], (5)[43~49], (5)[51~52]] 등이다.

이들의 계급구조는 (5)[4]는 話者가 하인인 비상위자이다. (5)[5]는 話者가 聽者의 딸이다 (5)[6]도 話者가 (5)[5]의 딸인데 이 때의 聽者는 어머니이다.

(5)[5] (5)[6]은 동일의 話者가 부모에게 동일하게 존대하고 있는 것이다 (5)[7]도 話者가 聽者의 동생이다. 㘾(5)[16]도 話者가 딸이고 聽者는 어머니다. 㘾(5)[17]은 話者 聽者가 사돈지간이다. 이들은 동등한 계급이나 상호 존중의 [十格式][-親密]을 갖추고 있기에「-십시오」가 쓰인 것이다.

㘾(5)[36]의 Ⅱ[2]와 Ⅱ[1]은 부부간의 대화이고 話者는 부인이다. 㘾(5)[31]도 Ⅲ이 비상위자이고 Ⅱ[1]가 상위자이다. 㘾(5)[37]은 거의 동급의 話者 聽者이지만 동급중에서도 聽者가 상위자이다. 㘾(5)[40]도 쥬인(Ⅴ)이 졍슌금(Ⓘ)보다 비상위자이다.

㘾(5)[47]은 지관(Ⅰ)이 화자이고 함진휘(Ⅱ)가 청자인데 Ⅰ의 자격은 손님이요 Ⅱ는 그집 주인이기에 Ⅰ이 Ⅱ를「-십시오」로 上待한 것이다.

㘾(5)[49]과 㘾(5)[48]은 話者 聽者의 입장이 바뀌었다. 이 두 대화를 보고도 이들은 동급의 계급임을 알 수 있고, 남녀의 사이이기에 격식적 대화가 오고간 것이다.

(早)(5)[51]은 현고직(Ⅲ)와 그의 부인(Ⅲ)의 대화인데 부인이 화자이다. (早)(5)[52]는 화자가 청자의 자식벌이 된다.「-ㅂ시오」는「-십시오」보다는 하위 범주에 속하는 것이다.

(早)(5)[11~12]는 話者가 동생이고 聽者는 누님이다.

尊敬法의 형태소「-시-」로써 話者가 상대하는 인물이 聽者일 때는 恭遜法과 尊敬法이 함께 사용된다. 이때 聽者는 主語로 등장한다.

「-시-」로써 상대되는 대상이 대화의 주어로써만 등장하고 대화 밖에 존재할 때 話者는 聽者와의 대화로 표현되며 話者와 聽者의 계급은 수어를「-시-」로 상대하는데 작용하지 않는다. 다만 話者<聽者의 계급순서일 때는 恭遜法이 작용할 수 있다.

「-시-」가 사용되어 尊敬法이 실현될 수 있는 사회적인 조건은,

첫째, 천민계급이 양반·상민계급에게 화자가 되어 행하는 대화가「신소설」에는 대다수를 차지한다. 이는「신소설」만의 특징이다.

둘째, 양반 지위 가운데에서 나이나 계급의 차이에 위해 非上位者가 上位者에게 上待하는 경우에「-시-」가 사용된다. 이 경우는 상민·천민의 경우도 같다.

셋째, 친족중에서 자식급이 부모급에게 上待의 조건으로「-시-」가 사용된다. 성년이 된 동생이 누님에게도「-시-」의 존경법을 사용한다.

넷째, 사돈지간의(양반계급) 인물들은 상호「-시-」로써 존경법을 사용한다.

다섯째, 성년이 된 비슷한 나이의 남·녀간에는 존경법을 사용한다.

여섯째, 부부간의 대화에서도 남편이 부인에게 부인이 남편에게 존경법을 사용한다. 이때의 계급은 양반·상민계급이 포함되며[+格式]적인 대화다.

일곱째, 초면에 만난 인물들은 계급을 초월하여 존경법을 사용한다.

여덟째, 동등한 계급(양반·상민·천민)의 상호 대화에도 [+格式] [-親密]

에 의해 존경법이 사용된다.

그러나 일곱째, 여덟째의 조건은 신분을 파악하거나 친숙해지면 곧 본래의 계급으로 환원되어 대우해주게 된다.

6) 특별한 경우의 尊敬法

(6)[1] b[1] → b 령감게셔는 셔방님 오실 줄 알고 계신듸(치下 : 108)

(6)[2] a → Ⅰ[2] 대감마님과 작은아씨 일힝은 뫼시고 오다가 소인 은 비오셔 먼져 드러 왓습니다(치下 : 85)

(6)[3] Ⅲ[1] →Ⅰ[1] 에그 아버님게셔 오직 답답ᄒᆞ야 그 아드님다려 나 오라고 전보를 노셧슬가(치下 : 90)

(6)[4] Ⅲ[1] → Ⅰ 아버지 그 편지에 무엇이라 ᄒᆞ얏겨됴(치下 : 85)

(6)[5] i → Ⅰ 마님 마님 원쥬 셔방님 오십니다(치 : 42)

(6)[6] f →Ⅰ[1] 셔방님게셔 나려오십니다(치下 : 92)

(6)[7] Ⅳ → Ⅰ 언니는 차차 오더릐도 져는 오라비를 ᄯᅡ라가겟슴 니다(치下 : 107)

(6)[8] i → Ⅰ[2] 만신의 말로 ᄌᆞ근아씨게셔는 사라게실 리가 만무 ᄒᆞ다고 ᄒᆞ든걸업시오(치下 : 112)

(6)[9] Ⅰ → b 너의 셔방님이 일본으로 가시던지 오신던지 내가 알ᄶᅡ 돌이 잇ᄂᆞ냐(치 : 55)

(6)[10] Ⅰ → b 그래 너의 ᄃᆡᆨ 셔방님이 참 일본에 가셧다ᄂᆞ냐(치 : 55)

(6)[11] b →Ⅰ ᄂᆞ리게셔 부ᄉᆞᆫ으로 이ᄉᆞ 가실 ᄶᅥᆨ 홀미ᄂᆞᆫ 늘근 것 이라…… 옥년아기와 절무신 셔방님은 도라가셧 는지……(혈 : 30)

(6)[12] a →Ⅰ ᄶᅡ님 앗씨도 도라가시고 손녀아기도 죽엇스니… …올시다(혈 : 27)

(6)[13] Ⅳ →Ⅰ 령감게셔는 마님도 계시고 춘천마마님도 잇ᄂᆞᆫᄃᆡ …… ᄂᆡ가 ᄯᅩ 잇고보면…… 라로 밧비 셔방이나 어더……(귀 : 130)

(6)[14] c[1] →Ⅰ[1] 박참봉 나으리가…… 집사 죽엇담니다. 령감게셔 마마님ᄃᆡᆨ에 가셧ᄂᆞᆫᄃᆡ 침모도 거긔 잇담니다(귀下 : 71)

(6)[15] c[1] → Ⓘ 마마님 죽산 셔방님이 올러 오셧습니다(귀下 : 7)

(6)[16] Ⓥ → Ⓘ 마마님 가시면 쇤네는 아이 업고 갈 것이니 세시 가면 ᄭᅩᆺ 구경 못ᄒᆞ깃슴닛가(귀下 : 2)

(6)[17] Ⅰ[1]→ Ⓥ[1] 령감게셔 ᄌ네를 보고 저럿케 조아 ᄒ시는 ᄃ 자 네는 령감을 뵈우러 아니 온단 말인가(귀 : 128)

(6)[18] Ⅰ[2] → a 이ᄋ 룡례야 나아가 보아라 자근ᄋ씨가 인제야 오 나보다(홍 : 48)

(6)[19] a → Ⅰ[1] 뎍 령감게셔 병환이 계셔셔 자문 밧게 나아가 계 십니다(홍下 : 94)

(6)[20] a → Ⅳ 못 뵈압는다고 엿주어도 기어히 뵈압고 가시겟다 고 ᄒ심니다(홍下 : 97)

(6)[21] Ⅰ[2] → a[1] 용례야 사랑에 나아가 령감게 어룬이 오셔서 그 러케……
나도 짜라 드러가 의원의 말을 시원히 드러 보겟다(홍下 : 100)

(6)[22] Ⅱ → Ⓘ 소안동 계신 셔판셔뎍 셔방님이 오셧고 엿쥬어라 (빈 : 49)

尊敬法에서 話者가 主語에 대한 존대의 의향이 먼저 필요한 것이다. 聽者와의 관계도 중요한 영향을 주어서 「-시-」가 꼭 사용되어야 할 話者의 처지인데도 쓰이지 않는 수가 있고 話者가 상위자이어서 聽者는 그외 명사구로 표시된 인물에게「-시-」를 쓰지 않아도 될 명사구의 행위를 표시하는 용언에「-시-」를 쓰는 수가 있다.

즉, 계급의 상위 순위가 聽者>主語>話者의 관계나 話者>主語>聽者의 계급관계가 문제성을 갖게 되는 것이다(남기심, 1981 : 6, 고영근·남기심, 1985 : 324). 이러한 관계의 대화예문을 예시하면서 서술해보면,

㊊(6)[1]은 內包文으로 主語는「령감」이다. 話者는 聽者와 부부지간으로 주어「령감」의 하인들이다.「셔방님」은「령감」의 사위이므로「셔방님이 오시다」에서「령감」을 최상위자로 만들기 위해서는「셔방님」에게「-시-」를 쓸 수 없는 경우다. 물론「령감」이 직접 면전에 있지 않고 話·聽者의 입장에서 보면「령감」이나「셔방님」이 다 높여야 할 대상인 것이다.

㊊(6)[2]는 복합된 主語가 사용된 대화다.「령감마님과 작은아씨」가 주어인 것이다.「작은아씨」는「대감마님」의 딸이기에「대감」과 함께 존대될 대상은 아니다. 복합된 주어는(상위자와 비상위자가 함께 주어로 나타

날 경우) 상위자의 대우를 해주는 것이다. (안병희, 1983 : 37)

(6)[3]은 話者의 며느리이고 아버님은 시아버지고 아드님은 자신의 남편이다. 최상위자인「아버님」을 존대하기 위해서는「아드님」이라 할 수 없고 특히 자신의 남편인「아드님」을 높임의 접미사까지 붙일 수는 없는 것이다. 그러나 다시 생각하면「아버님」에게 소속된 인물인「아드님」을 높인다는 것은「아버님」의 간접적 존대가 되기도 함이다. 또, 이 話者는 자신의 친정 아버지를 호칭할 때는「아버지」로 부르고 있는데 이것은 [+親密 -格式]이 작용한 것이다. (早(6)[4]를 참조)

早(6)[5]는 화자는 하인이고「마님」은 최상위자이며「셔방님」은 「마님」의 사위이다. 聽者>主語>話者의 계급순서인데 話者는「셔방+님」으로 대우할 수 없는 것이고「-시-」를 그「셔방님」에게 사용할 수 없는 것이 보통의 상식이다. 話者의 입장은 둘 다 존대의 대상임은 틀림없다.

早(6)[6]도 早(6)[5]와 같은 설명이 필요하다.

早(6)[7]은 話者가 최상위자인 聽者와 話者보다는 상위자인「오라비」「언니」에게 응당「-시-」를 써야 할 것이고「오라비」가「오라버니」로 높임의 어휘를 사용해야 함에도「언니」는「오다」로「오라버니」는「오라비」로 하대한 것은 최상위자인 청자를 높이기 위함이었다. 이들의 계급순은 聽者>主語>話者의 순서이다.

早(6)[8]은「ᄌᆞ근아씨」는 聽者의 딸이다. 話者는 하인이므로 계급순서는 話者>主語>聽者의 순서이다. 이때 주어에게「-시-」를 사용한 것은 존경법의 순리에 벗어나는 것이다(이러한 현상은 話者 위주의 대화이다).

早(6)[9]는 話者는 主語「셔방님」의 장인이다. 聽者는 하인이다. 계급순서는 話者>主語>聽者의 순서이다. 주어의 장인은 聽者 위주의 대화를 사용한 것이다. 이들 주에서 話者는 최상위자이므로 話者나 主語 모두 존경의 대상인 것이다. 早(6)[10]도 話者, 主語, 聽者들이 早(6)[9]와 동일 인물들이다.

早(6)[11]은 主語 두 개의 복합된 명사구로 상위의 主語인「셔방님」과 그의 딸「옥년아기」는 모두「-시-」로 대우된 것이다. 話者는 늙은 하인

계급이다.

(무)(6)[12]는 (무)(6)[11]과 다른 대화이기에 예시한 것이다. 두 개의 主語가 복합된 형태가 아니고 각각 독립된 단일 명사구들로 존립하고 있기게「아씨」는 “돌아가시고”「손녀아기」는 “죽다”로 평대된 것이다.

(무)(6)[13]도 (무)(6)[12]와 형태는 같다. 상위자에게 화자는 “계시다”로 상대하고「춘천마마님」은 “잇다”로 표현하고 화자 자신은 “잇다”로 평대한 것이다. 여기서 우리는 1인칭이 아닌 어떤 명사구를 화자가 상위자로 대우할 때 사용하는 언이형식의 경어법이다. (안병희, 1983 : 39)

(무)(6)[14]도 단일 주어는 각각 그들의 신분에 맞게 대우하는 예를 볼 수 있다.

(무)(6)[15]는 聽者>主語>話者의 순서이다.「죽산 셔방님」은 聽者의조카벌이 된다. 그러나 聽者 춘천마마는 그 조카와는 초면이고 첩실의 신분이다. 話者 위주의 대화인 것이다.

(무)(6)[16]에서는 (무)(6)[14]와 같은 형식이기도 하나 화자 자신과 상위자인「마마님」과 그의 소생인「아기」의 세 개의 명사구가 복합된 주어로 등장한 것이다. 이것은 주어 “나”를 포함한 다른 명사구와 함께 복합된 주어는 상위자로 대우될 수 없다(안병희, 1983 : 39)는 것을 시사하는 대화가 된다.

(무)(6)[17], (무)(6)[14]와 같은 형태의 대화다.

(무)(6)[19]의 계급순서는 聽者>主語>話者이다. 주어보다도 청자가 상위자인데도 “계시다”로 상대하고 있는 것이다. (화자 위주의 대화인 것이다)

(무)(6)[20]은 (무)(6)[19]와 상통하는 대화인데 (무)(6)[19]에서 주어로 등장한 인물이 청자로 변했다. 첫번째 있는 “뵈압”은 청자(Ⅳ)에게 하는 화자의 상대이고 “엿주다”는 주어(Ⅰ)에게의 상대이며 그 다음의 “뵈압고”는 Ⅰ가 Ⅳ에게 하는 상대를 화자가 대신하는 것이다. “ 가시다”는 주어(Ⅰ)에게, “ ᄒᆞ시-”의「-시-」등으로 상대하고 있다.

(무)(6)[21] 話者가「령감」의 모친이다. 계급순은 話者>主語(目的語)>聽者이다. 청자의 입장에서 사용된「-게」이다.

㊄(6)[22]는 화자22가 자신을 상대하는 결과를 초래하고 있는데 통인을 통하여 방문한 자와의 대화로 그 집 주인이 하는 대화인 것이다. 통인은 이 간접 문답을 전달하다가 그 통인이 없이도 방문자와 집 주인은 통인을 있는 것으로 가상하고 주고 받기도 했던 대화다. "계시다", "셔방님", "오시다"로 자신을 존대하고 있는데 이는 전기한 통인(通引)의 입장에서 자신을 화자가 높인 것이다.

7) 補 充 法

(7)[1] a → Ⅰ 나리게셔도 무엇을 좀 사다가 잡숫고 쥬무시면 좃 켓습니다 (혈 : 26)

(7)[2] c[1] → Ⓥ 에그 침로 마누라님도 여그 와계시군(귀 : 81)

(7)[3] c[1] → Ⓥ 침모 마누라님은 언제붓터……로마님은 혼자 계심닛가(귀 : 55)

(7)[4] Ⅰ[1] → Ⅰ 더 쥬무시오 감기드르시리다(귀 : 49)

(7)[5] c[1] → Ⓥ[1] 에그 침모마누라님도 여긔 와계시군(귀 : 81)

(7)[6] Ⓥ[1] → Ⅰ 령감게셔는 마님도 계시고 춘천 마마님도 있는듸 내가 또 잇고 보면 령감게셔 걱정이 아니 됨닛가 (귀 : 130)

(7)[7] c → c[1] 숀님이 계시냐(귀下 :7)

(7)[8] b → Ⓘ 앗씨 앗씨 국밥을 잡수시오(은 : 81)

(7)[9] Ⅰ[1] → Ⅰ 급히 소명이 계셔서(홍 : 85)

(7)[10] a → Ⅰ[1] 덕 령감게셔 병환이 계셔서 자문 밧게 나아가 계 십니다(홍下 : 94)

(7)[11] a → Ⅰ[1] 마님 분부가 계시기에 거행ᄒᆞ얏삼니다(홍下 : 105)

(7)[12] Ⓥ→ Ⓘ[1] 셔계심닛가(홍下 : 69)

(7)[13] Ⅰ[1]→ Ⓥ 뎌분 어머니 되시는 니도 계신가요(홍下 : 82)

(7)[14] c → a[1] 복단아주머니도 거긔 계시구려(빈 : 10)

(7)[15] Ⅰ→ Ⅰ[2] 덕에는 남미분을 두셧다는듸 셔울 계시잇가(빈 : 36)

(7)[16] a[1] → a 우리 쳐지에 술을 자신단 말이도(빈 : 3)

(7)[17] Ⓥ →Ⅱ[3] 두 양쥬분이 쥼으시지도 않도 웨 부르시도(빈 : 98)

(7)[18] a → a[1] 여보 령감 계실 ᄯᅢ인들 아씨게셔 고생을 적게 횟 소(빈 : 6)

(7)[19] b → Ⅱ[2] 에그 진지 잡쥬시네 아주머니도 거기 계시구려
(7)[20] Ⅲ → Ⅱ 휘 에그 담비ᄂ 혼듸 잡슈시오(빈 : 72)
(7)[21] b →Ⅱ[2] 진지를 자 잡스셧슴니다(빈 : 46)
(7)[22] Ⅵ[1]→ Ⅱ[2] 가시는 양반 거기좀 계시오(빈 : 77)
(7)[23] b → a 복단아버지 게시오(빈 : 10)
(7)[24] a[2] → Ⅱ[1] 아씨게셔는 어셔 줍으십시오(빈 : 23)
(7)[25] Ⅲ → Ⅱ 담비나 혼듸 잡슈시오(빈 : 46)
(7)[26] a1 → Ⅱ1 어서 잡수십시오(빈 : 8)
(7)[27] Ⅱ → Ⅰ 쟝모를 뵈앗스면 조깃습니다. 어듸 계신가요(재 : 37)
(7)[28] Ⅱ → Ⅰ[1] 어머니 사 사세히 드리시 게십시오(재 : 62)
(7)[29] Ⅱ[1] → Ⅰ[3] 어머니 계심닛가(재 : 142)
(7)[30] b → Ⅰ 령감끠셔는 사랑에 드러안지셔서 무슨 생각을 ᄒ 시고 계셔요(재 : 152)
(7)[31] a → Ⅱ 허부령 령감끠셔 오셧는듸 급히 ᄒ실 말슴이 계시다 ᄒ셔요(재 : 197)
(7)[32] Ⅱ → e 마님 계시냐(재 : 207)
(7)[33] Ⅳ → Ⅵ 춘부 대감끠셔 경셩에 계시오니 쥬혼을 뉘가 ᄒ 오릿가(완 : 16~17)
(7)[34] Ⅵ[2] → Ⅶ 이제 판셔와 부인이 아니 계시고 쇼씨 쁜이라 이 런 종용ᄒᆞᆫ 쩌를타 소씨를 히ᄒ여 내원을 풀게ᄒ 라(완 : 49)
(7)[35] Ⅳ[2] → Ⅵ 상공게셔도…… 소원이 게시거든 기도ᄒ옵쇼셔 (완 : 87)
(7)[36] Ⅷ → Ⅷ[1] 그듸의 양친이 다 계시냐(완 : 90)
(7)[37] Ⅷ[1] → Ⅷ 그듸는 양친이 다 계셔서 날과갓흔 디경은 아니 신디 알고져 ᄒ노라(완 : 90)
(7)[38] d → Ⅲ 서울서 오신 아씨 엇의 게시냐(마 : 61)
(7)[39] Ⅱ[4] → Ⅱ 여보시오…… 엇지…… 이곳에 와 게심닛가(마 : 86)
(7)[40] Ⅲ[1] → Ⅲ[4] 누님이 안령이 게시오(마 : 96)
(7)[41] Ⅲ[1] → Ⅱ[1] 누님 담비나 잡스시오(마 : 102)
(7)[42] Ⅱ[1] → Ⅱ 에구…… 나으리가 란리에 천금귀톄를 보젼ᄒ야 사라와 게시오(마 : 109)
(7)[43] Ⅴ[1] → Ⅲ[1] 에그 식문밧 셔방님 엇지 여기 계심닛가(목 : 227)
(7)[44] b → Ⅳ[2] 에그 마누라님이 엇지 여기 게셔오(목 : 300)
(7)[45] Ⅳ[3] → Ⅲ 방에 들어가 안져 계십시오(목 : 302)

(7)[46] Ⅱ[1] → Ⅲ 그런듸 우리 오라버니…… 계셧소(목 : 345)
(7)[47] Ⅳ[2] → Ⅴ[1] 안ᄉᆞ용 령감…… 잡스십시오(모 : 3)
(7)[48] Ⅳ → Ⅲ[2] 어머니…… 잡스십시오(모 : 3)
(7)[49] Ⅳ → Ⅲ[1] 아버지 어머니도…… 안니 계심잇가(모 : 73)
(7)[50] Ⅳ → Ⅲ[1] 인천감리는 말숨도 말으시오. 오월에 그 봉변을 지금ᄶᅡ지 거긔 계셧습닛가(모 : 93)
(7)[51] Ⅳ[1] → Ⅲ[3] 어머니 방에 계심닛가(모 : 93)
(7)[52] a → Ⅱ[1] 마님의 정셩이…… 칠셩님이 돌보셔 삼신힝차가 계시게 ᄒᆞ셧슴니다(구 : 3)
(7)[53] a → Ⅴ 만신 계심닛가 만신 계시오(구 : 10)
(7)[54] Ⅱ[4] → c 령감 어듸 계시냐(구 : 25)
(7)[55] Ⅱ → Ⅰ 여긔 안져 계심닛가(구 : 39)
(7)[56] Ⅱ → Ⅰ 늬 집도 과히…… 죵용ᄒᆞᆫ 집도 과히 번거ᄒᆞ지 안 이ᄒᆞ지만…… 그리로 가 계시게 ᄒᆞ시오(구 : 40)
(7)[57] Ⅰ → Ⅱ 감안이 계시오(구 : 42)
(7)[58] Ⅱ → Ⅰ 웬 량반이 무슨ᄉᆞ로 차ᄌᆞ계시오(구 : 52)

尊敬法에서 특별한 말에 한해 상대의 특수어를 사용하는 방법이 있다. "먹다, 자다, 있다" 등의 보충적 이형태가 "잡수다(자시다), 주무시다, 계시다"[23]의 세 어휘에 "아프다→편찮으시다"도 「보충법」에 넣는경우도 있다. (이익섭·임홍빈, 1988 : 23) 또 "죽다→돌아가시다"를 첨가하는 경우도 있다. (고영근·남기심, 1985 : 334)

본고에서는 "잡수다(자시다), 주무시다, 계시다"만을 예시하기로 한다.

직접존대의 존경법과 그 주어에 공손법이 함께 작용한 것은(7)[1~2], (7)[5], (7)[6~8], (7)[11~12], (7)[14], (7)[16~17], (7)[19~26], (7)[28~30], (7)[35], (7)[39~45], (7)[47~48], (7)[50], (7)[53], (7)[55~58]등이다.

話者가 직접 聽者를 상대하는 것이 아니고 話者중 주어를 상대하는 것

23) 許 雄 ; "서기 15세기 국어의 「존비법 」과 그변천", 한글 128, 1961, p. 10에는 "계시다"는 직접존대에 "있으시다"는 간접존대에 사용된다고 함.

들은 (7)[3], (7)[6], (7)[9], (7)[10], (7)[13], (7)[15], (7)[18], (7)[27], (7)[31~34], (7)[36~38], (7)[46], (7)[49], (7)[52~54] 등이다.

직접존대의 尊敬法과 그 主語에 恭遜法이 작용하는 것은「補充語」어휘의 어간에 「-시-」를 결합시키고「恭遜法」에 해당하는 종결어미는 상대 이상의 체계가 사용되고 있다. 이 경우의 계급순서는 聽者>話者이다.

話중 主語를 補充法으로 상대하는 경우는 話者, 主語, 聽者의 계급은 공식화해서 정할 수가 없다.

3. 2 恭 遜 法

3.2.1 합쇼체(하소서체)[24]의 敍法上 終結語尾

---

24) 李熙昇 ; 「새고등문법」, 일조각, 1957, p.101에 의하여 5등급으로 나누고 반말을 등외로 한다. 그외에

◦ 강복수유창균 ; 「문법」형설출판사, 1969, p.42.
아주높임 : 합니다, 예사높임 : 하오, 예사낮춤 : 하네, 아주낮춤 : 한다, 반말 : 해

◦ 金敏洙 ;「신국어학」, 一潮閣, 1964, p.12.
극존경 : 하나이다, 보통존경 : 합니다, 존경 : 하오, 하대 : 하게, 보통하다 : 해.

◦ 최현배 ;「우리말본」, 정음사, 1957, p.252
아주높임 : 합쇼　　예사낮춤 : 하게
예사높임 : 하오　　아주낮춤 : 해라
등　　외 : 반말

◦ 강윤호 ;「정수문법」, 지림출판사, 1968, p.70.
극존대 : 하소서, 보통존대 : 합쇼(합니다, 하오), 보통비대체 : 하게, 극비대체 : 해라.

◦ 許　雄 ;「표준문법」, 신구문화사, 1969, p.63.
갑니다, 가오·가네(가(아)), 간다.

◦ 安秉禧 ; "2人稱 代名詞 '그듸'에 대하여", 1965,「국어국문학」,28.
해라體, 하게體, 하오體, 합쇼體.

◦ 高永根 ; "現代國語의 尊卑法에 대한 硏究", 1974,「語學硏究」10卷

恭遜法은 상대존대(허 웅, 1961 : 10, 남기심, 1981 : 3) 상대높임법(고영근·남기심, 1985 : 329), 상대경어법(이익섭·임홍빈, 1988: 228) 등으로 많은 명명들이 사용되었다.

공손법의 생성 요인으로는 사회적지위, 직업, 성별, 친분관계 등에서 한가지 두가지 등이 복합적으로 작용한다. 조건은 상호 상반되기도 하고 심리적 자질이 작용하여 복잡한 것으로 나타난다.

나이, 직업, 지위 등 주어진 사외적인 조건이 격식체는 존대이고, 의례적 용법, 개인적 감정, 느낌, 태도를 보이기 위한 문제를 선택하여 사용한 것이다. 비격식체는 비존재이고, 정감적 용법으로 나타나기도 한다.

공손법은 신분, 항렬, 계급, 지위, 직위 등 사회적 규범이 언어의 형태범주(신창순, 1962 : 69) 또는 상대의 인격을 존중하고 미풍양속의 민족성을 표현하는 것이며, 예의 범절에 의해 공손법적 언어의 표현이 발달했다. 현재는 사회적 구조의 횡적 친밀 관계가 희박하므로 현대국어의 공손법은 그 등급이 단화되었다. (김혜숙, 1983 : 29-30)

모든 문법서나 연구논문들이 위와 같은 공손법의 생성조건을 거론하고 있다.

그러나 화자가 청자를 자기와 대비하여 그 존비에 맞추어 대접하는 二分法의 주체경어법이나, 객체경어법보다 공손법은 훨씬 복잡한 것이다. (이익섭·임홍빈, 1988 : 228)

경어법의 하위범주를 존경법, 공손법, 겸양법 등으로 나누고 이들이 서열은 다르지만 하나의 문법 범주로 통합하여 처리될 수 있음은 일정한 화자가 주어, 청자, 객어를 상위자고 대우하는 것이 공통되기 때문이다.

공손법은 여러 명칭으로 사용되었지만 본 연구에서는 공손법이라 하고

2號.

高永根 ; "現代國語의 終結語尾에 대한 構造的 硏究",「語學硏究」10卷 1號, 1974, p.138.

합쇼·하소서體, 하오體, 하게體, 해라體, 해요體, 하시(요)體.

그것을 자료에 나타나는 5~6개의 등급으로 분류하여 종결어미의 구조 분석과 그 형태를 예시하고, 화자, 청자의 계급적 조건을 나타내기로 한다.

1) 說 明 法

$(1)^{1}$ a^{2} → $Ⅲ^{1}$ 쉰네가 모시고 구경ᄒᆞ깃습니다(치 : 3)
$(1)^{2}$ a^{2} → $Ⅲ^{1}$ 저 달만 좃차가시면 됩니다(치 : 5)
$(1)^{3}$ a^{2} → $Ⅲ^{1}$ 글세 말슴이 올시다(치 : 7)
$(1)^{4}$ j → Ⅰ 마님 바님 원규 식시빙님 오십니디(치 : 37)
$(1)^{5}$ a^{2} → $Ⅲ^{1}$ 마님게셔 쉰네 말삼을 잘 못아라 드르시나 보이다(치 : 73)
$(1)^{6}$ b^{i} → $Ⅰ^{3}$ 말이 아니 나옵니다(치 : 74)
$(1)^{7}$ b^{1} → Ⅳ 참 큰일 나리다(치 : 75)
$(1)^{8}$ b^{1} → $Ⅰ^{3}$ 다름 업깃습니다(치 : 82)
$(1)^{9}$ a^{2} → $Ⅰ^{2}$ 큰일 잇나보이다(치 : 110)
$(1)^{10}$ b → Ⅲ 네 조흔 길이 나섬니다(치 : 126)
$(1)^{11}$ A → M 내가 차저 드러오리다(치 : 144)
$(1)^{12}$ Ⅳ → $Ⅰ^{3}$ 마님덕 일은 저 하님에게 들엇습니다(치下 : 11)
$(1)^{13}$ b^{1} → Ⅳ 에그 망측ᄒᆞ여라…… 습니다(치下 : 24)
$(1)^{14}$ f → Ⅰ 소인 써날 쎄"까지는 별고는 업습듸다(치下 : 43)
$(1)^{15}$ f → Ⓘ 송도마님 문안 드림니다(치下 : 43)
$(1)^{16}$ f → $Ⅰ^{1}$ 네 디당 흡소이다(치下 :68)
$(1)^{17}$ k → m 안이 올시다…… 업습니다(치下 :57)
$(1)^{18}$ Ⅳ → M 은혜 갑흐리다(치下 : 68)
$(1)^{19}$ f → Ⅰ 셔방님게셔 오십니다(치下 : 68)
$(1)^{20}$ Ⅳ → Ⅰ 언니는 차차 오더릭도 져는 오라비르 짜라가겟습니다(치下 : 107)
$(1)^{21}$ a → Ⅰ 소인이 령감게 ᄀᆡ망ᄒᆞᆫ 죄는 죽어도 넘겟습니다(치 下 : 118)
$(1)^{22}$ I → $Ⅰ^{3}$ 만신의 말로 ᄌᆞ근아씨게셔는 사라게실 리가 만무 ᄒᆞ다고 ᄒᆞ든걸 업시오(치下 : 112)
$(1)^{23}$ V → $Ⅰ^{3}$ 잘못ᄒᆞ얏습니다(치下 : 113)
$(1)^{24}$ a → Ⅰ 나리게셔도 무엇을 좀 사다 잡숫고 쥬무시면 좃 켓습니다(혈 : 26)

합쇼체와 하소서체는 함께 넣기로 한다.[25)]

물론 합쇼, 하오…… 등은 명령법적 어미를 나타낸 것이다. 합쇼체의 「-ㅂ-」이 형태론적 표지이고 하소서체는 「-이-」이며, 합쇼체는 「-리-」, 「-ㄹ-」, 앞에서는 「-오」로 변이를 일으킨다. 직설은 동사, 형용사, 존재사, 체언 아래에서 「-(으)ㅁ니다」, 「-음(암)ᄂᆞ이다」, 「-ᄉᆞ(옴·암)ᄂᆞ이다」 등이 나타난다. 회상법에서는 「-ㅂ더이다」, 「-삽더이다」 등이다.

「-ㅂ니다」, 「-ㅂ디다」, 「-습니다」, 「-습디다」의 예를 먼저 보기로 한다. 이 가운데 「-ㅂ니다」는 「신소설」의 표기에는 표음적 표기에 의해 「-ㅁ니다」로, 「-습니다」는 「-슴니다」로 표기되고 있다.

「-슴니다」는 과거 시제 先語末語尾 「-았-/-었-」의 「-았-」이나 「-었-」이 "았/으/ㅂ/니다"에서 조음소 「-으-」에 "ㅅ"이 연철 내지 혼철이 되어 "았(었)"이 "앗(엇)슴니다"로 된 것이다.

즉 「-았-/-었-」이나 「-겠-」과 「-읍니다」가 결합된 형태로 현재 과거나 미래의 終結語尾를 이루고 있는 것이다. 「-ㅂ닌다」로 표기된 종결어미이다. 「-ㅂ닌다」는 모음으로 끝난 어간에 결합된 형태이며, 「-습니다」는 자음으로 끝난 어간에 媒介母音 「-으-」가 개입된 형태이다. 그러므로 「-ㅂ니다」나 「-습니다」는 시제관계만 제외하면 같은 의미를 가진 語尾이다.

(문)(1)[38]과 (문)(1)[57]은 원칙법 「-ㅂ닌다」로 표기된 종결어미이다. 「-ㅂ닌다」는 신소설 이전에만 나타나는 형태로 현대국어에는 나타나지 않는 의고체 형태이다.

(문)[(1)[28], (1)[29], (1)[31], (1)[33], (1)[34], (1)[35], (1)[36,37,] (1)[39]] 등은 「-담니다」로 「-했다고 합니다」의 의미와 같다.

---

25) 恭遜法으로서 終結語尾으 分析은 원칙적으로
이희승 ; 「새고등문법」, 일조각, 1957, pp. 102～106과
고영근 ; "現代國語의 終結語尾에 대한 構造的 硏究", 「語學硏究」 10卷 1호, 1974a, pp.118～157을 따르기로 한다.

「-습니다」,「-ㅂ듸라」,「-ㅂ씌다」,「-ㅂ데라」등은 전술한 것처럼 회상법「-ㅂ더이라」으 변화된 형태이다.「-ㅂ듸다」에서 "듸"는 단모음화 되지 않은 형태를 볼 수 있다.「-ㅂ더이라」의 어미도 나타난다.

「-ㅂ-」이「리」,「ㄹ」앞에서「오」로 변이를 일으킨 형태「-(으)오리다」,「-올시다」(오ㄹ시다)가 나타난다. 받침이 없는 동사 밑에 붙는 추측법의 「-(으)오리다」가 있고「-ㅂ니다」보다 친근한「-오이다」도 나타난다.「-보이다」의 어미가 나타나는데「-보오이다」의 준 형태이다.

「-ᄒᆞ시외다」는「ᄒᆞ시오이다」의 축약형이며,「-보웨다」는「-보오이다」의 축약된 것이다.「-리다」는 추측법의 선어말어미「-리-」의 실현을 볼 수 있다. 의미는「-ㄹ것입니다」로 받침이 없는 동사의 어간에 나타난다.

중세국어의「-숩-」등이 공손법의 선어말어미로 전이된 형태「-사오이다」의 축약된 어미「-소이다」는 받침이 있는 동사나 형용사의 어간에 쓰이는 어미이다.「-사외다」는「-사오이다」의 축약된 어미이다. 이것들은 후술할(극상대의 공손법, 존경법)것이지만 합쇼체의「-ㅂ니다」보다도 매우 공손한 어미임은 말할 것도 없다.

「-옴(암)늬다」,「-암나이다」,「-옴(암)니다」,「-삼나이다」의 직설법은 문어체인 편지글에 주로 나타난다.

㊗(1)는 부인(아씨)(Ⅱ)이 그의 남편 김관일(Ⅱ)에게 하는 편지글을 보면「-ᄒᆞ오신지」,「-ᄒᆞ옵기」,「-엄ᄂᆞ이다」,「-ᄒᆞ암ᄂᆞ이다」,「-압ᄂᆞ이다」,「-ᄉᆞ오니」,「-옵ᄂᆞ이다」등이 보이는데 위의「-ᄒᆞ오신지」는 타인의 해위를 표현하는 곳에도 사용되오 그 나머지는 話者의 공손의 뜻을 갖게 하는 겸양의 방법으로 쓰인다. (고영근·남기심, 1985 : 333)

실제의 대하에는「-ᄉᆞ와-」,「-ᄂᆞ이다」,「-옵나이다」의 「-ᄂᆞ니다」,「-나이다」등으로 나타나다. 전술한 바처럼「-이-」가 하소서체의 표지임을 언급한 것처럼 위으 모든「-ᄂᆞ이다」계열의 「-이-」는 하소서체의 표지이다. 하소서체가 신소설 작품에는 상존하고 있음을 알 수 있다.「-지이다」와「-ᄒᆞ여이다」등도「-이-」는 하소서체의 지표이다.

話者의 계급 분포는 聽者와의 대비에서 보면 話者는 모두 비상위자의 입장이다. 사회적 계급을 구체적으로 살펴보면 천민계급이 양반 계급에게 하는 대화가 가장 많다. 하인계급은 아니지만 같은 양반계급 중에서도 자식급이거나, 나이가 적거나, 지위가 낮은 경우가 話者인 것이 있다. 동등한 입장의 話者는 (무)(1)$^{43\sim44}$의 빅셩달(Ⅰ⃝^{3})과 허부령(Ⅰ)이다. (무)(1)^{46}의 話者 Ⅰ⃝^{3}과 聽者Ⅰ^{2}는 사돈지간이다. (무)[(1)$^{43\sim44}$, (1)^{46}]은 동격의 계급이지만 이들 사이에는 격식적 용법으로 격식체는 존대가 필수적이고 의례적 용법은 객관적 단정적인데(남기심, 1981 : 10), 나이, 직업, 지위 등 주어진 사회적 조건에 의한다는 것이나 동등한 계급에서[+格式], [-親密]이 작용하여 합쇼체를 이룬다느 것은 특이한 예이다. (무)(1)$^{50\sim51}$은 대화의 방향은 장한림(Ⅳ)이 소씨의 외숙(Ⅳ)에게 향한 것이고, (무)(1)^{52}은 Ⅳ→Ⅵ에게 향한 대화인데 계급의 급간은 차이가 있으나 이들은 초면의 대화이므로 격식적인 대화로Ⅳ→Ⅵ나 Ⅵ→Ⅳ의 대화의 방향에도 상호 恭遜法을 사용하고 있는 것이다. 이것을 뒷받침하는 예들이 (무)[(1)$^{62\sim64}$, (1)$^{65\sim68}$] 등 많은 예문을 볼 수 있다. 의 話者·聽者들은 Ⅳ⃝→Ⅳ⃝^{2}, Ⅵ⃝^{2}→Ⅵ⃝^{3}, Ⅳ⃝→Ⅳ⃝^{1}, Ⅳ⃝^{1}→Ⅳ⃝, Ⅳ⃝^{2}→Ⅵ⃝ 등으로 상호 다양하게 話者다 聽者가 되기도 하고 그것이 바뀌어지기도 한다. 이들의 계급은 거의 동일 계급인데 그들의 관계는 사무적이고 상호 견제와 친숙하지 않은 사이다. 그러나 목적하는 바가 동일하기 때문에 대화의 장은 갖고 있는 것이다.

(무)(1)^{60}의 Ⅲ⃝→Ⅱ⃝, (무)(1)^{61}의Ⅱ⃝→Ⅲ⃝, (무)(1)^{59}의 Ⅱ⃝→Ⅲ⃝, (무)(1)^{58}의Ⅱ⃝^{1}→Ⅲ⃝ 등은 계급적으로는 Ⅱ⃝가 상위자인데도 Ⅱ⃝→Ⅲ⃝의 대화나 Ⅱ⃝^{1}→Ⅲ⃝의 대화에는 恭遜法을 사용하고 있다. Ⅲ⃝이 처음 만난 손님이기 때문에 나이가 많아도 청자에게 공손법을 사용한 것이다.

다음은 부·부간의 대화인데 (무)[(1)^{26}, (1)^{27}]는 부인이 話者이고 (무)[(1)^{32}, (1)^{40}, (1)^{42}, (1)^{53}, (1)^{54}, (1)^{0}]도 부인이 話者이다. (무)[(1)^{45}, (1)^{47}, (1)^{49}] 등은 부부간의 대화지만 남편이 화자이다.

남성과 여성의 사회적 지위가 현격했던 시기이기에 이들 부부간의 계급을 동일시 할 수는 없다. 이들이 모두 양반 계급의 인물인 것을 감안하면 체면과 격식에 의한 것 때문에 남→녀(부부지간)의 대화에서도 합쇼체의 공손법적 대화가 아닌가 한다.

說明法의 합쇼체(하소서체)에는 개화기 이후에 국한된다(고영근, 1974 : 125)는 「-옵(압)ᄂᆞ(나)이다」, 「-ㅂ더이다」, 「소이다」 등의 「하소서체」가 인물들의 대화에 나타난다. 즉, 설명법에 하소서체의 잔재를 보이고 있다.

합쇼체의 「-ㅂ니다」, 「-올시다」, 「-오리다」, 「-외다(웨다)」, 「-리다」 등의 어미도 나타난다.

합쇼체(하소서체)는 보다 격식적이고, 이제까지 비상위자가 상위자에게만 향하는 대화의 방향만을 생각해 왔으나 나이나 지위가 상위자(청자보다)라 하더라도 초면에 면대한 관계는 비상위자의 청자에게 합쇼체를 사용한다는 것이 실제의 대화에 보였다. 이 합쇼체는 해라체와 짝을 이루고 현대국어에서는 일반회화체에는 해요체와 반말에 밀려나고 있는 실정이기도 하다.

결론적으로 화자, 청자의 관계는,

첫째, 천민계급의 비상위자가 양반계급의 청자에게 하는 대화의 경우가 있다.

둘째, 양반계급중 지식계급의 화자와 양반계급의 부·모급 청자가 존재한다.

셋째, 같은 양반계급의 지위나 나이가 적은 화자가 상위의 청자에게 향한 경우가 있다.

천민계급 중에서도 나이가 적은 비상위자의 화자가 같은 천민계급의 상위자에게 향하는 대화도 합쇼체가 쓰인다.

넷째, 동격의 인물들이[+格式], [-親密]의 자질에 의한 합쇼체를 사용한다.

다섯째, 초면의 대화는 [-친밀], [+격식]에 의하여 합쇼를 사용한다. 이 때는 계급적으로 상위자가 비상위자에게도 합쇼를 대우한다.

여섯째, 부부간의 대화에서 남편이나 부인이 모두 화자로 등장한다. 이들은 모두 양반계급인 것을 감안하면 [+격식], [+의례]에 의한 사회적 특성이 아닌가 한다.

2) 疑 問 法

(2)¹ a¹ → Ⅲ¹ 쇤네를 부르셧슴닛가(치 : 3)
(2)² a² → Ⅲ¹ 우익 어는식 드러오셧슴니가(치 : 3)
(2)³ a² → Ⅲ¹ 못가시깃슴닛가(치 : 5)
(2)⁴ a² → Ⅲ¹ 고생ᄒᆞ실 ᄭᆞ닭이 잇슴닛가(치 : 6)
(2)⁵ a² → Ⅲ¹ 앗씨게셔 도라가실 마음이오닛가(치 : 48)
(2)⁶ a² → Ⅲ¹ …… ᄒᆞ시깃슴닛가(치 : 48)
(2)⁷ b¹ → Ⅰ³ 그런 일이 좀 큰 일이오닛가(치 : 48)
(2)⁸ Ⅵ → Ⅰ³ 그런 변괴가 엇의 잇스오릿가(치下 : 11)
(2)⁹ k¹ → k 에그 성님 단겨오심닛가 (치下 : 18)
(2)¹⁰ Ⅳ → Ⅰ¹ 아버지 저게 웬일이오닛가(치下 : 82)
(2)¹¹ n → a 배선달님 티평이 단겨 오심닛가(치下 : 85)
(2)¹² a → Ⅰ² 소인…… 알왼닛가(치下 :85)

합쇼체에는 직설법에「-(으)니까」,「-슴니가」(작품 신소설에는 표음적 표기는「-(으)ㅁ닛가」,「-슴니가」), 회상법에「-(으)ㅂ디가」,「-습니가」(작품 신소설의 표음적 표기에는「-(으)오릿가」,「-사오릿가」), 하소서체는 동사의 직설법에는「-나이가」가 있고, 형용사 지정사에「-(으)오닛가」, 동사의 회상법에는 「-더이가」, 형용사 지정사 밑에「-(으)리잇가」,「-(으)ㅁ닛가」,「-슴닛가」는 說明法의「-(으)ㅁ니다」,「-슴니다」와 같은 형태이다. 이형태는「-ㅁ잇가」이다.

「오닛가」(-오니까), (-온닛가)는 (2)⁵, (2)⁷, (2)¹⁰, ㊊[(2)¹³, (2)²⁴, (2)²⁶, (2)³²,

(2)^{42}, (2)^{63}, (2)^{66}, (2)^{68}, (2)^{69}] 등이다.

「-오릿가」(-오리까)는 (2)^{8}, (早)[(2)$^{14\sim17}$, (2)$^{20\sim23}$, (2)$^{27\sim30}$, (2)^{34}, (2)^{35}, (2)^{70}] 등이며「-ᄂᆞ잇가」는 (早)[(2)^{18}, (2)^{21}, (2)^{25}, (2)^{31}, (2)^{77}] 등이다.

「-ㅂ더닛가」(-ㅂ던잇가), (-ㅂᄃᆞ닛가), (-ㅂ덧가)는 (早)[(2)^{40}, (2)^{47}, (2)^{50}, (2)^{65}] 중에서 (早)[(2)^{40}, (2)^{43}, (2)^{50}, (2)^{65}]는「-ㅂᄃᆞ닛가」로 표기되고 있다.

「-ㅂ시오」는 어미만 보면 명령이나 청유인 것 같으나 (早)(2)^{23}은 a^{1} → Ⅲ 문안 엿더 <u>하십시오</u>(홍下 : 66)의「-십시오」가「-십쇼」로「-하십시오」는「합쇼」로 축약될 수 있다.

話者·聽者의 경우를 보면 청자는 천민계급인 비상위자들인데 그늘의 싱전인 양반계급의 상위자들은 청자로 한 대화는 (2)$^{1\sim7}$, (2)^{12}, (2)^{15}, (2)^{20}, (2)^{27}, (2)$^{36\sim37}$, (2)$^{38\sim39}$, (2)^{41}, (2)^{44}, (2)$^{45\sim46}$, (2)^{47}, (2)^{48}, (2)$^{51\sim59}$, (2)$^{60\sim62}$, (2)^{64} 등이다.

(2)^{9}, (2)^{11}은 같은 천민 계급들간의 대화이나 청자가 연령으로 상위자에 속한다.

(早)(2)$^{71\sim74}$는 초면에 만난 남녀의 대화이거 나이는 장님(j)이 많지만 상호 話者·聽者가 뒤바뀌는 관계이면서도 상호 합쇼체로 대우한다.

(早)(2)^{71}은 대화의 방향이 Ⅳ → Ⅴ^{1}로 길순(Ⅳ)은 침모(Ⅴ^{1})보다 계급적으로 높지만 恭遜法을 사용하는 것은 격식적인 문제가 작용된 것이다. 양반계급의 동격에서 공손법의 합쇼체를 사용하는 것은 (早)[(2)^{75}, (2)^{76}] 등이 있는데 계급적 차이 나이 등에서 작용된 것이다.

의문법의 합쇼, 하소서체의 종결어미는「-가」(-까)가 나타난다. 설명법의 합쇼체, 하소서체의 어미도「-다」인 것과 같다.

의문법 합쇼체나 하소서체도 해라체와 짝을 이루고 있으며 화자 청자의 조건은 설명법의 설명과 거의 다름이 없다.

3)命令法

(3)^{1} a^{2} → Ⅲ^{1} …… 마<u>십시오</u>(치 : 6)

(3)² a² → Ⅰ³ 쉰네를 죽여 줍시오(치 : 12)
(3)³ a² → Ⅲ¹ 아씨 아씨 일어 나십시오(치 : 29)
(3)⁴ b¹ → Ⅰ³ …… 일러 쥬십시오(치 : 109)
(3)⁵ b¹ → Ⅰ³ 마님 말슴을 좀 하여 줍서요(치 : 110)
(3)⁶ b¹ → Ⅲ¹ 아씨게셔도 건너가 쥬무십시요(치 : 111)
(3)⁷ b¹ → Ⅰ³ 어서 아씨를 나서게 합시요(치 :118)

명령법의 합쇼체에는「-십시오」를 들 수 있는데 이때의「-시-」는 존경의 先語末語尾「-시-」와는 다른 특징을 갖고 있다. (고영근, 1974a : 146-147)

설명법과의문법에서는 어간말에 받침이 있는 경우「-읍니다」,「-습니다」가 쓰였는데 명령법에서는「-읍시다」만이 존대한다. (고영근, 1974a : 146). 물론 청유법이 공동의 동행적 의미가 있다면 명령법은 단독적 명령이라 할 수 있는데 이때의「-시-」는 명령의 요소로 작용한 것이다. 그리고「-오」와 결합되어 명령법으로「-다」와 결합되어 청유의(공동의) 의미를 나타나게 하는 것이 된다. 이「-시-」를 주상접미사(박창해, 1964 : 87)라 부르기도 한다. 또「합쇼체」에는「-옵시오」가 있는데 先語末語尾「-삽-」의 이형태「-오-」와 결합된 것이다.

하소서체는「-소셔」가 제일 많이 나타난다.

그러나 합쇼체의「-ㅂ-」과 결합된「-ㅂ소셔」(-ㅂ쇼셔),「-ㅂ소사」,「-시사」가 있고 겸양의 선어말어미「-삽-」과 결합되어 나타난「-옵소셔」(-옵쇼셔)고 있다. 이「-옵쇼셔」의 형태가 현재는 문어체에서 기원적인 것으로만 사용된다고 할 수 있다. 신소설 작품에서는 문어체적 의미로 쓰이기도 하고 있으나 구어체에도 나타나는 특징이 있다.

「-ㅂ시오」(3)5는「-ㅂ시요」로 변형되어 나타나기도 하고, (3)7의「-ㅂ시요」로 나타나기도 한다.

「-옵시오」의 형태는 겸양의 선어말어미「-삽-」의 변이형태인「-오-」의 개입이 보이기도 한다.

「-옵쇼셔」,「-압소셔」,「-ㅂ소셔」보다는「합쇼체」의 지표인「-ㅂ-」이 빠진「-쇼셔」는 (무)[(3)^{63}, (3)^{64}, (3)^{66}, (3)^{67}, (3)^{68}, (3)^{69}] 등이다. 「-옵쇼셔」의 변형인「-옴쇼셔」가 (무)(3)^{65}에 보인다. 문어체로써의 구실밖에 못하는「-ㅂ시사」는 (무)[(3)$^{88\sim89}$, (3)$^{93\sim94}$] 등에 나타나는데 聽者라고 할 수 있는 대상은「하늘」로 기원적인 의미로 쓰이고 있다.

(무)(3)^{89}는 본평덕((Ⅲ))이 풀길없는 경우를 당하여 하늘에 하는 넋두리다. (무)(3)^{92}도 동일 인물이 동일한 경우에 하는 기원이다.

(무)[(3)^{89}, (3)$^{93\sim94}$]의 본평덕이 본평덕((Ⅱ^{2}))의 남편 최병도의 죽음을 목전에 두고 하늘에 도움을 청하는 기원이다.

「-시지오」는 설명법에서도 언급한 바 있으나「-십시오」는「시지요」로 대치되는 수가 있다. 이는 명령은 아무리 정중하게 말하여도 명령이기에 권유로 바꾸는 것이며 청유법에서도「-ㅂ시다」가 형태상으로는「-십시다」와 함께 합쇼체 보다는 하오체나 해요체가 쓰일 자리에 잘 어울리며 합쇼체를 써야 할 사람에게는「-시지요」가 더 적합하다. (이익섭·임홍빈, 1988 : 233)

(무)[(3)^{90}, (3)^{91}] 등은「-시지오」,「-시지요」가 나타난다. 그러나 그리 흔한 용례가 아닌 것이 아쉽다. 話者, 聽者의 관계는 설명법과 의문법과 마찬가지로 화자인 비상위자가 하인계급인 것이 많다. (3)$^{1\sim7}$, (무)[(3)$^{8\sim14}$, (3)^{15}, (3)^{18}, (3)^{20}, (3)$^{22\sim27}$, (3)$^{31\sim36}$, (3)^{42}, (3)$^{48\sim49}$, (3)$^{57\sim58}$, (3)^{71}, (3)^{73}, (3)^{77}] 등이다. 물론 聽者는 상전계급으로 상위자로 나타난다. 같은 양반계급이면서 사회적 신분 항렬의 고저에 의하여 비상위자가 된 話者를 보면

(무)(3)^{14} 話者가 영문「장차」이고 聽者는 최병도(Ⅱ)이다.

(무)(3)^{16} (무)(3)^{17}은 話者가 聽者의 자식이다. (무)(3)^{19} 류가((Ⅵ))가 김참셔(Ⅰ^{1})에게 하는대화이다. (무)(3)^{21} 류가((Ⅵ))가 틱희(Ⅳ)에게 하는 대화이다(항렬로는 화자가 조카벌이 되어 나타난다).

(무)(3)$^{28\sim29}$는 평양덕((Ⅲ))이 서씨(Ⅱ)에게 話者가 되어 하는 대화인데 (Ⅲ)은 Ⅱ의 첩실로 등장한다.

(부)(3)[30]은 승학(Ⅱ)이가 그의 누님에게 하는 대화이다. (부)(3)[37]은 Ⅱ^{1}는 허부령(Ⅰ)의 양녀로 입양됐기에 話者가 자식급에 속하는 인물이다. (부)(3)39는 숙희(Ⅱ^{2})가 이참셔(Ⅱ)에게 하는 대화이며 (부)[(3)[40~41], (3)[43]]은 이참셔가 모친에게 話者가 되어 하는 대화다. (부)(3)[44]는 부인 허씨(Ⅱ1)가 그의 남편에게 하는 대화다. (부)(3)[45~47]도 허씨가 話者가 되어 그의 부친빅셩달(Ⓘ^{3})에게 하는 대화이다.

(부)(3)[52] 리참셔(Ⅱ)가 그의 모친에게 하는 대화다. (부)(3)[53]도 리참셔가 청자 허부령(허부령은 리참셔의 장인과 같다)에게 하는 대화다. (부)(3)[56]도 허씨(Ⅱ)가 그의 모친에게 하는 대화이다. (부)(3)[59] 리참셔의 모친인 됴씨가 허부령에게 하는 대화다.

(부)(3)[60]은 총각(Ⅱ^{2})이 이씨부인에게 하는 대화다. (부)(3)[61]은 리씨부인이 그의 부친에게 하는 대화다.

이러한 자식이 부모에게 화자의 입장이 되어 하는 대화가 많고 지위가 낮은 계급이 비상위자가 되어 청자인 상위자에게 하는 대화가 많다. (부)[(3)[62], (3)[94~95], (3)[92], (3)[74~76], (3)[78~83], (3)[84], (3)[85~87]] 등은 話者가 자식이거나 부부간 중에서 부인이거나 지위나 항렬이 낮은 계급이 화자가 되는 예문들이다.

명령법 합쇼체의 경우는 동등한 자격의 화자, 청자의 예문은 나타나지 않는다. 설명법, 의문법, 명령법의 합쇼체는 화자(비상위자), 청자(상위자)는 화자는 하인계급, 자식급, 신분이나 지위가 낮은 비상위자들이고 그에 반해 聽者들은 모두 話者에 비해서는 상위자들이다. 특기할 사항은 설명법이나 의문법에는 하인계급의 화자가 동계급의 하인계급에서 특히 나이가 높은 청자에게 합쇼체로 대우하는 경우를 볼 수 있는데 명령법에는 그런 경우의 話者, 聽者의 계급 분포를 볼 수 없다. 이것은 명령법의 특성이 아닌가 한다.

4) 感 歎 法

$(4)^{1}$ Ⅲ^{1} → Ⅲ 날 생각지 마르시고 셔울이나 가시구려(치 : 20)
$(4)^{2}$ Ⅰ^{3} → Ⅰ^{1} 별 말슴을 다 ᄒᆞ시구려(치 : 19)
$(4)^{3}$ Ⅰ^{3} → Ⅰ^{1} 에그 나도 한마듸도…… 나오구려(치 : 19)
$(4)^{4}$ Ⅰ^{3} → Ⅰ^{1} 여보 집안에 별일이 낫소구려(치 : 88)

感歎法의 문체법 설성에 대한 여부도(고영근, 1974 : 139) 관계가 있겠지만 敬語法에서의 구분도 문제가 제기되고 있다.

「-구료」를 표준어의 영역에 넣고「-구려」는「-구료」에 예속시키지만「-구려」가 나타나고「구료」는 보이지 않는다.

하오체, 해라체에 공동으로 공유하고 있는 感歎法 語尾의 특징은「-구-」인 것이다. (고영근, 1974 : 139)

하소서체의「감탄법」어미로는「-고녀」를 들고 있으나(이희승, 1957 : 106), 신소설 모든 작품에는 나타나지 않는다. 조사「그려」와의 통합에 의해 명령법, 설명법이 감탄의 의미가 표시되는「그려」와의 통합형을 예시하고 있으나(이희승, 1957 : 105), 본고에서는 조사「그려」를 통합해서 감탄법으로의 통합관계를 인정하려 하지 않는다.

합쇼체의 어미로는「-시오구려」또는「-시구려」를 들 수 있다.

「-오구려」(-소구려)를 하오체에 넣지 않고 합쇼체에 넣을 경우를 생각하려 한다.

「-시구려」는 $(4)^{1\sim2}$, ㊀[$(4)^{7}$, $(4)^{10}$, $(4)^{15}$, $(4)^{17}$, $(4)^{26}$, $(4)^{30\sim31}$] 등이고,「-시오구려」는 ㊀[$(4)^{33}$, $(4)^{19}$, $(4)^{9}$]등이고,

「-소구려」는 $(4)^{4}$, ㊀[$(4)^{12\sim14}$, $(4)^{16}$, $(4)^{18}$, $(4)^{20}$, $(4)^{34}$, $(4)^{36\sim37}$] 등이고,

「-쇼구려」는 ㊀[$(4)^{35}$, $(4)^{27}$]가 있으며

「-오구」는 $(4)^{3}$ 이고

「-시는구려」는 ㊀[$(4)^{23}$, $(4)^{25}$, $(4)^{22}$] 등이며

「-셧구려」는 (早)(4)^{32}이다.

「-쇼구려」,「-소구려」,「오구려」는 어간말의 받침 유, 무에 의한 것이기에 이형태로 보면「-시오구려」,「-쇼구려」,「-오구려」,「-소구려」는「-소구려」의 기본임을 알 수 있다.「-쇼구려」에「-합-」을 첨가해 보면「-합쇼구려」의 형태임을 알 수 있기에「-오구려」,「-소구려」 등을 합쇼체의 범주에 넣을 수 있다.

話者와 聽者의 관계를 살펴보면 비상위자인 話者가 천민계급인 예문은 (早)[(4)$^{10\sim11}$, (4)^{23}, (4)^{31}, (4)^{33}] 등 다섯으로 설명법이나 의문법에 비해 비상위자가 천민계급인 경우가 적다는 것이다.

그 반면에 같은 양반계급에서 비상위자가 되고 聽者인 상위자가 된는 경우는 많음을 볼 수 있다. (4)$^{1\sim4}$, (早)[(4)$^{12\sim13}$, (4)$^{17\sim18}$, (4)^{20}, (4)^{26}, (4)^{32}, (4)^{36}] 등은 모두 부부간의 대화인데 話者는 모두 부인이고 청자는 남편이다. 단, (早)(4)^{36}만이 남편이 話者인 것이다.

그 나머지는 같은 양반계급이지만 나이나 지위가 낮은 양반계급들인 비상위자들이 話者가 되고 있다. 천민계급간의 話者, 聽者를 이루는 예가 보이지 않는 것도 특이하다.

5) 請 誘 法

(5)^{1} a^{2} → Ⅲ 앗씨…… 가시지요(치 : 4)
(5)^{2} Ⅰ^{1} → Ⅰ^{3} 친정으로 쫓아 버립시다(치 : 135)
(5)^{3} H → Ⅲ^{1} 날 짜라 갑시다(치 : 101)
(5)^{4} H → Ⅲ^{1} 자 갓치 숩시다(치 : 135)
(5)^{5} Ⅰ → Ⅰ^{1} 여보 마누라 드러봅시다(치 : 169)
(5)^{6} Ⅳ → Ⅰ^{3} 어머니 우리들이 사랑에 나가서 드러오십사 엿 줍시다(치 : 180)
(5)^{7} c^{1} → Ⓥ ……ᄒᆞ십시다(치下 : 18)
(5)^{8} Ⓥ^{1} → Ⓥ ……가십시다(치下 : 18)
(5)^{9} Ⅳ → Ⅰ^{3} 칼을 물고 업드려 빨리 죽으십시다(치下 : 53)

(5)^{10} Ⅳ → I^{3} 에그 어머니 나와 갓치 <u>갑시다</u>(치下 : 56)

(5)^{11} Ⅴ → I_{3} 셔울길을 써나<u>십시다</u>(치下 : 114)

합쇼체는 「-사이다」가 있다고(이희승, 1957 : 105) 하지만 예문에는 나타나지 않는다. 합쇼체의 표지가 「-ㅂ-」이고 하소서체는 「-이-」이며 하소서체의 「-시-」는 명령법에서 「-시-」와 형태론적으로 제약된 이형태이다. (고영근, 1974a : 147)

화자가 되는 비,상위자들과 聽者가 되는 상위자들을 살펴보면 (5)^{1}, (5)^{7}, (무)[(5)^{12}, (5)$^{14\sim15}$, (5)^{19}] 등의 여섯 개의 문항에 지나지 않는다. 실명법, 의문법, 명령법(명령법은 설명법이나 의문법보다 천민계급이 화자인 경우가 적었다)들보다 양적으로 적은 것도 매우 특이한 사실이다. 엄격한 그 시대의 양상으로 볼 때 천민계급이 청유법으로 양반계급에게 할 수 없었던 것이 아닌가 생각한다.

話者, 聽者가 부부간인 것은 (5)^{2}, (5)^{5}, (무)[(5)^{38}, (5)^{41}, (5)^{34}] 등은 남편이 話者이고 (무)[(5)^{16}, (5)^{22}, (5)^{33}, (5)^{35}, (5)^{40}, (5)^{48}, (5)^{69}] 은 부인이 話者이다.

계급은 천민계급이지만 부부간의 대화로 (무)(5)^{26}이 있는데 남편이 화자로 나타난다.

동등한 자격에서 인물들간의 대화에서 話者가 비상위자인 것들은 (5)$^{3\sim4}$, (5)^{6}, (5)$^{8\sim11}$, (무)[(5)^{18}, (5)^{23}, (5)^{25}, (5)$^{27\sim31}$, (5)^{36}, (5)^{39}, (5)$^{42\sim43}$,(5)$^{45\sim46}$, (5)^{49}, (5)$^{56\sim58}$, (5)^{70}, (5)^{72}]등이다. 천민계급끼리의 대화에서의 話者 길순(c^{1})은 김승지(I) 집 하인이고 최가(e)는 c^{1}의 간부이다. 이들의 대화는 심층적인 면에서는 상호 반말 내지는 해라체를 사용하는데 타인의 눈을 인식하면 [+格式]으로 돌아와 e는 양반행세를 한다. 이들의 대화는 매우 가변적이다.

(무)(5)^{17} I→g의 대화는 최주사(I)가 동리사람(g)에게 말을 묻는 것인에 초면의 대화이기에 I는 g에게 합쇼체를 사용한 것으로 [-親密] [+格式]의 자질을 부여할 수 있다.

이런 경우는 (무)(5)^{32}에서도 보는데 경무청 관리(Ⅵ^{2})가 금분이(b)와 평양덕(Ⅲ)을 연행하려는 경우이데 상대가 여자라는 특수성이 작용한 것이 아닌가 한다.

(무)(5)^{71}은 Ⓥ→a에서 합쇼체를 사용한 예인데 Ⓥ는 만신의 신분이고 a는 하인의 신분이다. 여기서 만신과 하인의 신분을 단적으로 거의 동등하게 볼 수 있음을 느낀다.

(무)(5)^{73}에서 Ⅰ는 산소를 잡으려는 지관이고 Ⅱ는 주인이다.

사회적으로 동등한 자격들이 상호 화자 청자가 뒤바뀌어도 합쇼체를 사용하는 대화는 (무)[(5)^{44}, (5)$^{52\sim55}$, (5)^{61}, (5)^{59}, (5)$^{66\sim68}$, (5)$^{74\sim75}$]등이다.

초면에 만난 인물들의 상호 합쇼체는 (무)[(5)^{50}, (5)^{60}, (5)$^{62\sim65}$, (5)^{73}]등이다.

청유법의 합쇼체는 비상위자인 話者와 상위자인 청자의 계급이 설명법, 의문법, 명령법 보다 중화된 느낌을 갖게 한다.

초면에 만난 인물들의 話者, 聽者가 뒤바뀌어도 상호 합쇼체를 사용하는 대화는 (무)[(5)^{50}, (5)^{60}, (5)$^{62\sim65}$, (5)^{73}] 등이다.

청유법의 합쇼체는 비상위자인 話者와 상위자인 聽者의 계급이 설명법, 의문법, 명령법 보다 중화(최현배, 1961 : 253)된 느낌을 갖게 한다.

3. 2. 2 하오체의 敍法上 終結語尾

1) 說明法

(6)^{1} Ⅳ → Ⅰ^{2} 어머니가 검홍이란 년을 ᄯᅥ려 죽인다 ᄒᆞ셔요(치 : 3)
(6)^{2} Ⅳ → Ⅰ^{2} 어머니가 아버지 엿주라셔요(치 : 117)
(6)^{3} Ⅲ^{1} → Ⅲ 에그 아무럿게 말솜 ᄒᆞ시던지 듣기 조소(치 : 22)
(6)^{4} Ⅲ → Ⅲ^{1} 나는 아버지 모르시게 도망질 ᄒᆞ깃소(치 : 28)
(6)^{5} Ⅲ → Ⅲ^{1} 여보 날어 식엿소(치 : 28)
(6)^{6} b^{1} → Ⅰ^{3} 쉰네도 싱각이 잇습지오(치下 : 7)

하오체의 설명은 동사, 형용사, 체언 등에 어울려 나타난다. 하오체는 직설법 추측법은 존재하고 있으나 원칙법, 회상법은 나타나지 않는다. 추측법「-리-」는 語尾「-다」와 결합하여「-리다」를 이루고 이것은 하오체를 이룬다고 하지만(고영근, 1974 : 124),「-리오」가 설명법, 의문법에 나타나기 때문에「-리다」는 합쇼체에 분류하는 것이 타당할 것 같다. (이희승, 1957 : 105)

「-리오」는 의문법과 설명법, 명령법에서는 형태는 같으나 발음의 높고 낮음이 다르다. 설명법은 어미의 말끝을 낮추는 동시에 매우 힘을 주어서 맺는다. (이희승, 1957 : 104)

직설법으로 동사 형용사 체언 아래서 받침이 있는 어간 말에는「-소」(쇼), 받침없는 어간 밑에서는「-오」(요)로 표기 된다.

話者, 聽者의 관계는,

첫째, 話者가 자식급이고 聽者가 부모급인 대화는 (6)^{1}은 남순이(Ⅳ)가 그의 아버지에게 하는 대화인데 (6)^{2}도 남순 →아버지(홍참의) (甲)(6)^{8} Ⅱ^{1}→ Ⅰ(최씨부인→그의아버지 최주사), (甲)(6)^{10} Ⅲ^{1}→Ⅱ^{3}(옥년→그의 양모), (甲)(6)$^{26\sim28}$ Ⅵ^{1}→Ⅱ^{1}(옥남이→대부격인 김치일)

둘째, 천민계급이 비상위자가 양반계급의 상위자에세 하는 대화는 (甲)(6)^{6} b^{1}→Ⅰ^{3}(옥단이가→김씨부인)는 b^{1}가 Ⅰ^{3}의 집 하인이다. 심복으로 Ⅰ^{3}의 며느리를 내쫓는데 Ⅰ^{3}을 도와서 앞장을 서고 있다. 이런 경우는 매우 많아서 (甲)[(6)^{7}, (6)^{16}, (6)^{20}, (6)^{34}, (6)^{38}, (6)$^{40\sim42}$, (6)$^{70\sim71}$, (6)$^{72\sim80}$, (6)$^{84\sim86}$, (6)^{81}, (6)^{82}, (6)^{83}] 등이다.

셋째, 친족중에서 나이나 항렬이 높은 계급에게 하오체를 사용한다. (甲)(6)^{23}은 e(최가)가 길순(Ⅳ)에게 조카의 입장이 되어서 하는 대화이다. 이들은 초면이며 나이는 비슷한 것이다. (甲)(6)$^{31\sim32}$ 옥남(Ⅳ)이가 그의 누님(Ⅵ)에게 하는 하오체로 이들의 나이는 성년이 되었다. (甲)(6)^{33}은 Ⅳ1가 손위 동서 장씨(Ⅱ^{1})에게 하는 대화인데 이들은 여인들이다. 그리고 화자 청자의 나이 차이는 많은 것으로 나타난다. (甲)(6)^{50}도 동생이→누님에게 하는 대화며 이들고 성년이다.

넷째, 부부간의 대화인데 부인이 화자이거나 남편이 화자인 것. (6)^{3}은 Ⅲ^{1}→Ⅲ(이씨가 그의 남편→홍철식에게), (6)$^{4\sim5}$ Ⅲ→Ⅲ^{1}는(홍철식→그의 부인 이씨에게), (6)^{3}의 인물들이 화자 청자를 바뀌어서 이루어지는 대화로 남편과 부인이 상호 하오체를 사용한다. 이들의 사회적 계급은 양반계급이다. 이와 같은 경우의 대화는 早(6)^{14}(부인이 화자), 早(6)^{15}(부인이 화자이며 이들의 계급은 상민), 早(6)^{18}(부인이 화자이며 이들의 사회적 계급은 천민임), 早(6)^{22} e→c^{1}(최가→길순의 대화인데 불륜관계의 사이며 계급은 천민이다),早(6)$^{24\sim25}$ (Ⅱ)^{2}→(Ⅱ)(본평댁 그의 남편에게), 早(6)^{25} (Ⅱ)^{3}→(Ⅱ)^{1}(김치일의 부인→김치일 에게), 早(6)$^{35\sim36}$,$_{44\sim45}$ (Ⅲ)→Ⅰ(시동집→그의 남편에게), 早(6)$^{46\sim47}$ (Ⅰ)^{4}→(Ⅰ)^{3}(최씨가 그의 남편 백성달에게) 등인데 이들의 사회적 계급은 상민계급이다.

다섯째, 초면의 대화는 사회적 계급이 작용하지 않는다. 早(6)^{52} Ⅲ^{1}→(Ⅲ)(허씨부인→수절어멈) Ⅱ^{1}는 양반계급이나 상호 초면이다. 早(6)^{53} Ⅱ→Ⅵ^{2}(공자→로인)은 Ⅱ는 양반계급이고 (Ⅳ)^{2}는 상민계급이지만 Ⅱ가 하오체를 사용한다. 早(6)^{54} Ⅱ^{1}→(Ⅲ)(리씨부인→할미) Ⅱ^{1}는 양반의 신분이며 (Ⅲ)은 상민이다. (Ⅲ)의 나이는 노년층에 해당한다.

여섯째, 공식적(격식) 대화에는 계급에 관계없이 하오체를 사용한다. 早(6)$^{64\sim66}$ Ⅰ→(김승지→경순금)의 계급은 Ⅰ는 양반이고 는 상민계급이다. 早(6)$^{67\sim68,69}$ Ⅰ→Ⅱ(지관→주인 함진해) 등을 예로 들 수 있다.

일곱째, 동격 인물들로 화·청자가 뒤바뀌어도 하오체가 형성되는 경우가 있다.

早(6)$^{42\sim43}$ (Ⅰ)^{4}⇄Ⅰ(허부령⇄최씨) Ⅰ는 양반이고 (Ⅰ)^{4}는 상민이며 는 그의 딸을 Ⅰ에게 양녀로 보냈다. 早(6)$^{48\sim51}$ Ⅱ^{2}⇄Ⅱ^{1}(허씨부인⇄숙희) 이들은 계급은 상민이며 두 여인은 상호 질시하는 관계에 있다. 이러한 동격의 화·청자의 상호 바뀌는데 대화는 早(6)$^{55\sim57}$ Ⅱ⇄Ⅱ 早(6)$^{58\sim59}$ Ⅱ⇄Ⅱ 등을 들 수 있다.

하오체는 중화적 공손법임을 알 수 있다(의문법에도 언급됨). 현대국어에서는 아랫사람이나 친구를 하게체보다 더 극진히 높여 대접하는 경어법(이익섭·임홍빈, 1988 : 230)이다. 상대방의 나이가 들어야 쓸 수 있다. (고영근, 1974b : 76)

그러나 본 연구 자료에는 하오체가 중화적이기는 하지만 화자가 비상위자가 되는 경우가 많고 동격 인물들의 화자 청자가 뒤바뀌면서 나타나는 대화가 많다. 이것은 하오체가 상대의 공손법적 영역에 있으면서도 중화의 등급으로 바뀌는 등급임을 알 수 있다.

또한 하오체는 대명사와도 호응하여 나타난다(고영근, 1974b : 76). 전기한 대명사 (12)^{33}, (12)^{36}, (12)^{16}, (12)^{13}, (12)^{14} 등의 큰형, 당신 등과도 호응함을 볼 수 있다.

2) 疑 問 法

(7)^{1} a^{2} → Ⅲ^{1} ……올라구요(치 : 3)
(7)^{2} Ⅲ^{1} → Ⅲ 에그 어찌 한단 말이오(치 : 19)
(7)^{3} Ⅲ^{1} → Ⅲ 우리집에 가 계시면…… 니가 잇소(치 : 20)
(7)^{4} Ⅲ^{1} → Ⅲ 무슨 사업을 하시깃소(치 : 21)
(7)^{5} Ⅰ^{3} → Ⅰ^{1} 쳐가 덕도 못보아서야 쓰깃소(치 : 32)
(7)^{6} Ⅰ^{3} → Ⅰ^{1} ……망할 리가 잇소(치 : 32)

의문법의 종결어미의 형태는 설명법과 명령법의 형태가 같다.

「-오」(-요)는 동사, 형용사, 체언 아래의 받침이 없는 어간에 연결된다. 「-소」(-쇼) 받침 있는 아래에 연결되는 어미이다.

「-오」와 「-소」는 수의적 변이로써 「-요」까지를 포함시킨다면 신소설 자료에 나타난 의문법의 종결어미는 설명법, 명령법의 형태처럼 「-오」, 「-소」(-요) 이외는 없다.

대화의 방향은 화자가 비상위자가 되는 것은 (7)^{1}, ㊊[(7)^{12}, (7)^{23}, (7)^{25},

(7)$^{30\sim32}$, (7)$^{57\sim60}$, (7)^{71}] 등으로 합쇼체의 비상위자가 話者인 경우보다 영적으로 적게 나타난다. 물론 聽者는 양반계급의 상위자이다.

부부간의 대화 부인이 화자인(하인계급도 포함) 것들은 (7)$^{2\sim6}$, (무)[(7)^{13}, (7)^{15}, (7)^{17}, (7)$^{22\sim24}$, (7)^{41}, (7)$^{63\sim64}$, (7)^{75}, (7)^{77}, (7)^{73}] 등으로 양적으로 많음을 알 수 있다.

부부간의 대화중 남편이 화자인 경우는 (무)[(7)^{27}, (7)^{29}, (7)^{78}] 등으로 부인이 화자인 경우보다 적다.

화자인 비상위자와 청자인 상위자가 모두 양반계급인 것들은 (무)[(7)^{7}, (7)^{8}, (7)^{14}, (7)^{17}, (7)$^{21\sim22}$, (7)^{24}, (7)$^{36\sim37}$, (7)^{38}, (7)^{45}, (7)^{46}, (7)$^{47\sim49}$, (7)^{53}, (7)^{56}, (7)$^{65\sim66}$, (7)$^{68\sim69}$, (7)^{72}, (7)$^{74\sim76}$, (7)^{80}] 등으로 격식적인 대화임을 알 수 있다.

부부간의 대화도 합쇼체와 하소서체에는 화자가 부인인 경우가 하오체의 경우보다 많았으나 하오체의 경우는 거의 비슷한 양이다. 이것은 話者·聽者의 대화에서 비상위자와 상위자의 입장이 중화적 방향으로 변해가고 있는 것임을 하오체에서 느낄 수 있는 것이다. 양반계급이라는 사회적 계급에서도 그들 자체의 비상위자, 상위자의 분포도 확연한 경계가 이루어지지 않고 중화적이다. 하오체는 아랫사람이나 친구를 하게체보다 더 극진히 대접하는 敬語法(이익섭·임홍빈, 1988 : 230)이라는 것이나, 신소설에 나타난 하오체는 아랫사람에게 쓰이는 것은 아니었다. 1900년 초기의 하오체는 적어도 친구 이상의 상위자들에게 上待의 恭遜法임을 알 수 있다. (초면의 대화를 제외하면)

그러나, 계급간의 급간을 상위계급으로 작품내에서 분류한 계급이 그보다 낮은 계급에 하오체를 사용하는 예를 볼 수 있다.

(무)(7)^{70}은 승학(Ⅱ^{2})이가 상인(Ⅳ^{1})에게 하는 대화인데 청자는 Ⅳ^{1}가 Ⅱ^{2}를 알지 못하는 초면의 관계이고 Ⅱ^{2}도 자신의 신분을 감추고 하는 대화인지라 Ⅱ^{2}→Ⅳ^{1}의 대화가 하오체를 사용한 것이다.

(무)(7)^{88} 장쇼져(Ⅴ)가 츄향(Ⅶ^{2})에게 하는 대화로 이들도 잘 알지 못하는 초면의 대화인 것이다. (무)(7)^{89}은 남녀 사이 이기에 계급이 높아도 하오체

를 사용한 것이다. 早⃝(7)$^{95\sim97}$는 김승지(Ⅰ)가 정순금(Ⅳ⃝)에게 하는 대화인데 이들은 초면이며, 남·녀의 사이 이기에 하오체를 사용한 것이다.

早⃝(7)$^{98\sim99}$는 절 근처의 민가의 주인(Ⅴ⃝^{2})이 손가의 형제(Ⅵ⃝^{1} Ⅵ⃝^{2})에게 화자가 되어 하는 대화인데 이들의 계급은 차이를 두었으나 동계급으로 분류할 수도 있다. 早⃝(7)$^{100\sim102}$와 早⃝(7)$^{98\sim99}$를 비교하면 Ⅴ⃝^{2}⇄Ⅵ⃝^{1}의 話·聽者의 입장이 바뀌어도 하오체를 사용하고 있다.

早⃝(7)$^{112\sim113}$은 홍평양(Ⅰ^{1})이다. 성장한 아랫사람에게 하는 대화다. 早⃝[(7)^{94}, (7)$^{109\sim110}$] 등은 상위자(계급적으로)가 계급이 낮은 사람에게 사용하는 하오체인데 설명법, 명령법, 의문법 등에서와 같이 초면이거나, 격식을 갖추어야 하는 입장이거나 나이가 많아도 여자와의 대화이거나, 손님과 주인의 관계들일 때는 계급적으로 상위자의 화자는 계급이 낮은 聽者에게 하오체를 사용한다. 이것은 아랫사람에게 극진히 하는 恭遜法은 아니다.

하인계급 중에서도 話者, 聽者가 결정되어 하오체를 사용하는데 그들 계급 가운데에서도 나이와 하인계급을 총괄하는 "선달님"의 인물에게는 하오체를 사용하고 있다. 早⃝(7)^{10}는 더부살이 계집(i)이 졈순(c^{1})에게 향한 대화인데 이들은 초면이고 c^{1}가 연상이다. 早⃝[(7)^{10}, (7)^{25}]는 c⇄i의 오가는 상호의 대화로 c^{1}가 연상이지만 초면이기에 격식이 작용했고 비친밀이 작용한 결과로 상호하오체를 사용한 것이다.

早⃝(7)$^{33\sim35}$는 c^{1}⇄e는 타인들이 있는 곳에서만 격식적인 하오체를 사용하고 그들만이 있을 때는 반말체 내지 해라체를 사용한다(이들의 관계는 불륜의 관계이므로). 早⃝[(7)^{39}, (7)^{40}, (7)^{41}]등은 j⇄c^{1}인데 j가 연상이나 초면이고 c^{1}가 여자이기에 [+格式]이 작용했고 나중에는 c^{1}가 j를 양부로 맞이한다. 그때의 대화는 早⃝(7)^{42}처럼 호부라하고 j는 해라체를 쓴다. 早⃝(7)$^{15\sim16}$의 j⇄k는 초면이기에 오가는 대화는 하오체가 사용된 것이며, 早⃝[(7)^{61}, (7)^{52}, (7)$^{63\sim64}$, (7)^{73}, (7)^{94}] 등은 나이 차이에서 오는 하오체의 사용인 것이다.

초면에서 하오체의 대화는 早⃝(7)$^{65\sim67}$의 Ⅵ⃝⇄Ⅱ^{1}과 早⃝(7)$^{50\sim52}$의 Ⅰ^{1}⇄Ⅳ,

(부)(7)$^{54\sim55}$의 Ⅳ⇄Ⅰ^{1}과 (부)(7)^{114}, (7)^{117}, (7)^{119}의 Ⅱ^{2}⇄(Ⅲ), (부)(7)$^{115\sim117}$, (7)^{118}, (7)$^{120\sim121}$, (7)$^{141\sim142}$, (7)^{143}, (7)^{145}, 의 Ⅱ^{2}⇄Ⅳ, (부)(7)$^{103\sim105}$의 (Ⅴ)^{1}⇄(Ⅳ)^{1} 등이다.

남녀간의 대화는 (부)(7)$^{90\sim92}$의 Ⅳ⇄Ⅴ^{1}, (부)(7)$^{123\sim126}$, (부)(7)$^{127\sim129}$의 (Ⅱ)⇄(Ⅲ) 등이다.

격식이 작용한 대화는 (부)[(7)^{147}, (7)$^{149\sim150}$, (7)^{148}, (7)^{150}의 Ⅱ⇄Ⅰ]과 (부)[(7)$^{106\sim107}$, (7)^{108}의 (Ⅳ)⇄(Ⅲ)] 등이다.

동격의 인물 상호의 대화는 (부)[(7)$^{130\sim131}$, (7)^{134}, (7)^{138}의 (Ⅳ)⇄(Ⅳ)^{5}, (7)$^{132\sim133}$, (7)$^{135\sim137}$, (7)$^{139\sim140}$, (7)$^{77\sim78}$의 Ⅰ⇄Ⅰ, (7)$^{86\sim87}$의 Ⅰ^{2}⇄Ⅰ] 등이다.

나이가 적은 양반계급이 상만계급에게 하는 대화는 (부)(7)$^{84\sim85}$의 Ⅱ^{1}⇄(Ⅲ)가 있다.

3) 命 令 法

(8)^{1} Ⅳ → Ⅰ^{1} 아버지 들어 가셔요(치 : 11)
(8)^{2} Ⅰ^{3} → Ⅰ^{1} 여보 그레지를 마시오(치 : 16)
(8)^{3} Ⅲ^{1} → Ⅲ 내 걱정은 마르시오(치 : 21)
(8)^{4} Ⅲ^{1} → Ⅲ 밧비 써나시오(치 : 23)
(8)^{5} Ⅲ^{1} → Ⅲ 고국에 도라오시오(치 : 27)
(8)^{6} Ⅴ → Ⅰ^{3} 누님 셔러마시오(치下 : 113)
(8)^{7} b^{1} → b 오날은 슐먹지 마오(치下 : 115)
(8)^{8} b^{1} → b 여보 교군이나 불러오(치下 : 115)
(8)^{9} Ⅰ^{1} → Ⅰ^{3} 여보 남의 눈 가림을 좀 하오(치下 : 18)
(8)^{10} b^{1} → Ⅳ ……옴기지 마오(치下 : 75)
(8)^{12} Ⅰ^{1} → Ⅰ^{3} 여보 마누라 어서 드리오(치下 : 96)

명령법은 형용사, 체언의 語尾에 나타나지 않고 동사, 존재사의 어미에만 나타난다.

받침의 유무에 의한 「-(으)오」가 보편적으로 나타나고 「-소」가 받침의 유무에 관계없이 수의적으로 통용된다고 하며 개화기 자료헤는 받침

아래「-소」가 쓰이는데 일이 많다고(고영근, 1974a : 146) 하지만 그 자료는 현대화한 철자법에 의한 자료이다.

「-(으)오」가 거의 나타난다고 본 신소설 자료에는「-소」가 매우 희소해서 겨우 예문에 하나가 보일 뿐이다. 이 점이 설명법, 의문법과 차이가 난다.

선어말어미를 표시해 본다면「-시-」가 많이 나타난다. 尊敬法과 恭遜法이 함께 話者, 聽者의 대화에 나타난 것이다.「-시-」와「-오」가 간음화가 되면「-쇼」가 되겠지만 자료에 나타난 현상만을 분석하기로 한다. 또한「-오」가 있는데「-시오」보다는 청자에게 恭遜의 도가 높지 않다. 어미「-요」가 「-요」통합형으로 희귀하게 나타나기도 하는데「-요」는 보다 친밀감을 느끼게 한다.

$(8)^{1}$의「-셔요」와 (무)$(8)^{35}$의「-소」를 빼면 모두「-시오」나「-오」로 끝난 語尾들이다.

화자인 비상위자와 청자의 관계를 살표보면 화자가 하인계급인 경우는 (무)$(8)^{16\sim17}$은 졈쉰(c^{1})이가 침모(Ⓥ^{1}), 졈쉰(c^{1})이가 길쉰(춘천덕)(Ⅵ)에게 하는 대화인데 c^{1}는 하인이고 Ⓥ^{1}와 Ⓘⓥ는 그집 주인 김승지(Ⅰ)의 첩실들이다. (무)$(8)^{18\sim20}$은 화자 최가(e)가 김승지의 조카벌이 되기도 하나 나이는 e가 많고 초면임) 길쉰(춘천덕)(Ⓘⓥ)를 해치기 위해 회유하는 대화이다. e와 Ⓘⓥ의 대화는 상호 하오체를 사용한다. 즉 ((무)$(8)^{41\sim43}$ Ⓘⓥ→e 의 대화 참조) 화자가 하인 계급이요 청자가 상위자인 예문은 (무)[$(8)^{33}$, $(8)^{67}$, $(8)^{81}$, $(8)^{87}$, $(8)^{85}$] 등으로 많지 않은 것이 특징이다. 그런가 하면 사회적계급이 양반계급이 화자이고 청자 역시 양반계급인 것은 (무)[$(8)^{12}$, $(8)^{14}$, $(8)^{24}$, $(8)^{34\sim36}$, $(8)^{38\sim39}$, $(8)^{42\sim47}$, $(8)^{52\sim53}$, $(8)^{57}$, $(8)^{65}$, $(8)^{67}$, $(8)^{70}$, $(8)^{71\sim72}$, $(8)^{73}$, $(8)^{74\sim79}$] 등이다.

하인계급에서 話者좌 聽者가 함께 있는 것은 (무)$(8)^{21\sim22}$인데 화자, 청자가 초면이다.

(무)$(8)^{28\sim31}$은 남녀간의 대화이다. (무)$(8)^{50\sim51}$, (무)$(8)^{80}$, (무)$(8)^{82\sim83}$은 계급은 같으나 나이가 차이가 있다. 동격의 계급이나 부부간의 대화는 $(8)^{2\sim5}$, $(8)1^{1}$,

(8)[7~8]는 천민계급들의 부부 대화이고, (부)[(8)[13], (8)[15], (8)[23], (8)[27], (8)[37], (8)[41]]들도 하인계급의 부부이다. (부)[(8)[26], (8)[29~31], (8)[68], (8)[56], (8)[54], (8)[58], (8)[60], (8)[62], (8)[66], (8)[68], (8)[69], (8)[55], (8)[32], (8)[51], (8)[59], (8)[61], (8)[69]] 등은 양반, 상민계급은 사용하고 있다.

높은 계급이 낮은 계급에 하오체로 대화하는 경우 (8)[20]은 심부름하는 자(m)가 화를 냄으로 강동지 부인(Ⅲ[1])이 만류하는 것이다. (부)(8)[25] 하오체를 김승지(Ⅰ)가 박참봉(Ⅲ)에게 사용하고 있으나 내용을 보면 Ⅰ가Ⅱ에게 恭遜法을 극진히 사용하는 것은 아니다.

(부)(8)[75]는 계급은 Ⅱ가 위이지만 나이는 Ⅲ이 더많고 청자가 노파이다. (부)(8)[89], (8)[90], (8)[91]은 심각성을 내포한 대화이며 공적인 대화이다.

사회적 계급이 상위계급과 비상위계급간 화자, 청자가 뒤바뀌어도 하오체를 사용하고 있는 예를 보면 (부)(8)[48~49] Ⅱ⇄Ⅳ는 서씨(Ⅱ)가 주모이자 뚜장이인 화순덕(Ⅳ)과의 수작이며, (부)(8)[63~64] Ⅲ⇄Ⅱ[1]의 은 Ⅱ의 유모이며 나이가 많고 Ⅱ도 성장한 여인이다.

(부)(8)[75~76] Ⅱ⇄Ⅲ[1] 권도사(Ⅱ)와 할미(Ⅲ[1])의 대화이다. 곧, 젊은 양반급과 늙은 할미의 대화다.

(부)(8)[84~86] Ⅲ⇄Ⅱ[3] 로파(Ⅱ[3])와 정숙(Ⅲ)의 대화로 손님과 주인 사이의 격식적 대화다

(부)(8)[95~97] Ⅳ⇄Ⅲ는 원각대사(Ⅲ)와 정순금(Ⅳ)의 대화인데 격식적대화다.

(부)(8)[99~100] Ⅰ⇄Ⅱ는 주인 함진히와 지관의 대화로 의문법에도 많은 예문이 보인다.

동격의 대화는 (부)[(8)[92], (8)[93], (8)[88]] 등이다.[+격식]의 내용임을 알 수 있다.

4) 感 歎 法

$(9)^{1}$ I^{3} → I^{1} 에그 나도 한마디도…… 나오구려(치 : 19)
$(9)^{2}$ I^{3} → I^{1} 여보 집안에 별일이 낫소구려(치 : 88)
$(9)^{3}$ I^{3} → I^{1} 글쎄 그것도 난처한 일이구려(치 : 138)
$(9)^{4}$ b^{1} → b 모르겟소 이역 말대로 하구려(치 : 59)
$(9)^{5}$ b^{1} → b 응 이제 알깃고…… 아니구려(치 : 62)
$(9)^{6}$ Ⅲ → $Ⅲ^{1}$ 다른 것이로구려(치 : 27)

「-시구려」을 합쇼체의 등분으로 나누었다. 그 이유는「-구려」보다「-시구려」는 적극적 공손의 의미가 있고,「-그려」(이희승, 1957 : 104)가 나타나지 않는다면 대화의 내용이나 화자, 청자의 짜임으로「-시구려」를 합쇼체에 처리하는 것이 좋을 듯했기 때문이다. 그러나 나, 면, 료(려)(고영근, 1974a : 143)가 첨가되어 해라, 하게, 하오의 등분이 구별되는 분석에 의한다면 합쇼체 설정은 용인되지 않을 것이다.「-구려」는 직설법, 회상법에 의해 표현된다.「-구려」는 $(9)^{15}$, (부)[$(9)^{7\sim22}$, $(9)^{25\sim39}$]이며「-로구려」는 $(9)^{6}$,(부)$(9)^{23\sim24}$ 등이고 회상법「-더구려」는 나타나지 않았다.

話者, 聽者를 살펴보면, 화자가 비상위자이고 청자가 상위자인 사회적 계급의 경우(하인계급도 포함)는 (부)[$(9)^{28}$, $(9)^{29}$, $(9)^{31}$] 등 매우 희소하게 나타난다.

가장 특이한 것은 부부간의 대화가 많다는 것이다. $(9)^{13}$, $(9)^{6}$, (부)[$(9)^{7}$, $(9)^{9\sim13}$, $(9)^{16\sim20}$, $(9)^{26\sim27}$, $(9)^{32}$] 등인데 $(9)^{6}$과 (부)[$(9)^{19\sim20}$, $(9)^{12\sim13}$]은 남편이 화자이고 그 나머지는 부인이 화자인데 부인이 화자인 것이 대부분이다. 이는「-구려」를 설명법에 예속시킨[26] 것과도 무관하지 않아서 정감어린 시킴이나 요구하는 느낌을 받는 어미인 것을 알 수 있다.

---

26) 崔鉉培 ;「우리말본」, 정음사, 1961, p. 313「-구려」를 베품꼴(서술형)에 예속시키고「하게체」영역에 넣었다.

(무)(9)^{14}는 상위계급이 비상위계급에「-구려」를 사용하고 있는데 Ⅰ^{1}→ (Ⅵ)의 예문은 명령법 (무)(7)^{50}에서 보듯 이들은 초면의 대화이고 Ⅰ^{1}가 자신의 신분을 속이고 있는 것이다.

(무)(9)$^{37\sim38}$의 Ⓥ⇄a는 만신(Ⓥ)과 늙은 하인(a)의 대화다.

동등한 인물들의 상호 화자, 청자의 대화를 예컨대 (무)[(9)^{33}, (9)^{36}, (9)$^{34\sim35}$, (9)^{25}] 등이다. 이들은 공손법의 중화적인 것이라 생각된다.

3. 2. 3 하게체의 敍法上 終結語尾

1) 說明法

(10)^{1} Ⅰ^{2} → Ⅲ 여보게 자네도 쑉한 사룸<u>일세</u>(치 : 37)
(10)^{2} (Ⅵ)^{1} → (Ⅵ)^{1} 저양반 눈치를 채이고 오시는 것<u>일세</u>(치下 : 26)
(10)^{3} Ⅰ^{3} → (Ⅵ) 그런데 직선<u>일세</u>(치下 : 11)
(10)^{4} m → m^{1} 여보게 몰으겟<u>네</u>(치 : 47)
(10)^{5} n → m 귀식을 하얏<u>네</u> <u>그려</u>(치下 : 64)
(10)^{6} b → b^{1} 술이나 먹고 오겟<u>네</u>(치下 : 115)

하게체는 그 말을 듣는 사람을 조금 낮게 보고 하는 말(최현배, 1961 : 252-253)이나 해라체보다는 아랫사람이나 듣는 사람을 높이는 셈이다.

친구에세 쓰되 해라체나 반말보다 그 사람을 얼마큼 높여 대접하는 상대경어법이며, 청자의 나이가 좀 들어 아랫사람이지만 함부로 대하기 어렵다는 태도를 보이는 등급이다. (이익섭·임홍빈, 1988 : 230)

곧 화자의 권위가 포함된 말투이다. 현재에는 훨씬 퇴조한 감을 느낀다.

설명법의 하게체는 직설법의 경우 지정사 밑에서「-ㄹ세」로 동사 아래서「-네」, 형용사 아래서는「-데」, 형용사 아래서「-데」이나 신소설 작품에는 직설법의 형태가 나타난다.

「-네」는 (10)$^{4\sim6}$ (무)[(10)$^{7\sim9}$, (10)$^{11\sim26}$, (10)$^{30\sim36}$]

「-ㄹ세」는 $(10)^{1\sim3}$

「-게」는 (早)$(10)^{27\sim28}$

「-베」는 (早)$(10)^{29}$ 등이다.

하게체 전반에 걸쳐 어미속에 내재해 있는/i/가 한 모음에 다른 모음이 계기하여 선행 모음에 동화가 될 때에는 zero의 이형태를 취하는(고영근, 1974a : 123) 형태인 것이 $(10)^{10}$ ⅢⅢ→Ⅲ^{1}(강동지→그의 부인) 양반덕에 수 날 수 있느니(거 : 5)가 나타나기도 한다.

직설법과 체언 및 지정사에 나타나는 것이 확인 화자, 청자의 계급관계는 계급이 상위자가 화자가 되어 비상위자에게 하는 대화는 $(10)^{1}$, $(10)^{3}$, (早)[$(10)^{11\sim17}$, $(10)^{19\sim20}$, $(10)^{27\sim28}$, $(10)^{30\sim36}$] 으로 많다. 그에 반해 비상위자의 화자가→상우자인 청자에게 하는 대화는 (早)$(10)^{7}$의 한 예문 밖에 없다. 그어나 이것도 자기 혼자의 독백적인 대화이다. (고영근, 1974b : 76) (早)$(10)^{7}$도 비상위자상위자의 대화의 방향을 인정할 수 없다.

부부간의 대화(남편이 화자) 청자가 부인인 것은 (早)$(10)^{8\sim10}$이 있고 동격의 인물(하인계급포함)동격의 인물(하인계급 포함) (早)$(10)^{17\sim18}$, (早)$(10)^{21\sim22}$, (早)$(10)^{25\sim26}$, (早)$(10)^{29}$ 등이고 초면의 상위자초면의 비상위자는 (早)$(10)^{23\sim24}$ 등으로 이루어진다.

하게체는 話者가 상위자에 속하고 동격의 인물들27)끼리의 주고 받는 경우의 대화도 자연스럽다. 부부간의 대화중 부인 보다 남편쪽이 화자가 많다는 것도 화자가 상위자임을 시사하는 것이다.

2) 疑問法

$(11)^{1}$ Ⅰ → Ⅲ 이사람 자네……되얏나(치 : 54)

---

27) 崔鉉培 ;「우리말본」, 정음사, 1961, p. 253 친한 벗들 사이에는 하게체를, 길가는 사람끼리는 하오를 쓰고 점잖은 사람끼리 합쇼를 쓴다.

(11)^{2} Ⅲ^{1} → b 흉악한 곳으로 드러오나(치 : 126)
(11)^{3} Ⓥ^{1} → Ⓥ 홍참의 령감이 아니신가(치下 : 25)
(11)^{4} Ⅳ → n 이쳐지를 당ᄒᆞ여 술아 무엇 ᄒᆞ게(치下 : 70)
(11)^{5} m → m^{1} 에그 져 ᄌᆞ근 아씨 보게(치下 : 30)
(11)^{6} Ⅰ → a^{1} 화개동마누라 ᄌᆞ네는…… 그런 도리가 잇깃나(치 下 : 83)
(11)^{7} Ⅰ^{30} → Ⅲ^{1} 여보게 엇더ᄒᆞᆫ 것이 무엇이 잇나(치下 : 106)

하게체는 직설법에 동사 아래「-는가」(-는고),「-나」(-누), (-ᄂᆞ), (-노), 형용사, 지정사, 어간아래서는「-ㄴ가」(-ㄴ고), 회상법에는 동사의 어간아래「-던가」(-던고), 형용사, 지정사 아래서「-던가」(-던고) 추측법에서 동사「-ㄹ던가」(-ㄹ고),「-ㄹ손가」, 형용사, 지정사 아래서「-ㄹ가」(-ㄹ고) 등이 있다.

「-게」는 (11)$^{4\sim5}$, (무)[(11)^{30}, (11)^{45}] 등이며,

「-걸」는 (무)(11)^{35}이다.

「-나」의 변이형태인「-누」는 (무)[(11)^{8}, (11)^{11}, (11)^{14}, (11)^{19}, (11)^{50}] 등이 보인다.

「-나」(ᄂᆞ)의 변이형태인「-노」는 (무)[(11)^{61}, (11)^{62}] 등이고「-ᄂᆞ」는「-나」와 함께 분류했다.

회상법「-던가」는 (무)[(11)^{57}, (11)^{58}, (11)^{59}] 만이 보인다.

「-게」는 설명법, 명령법에 나타나는 형태이지만 묻는 의미의 문장형태로 의문법에 넣은 것이다.「-네」도 설명법적 해석이 필요하나 문장 내용은 묻는 형태이다. 특이한 것은「-걸」은 독백적이며 회상적 용법으로 나타난 것을 예시한 것이다. 본 신소설 작품의 자료에는 추측법이 나타나지 않는다.

話者, 聽者의 관계에서

사회적 계급이 상위자인 화자(하인계급도 포함)→비상위자인 聽者(하인계급도 포함)(11)$^{1\sim2}$, (11)^{4}, (11)$^{6\sim7}$, (무)(11)^{50} 등이고 부부간의 대화중 부인이 화자이고 남편이 청자인것(하인계급도 포함됨)은 (무)[(11)^{13}, (11)^{14}, (11)^{15}, (11)^{33}, (11)^{56}]

등이다. 부부간의 대화중 남편이 화자이고 부인이 청자인 경우(하인계급도 포함)는 早[(11)^{8}, (11)$^{9\sim10}$, (11)^{12}, (11)$^{17\sim18}$, (11)^{20}, (11)^{48}, (11)^{60}] 등이고 동격의 인물들간의 대화(하인계급도 포함)는 (11)^{3}, (11)^{5}, 早[(11)^{8}, (11)$^{9\sim10}$, (11)^{12}, (11)$^{17\sim18}$, (11)^{20}, (11)^{48}, (11)^{60}, (11)$^{44\sim45}$, (11)$^{46\sim47}$, (11)$^{48\sim49}$] 등으로 매우 많다.

話者, 聽者의 상호 뒤바뀌어 대화가 이루어지는 것은 早(11)^{51} V^{3}→b, 早(11)^{51} b→Ⅳ^{3}(b는 하인이며 여성이고 Ⅳ^{3}과는 매우 절친한 사이다), 早(11)^{53} Ⅲ→b, 早(11)^{54} b→Ⅲ 早(11)^{54}이 독백적이다(그러므로 계급적으로는 논위할 수 없다).

계급간의 대화는 話者가 상위자, 부부간(남편의 경우가 많다). 동격의 인물들로 이루어진다.

설명법의 하게체하 거의 동일한 계급간의 대화를 볼 수 있다.

3) 命 令 法

(12)^{1} b → k 자네가 압만서<u>게</u>(치 : 125)
(12)^{2} Ⅵ → b^{1} 나만 따라오<u>게</u>(치下 : 18)
(12)^{3} I^{3} → Ⅵ ……보아주<u>게</u>(치下 : 13)
(12)^{4} I^{3} → Ⅵ 여보게 나좀 살려주<u>게</u>(치下 : 15)
(12)^{5} I^{2} → Ⅳ 사돈집 허물이 잇겟나 감치엇<u>게</u>(치下 : 4)

명령법의 하게체는 동사 존재사 아래서「-게」로 나타나고 형용사 체언의 아래서는 나타나재 않는다. 명령법의 하게는「-게」하나만 나타나기 때문에 특별한 분석이 필요없다. 아랫 사람이나 친구에게 사용하나 해라체나 반말체보다 상대를 얼마큼 높여 대접하는 상대경어법(이익섭·임홍빈, 1988 : 230)이라하고 어미도「-게」,「-네」,「-일세」,「-나」,「-세」를 표현된다고 하나「-게」만을 인정하기도 한다.

話者와 聽者의 관계를 살펴보면

사회적 계그베서 話者가 상위자이고 聽者가 비상위자인 것(하인계급도 포함)은 (12)1~5, ㊚[(12)7, (12)10~18, (12)20~23, (12)25, (12)27, (12)28~30, (12)35, (12)38~44, (12)46~58, (12)64~72] 등 거의 대부분이다.

話·聽者가 부부간(話者는 필히 남편임)인 것은 ㊚[(12)8~9, (12)19, (12)26]등이다.

동격의 친구이거나 막연한 사이의 인물들의 대화는 ㊚[(12)24, (12)31~33, (12)34, (12)36~37, (12)45, (12)59~63, (12)73]등으로 평대와 하대로 恭遜法이 형성되고 있다. 이때 이들의 나이는 적어도 성년을 넘어야 한다.

4) 感 歎 法

(13)1 c1 → e 송장치기 솜씨 낫군(귀下 : 41)
(13)2 Ⅰ → Ⅰ1 우수운 일이로구(귀下 : 28)
(13)3 c1 → Ⓥ1 마마님이 업스면 오작이나 시언하실라구(귀 : 112)
(13)4 Ⓥ1 → c1 그것 참 이상한 일일세그려(귀 : 84)
(13)5 Ⅰ → Ⅰ1 녀편네들이란 거시 큰일 놀 거시로구(귀 : 128)
(13)6 j → e 응 괫심훈 놈이로구(귀下 : 80)
(13)7 e → c1 어 ……되얏구(귀下 : 100)
(13)8 g → g1 …… 부인일세(혈 : 49)
(13)9 Ⅱ1 → b …… 아닐세 쳐음 보는 글시일세(혈 : 92)
(13)10 Ⅲ → Ⅲ1 너도 히라 소리를 아니ᄒᆞ니 나도 마쥬ᄒᆞ오를 ᄒᆞᆯ 일이로구 (혈 : 72)
(13)11 Ⓘ → Ⓘ2 조흔 말이로구(은 : 28)
(13)12 Ⅲ4 → Ⅲ1 …… 에그 형님이 …… 오작 죠아 ᄒᆞ실라구(마 : 97)
(13)13 Ⅲ → Ⅲ1 이 디경으로 자니는줄은 적연히 몰낫네그려(모 : 5)
(13)14 Ⅲ → Ⅲ1 …… 잇데그랴(모 :7)
(13)15 Ⅲ1 → Ⅲ …… 차리는 도리가 업네그려(모 : 13)
(13)15 Ⓘ → Ⓥ …… 안이 ᄒᆞᆫ집 ᄌᆞ손일네그려(모 : 32)
(13)17 Ⅰ1 → Ⅰ 소문도 업시 왓네 그랴(홍下 : 85)

하게체의 감탄법은 동사 밑에서「-네 그려」, 존재사「-네그려」, 형용사「-네그려」, 체언 아래서「-ㄹ세그려」(이희승, 1957 : 103)로 분류하고, (고영근, 1974 : 140)

하게체에 분류했으나 본 고에서는「-구」,「-군」,「-ㄹ세」(그려) 등도 하게체에 포함시켜서 분석하기로 한다.

「-구」는「-이로구」의 형태로 보구 싶다.「-군」은「-구나」의 축약된 꼴로 보기에는「-군」과 함께 쓰인 대화의 내용들이 해라체의 영역을 벗어난다.

실제 자료에 나타나는 것은「-규」,「-이로구」, (주로 체언 아래 쓰임)「-ㄹ세구려」,「-구」,「-ㄹ세」,「-네구려」,「ㄹ네구려」,「-군」등이다.

(13)¹ 졈슌(c¹)가 그와 공모한 최가(e)에게「-구나」를 사용할 리가 없다. (13)¹² 김승지(Ⅰ)가 그의 부인(Ⅰ¹)을「-구」로 평대하는 것으로 봐야 할 것 같다.

(13)³「-ㄹ라구」추측을 나타내는 어미인데 졈슌(c¹)이가 침모(Ⓥ¹)에게 하는 대화이므로「-구나」로 하대하지는 않는다. (13)⁴「-ㄹ세그려」는 체언 아래 쓰이고 있는데 계급들은 (13)³과 같다.

(13)⁵ 김승지(Ⅰ)가 그의 본 부인(Ⅰ), 첩실(Ⓥ¹)에게 하는 대화로「-이로구」의 語尾로 체언 아래 쓰였다.

(13)⁶ 장님(j)이 최가(e)에게 하는 말고「-이로구」이다.

(13)⁷은 최가(e)가 졈슌(c¹)이와 공모하는 일이다.

(13)⁸은 동료들의 대화이므로「-ㄹ세」는 체언 아래 쓰인 하게체이다. (13)⁹ 체언 아래 쓰인 「-ㄹ세」인데 최씨부인(Ⅱ¹)이 노파(b)(이때의 노파는 나이가 많음)에게 하는 대화이다.

(13)¹⁰은 구완서(Ⅲ)가 동생간은 옥년(Ⅲ¹)에게 하는 대화로 체언 아래에서 쓰인 것이다.

(13)¹¹은 최병도(Ⓘ)가 그의 부인 본평아씨(Ⓘ²)에게 하는 대화이므로「-이로구」가 「-구나」는 아닌 것이다.

(13)¹²는 추측법의 형태로 「-ㄹ라구」로 보고 싶다.

(13)^{13}은 직설법으로 동사 아래에 나타난다.

(13)^{14}는 최상법으로 「-데그랴(그려)」, (13)$^{13\sim15}$ Ⅲ⇄Ⅲ1로 변선달(Ⅲ)과 현고직(Ⅲ^{1})은 친한 친구 사이다. (13)^{16}은 「-ㄹ네그려」로 잘 나타나지 않은 어미로 추측법이 아닌가 한다.

이상의 어미 「-구」, 「-군」은 반말체에 넣을 수도 있다.

話者가 상위자이고 聽者가 비상위자인 경우 (13)^{9}, (13)^{4}, (13)^{16}을 들 수 있다.

(13)^{4}는 침모가 하인 졈순에게 하는 대화이다.

(13)^{9}는 아씨가 할멈(그의 하인)에게 하는 대화이다. 화자가 양반계급이고 청자는 하인이다.

(13)^{16}은 최별감이 금션을 향해 하는 대화이다. 화자는 양반이고 청자는 상민계급이다.

話者가 남편이고 聽者가 부인인 경우는

(13)^{2}, (13)^{5}, (13)^{11}, (13)^{2}는 김승지(Ⅰ)가 그의 부인(Ⅰ^{1})에게 하는 대화이고,(13)^{5}는 김승지가 그의 부인과 침모에게 하는 대화다. (13)^{11}은 최병도가 그의 부인에게 하는 대화이다. 話者가 부인인 경우는 나타나지 않는다.

동격의 인물들은

(13)^{1}, (13)$^{7\sim8}$, (13)^{10}, (13)$^{12\sim15}$, (13)^{1}은 같은 하인 계급들이다. (13)$^{7\sim8}$도 하인계급들도 동격이며 나이가 들었다. (13)^{10}은 구완서(Ⅲ)가 옥년(Ⅲ^{1})에게 하는 대화이다. (13)$^{12\sim15}$는 모두 상민계급들의 대화이다.

감정적인 작용에 의한 것은 (13)^{5}, (13)^{6} 이다.

(13)^{5}는 김승지(Ⅰ)가 그의 본 부인과 침모(첩실)에게 하는 대화이고, (13)^{6}은 장님으로 분한 강동지가 최가(e)에게 딸의 원수인 것을 알고 분개하는 대화다.

(13)^{3}은 尊敬法 先語末語尾 「-시-」의 사용을 보아도 같은 인물인 침모(Ⓥ^{1})에게 恭遜法을 사용할 것이다(㊫(7)^{12}, ㊫(8)$^{16\sim17}$참조).

感歎法에서도 하게체는 화자가 청자에게 대우함이 평대나 하대임을 알 수 있다.

5) 請 誘 法

(14)^{1} Ⅲ^{1} → b 알고나 가세(치 : 126)

(14)^{2} k → b 좀 쉬어가세(치 : 126)

(14)^{3} b → k 어서가세(치 : 126)

(14)^{4} j → j^{1} 갓치 가세(치下 : 8)

(14)^{5} n → m^{1} 차차 들어가보세(치下 : 62)

(14)^{6} n → m^{1} 여보게 어느 방에 있나딘기 어ᄃᆡ보세(치下 : 62)

(14)^{7} e → c^{1} 춘천 마마를 죽여업ᄉᆡ세(귀 : 144)

(14)^{8} e → c^{1} ……자세(귀下 : 38)

(14)^{9} Ⅱ → Ⅲ⃝ ……드러보세(귀下 : 46)

(14)^{10} Ⅱ → Ⅲ⃝ ……하여보세(귀下 : 60)

(14)^{11} Ⅱ⃝ → Ⅱ⃝^{1} 여보게…… ᄇᆡᆨ셩들을 ᄂᆡ보내고 ᄇᆞᆼ으로 드러가세 (은 : 21)

(14)^{12} Ⅱ⃝^{1} → Ⅱ⃝ 여보게 자네나 ᄂᆡ나 여귀 잇다가는 며칠이 못되야…… 셔울이나 가서 잇다가 이 감ᄉᆞ 갈린후에 ᄂᆡ려오세(은 : 21)

(14)^{13} Ⅱ⃝^{1} → Ⅱ⃝ 각각 제 ᄉᆡᆼ각 드ᄂᆞᆫᄃᆡ로 ᄒᆞ여보세(은 : 24)

(14)^{14} a^{1} → d 이약이나 듯세(빈 : 62)

(14)^{15} Ⅵ⃝^{2} → b 어서 드러가세(빈 : 110)

(14)^{16} Ⅵ⃝^{2} → b 자네도 잡혓네 갓치가세(빈 : 111)

(14)^{17} Ⅰ → Ⅰ⃝^{3} ᄂᆡ가 병ᄒᆞ고ᄂᆞᆫ 손방일세(재 : 27)

(14)^{18} Ⅰ → Ⅰ⃝^{3} 오ᄇᆡᆨ원이라야 얼마되나 겨우 천원 반졀일세(재 : 69)

(14)^{19} Ⅰ → Ⅰ⃝^{3} 오날은 ᄂᆡ가 ᄉᆞᆯ이 취힛스니 ᄂᆡ일만나 말ᄒᆞ세 (재 : 89)

(14)^{20} Ⅰ → Ⅰ⃝^{3} 지금 이일로……졀교를 ᄒᆞ게죄면 ᄂᆡ 살님은 말이 아닐세 (재 : 174)

(14)^{21} Ⅰ → Ⅰ⃝^{3} …… 셩달이 용서ᄒᆞ게 ᄂᆡ가 다 잘봇ᄒᆞᆫ일일세(재 : 185)

(14)^{22} Ⅱ⃝^{3} → Ⅱ^{4} 죽던지 살던지 ᄶᅡ라ᄂᆞᆫ 셜것이니 됴흔계교만 잇 거던 ᄒᆞ야 보세(옥 : 22)

(14)^{23} Ⅱ^{1} → Ⅲ^{2} 여귀서 쉬여 기다리다가 우리나으리 오시거든 ᄀᆞᆺ치가세 (마 : 185)

(14)^{24} Ⅱ^{1} → Ⅲ^{2} 어서 곤한데 봉노방으로 나가자고 ᄂᆡ일 일즉 ᄯᅥ 나게ᄒᆞ세 (마 : 27)

(14)^{25} Ⅱ → Ⅲ^{1} 자네말이 당연…… 갓치가세(마 : 96)

(14)^{26} Ⅱ → Ⅲ^{1} 자네가 그쳐럼ᄒᆞ니 ᄒᆡ보셰(마 : 105)

(14)^{27} Ⅰ → (Ⅰ)^{3} 그는그럭 분명이…… 아즉발셜 …… 일셰(목 : 324)

(14)^{28} (Ⅲ)^{1} → (Ⅳ)^{1} 춤말이지 ……조녕이나 줄쳐지ᄒᆞ면 막걸니잔이 나 더 먹임셰(목 : 279)

(14)^{29} (Ⅱ)^{3} → (Ⅲ) 에그 다행하지 인제나…… 출리는 모양일셰(목 : 324)

(14)^{30} Ⅰ^{4} → (Ⅴ)2 웨 엇덧킬네…… 말이나 좀 ᄌᆞ셰히듯셰(목 379)

(14)^{31} (Ⅳ)^{6} → (Ⅳ) 여보게숸보 …… 안일셰(놋 395)

(14)^{32} (Ⅴ) → (Ⅴ)^{1} 너가 무엇을 잘못힛나…… 슐이나 한잔먹고…… 올나게셰(쌍 : 19) .

(14)^{33} (Ⅳ)^{1} → (Ⅳ) 들어감 여가가 웁네 ……길일셰(쌍: 22)

(14)^{34} (Ⅴ)^{1} → (Ⅳ)^{1} 너쳐남…… 일셰(쌍 : 38)

(14)^{35} (Ⅳ) → (Ⅳ)^{1} 자네…… 들어가셰(쌍 : 39)

(14)^{36} (Ⅳ) → (Ⅳ)^{1} 우리가 별 슌금을……귀신도 모르게…… 자퇴를 ᄒᆞ셰(쌍 : 63)

(14)^{37} (Ⅳ)^{4} → (Ⅳ) 글셰, 그 밍랑ᄒᆞᆫ놈일셰(쌍 : 71)

(14)^{38} (Ⅳ)^{3} → (Ⅳ)^{4} 여보게 이놈들을…… 일이 아닐셰(쌍 : 71)

(14)^{39} (Ⅴ)^{1} → (Ⅴ) 그말이…… 말일셰(쌍 : 74)

(14)^{40} (Ⅳ) → (Ⅳ)^{1} 고쇼사일졀은 ……그사람들의……좌우가 초쳐ᄒᆞ셰(쌍 : 101)

(14)^{41} (Ⅵ)^{2} → Ⅵ^{3} 져 원슈의 졍가슌금이…… 우리의…… 쉬울 쁜 더러 졍가는……무슨짐작을 ……우리가 이근처 에셔 ……탄로나기가 첨경쉬우니 한동안 …… 멀즉이가 잇다오셰(쌍 : 101)

(14)^{42} (Ⅳ)^{4} → (Ⅳ) 졀도도 아니오 바로 뎍적인 징거가…… 나는자 네말만…… 자 잇다보셰(쌍 : 117)

(14)^{43} Ⅲ^{1} → Ⅲ 하 그러 힛던가……너집 모양일셰(모 : 5)

(14)^{44} Ⅲ → Ⅲ^{1} 밧부드럭도 부듸맛나셰(모 : 6)

(14)^{45} (Ⅱ) → (Ⅳ) ……그만 경계는 잇논터일세 ……함부루 드나들 지 안이홀터일셰(모 : 32)

(14)^{46} (Ⅴ) → (Ⅳ)^{6} 나는 김션달이라는 사람일세…… 인ᄉᆞ히고 지너셰(모 : 37)

(14)^{47} (Ⅳ)^{3}→ (Ⅳ)^{4} 글셰 그 종적이나…… ᄉᆞ면으로…… 인ᄉᆞ하고 지너셰(모 : 49)

(14)^{48} (Ⅳ)^{1} → (Ⅳ)^{6} …… 슐이나……먹셰(모 : 57)

(14)^{49} Ⅲ^{1} → Ⅲ 시골 가 잇스잇가…… 방장 올나오는길일셰(모 : 64)

(14)^{50} Ⅲ → Ⅲ^{1} ᄂᆡ집에셔 속귀ᄂᆞᆫ……슐이나 먹셰(모 : 65)
(14)^{51} Ⅱ^{1} → a 그러면 그 장님을 불너다 일을ᄒᆞ야보셰(구 : 6)
(14)^{52} Ⅱ^{1} → a 자네말이 올은말일셰(구 : 10)
(14)^{53} Ⅱ → a 정셩정셩 ᄂᆡ가……명풍을 맛나랴고……다 쓸ᄃᆡ 업 데……실슈로 한 번 무러보셰(구 : 35)
(14)^{54} Ⅰ → Ⅲ⃝^{1} 실업슨 사ᄅᆞᆷ이로셰(구 : 54)
(14)^{55} Ⅱ^{3} → Ⅲ ᄌᆞ네말도 좀 드러보셰(구 : 68)
(14)^{56} Ⅱ^{3} → Ⅱ ᄉᆞ촌을 구슈갓치 녁이니 실로 한심ᄒᆞᆫ 일이로셰(구 : 65)

청유법의 하게체는「-세」가 있을 뿐이다. 동사나 존재사 아래서 나타난다. (「-세나」,「-ㅂ세」는 나타나지 않는다)

감탄법의「-이로구」나 청유법의「-이로세」의「-이로-」는 서술격조사의「이」와 감탄어미「-도다」의「도」가 유음화현상으로「-로-」가 된 것이다. 그러므로 (14)^{56}의「-이로세」는「-이로다」와 비교할 수 있다.

話者가 상위자이고 聽者가 비상위자인 것은 (14)^{1}, (14)$^{9\sim10}$, (14)^{14}, (14)$^{15\sim16}$, (14)$^{17\sim21}$, (14)$^{24\sim26}$, (14)$^{28\sim30}$, (14)^{45}, (14)$^{51\sim55}$ 등으로 화자나 청자가 모두 중년 이상의 나이가 든 사람들이다.

(14)$^{9\sim10}$은 사회적 계급은 양반인 박참봉(Ⅱ)이 상민인 강동지(Ⅲ⃝)에게 하는 대화로 나이는 Ⅱ보다 Ⅲ이 많지만 사회계급에 의한 그 당시의 특징이다.

(14)^{14}는 a가 여자이고 천민 계급이지만 같은 천민계급의 d보다는 나이가 많다.

(14)$^{15\sim16}$은 경무청 사람(Ⅳ⃝^{2})이 금분(b) 즉 천민계급의 하인에게 범법에 의한 동행을 요구하는 대화이다.

(14)$^{17\sim21}$은 허부령(Ⅰ)과 백성달(Ⅰ⃝^{1})의 대화로 Ⅰ은 양반계급이나 청자 Ⅰ^{3}은 상민계급이다. 화자는 사회적 계급이나 연령이 높다.

話者가 남편인 경우는 (14)^{56} 하나가 있을 뿐이다.

동격의 인물들은,

(14)$^{2\sim3}$ k⇄b는 교군군과 하인의 대화, (14)$^{4\sim6}$ j^{1}→j는 동리사람들의 대화이며, (14)$^{11\sim13}$ ⑪⇄⑪^{1}는 최병도와 김치일의 대화로 친구 사이이다. (14)^{17}, (14)^{21}, (14)^{28}, (14)$^{32\sim34}$, (14)$^{43\sim44}$, (Ⅲ1⇄Ⅲ), (14)$^{46\sim50}$ 등은 친구지간으로 화자가 청자에게 대우함이 하게체는 평대나 하대에 속함을 알 수 있다.

3. 2. 4 해라체의 敍法上 終結語尾

1) 說明法

해라체는 청자를 가장 낮추는 恭遜法이다. 신문이나 잡지의 일반 독자를 대상으로 하는 글은 해라체를 쓴다. 이때의 해라체는 등급을 초월한 중립적 등급이다. 해라체를 등급에 넣어서 분석하는 경우는 직접 話者와 聽者의 대화에 의해서만 가능하다.

해라체와 대칭이 된는 합쇼체는 라디오나 T.V에 의해 전달되는 뉴-스 등에는 합쇼체가 사용되는 것이다. 직접 듣고 보고 있는 시청자들을 하나하나 개인적인 관계로 전달하는 것이기 때문이다.

이때의 합쇼체도 엄밀히 말해서 등급을 뛰어넘는 등급으로 처리 될 수 있다. 그러나 해라체는 신문, 잡지 등에 쓰이는 데 이때도 등급외적인 것이다.

어미는「-다」,「-라」,「-니라」,「(더(러)라」,「-더(러)니라」인데「-다」는 동사, 형용사, 체언, 先語末語尾 등 즉 ,「-겠-」,「-았/었-」,「-로」,「-시-」,「-ㄴ(는)-」와도 결합된다.

「-라」는 先語末語尾「-더」,「-러」,「-리-」,「-노-」와 직접 연결된다.

話者와 聽者의 관계는,

양반계급의 상위자인 話者와 천민계급의 비상위자인 청자의 경우가 있다. 곧 사회적 신분관계 계급관계의 존자가 비자에게 대화일 때 나타난다.

(고영근, 1974b : 68)

(15)[3]은 정상부인이 그의 하인 셜자(e)에게 하는 대화이고, (15)[30]의 김참셔가 하인 고두쇠(a)에게 하는 대화이다. (15)[31]은 허씨가 하인 계순(c)에게 하는 해라체이다. (15)[33] 리참셔(Ⅱ)가 하인 계슌(c)에게 하는 대화다. (15)[36] 장차(Ⅳ)가 사령(c)에게 하는 해라체 등의 예가 그것이다.

부모급이 자식급에 대화할 때 나타난다. 곧 친족관계에 있는 존자가 비사를 대할 때 나타난다. (고영근, 1974b : 67)

(15)[1]은 어머니 됴씨(Ⅰ[2])가 그의 아늘 이참셔(Ⅱ)에게 하는 대화이다. (15)[1]은 아버지 빅셩달(Ⓘ[3])이 딸 허씨부인(Ⅱ[1])에게 하는 대화이다. (15)[12]도 허부령이 양녀인 허씨부인(Ⅱ[1])에게 하는 해라체인 것이다.

(15)[17]도 어머니 됴씨가 그의 아들 이참셔에게 하는 대화이다.

(15)[19]는 장인인 허부령이 사위인 이참셔(Ⅱ)에게 대하는 것이니까 곧 자식급과 부모급간의 대화인 것이다.

(15)[22]도 (15)[12]와 같은 부친이 양녀에게는 대화이다. (15)[24~25] 부모→자식의 대화다. (15)[4~6], (15)[26~28] 등도 모친→여식에게 대하는 대화이다. (15)[40]은 막동모가 막동이인 아들에게 하는 대화이다.

(15)[40~41]은 시어머니가 며느리에게 하는 대화이다. (15)[42]는 장한림과 그의 아버지와 대화인 것이다.

연상인 상위자가 연하인 비상위자를 대할 때 나타나다. (고영근, 1974b : 68)

(15)[15] 장님(j)이 졈슌(c[1])에게 하는 대화이다. (15)[8]도 돌이(j)가 금분(b)이에게 하는 대화인데 이 때의 청자는 나이가 든 사람들이다. 해라체는 나이 어린 청자난 여자들의 대화에 나타난다.(고영근, 1976b : 68)는 것을 만족시킬 수 있는 예이다.

해라체는 감정적으로 계급을 초월해서 사용하는 예도 보인다. (15)[29]는 e가 최가로 천민 계급에 속하며 길슌(Ⓘ)에세 계속 조카의 며으로 대했었다. e가 Ⓘ를 죽이려는 찰나에는 계급을 탈피한 해라체가 사용되는에 엄격히 보면 이는 해라체의 등급에 넣을 수 없는 경우이다.

해라체는 대명사와 호응하여 나타나기도 한다. (15)^{3}, (15)$^{5\sim6}$, (15)^{9}, (15)^{13}, (15)$^{24\sim25}$, (15)^{30}, (15)^{42}… 등은「너」,「네」의 대명사와 호응하여 사용되고 있다. 해라체가 지문이나 일반적 상황을 서술할 때의 경우는 공손법의 관계는 아니다.

2) 疑問法

「-냐」,「-뇨」,「-더냐」,「-랴」,「-느냐」,「-누」,「-ㄴ냐」,「-나냐」,「-늬」,「-이냐」,「-니」,「-(시)냐」,「-ㄴ가」,「-ㄴ고」직설법 최상법에「-ㄹ소냐」가 있다.

동사, 형용사, 체언 아래서 직설법, 회상법에서「-냐」, 동사에는 先語末語尾「-느-」,「-더-」와 결합되어「-냐」가 나타난다.

「-랴」는 추측법에 의해「-라」와「-아」로 나눌 수 있다.

화자가 상위자인 경우는 (早)[(16)$^{5\sim6}$, (16)$^{8\sim11}$, (16)$^{13\sim15}$, (16)^{17}, (16)$^{19\sim20}$, (16)$^{22\sim25}$, (16)$^{28\sim32}$, (16)$^{34\sim39}$, (16)$^{41\sim52}$, (16)$^{55\sim56}$, (16)^{64}, (16)$^{66\sim68}$, (16)^{72}, (16)^{80}, (16)^{91}]등이다.

話者가 상위자이고 청자가 비상위자인 경우는 (早)[(16)$^{1\sim2}$, (16)^{4}, (16)^{7}, (16)^{12}, (16)$^{53\sim54}$, (16)$^{57\sim62}$, (16)$^{69\sim71}$, (16)$^{76\sim78}$, (16)^{81}]등이다.

동격의 인물들은 (早)[(16)^{33}, (16)^{77}, (16)$^{98\sim100}$]등으로 나타난다.

부부간의 대화, (早)[(16)^{65}, (16)^{75}] 등인데 남편이 화자이다. (早)(16)$^{170\sim172}$는 하인 계급의 부부간으로 부부간의 대화가 모두 남편임이 특이하다.

(早)(16)^{16}은 계급은 화자가 낮지만 춘천덕(Ⅳ)을 유인하여 죽이려는 감정적 대화다. (早)(16)^{21}도 초면이며, 감정적 대화이다. (早)(16)^{18}도 감정적인 대화다. 졈순(c^{1})이가 장님(j)을 양부로 삼았다가 강동지(Ⅲ)인 것을 알고 하는 감정적인 대화다. (早)(16)^{40}은 (早)(16)^{16}과 똑같은 경우를 볼 수 있는 것이다.

早(16)[106~107]은 Ⅳ[4]⇄Ⅲ인데 상호 감정적 대화이기에 해라체를 사용하는 것이다. 早(16)[101]은 계급의 등분은 화자가 낮은 계급이다. 그러나 b는 만신으로 함진희(Ⅱ)의 전부인의 접신에 의한 대화이고 청자는 최씨(Ⅱ)로 재취부인이서 실상의 대화는 본실 부인과 재취부인의 대화인 것이다.

早(16)[102]는 지관(Ⅰ)과 함진희(Ⅱ)의 대화인데 이들의 대화는 합쇼체에서부터 해라체까지 폭 넓게 상호 같은 동등한 자격의 대화를 하고 있다.

3) 命 令 法

「-아라」(-어라),「-거라」,「-너라」,「-라」,「-아」등이 나타난다.「-라」는「-아라」,「-어라」,「-아-」,「-어」가 모음충돌 때문에 탈락되는 형태이다.「-아라」가 어간말음이 "아", "오"일 때 결합되고「-거라」의「-거-」는 "아"로 끝난 자동사에 붙는 것이 원칙(고영근, 1974a : 143)이지만「-잇거라」,「섯거라」,「자거라」,「가거라」(자동사),「-듯거라」등이 보인다.

「-너라」"오다"에서「-너라」변칙이다. 早[(17)[1], (17)[39], (17)[40]]의 ᄒᆞ여라 처럼「-여라」의 "너"와 "여" 등은 명령법의 형태이다.

話者와 聽者의 관계는 설명법, 의문법 보다는 話者가 모두 계급적으로 상위자이다. 동격이나 같은 동료의 대화는 거의 찾을 수 없는 것이 특징이다. 명령법이라는 특수한 시킴의 의미를 내포하는 것이기 때문이 아닌가 한다.

좀더 구체적인 화자, 청자의 관계는

화자가 부모이고 청자가 자식인 경우 세분하면 다음과 같다.

早(17)[1] 은 어머니 최씨(Ⅱ[1])가 딸 옥년이를 찾는 대화다. (17)[4]는 양부로 삼은 정상군의(Ⅱ[2])가 옥년(Ⅲ[1])에게 하는 대화다. (17)[5] 옥년의 친부 김관일(Ⅱ)이 옥년에게 (17)[7~8]도 강동지 내외(Ⅲ,Ⅲ[1])가 딸 길순(Ⅳ)에게 하는 대화다. 이런 경우는 많은 수의 대화를 찾을 수 있다.

화자가 양반계급이고 청자가 천민계급인 것은

(17)$^{2\sim3}$에서 Ⅰ은 a의 주인이고 a는 종자다. (17)$^{10\sim15}$은 부인(Ⅰ^{1})이 천민계급의 하인인 b, c, c^{1}에게 하는 명령이다.

천민계급의 상위자가 하위자에게 하는 대화는 (17)^{32}는 같은 천민계급이나 연령의 차이에서 오는 대화로 해라체를 사용한다. (17)^{17}도 같은 차원의 설명이 필요하다.

천민계급의 동격 인물들은 상호 해라체를 사용한다. (17)$^{26\sim27}$을 그 예로 들 수 있다.

4) 感 歎 法

감탄법을 說明法에 넣어서 분류하고 있기도 하다(최현배, 1961 : 313). 본자료에 나타난 어미로는「-구나」(-고나),「-로다」,「-도다」,「-노라」,「-로라」 반말체에서 언급한 것처럼「-군」은 해라체로 분류하지 않았다. 현대국어에서는 독백으로 사용되는 동사, 형용사 아래서「-도다」, 체언 아래서「-로다」, 동사 아래「-노라」,체언 아래「-로라」가 나타난다.

話者와 聽者의 관계는, 話者가 상위자이고 청자가 비상위자인 경우(사회계급적 대화)는, (무)[(18)$^{1\sim8}$, (18)$^{10\sim12}$, (18)$^{17\sim27}$, (18)^{31}, (18)^{34}, (18)$^{44\sim53}$, (18)$^{57\sim58}$, (18)$^{60\sim62}$, (18)^{66}, (18)$^{67\sim71}$] 등이다.

話者와 聽者의 관계는 聽者가 자식인 경우(가족적 계급)는, (무)[(18)^{9}, (18)$^{13\sim16}$, (18)$^{28\sim30}$, (18)$^{37\sim43}$, (18)^{64}, (18)$^{67\sim68}$] 등이다.

동격의 인물들은 (무)[(18)$^{35\sim36}$, (18)^{55}, (18)^{66}, (18)^{72}]등이며, (무)(18)^{32}는 (Ⅲ)→Ⅱ^{1}로 (Ⅲ)이 하등급으로 분류됐다. (Ⅲ)는 Ⅱ^{1}의 유모이다. (Ⅲ)은 옛날 부르던 대로 잘못 나온 자신말을 스스로 책하는 자탄의 대화다.

(무)(18)^{56} (Ⅴ)^{3}→(Ⅳ), (무)(18)^{72} (Ⅴ)^{1}→(Ⅳ)로 화자의 계급이 낮은 쪽에 속하나 이들은 초면이며 감정적인 대화이다.

(무)(18)[19]는 누님이 동생에게 하는 대화다.

(무)(18)[60]도 화자의 자탄의 말이다.

(무)(18)[65]도 (무)(18)[59]와 같다.

(무)(18)[73]는 b→Ⅱ는 b가 만신인데 함진희(Ⅱ)의 사별한 처의 접신한 상태이다. 그러므로 원통함과 한이 서린 사설이 나올법 하다.

(무)(18)[75]는 자탄의 독백이다.

부부간의 대화로는 (무)[(18)[54], (18)[74]]물론 話者가 남편이고 청자는 부인이다.

5) 請 誘 法

해라체에서 「-자」 만이 존재한다.

感歎法의 「-구나」 와 결합하는 형태가 현대국어에는 존재하나(고영근, 1974a : 149) 본 자료에서는 나타나지 않는다.

話者와 聽者의 관계는,

話者가 상위자이고 聽者가 비상위자인 경우

(무) [(19)[1~2], (19)[5~16], (19)[18], (19)[23], (19)[26], (19)[28~29], (19)[34], (19)[35], (19)[37~39]] 등이다.

話者가 부모급이고 聽者가 자식급인 것은, (무) [(19)[3~4], (19)[17], (19)[19], (19)[21], (19)[32]] 등이다.

話者가 남편인 경우는 (무) [(19)[36], (19)[40]] 등이다.

동격의 話者, 聽者인 경우, (무) [(19)[20], (19)[22], (19)[24], (19)[27], (19)[30], (19)[32]] 가 있고,

감정적 대화에서는 話者, 聽者의 계급성을 기할 수 없다. 곧(무) (19)[41]은 남순(Ⅳ)이가 만득에게 설득을 당하고 있는 장면이다. 그러므로 감정에 의한 천민계급이 양반계급에 해라체로 대하는 것은 경어법의 등급 분류에 넣을 수 없다.

6) 許 諾 法

「-(으)마」가 있을 뿐이다.

許諾法에는 해라체가 하나만 존재하는데 이러한 취약점을 본다면 약속법으로 문체법을 통괄하는 경우도 있고 설명법의 일종으로 유별하는 경우도 있다.

話者, 聽者와의 관계는

話者가 상위자이고 聽者가 비상위자인 것은(사회적계급), ㊙[(20)$^{1\sim7}$, (20)$^{16\sim17}$, (20)$^{20\sim24}$]로 대부분이다.

㊙(20)$^{18\sim19}$ 話者가 부모급이고 聽者가 자식인 것은, ㊙[(20)$^{8\sim13}$, (20)^{15}] 등이고,

부부간의 대화중 남편이 話者인 것은 ㊙(20)^{14}이다. 이들은 양반계급인데도 해라체를 부인에게 사용한다.

3. 2. 5 반 말 체

반말은 등외로 취급하여(이희승, 1957 : 106), 해라, 하게, 하게와 하오의 중간에 있다. 그리고 아주 높임은 아니고 어미는「-아」,「-어」,「-지」이다. (이희승, 1957 : 106은 아/어만 인정함) 이는 半待라 하여 하오체와 하게체 사이에 넣었다. (최현배, 1961 : 254)

이는 하오와 하게, 하게와 하야라이 사이에 둔다(김희상, 1911 : 76) 고 한 주장에 기인하는 것으로 볼 수 있다. 반말체는 높이지도 않고 낮추지도 않는 말씨이므로 높임과 낮춤의 중간 단계인 하오, 하게체의 사이다(김희상, 1927 : 78)라는 주장도 있으나 등급에 넣을 수는 없지만 20세기 초의 국어자료에 의하면 하게체와 해라체의 사이가 아닌가 한다.

반말체 어미는「-아」,「-어」,「-지」가 주로 나타난다.「-아/-어」는

설명법, 의문법, 명령법에 같은 형태로 나타나벼 말끝의 억양으로 문체법이 결정된다. (이희승, 1957 :106)

「-지」는 설명법과 의문법에 주로 나타나고 명령법에도 나타난다. 설명법, 의문법, 명령법의 어미 형태가 같기 때문에 같은 차원에서 다루려 한다.

「-아/-어」는 모음충돌에 의해「-야/-여」로 나타날 수 있다.「-어」는「-셔」, (-서)로도 나타날 수 있다.

話者, 聽者이 인물 구성은, 話者가 상위자이고 聽者가 비상위자인 것은, (하인계급도 포함)

(무)[(21)^{8}, (21)$^{11\sim12}$, (21)^{20}, (21)$^{23\sim24}$, (21)$^{16\sim17}$], (무)[(22)^{3}, (22)^{13}, (22)$^{15\sim16}$, (22)^{18}, (22)$^{20\sim22}$, (22)$^{26\sim30}$, (22)^{31}, (22)^{34}, (22)^{37}, (22)^{39}, (22)^{40}, (22)$^{43\sim45}$, (22)$^{60\sim61}$], (무)[(23)^{1}, (23)$^{3\sim5}$, (23)$^{7\sim8}$, (23)$^{10\sim11}$] 등이다.

話者가 비상위자이고 聽者가 상위자인 것은 (무)[(21)$^{1\sim2}$, (21)^{19}, (21)^{25}, (21)^{14}] 등인데,

(무)(22)^{1} 은 무뢰한(f)가 옥년모(아씨)를 희롱하는 장면인데 계급적 경어법의 성립을 기할 수 없는 상황이다.

(무)(22)^{2}은 화자 청자의 계급 표시는 g→Ⅲ이나 대화의 내용은 g→g^{1}이기 때문에 경어법 성립을 가질수 없다.

(무)(22)^{19}는 리치슈(Ⅳ^{4})가 정숙(Ⅲ)을 희롱하는 장이므로 (무)(22)^{1}처럼 계급적 대화를 가질 수 없다.

(무)(22)^{14}는 지관(Ⅰ)과 주인 함진히(Ⅱ)의 대화인데 이들은 합쇼체, 하오체를 상호 교행하면서 話者, 聽者가 되어 대화에 임하고 있다.

(무)(21)^{14}에서도 형태가 반말이지「션싱님게셔」의 「-님게셔」를 사용하고 어미가「-지」로 끝날 수는 없다.「-지」로 끝이 날 것이면 적어도「션싱」으로 평대를 했어야 비문이 안된다.

(무)(22)^{25}는 감정적 대화이므로 경어법적 분석이 성립할 수 없다.

결과적으로 화자가 비상위자이고 청자가 상위자인 반말체는 성립할 수

없는 것이다.

話者, 聽者가 부분적인 것(부인이 화자인 것)은 (早)[$(21)^{1\sim2}$, $(21)^{22}$, (21)4, $(21)^{36}$] 등이다.

話者, 聽者가 부분척인 것(남편이 화자인 것)은 (早)[$(21)^{3}$, $(21)^{5\sim6}$, $(21)^{18}$, $(21)^{5\sim6}$, $(21)^{12}$, $(21)^{32}$] 등이다.

話者, 聽者가 동격인 친구 사이인 것은 (早)[$(21)^{4}$, $(21)^{13}$, $(21)^{7\sim8}$, $(21)^{23\sim24}$, $(21)^{33}$] 으로 평대 이하의 대우가 성립한다.

恭遜法의 등급을 판정할 때 聽者나 話者의 인물을 고정시켜 놓고 다양한 상대를 대비시켜 비교하는 것이 그 등급을 결정하는데 중요함을 전술한 바 있다. 그 실제적인 예를 보면

㉠ $Ⅰ^{3}$ → (Ⅵ) 자네가 이번에……왓다네 그려(치下 : 11)
㉡ $Ⅰ^{3}$ → (Ⅵ) 젹션이…… 젹션일셰(치下 : 11)
㉢ (Ⅵ) → $Ⅰ^{3}$ 마님덕 일을…… 드렷습니다…… 잇스오릿가(치下 : 11)
㉣ Ⅳ → $Ⅰ^{3}$ …… 념녀를 마십시오(치下 : 13)
㉤ b → $Ⅰ^{3}$ 쇤네도 싱각이 잇습지오(치 : 7)
㉥ Ⅳ → b^{1} 자네만 가도 마님이 가시나 일반이지(치下 : 12)
㉦ b^{1} → (Ⅵ) 에그 치악산…… 져산이 안이 오닛가(치下 : 12)
㉧ b^{1} → (Ⅵ) …… 져산이 안이 오닛가(치下 : 17)
㉨ b^{1} → (Ⅵ) 에그 져 보살마누라님 아니 엇드면……(치下 : 16)

이들 대화는 매우 다양하나 김씨부인($Ⅰ^{3}$)이 보살((Ⅵ))에게는 하게체로 대우하고 $Ⅰ^{3}$이 그집 하녀인 옥단(b^{1})에게는 해라체로 대우한다.

(Ⅵ)(보살)이 $Ⅰ^{3}$(김씨부인)에게 화자의 처지가 될 때는 합쇼체로 대우하고 Ⅵ가 b^{1}에게 화자가 될 때는 해라체로 대우한다. 그리고, b^{1}가 Ⅵ에게 화자의 입장이 될 때는 합쇼체로 대우한다.

그러나, 대화중「보살마누라님」으로 호칭하는 것을 보면 b^{1}가 (Ⅵ)에게 "보살마누라님"으로 b^{1}가 (Ⅵ)에게 하는 상대의 의향은 $Ⅰ^{3}$에게 쓰는 것보다는 높지 않음을 느낄수 있다.

즉, 체계의 일관성을 위한 규명의 방법으로 작용할 수 있는 Ⅰ^1>Ⅵ⃝>b^{1}의 계급 관계와 여기에 다시 Ⅰ^1>Ⅰ^3>Ⅵ⃝>b^1 등도 겹쳐서 설명될 수 있다.

사회적인 계급에 의한 체계의 구분은 다음과 같은 예를 볼 수 있다.

㉠ Ⅱ → Ⅰ 지금이 낫이 올시다(귀 : 44)
㉡ Ⅱ → Ⅰ 엇더냐 말솜할 길이 업습니다(귀 : 45)
㉢ Ⅱ → Ⅲ⃝ 니가 ᄌᆞ네 ᄯᅡ님을 보앗네(귀하 : 45)
㉣ c^1 → Ⅱ 덕에ᄂᆞᆫ 못올 데 이닛가(귀 : 50)
㉤ Ⅲ⃝ → Ⅱ 좋은 샷딤딘잇기(귀하 : 45)
㉥ c^1 → Ⅴ⃝^{1} 침모 마누라님은 언제부터 이리로 오셧슴닛가(귀 : 85)
㉦ Ⅰ → Ⅱ …… 쓰깃소(귀 : 45)
㉧ Ⅲ⃝^{1} → Ⅰ 여보 김승지령감 이것이 왼 일이오(귀하 : 67)
㉨ Ⅰ → Ⅲ⃝ 웅 춘천집이 올러왓셔 그러 어디 잇ᄂᆞ(귀 : 20)
㉩ Ⅰ → c^1 졈슌아 밥상 가져오너라(귀 : 63)
㉪ Ⅲ⃝ → Ⅳ⃝ 오냐 걱정마라(귀 : 6)
㉫ Ⅴ⃝^{1} → c^1 나무 사거든 마마님께 갓다드리게(귀 : 61)
㉬ Ⅰ → Ⅴ⃝^{1} 웅 그것이 누구란 말인가(귀 : 61)
㉭ Ⅳ⃝ → Ⅰ 여보령감을 다시 못뵈올 쥴알앗더니 ᄯᅩ뵈옵소구려 (귀下 : 60)

Ⅰ=김승지, Ⅱ=박참봉, Ⅲ⃝=강동지, Ⅳ⃝=길순(Ⅲ의 딸 Ⅰ의 첩), Ⅴ⃝^{1}(침모, Ⅰ의 첩이 됨), c^1(Ⅰ의 집 하녀).

이러한 다양한 계급들이 이뤄내는 대화의 양상을 볼 수 있다. Ⅲ⃝은 사실상 Ⅰ의 장인이 되는 데도 Ⅰ는 Ⅲ⃝을 하게체로 하대하고 Ⅱ도 Ⅲ⃝에게 ㉢처럼 하게체로 대우하고 있다.

이것은 사회적 계급에 의한 대화다.

또한 c^1(졈슌)는 Ⅰ^1(Ⅰ의 부인)를 「마님」,Ⅳ⃝(길순)을 「마마님」,Ⅴ⃝^{1}(침모)를「마누라님」으로 호칭함을 본다. 이것은 분명히 한 화자에 의한 다양한 인물의 대우에 속한다.

위의 대화들을㉠~㉭ 까지 보면 계급의 순서는 Ⅰ>Ⅰ^1>Ⅱ>Ⅲ⃝>Ⅳ⃝>Ⅴ⃝

1>c[1]의 순서로 질서 있는 등급을 보여주고 있다.

3. 2. 6 極上待의 恭遜法·尊敬法

예사말에 恭遜한 뜻을 나타내는 부분을 덧붙여서 보다 공손한 뜻을 나타내는 恭遜法이 있다(이희승. 1957 : 112) 중세국어에 존재했던 겸양의 선어말어미 ᄉᆞᆸ, ᄌᆞᆸ, ᅀᆞᆸ 등이 형태와 사용범위가 변화를 일으켜서 겸양법의 형태소의 차원을 벗어난 것이 형태로 변이를 일으켜서 尊敬法이나 공손법의 先語末語尾로 쓰인 경우이다.

용언의 어간에「-으(옵)-」을 또는「-(으)압-」을 결합시키는 것은「-(으)옵-」,「-(으)압-」이 받침 있는 밑에 쓰이고「-옵-」,「-압-」은 받침이 없는 경우에 붙는다.

「-삽-」,「-ᄉᆞ오-」,「-사오-」는 받침이 있는 용언의 밑에 연결되어 쓰인다.

「-잡-」,「ᄌᆞ오」,「-자오-」는「ㄹ」계통의 받침을 가진 용언 아래 연결된다. 이「-옵-」,「-으옵-」,「-(으)압」(-(으)ᄋᆞᆸ-),「-삽-」,「-잡-」등은 "ㅂ"받침이 변칙용언으로 활용되어 모음으로 시작된 어미가 올 때는 "ㅂ"이「-오/우」로 변한다.

본 자료에는「-옵-」,「-ᄉᆞᆸ-」,「-압-」(-ᄋᆞᆸ-),「-ᄉᆞ오」(-시오),「-오-」(-우-),「-자오-」,「-사옵-」28)의 선어말어미들이 보인다.

겸양법의 어휘인「뷥다」에「-오-」가 결합되어 보다 겸양법의 심도를

---

28) 許 雄 ; "尊敬法史",「成均館報」1, p.186에는 17세기 초기에는「-ᄉᆞᆸ-」계가 상대존대법에 전화되어「ᄉᆞᆸ, ᄌᆞᆸ, ᄉᆞ오, ᄌᆞ오, ᄋᆞ오」로 변천되고「-ᄋᆞ-」음의 소멸에 의해「ᄉᆞᆸ」은「삽, 습」으로,「ᄌᆞᆸ」은「잡」으로「ᄋᆞᆸ」은「ㅂ, 읍, 옵」으로「ᄉᆞ오, ᄌᆞ오」는「사오, 자오」로 변하고「ᅀᆞ오, 으오, 오」는「오」로 변하였다. 그뒤「사옵, 자옵」이 추가되고 모음이 결합된「옵, 으옵, 으압, 으오」가 자음 밑에 쓰이게 되었다.

깊게 하는 경우가 있다. (早)[(24)^{1}, (24)^{3}, (24)^{9}, (24)^{10}, (24)^{18}, (24)^{19}, (24)^{26}, (24)^{34}, (24)^{35}, (24)^{39}, (24)^{42}]등과 겸양법의 어휘인「뵙다」에 종결어로 쓰여서 공손법의 형태를 갖춘 것들이 있다. (早)[(24)^{6}, (24)^{7}, (24)^{8}, (24)^{17}, (24)^{31}] 등이 그것이다.

그리고 겸양법의 어휘인「뫼시다」에「-오-」가 연결되어서 공손법을 이루고 있는 경우는 (早)(24)^{16} 하나 밖에 없고 모두「뵙다」에「-오-」가 연결된 것 뿐이 있다.

공손법의 어간에「-오-」가 연결되어 보다 공손법을 깊이 있게 해준 것은 (早)[(24)^{5}, (24)$^{11\sim16}$, (24)^{20}, (24)$^{23\sim24}$] 등이 사용된 것이고 같은 경우지만 편지글에 나타난 것은 (早)(24)^{2} 가 있다.

존경법에(주로「-쇼셔」의 앞과「-시-」의 뒤에 주로「-옵-」이 연결됨) 나타난「-옵-」은 (早)[(24)^{25}, (24)^{27}, (24)^{30}, (24)^{32}, (24)^{38}, (24)$^{43\sim45}$] 등으로 보다 주어를 높여주는 구실을 하고 있다.

주로 문장의 접속법에「-오-」등이 결합되어 화자를 겸양으로 낮추는 구실을 하는 것으로는 (早)[(24)$^{21\sim22}$, (24)^{28}, (24)^{33}, (24)$^{36\sim37}$, (24)$^{40\sim41}$] 등이 있다.

그리고 주어를 보다 상위자로 높이기 위한 것으로 대화의 주어에 연결된「-옵-」은 (早)(24)^{29}「우리 황 폐하끠압셔」와 (早)(24)^{22}의 대감게옵셔」가 나타난다(허웅, 1961 : 12).

3. 2. 7 下層階級語體(고영근, 1974a : 153)

특기할 것은 합쇼체와 같이「-ㅂ-」의 지표를 가지고 있지만 의미와 쓰임이 다른 恭遜法을 볼 수 있다. 설명법에서「-ㅂ죠」(-ㅂ지요)가 나타난다. 구체적인 예를 보면,

(25)^{1} b → (Ⅲ) 네 <u>합지요</u>(빈 : 27)

(25)² a → Ⅰ² 모르시면 쉰네가 엿줍지오(재 : 45)
(25)³ a → Ⅰ² 쉰네가 모시고 갑지요(재 : 124)
(25)⁴ e → Ⅰ⁴ 네 소인이 모시고 갑지요(목 : 299)
(25)⁵ Ⅰ² → Ⅰ 네 모습은 대강기어 흡지오(목 : 367)
(25)⁶ Ⓘ⁶ → Ⓥ² 이처러 ᄒᆞ시니 소리남아 합지오(모 : 38)
(25)⁷ Ⅱ¹ → Ⅰ 어마님 쥬무셔 겝시오(재 : 30)
(25)⁸ Ⓘ → Ⅰ 뵈옵고 십어 엇지ᄒᆞ랍시오(목 : 263)
(25)⁹ a → Ⅱ¹ 졔구는 어졔 ᄃᆞ 작만ᄒᆞᆫ 것을…… 령감게 무엇이 라고 엿쥬 랍시오(구 : 15)

위의 예들은 설명법과 의문법에 나타난 예이다. 신소설 자료에는 설명법에는 「-ㅂ지오」(요), 곧「-ㅂ죠」가 나타나고 의문법에는「-ㅂ시오」를「-ㅂ쇼」가 보인다.

(25)¹는 화자는 천민계급의 금분이(b)이고, 청자는 평양댁(Ⅲ)이다. (25)²의 화자는 천민계급의 칠녀(a)이고, 청자는 양반계급의 됴씨(Ⅰ)이다. (25)³도 (25)²와 같은 화자, 청자이다. (25)⁴의 화자는 천민계급의 하인 자근돌이(e)이고 청자는 양반계급의 부인이다. (25)⁶의 화자는 상민계의 처녀 금션(Ⅳ)이가 팔려온 후 같은 계급의 상민(남자)에게 하는 대화이다. (25)⁹의 화자도 천민계급의 하인이고 청자는 양반계급이다.

문제는 (25)⁷과 (25)⁷⁷인데 이들은 화자의 계급은 청자에 비하여 비상위자이다. 청자는 상위자인데 이들 화자, 청자들은 모두 양반계급이다.

(25)⁶은 화자, 청자가 모두 상민계급이다. (25)⁸은 화자가 상민계급이고, 청자는 양반계급이다.

하층계급어는 주로 천민계급이 사용하는 것이지만 상민계급이나 양반계급도 사용하는 예를 볼 수 있다. 현재는 시장에서 상행위에서 아직 사용하는 예를 볼 수 있다.

3. 3 謙 讓 法

겸양법은 중세국어에서는 공손법처럼 형태소가 다양하게 존재해 있으므로 활발한 경어법의 하나였다. 존경법의 형태소인「-시-」처럼「-숩-」,「-줍-」,「-숩-」이 용언의 어간에 자유롭게 연결될 수 있었다.

중세국어의 겸양법은 심도깊은 그간의 연구가 있었다. 중세국어의 겸양법에 대하여 폭 넓은 연구와 존경법, 공손법, 경양법이 경어법이란 하나의 통일된 문법 범주로 다루어져야 한다는 경해가 나타나서 구체성을 띠다가 총괄한 통일성을 이룬다. (안병희, 1983 : 1-23) 중세국어의 겸양법 표시의 형태소인「-숩-」등이 17세기에 변천되어 공손법의 형태소가 되면서 겸양법은 급격히 퇴화하여 현대국어에서는 화석된 현상이다. 그리하여 겸양법을 나타내는 특수한 동사가 몇 개 있을 뿐이다.

예컨대 "드리다, 여쭈다, 뵙다, 모시다"(이익섭·임홍빈, 1988 : 227) 외에 "아뢰다, 사뢰다, 바치다, 올리다, 받들다" 등을 더 첨가하는 경우도 있다. (신창순, 1962 : 77)

겸양법은 객어와 주어, 객어와 화자의 상관관계 중 한 조건만으로만 설명되지 않는다. 두 조건>주어의 조건과 객어의 조건>화자의 조건 즉, 두 조건이 갖추어져야 겸양법이 설명된다. (안병희, 1983 : 12)

경어법의 3부문은 서열은 다르지만 하나의 문법범주로 통합될 수 있는 것은 화자 "X"가 "Y"를 상대로 발화할 경우 공손법을 사용한다면 "X"는 "Y"를 상위자로 대우한 것인데 그 "Y"가 주어로 나타나면 경어법을 "X"가 사용하고 객어로 나타나며 주어보다 상위자이면 겸양법을 "X"가 사용하고 객어로 나타나며 주어보다 상위자이면 겸양법을 사용한다. (안병희, 1983 : 35) 이는 경어법의 3부문을 하나로 통합할 수 있는 문법적 조건이 되는 것이다.

㊀(26)^{8} Ⅳ→Ⅰ^{1} 어머니가 아버지 엿주라셔요(치 : 117)

의 예문에서 심층적 구성을 다시 써보면 Ⅳ→Ⅰ^{1}(아버지) 어머니가(저보고 아버지끠) 엿주라셔요(하셨어요)가 될 것이다. 주어=어머니, 청자=아버지, 객어=아버지, 화자=남순(어머니, 아버지의 딸), 청자=객어이다. 이들의 계급순위는 주어<객어>화자가 된다.

이 대화는 공손법, 존경법, 겸양법이 한데 겹쳐 있는 대화다. 객어가 주어보다 상위자이고 또한 객어가 화자보다 상위자일 때 그 객어를 지배하는 용언에 사용되는 경어법이다.

겸양법은 주어<객어, 화자<객어의 성립으로 이루어진다는 논지와 일치성이 있다.

앞에서 말한 주어 X, 화자 Y, 객어 Z의 관계가 성립되는 ㊀(26)^{8}의 대화를 근거로 예를 들어본다.

㉠ Ⅳ → Ⅰ^{1} 어머니가 아버지 엿쥬라셔요(치 : 119)
㉡ Ⅰ^{1} → Ⅰ^{3} 무엇이 난처ᄒᆞ야(치 : 101)
㉢ Ⅰ^{3} → Ⅰ^{1} 령감게셔 비상은 차져 무엇ᄒᆞ시려오(치 : 107)
㉣ Ⅰ^{1} → Ⅳ 어서 자거라(치 : 9)
㉤ Ⅰ^{1} → Ⅳ 우지마라(치 : 15)
㉥ Ⅰ^{3} → Ⅳ 죠년 꼭 붓드러 두어라(치 : 17)
㉦ Ⅳ → Ⅰ^{3} 일러 쥬십시오(치 : 119)
㉧ Ⅳ → Ⅰ^{3} 칼을 물고 업드려 죽으십시다(치 : 53)
㉨ Ⅳ → Ⅰ^{1} 어머니가 검홍이란 년을 ᄶᅵ려 죽인다 ᄒᆞ셔요(치 : 11)
<Ⅰ^{1}=아버지, Ⅰ^{3}=어머니, Ⅳ=남슌(딸)>

㉠은 Ⅳ가 Ⅰ^{1}(아버지)에게 겸양법을 사용하고 있는 대화다. 겸양법으로 상대된 Ⅰ^{1}는 ㉨의 대화에서는Ⅰ가 청자로 등장한 것인데 Ⅳ는 공손법을 사용하고 있다. ㉨의 대화는 Ⅳ가 어머니를 주어로 등장시켜서 존경법을 사용하고 있음을 알 수 있는데 어머니(Ⅰ^{3})에게 존경법을 사용하는데 아버

지(Ⅰ[1])에게 존경법을 사용하지 않을 리가 없다.

그리고 Ⅰ[1], Ⅰ[3]은 딸 Ⅳ에게 의 대화처럼 해라체를 사용하고 있는 걸 보면 Ⅳ는 Ⅰ, Ⅰ에게 응당 공손법과 겸양법을 사용하는 것으로 볼 수 있는 것이다.

즉, 겸양법과 존경법, 공손법 등은 유기적 관계에 있고 이 3서열은 하나의 문법범주로 통합할 수 있는 근거를 시사하는 것이기도 하다. 이러한 관계에 있는 겸양법의 예를 살펴보자.

주어<객어>화사, 주이=화자, 청자<객어 관계의 대화는 (부)[(26)[1~2], 26)[9~10], (26)[13~14], (26)[16], (26)[27~29], (26)[40~42], (26)[44~47], (26)[49~53], (26)[55~61], (26)[69~70], (26)[73~74], (26)[81~83], (26)[85], (26)[87], (26)[89], (26)[92~93], (26)[96]] 등이다.

주어<객어>화자, 주어=화자, 청자=객어의 대화는 (부)[(26)[3~8], (26)[12], (26)[15], (26)[17~20], (26)[23~26], (26)[30~31], (26)[62], (26)[66], (26)[67], (26)[71], (26)[84]] 등이다.

주어<객어>화자, 주어=화자는 (부)[(26)[1~10], (26)[1~21], (26)[1~32~35], (26)[0~38], (26)[1~43], (26)[1~64], (26)[1~75~80], (26)[86], (26)[88], (26)[91]] 등이다.

주어<객어<화자, 주어=화자는 (부)[(26)[39], (26)[52], (26)[54]]

(부)(26)[39]는 본부인(Ⅰ[1])이 춘천집(Ⓘ)을 겸양어로 대우할 리 없다. 첩실을 본실이 겸양법으로 대우할 까닭있겠는가, 이것은 감정적인 대화이므로 겸양법의 차원으로 다룰 수 없다.

(부)(26)[54]는 김참셔(Ⅰ[1])가 그의 여동생(Ⅰ[2])에게 겸양법으로 대우할 수 없다. 청자 류가(Ⓥ)는 계급적으로도 비상위자인데 Ⅰ[1]는 상대하고 있다. 이것은 Ⅰ[1]가 신분을 감추고Ⓥ를 살피려는 속셈이었기에 표면적인 구조는 겸양법이 선정될 수 있으나 심층적 내용은 겸양법의 차원으로 볼 수 없다.

(부)(26)[25]도 화자(Ⅰ[3])는 객어의 모친이다. 그러므로 화자<객어의 성립을 기할 수 없다.

그러므로 (부)[(26)[39], (26)[52], (26)[54]]는 겸양법의 대화가 아니다.

Ⅳ. 結 論

지금까지 本 硏究가 「新小說」을 對象으로 진행한 20세기 초기 國語의 敬語法 體系는 모두 다루어졌다. 다양한 인물들에 의한 對話를 자료로 하여 論旨가 이끌어졌기 때문에 내용이 산만한 점이 없지 않았다. 여기에 위의 論旨를 요약하여 결론으로 삼고자 한다.

1. 명사의 上待語는 가족호칭, 관직명, 일반한자어 등으로 大別된다.

가족호칭은 직접면전호칭과 관계지시화칭으로 분류된다(최재석, 1982 : 396), 그러나 본 연구에서는 직접면전호칭을 주로 다루었다.

관직명은 현직이거나, 前職을 포함해서 呼稱하는데 양반계급이 양반에게, 常民계급이 양반계급에게 賤民계급이 兩班계급에게 관직명으로 呼稱된다.

일반한자어의 上待語는 작가에 따라 사용의 빈도가 다르게 나타난다. 순수국어의 上待語는 거의 나타나지 않았다.

2. 대명사는 신소설 작품에서 그 발달이 미약하다. 그 이유는 上待語로 사용될 대명사가 가족호칭이나, 관직명으로 대신하기 때문이다.

1인칭에 「나」, 「닉」, 「제」(졔), 「져」, 「우리」, 「자기」, 「과인」 등이 있다.

2인칭은 「너」, 「네」, 「자네」, 「당신」, 「너의들」, 「로형」 등이 있다.

3인칭은 「뉘」, 「그네」, 「그분」, 「뎌분」, 「이분」, 「누가」 등이 나타나는데 물론 위의 것들에서 上待語만을 예시한 것이 아니고,平待와 下待의 것들도 있다.

3인칭의 「그네」, 「뎌분」, 「이분」의 「그, 뎌, 이」 등은 지시대명사에서 온 것이 접미사와 결합된 형태이다.

지시나 장소를 나타내는 것은「이것」,「져(뎌)것」,「죠런」,「여긔」,「거긔」,「그게」 등을 참고로 예시할 수 있다.

「당신」은 3인칭을 표시하는 경우의 예도 있다.

천민계급의 비상위자가 양반계급의 상위자를 호칭할 때나 양반계급들 끼리의 호칭이나 常民계급이 양반계급을 호칭할 때 관직명이나, 가족호칭으로 대신하고 있다. 이것은 사회적 구조이기도 하지만 특히 3인칭 대명사가 미발달함은 우리 국어와 동계통 언어의 비교언어학적 숙제를 남긴다.

양반계급들이 천민계급(하인)을 부를 때도「돌쇠야」,「룡례야」또는「돌쇠놈」,「룡례년」등으로 양반계급의 남·녀를 막론하고 호칭하고 있다.

話者인 천민계급들은 겸양의 대명사「소인」,「쇤네」를 사용하거나「아비」,「어미」,「할미」등으로 자신을 卑下시켜 양반계급을 대하고 있다.

3. 접미사는 명사, 대명사에「-님」,「-분」,「-네」,「-덕」 등을 결합시킨다. 곧 명사, 대명사+님(네,분)의 형태로 나타난다. 명사, 대명사+님+게셔(여격으로는, 게)의 형태는 최상의 명사구가 된다.「-질」은 下待에 해당하고「-쪗」은 平待정도가 된다.

4. 助詞는 主格에 해당하는「-게셔」(-쎄셔, -게서, -계셔)가 있고 與格은「-게」(-쎄, -끠, 긔)가 있으며, 동일한 話者는(대개는 천민계급임) 上位者가 주어로 등장한 명사구에는 주격조사를 여격으로 등장하면 上待의 여격조사를 사용하는 統一性을 갖는다.上待의 호격조사「-시여」는 나타나지 않는다.

5. 감탄사의 유형은 여러 가지가 사용되거 있으나 일반적인 것, 虛頭로 쓰인 것, 긴박한 상황에 쓰인 것, 부정적인 것 등으로 나눌 수 있다.
감탄사는 계급의 上·下에 무관하게 사용된다.上待의 감탄사가 별도로 있는 것도 아니다.

6. 존경법에서 계급순위가 話者>主語>聽者일 때 화자가 주어에게「-시-」를 사용하는 것이나, 聽者>主語>話者의 계급순이어서 「-시-」를 화자가 주어에 사용해야 하는데도「-시-」를 연결하지 않는 것도 고찰하였다.
상위자와 비상위자가 복합된 복합명사구가 주어로 되는 경우 그 주어를 화자는 上位者로 上待하는 경우도 확인하였다.
화자 자신과 상위자가 복합된 명사구가 주어로 나타날 때 화자는 그 주어를 상위자로 上待하지 않는 예들을 실증적으로 서술하였다.
어간에 선어말어미「-시-」를 결합하는 형태가 존경법의 일반적인 표현이지만 특수한 어휘 "먹다, 자다, 있다" 등의 보충적 이형태인 "잡수시다(잡수다, 자시다), 주무시다, 계시다" 등에 의해 존경법이 이루어지는 경우도 고찰되었다.(아프다→편찮으시다, 죽다→돌아가시다를 첨가하기도 한다)
존경법이 이루어지는 화자와 주어의 조건을 신소설의 특징인 계급성에 의해 나타난다.

7. 공손법에서는 설명법, 의문법, 감탄법, 청유법, 허락법 등에 나타나는 종결어미를 합쇼체(하소서체), 하오체, 하게체, 해라체 그리고 등외로 반말체로 나누어 종결어미의 구조분석과 20세기 초기의 형태를 보였다.
화자, 청자의 계급을 분석하여 몇가지 조건을 나타내었다.
하오체가 다분히 上待의 경우도 있지만 中和的 체계의 시작임을 알 수 있었다.

반말체가 하게체, 해라체의 중간에 위치할 수 있을 객관적 자료에 의해 입증된다.

공손법의 등급 결정에 있어서 청자느 화자의 인물을 고정시켜 놓고 다양한 계급의 인물을 대비시켜 그에 나타난 실제 대화분석에서 등급을 결정할 수 있는 것도 작품에서 확인하였다. 그리고 그 등급은 같은 작품 속에서는 별로 변동이 없음도 확인된다.

8. 極上待의 공손법, 존경법은「-ᄉᆞᆸ-」계의 異形態인「-(ᄋᆞ)옵-」, 「-(ᄋᆞ)압-」,「-옵-」,「-삽-」,「-ᄉᆞ오-」,「-삽-」,「-ᄌᆞ오-」,「-자오-」,「-잡-」 등의 겸양의 형태소이었던 것들이 용언의 어간에 결합되어 존경이나 겸손의 경우를 깊게 하는 것도 확인된다.

9. 겸양은「-ᄉᆞᆸ-」계의 중세국어 겸양법 형태소가 轉移되어 공손법의 선어말어미로 변하였다. 그러나 몇 개의 특수한 어휘에 의해 겸양법이 유지된다. 즉, "뵙다, 드리다, 여쭈다, 모시다"(바치다, 올리다, 아뢰자, 사뢰다, 받들다 등을 첨가하기도 한다) 등에 의해 실제 대화에서 보인다.

겸양법은 화자<객어, 주어<객어의 두 조건이 갖추어져야 성립되는 중세국어의 경우처럼「신소설」작품의 대화에서도 두 조건이 갖추어 있어야 겸양법이 이루어질 수 있었다.

주어<객어<화자(주어=화자, 청자<객어)의 대화와 주어<객어>화자(주어≠화자, 청자≠객어)의 계급 결정에 의해 겸양법이 성립되고 있다.

특이한 조건은 주어<객어<화자의 계급순서가 겸양법에 나타나기도 하는데 그 대화는 수효도 적지만 대화의 심층적인 면을 보면 감정적인 대화이거나 反語的 대화이므로 겸양법의 범주에 속하는 대화가 아니

다.

경어법에서 존경법, 공손법, 겸양법의 세갈래의 서열은 다르지만 화자가 청자를 상대로 공손법을 사용하면 그 화자는 공손법을 사용하면 그 화자는 공손법으로 上待했던 인물이 주어로 등장하는 대화에서는 필연적으로 존경법을 사용하며 주어로 등장했던 인물이 다시 객어로 대화에 나타나면 그 화자는 겸양법을 사용하는 것은 중세국어의 경우와 같이 하나의 文法범주로 統合될 수 있는 대화를 같은 인물들에 의해 확인할 수 있었다.

이는 겸양법의 형태소「-습-」계가 轉移된 뒤 특수한 어휘에 의하여 유지하고 있는 겸양법이지만 통합관계는「-습-」의 유·무을 막론하고 질서있게 이루어지고 있다.

10. 下層階級語로 命名된 종결어미의 예도 거론하였다. 그러나, 하지요체나, 반말체와「-요」의 통합은 본 연구에서 다루지 않았다.

이상이 본 연구의 객관적인 論旨다. 研究방법의 미비점이나, 용어의 오류 등에 대한 많은 보완은 물론이고, 近代國語와 現代國語의 敬語法 體系와의 관련성에 관한 考究도 필요하리라 생각한다. 그러나 본 연구가 의도한 20世紀 初期 國語의 敬語法 體系는 이상의 論旨만으로 그 윤곽이 드러났으리라 믿는다.

【參考文獻】

「新小說·飜案(譯)小說」全十卷, 1978, 亞細亞文化史(韓國文獻研究)編, 影印本 중에서 17작품을 뽑음.

강복수·강윤호(1969), 「문법」,螢雲出版社.

姜信抗外(1985), "安東方言의 敍述法, 疑問法",「언어학」, 3.

강윤호 (1968), 「정수문법」, 지림출판사.

고영근·남기심(1985), 「표준국어문법」, 탑출판사.
高永根(1965), "現代國語의 敍法體系에 對한 硏究",「國語硏究」,15
———(1965), "近代國語의 直說法에 對하여",「국어국문학」, 31
———(1967), "現代國語의 先語末語尾에 對한 構造的 硏究", -特 히 排列의 體系를 중심으로 -,「語學硏究」, 3, 1.
———(1974a), "現代國語의 終結語尾에 대한 構造的 硏究", 「語 學硏究」, 10, 1.
———(1974b), "現代國語의 尊卑法에 대한 硏究",「語學硏究」 10, 2.
———(1976), "現代國語의 文體法에 대한 硏究",「語學硏究」 12-1.
곽종훈(1980), "존대법의 연구", 高大·敎育大學院.
金亨奎(1974), "敬讓詞의 硏究",「한글」, 12-4.
———(1948), "敬讓詞의 硏究",(續)「한글」, 13권 1호.
———(1962), "敬讓詞 問題의 再論",「한글」, 129)
金圭善(1972), "國語親族 呼稱語 分化에 關한 硏究",「국어 교육 논지, 4」, 대구교육대학.
金敏洙(1984), 「新國語學」, 一潮閣.
金熙祥(1911), 「朝鮮語典」, 普及書舘(歷代韓國文法大系, [1]-21, 탑출판사).
金熙祥(1927), 「울이글틀」, 永昌書舘(歷代韓國文法大系, [1]-21, 탑출판사).
金惠淑(1983), "待偶法 形態素 變遷史", 「東岳語文論集」, 17, 東 國大學校.
金貞泰(1983), "(-요) 聽者 경어법에 대하여", 「加羅文化」, 제 2 집, 慶南大學.
金勝漢(1978), "韓日兩國 敬語法의 比較硏究",「國際大學論誌」,16
金武憲(1976), "國語尊卑法의 意味論的 硏究",「語學論誌」, 강릉 교육대학.
김정수(1980), "17세기 초기 국어의 높임법, 인칭법, 주체·대상법 을 나타내는 안맺음씨 끝에 대한 연구,「한글」 167.
김혜숙(1981), "존대말의 련화에 관한 연구", 연대교육대학원.
金春燮(1977), "개화기 소설의 사회적 硏究", 高大 大學院.
金鍾塤(1961), "尊稱에 관한 小考", 「自由文學」, 총권 52, 자유 문학사(김종훈 편저,「國語 敬語 硏究」, 1984, 集文堂, 수록).
金均一(1980), "古代 尊敬語尾의 一考",「日本學誌」, 1, 啓明大學.
金錫得(1968a), "한국어 尊待形의 擴大構造",「국어국문학」, 41.
———(1968b), "現代 國語尊待法의 一致와 擴大構造",「국어국문학」, 41,

국어국문학회.
———(1977), “押尊法가 加尊法에 대하여”,「성봉 김성배 회갑기 념논집」, 螢雪出版社.
金永泰(1977), “慶南 方言 종결어미의 敬語法 硏究”,「論文集」, 4 집, 慶南大學.
南基心(1981), “국어 존대법의 기능”,「人文科學」, 45, 延世大學 校.
閔賢植(1985), “開化期 國語의 語彙”(Ⅱ),「국어교육」, 53, 54, 국 어교육연구원.
———(1986), “開化期 國語의 語彙”(Ⅲ),「국어교육」, 55, 56,국 어교육연구원.
朴良圭(1975), “尊敬體言의 統辭的 特徵”,「震檀學報」, 40.
朴榮順(1981), “韓國敬語法의 社會學的 硏究”,「국어국문학」, 72, 73, (합병호).
서정수(1972), “현대 국어의 대우법 연구”, 「어학연구」, 8, 2
———(1979), “존대말은 어떻게 달라지고 있는가?”, 「한글」,130
徐正洙(1984),「존대법 연구」, 한신문화사.
宋敏鎬(1962), “국초 이인직의 소설연구”,「高大文理論集」, 제 5 집.
———(1965), “春園 初期作品의 文學史的 硏究”,「高大 六十週年 記念論文集」
申昌淳(1988),「국어문법 연구」, 박영사.
신현숙·김영배(1987), 「現代韓國語文法」, 한신문화사.
呂增東(1985), 「韓國家庭言語」, 富林精版社.
李崇寧(1962), “謙讓法 硏究”,「亞細亞 硏究」, 10.
———(1964), “敬語法 硏究”,「震檀學報」, 25, 26, 27(合併號).
成耆徹(1976), “現代國語의 客體尊待 問題”, 「語學硏究」, 12, 1.
———(1970), “國語尊待法의 硏究”, 「論文集」, 4, 忠北大學校.
安秉禧(1961), “主體謙讓法의 接尾辭「-숩-」에 대하여”, 「震檀學報」, 22.
———(1963), “「ᄌᆞ갸」語考”, 「국어국문학」, 26.
———(1965), “15C 국어 恭遜法의 한 硏究”,-2인칭“그듸”에 대하 여-「국어국문학」, 28.
———(1982), “中世國語 敬語法의 한두 問題”,「鄭炳昱 還甲記念 論集」.
———(1983), “中世國語 謙讓法 硏究에 대한 反省”, 「國語學」 11.

李崇寧(1961), 「中世國語文法」, 乙酉文化社.
李承旭(1973), 「國語文法體系의 史的 硏究」,一潮閣.
李翊燮, 任洪彬(1988), 「國語文法論」, 學硏社.
李熙昇(1957), 「새 고등문법」, 一潮閣.
李翊燮(1973), "嶺東方言의 敬語法 硏究",「論文集」, 6(서울大 敎 養課程部).
———(1974), "國語敬語法의 體系化 問題",「國語學」.
李龍男(1986), 「李海朝와 그의 作品世界」, 東星社.
ㅇ수구(1982), "국어 대우법 연구", 啓明大 大學院.
柳龜相(1970), "主格-께서 考",「새 국어교육」, 14, 15.
李孟盛(1975), "韓國語終結語尾와 對人關係要素의 相對關係에 대 한 硏究", 「人文科學」, 33, 34, 延世大學校.
徐炳國(1966), "尊讓法 是非考"-15세기 客體謙讓法 'ᄉᆞᆸ'을 中心으로-「慶北大論文集」, 10, 慶北大.
임홍빈, 홍경표, 장인숙(1987), 「외국인을 위한 한국어문법」, 연 세대학교 출판부.
金在寬(1958), "「ᄉᆞᆸ」따위 敬讓詞의 散考", 「慶北大學論文集」, 2, 慶北大.
曺圭範(1980), "한국어의 주체존어 보조어간「-시-」에 대한 고 찰", 延大大學院.
全光鏞(1986), 「新小說 硏究」, 새문社.
———(1957), "李人稙 硏究", 「서울大 論文集」,人文·社會論 , 서울大學校.
———(1967), "한국소설 발달사"(下),「한국문화사대계」,(고대민 속문화연구소).
趙學俊(1980), " 話用論과 恭遜의 規則", 「語學硏究」, 6-1.
崔泰永(1973), "존대법 연구" -全北東部地域中心-「全北大語文學 」, 全北大, 語學硏究所.
崔在錫(1982), 「改訂, 한국가족연구」, 一誌社.
崔光玉(1908), 「大韓文典」, 普成社.
崔鉉培(1937), 「우리말본」, 延禧專門學校 出版部(歷代韓國文法 大系[1]-47) 탑출판사.
河東鎬(1966), "新小說硏究草",「世代」, 통권(38, 40, 41)호.
許 雄(1963), 「中世國語 硏究」, 正音社.

———(1969), 「표준문법」, 新丘文化社.
———(1954), "尊待法 史", 「成均館報」, 成均館大學.
崔洪圭(1981), "現代國語의 尊卑稱實態 硏究", 建國大 大學院.
정해남(1982), "현대국어의 대우표현양식", 延世大 大學院.
玄平孝(1977), "濟州道 方言의 尊待法", 「국어국문학」, 74.
玄惠卿(1974), "新小說의 主題 및 時代的 性格 硏究", 梨大 大學 院.
洪鍾瑞(1974), "신소설의 주제에 관한 연구", 高大 敎育大學院.
최낙복(1977), "우리말 높임법 연구", 釜山大 大學院.
최기호(1978), "국어 대우법 연구", 啓明大 大學院.
林在洙(1982), "20세기 초기 국어의 경어법 체계에 대한 연구", 檀國大 敎育大學院.
許 雄(1961), "서기 15세기 국어의「존대법」의 문제를 논함",「 한글」, 130.
張奭鎭(1973), "A Generative Study of Discourse with Special Reference to Korean and English"(Illinois 大學, 博士學位論文, 1972), 「語學硏究」, 9-2(別卷).
서정수(1978), "Remark on Subject Honorification", in Kim ed. 1978.
李鴻培(1970), "Study of Korean Syntax", (Brownt 博士學位論 文).
신기철, 신기용(1988) 「새우리말큰사전」, 삼성출판사.

【外 國 人 論 著】

青山秀夫(1969), "現代朝鮮語の敬語と敬語意識",「朝鮮學報」, 51.
江大孝男(1958), "On the Indicative Ending in Moderon Korean",「語學硏究」, 3.4,「日本語學會」.
小倉進平(1929),「鄕歌及び吏讀硏究」, 경기제대 法文學部紀要, 1.
———(1938), "朝鮮語江於けゐ謙讓法·尊敬法の助動詞", 「東洋 文庫論叢」,26.
Underwood, H. G,(1915)(Isted, 1890), An Introduction to the Soopken Korean Langage, 京城 : 朝鮮耶蘇教 書會.
Ramstedt, G.J.(1939) A Korean Grammar, Helsinki : Mémoire dela

Société Finno-Ougrienne LXXXII.

Martin, S, E.(1954), Korean Morphophonemics, Baltimore Ling -uistic Society of America.

————(1964), "Speech levels in Japanese and Korean", in : D. Hymesed, Language in Culture and Sorciety, 1964.

Eckardt, P.A.(1923), Koreanishe Konversation-Grammatik mit Lesestücken und Gesprächen, heidelberg (歷代韓國文法大系[2]-23,24).

ABSTRACT

A study of the Korean Honorifics of the Early 20th Century
Centering on the New Novels

Kang, Kyu-sun
Dept. of Korean Language & Literature
Graduate School
Sung Kyun Kwan University

Early in the 20th century the Korean language was rich in the expression conveying respect or modesty. The new-style fiction or new novels of that time show us that honorific expressios are diversifiec wich declinable or indeclinable parts of speech, auxiliary postposititions and suffixes.

In the new novels the noun form of honorific is classified into the designations of family members, the titles of officials, and those in Chinese characters. Pronoun form consists of personal pronouns which are concerned with a speaker's equals/contemporaries, superiors/seniors and inferiors/juniors. First personal pronoun has the words for equals <나, 너, 우리, 자기> and the words for superiors <제(져), 과인>. Second personal pronoun has all the kinds : the words for inferiors

<너, 네, 너의들>, the word for equals <자네> and the words of respect compounded of the demonstrative pronoun and the suffix <그분, 저분, 이분> and the words of equal treatment <-님, -분, -덕>.

Suffixation is another way conveying respect or modesty. Some suffixes, attached to the designations of the seniors of a family or to those of officials <뉘, 그네, 누가>, are used for honorific, others for equal treatment < -네, -질>. Auxiliary postposition, combined with the nominative or the dative < -ᄭᅦ셔, -ᄭᅦ>, is also used for honorific.

The honorific is subclassified into respectful, polite and modest forms. Respectful form has, in the novels, instances that the honorific infix < -시->, unexpectedly inserted or omitted, is also used for the subject compounded of a superior and an inferior. Polite form includes the expressions for both superior and inferior. It varifies with suffixation <합쇼(하소서), 하오, 하게, 해라> according tl a hearer's social class such as the upper, the middle and the lower. The most polite form is made of a comcination of two differdnt facors: The infix of respectful-polite form and a version of the enfix <-숩-> which is transferred from that of modest form. madest form. Madest form is found lacking in infix or morpheme, whidh was mainly transferred into ploite form, but the form is in the novels found existing on suppletion. The requisites for modest form are, as were in Middle Korean, the two conditions of speaker object and subject object. The three forms of honorific are different in usage, but can be placed under one grammatical category, as were in Middle Korean. Cases are known where a speaker, who has been using polite form to a hearer now uses respectful form about the latter who is placed in the position of the subject (the third pefsonal) in a dialogue, but if the latter is transposed to the position of the object, the speaker this time uses modest form about him.

Although a system of the Korean honorific is outlined here, further studies are necessary for the improvement of method and terminology, and are also necessary for inquiry into the relationship between the 20th century honorifics and the contemporary ones in the Korean Language.

부 록

2. 1. 1 家族呼稱

<아씨>

(1)^{4} J → d 남의게 젹션ᄒᆞ야 쥬고 자- 쥬인 아씨게도 젹션으로 …(귀2 : 86)

(1)^{5} b → Ⅱ⃝ 앗씨 앗씨 국밥을 잡수시오(은 : 81)

(1)^{6} a → Ⅱ 우리 아씨 저녁 진지 지어드리겟습니다(빈 : 21)

(1)^{7} a → a^{1} 여보 령감계실 ᄉᆞᆫ인들 아씨게셔 고ᄉᆡᆼ을 적게 ᄒᆞ셧소 (빈 : 6)

(1)^{8} a^{1} → Ⅱ^{1} 아씨게셔 이리시면 쇤네 아편이나 먹고 죽겟습니다 (빈 : 8)

(1)^{9} a^{1} → Ⅱ^{1} 복단이가 아씨 죠젼비지 평양집 죠젼비요(빈 : 9)

(1)^{10} c → Ⅱ^{1} 쇤네 아씨를 비옵고 십어서 왓습니다(빈 : 11)

(1)^{11} b → Ⅲ⃝ 쇤네가 아씨일에 범연 ᄒᆞ겟습닛가(빈 : 22)

(1)^{12} b → Ⅲ⃝^{1} 아씨 상덕 적게 입엇습닛가(빈 : 27)

(1)^{13} b → Ⅱ^{1} 아씨 양반의 일은 ᄒᆞᄂᆞᆯ과 갓담니다(빈 : 66)

(1)^{14} Ⅰ^{1} → a·b 너의 내외가 권도ᄉᆞᄃᆡᆨ 아씨를 뫼셔 왓ᄉᆞᆫ즉(마 : 80)

(1)^{15} Ⅳ⃝^{3} → Ⅳ⃝^{4} 아가씨를…(목 : 25)

<령 감>

(2)^{9} Ⅰ^{2} → Ⅰ 령감… ᄯᅩ 뵈옵소 구려(귀 : 60)

(2)^{10} c^{1} → Ⅰ^{1} 령감마님 뵈온(귀 : 81)

(2)^{11} Ⅰ^{3} → Ⅰ 여보 령감 령감을…(귀 : 60)

(2)^{12} Ⅴ⃝^{1} → c^{1} 마마님 드르시리 령감이 아무리… 마마님은 령감이 첩으로 정ᄒᆞ야 두신 터이 아닌가(귀 : 110)

(2)^{13} Ⅴ⃝^{1} → Ⅰ 령감게셔는 마마님도 츄천마마님도 잇ᄂᆞᆫᄃᆡ ᄋᆡ가 ᄯᅩ 잇고 보면… (귀 : 30)

(2)^{14} Ⅰ^{1} → Ⅰ 여보게 령감 홍집이 불상ᄒᆞ지 아니ᄒᆞᆫ가(홍 : 42)

(2)^{15} Ⅰ^{2} → d 령감마님게도 엿쥬어라(홍 : 46)

(2)^{16} Ⅳ → Ⅰ^{1} 시ᄉᆡᆼ이 령감 말슴은 익히 듯죠왓스나(홍 : 61)

(2)^{17} a → Ⅰ^{3} 소인은 령감게셔 그ᄃᆡᆨ 힝차ᄒᆞ압시는 것을… (홍 : 21)

(2)^{18} a → a^{1} 여보 령감 계실 ᄯᅵ인들 아씨게셔 고ᄉᆡᆼ을 적게 ᄒᆞ셧 소(빈 : 6)

(2)^{19} d → a 무엇이오 리승지 령감 자제가 올 오셧셔요(빈 : 61)

(2)^{20} Ⅱ → g 영ᄆᆡ야 령감마님과 실ᄂᆡ 마님 뵈옵거든(빈 : 143)

(2)^{21} Ⓘ^{3} → Ⅰ 령감ᄭᅴ셔 오날은 ᄆᆡ우 자미가… (재 : 64)

(2)^{22} b → Ⅱ^{1} 허부령 령감ᄭᅴ셔 오셧습니다(재 : 71)

(2)^{23} a → b 령감ᄭᅴ셔는 자근아씨가 오시면(재 : 12)

(2)^{24} Ⓘ^{3} → Ⓘ^{4} 허부령 령감이 오셔서(재 : 25)

(2)^{25} Ⓘ^{3} → Ⅰ 령감이 아니시면 곳칠 사람이(재 : 27)

(2)^{26} b → Ⅱ1 허부령 령감ᄭᅴ셔 오셧습니다(재 : 71)

(2)^{27} Ⓘ^{3} → Ⅰ 허부령 령감 말슴을 엿조왓스니(재 : 83)

(2)^{28} Ⓘ^{1} → Ⓘ^{3} 령감ᄭᅴ셔 정말 보게 ᄒᆞ야 주실가(재 : 84)

(2)^{29} Ⓘ^{3} → Ⅰ 령감을 괴로우시게 ᄒᆞᆫ일… (재 : 88)

<마님>, <마누라님>, <마누라님>, <대감마님>, <나리마님>, <마누라>, <실ᄂᆡ마님>, <령감마님>

(3)^{19} c^{1} → (Ⅳ) 여보 마님게셔 왼 일이오(귀 : 67)

(3)^{20} c^{1} → Ⅰ^{1} 령감마님 뵈온… (귀 : 81)

(3)^{21} c^{1} → Ⅰ^{1} 발셔부터 마마님게… (귀 : 81)

(3)^{22} Ⓥ^{1} → c^{1} 마마님 드르시리 령감님 아무리… 마마님은 령감 이 쳡으로 정ᄒᆞ야 두신 터이 아닌가(귀 : 110)

(3)^{23} Ⓥ^{1} → c^{1} 여보게 마마님이 수상하게 알리(귀 : 112)

(3)^{24} Ⓥ^{1} → Ⅰ 령감게셔는 마님도 계시고…마마님도 잇ᄂᆞᆫᄃᆡ ᄂᆡ가 ᄯᅩ 잇고 보면…(귀 : 130)

(3)^{25} Ⅲ → Ⅲ 여보 마누라 우리가 졀문터에 구구한 ᄉᆡᆼ각은… (치 : 24)

(3)^{26} (Ⅱ)^{1} → (Ⅱ)^{3} 마누라가 다리고 갓다 오시오(은 : 88)

(3)^{27} e → a 마님께서… 알으시고 하문ᄒᆞ압시ᄂᆞᆫᄃᆡ 아니 엿쥴 수 가 잇슴닛가(홍 : 22)

(3)^{28} Ⅱ^{1} → g 영ᄆᆡ야 령감마님가 실ᄂᆡ마님 뵈옵거든…(빈 : 143)

$(3)^{29}$ Ⅰ → $Ⅰ^{1}$ 마누라는 속모르는 소리… (재 : 40)

$(3)^{30}$ Ⅰ → Ⓘ^{3} 자네 마누라가(재 : 41)

$(3)^{31}$ Ⅰ → a 너의ᄃᆡᆨ 졀믄 마누라가 어듸 갓ᄂᆞᆫ지 몰라 그것이 왼 일이란 말이냐(재 : 151)

$(3)^{32}$ a → $Ⅰ^{2}$ ᄃᆡᆨ마님게셔 젼갈ᄒᆞ시기에… (재 : 40)

$(3)^{33}$ Ⅱ → $Ⅲ^{2}$ 우리 마누라가…(마 : 11)

$(3)^{34}$ Ⅱ → $Ⅱ^{1}$ 여보 마누라(마 : 108)

$(3)^{35}$ Ⓘ^{1} → Ⓘ … 황동지 마누라가… (목 : 46)

$(3)^{36}$ c^{1} → Ⓥ^{1} 에그 침모 마누라님도 여긔 와 계시군(귀 : 81)

<셔방님>

$(4)^{4}$ c → Ⅰ 마님 마님 원쥬 셔방님 오심니다(치 : 42)

$(4)^{5}$ b → Ⅰ ᄂᆞ리게셔 부손으로 이ᄉᆞ 가실 ᄯᅢ 홀ᄆᆡᄂᆞᆫ 늘근 것이 라… 옥년아기와 졀무신 셔방님은… (혈 : 30)

$(4)^{6}$ k → e 셔방님게셔 양반을 뵈히러 가시는… 오닛가(귀下 : 101)

$(4)^{7}$ Ⓥ^{1} → Ⅰ 나ᄂᆞᆫ ᄒᆞ로 밧비 셔방이나 어더… (귀 : 30)

$(4)^{8}$ c^{1} → e 셔방님게셔 큰ᄃᆡᆨ에 ᄃᆡᆼ겨오심닛가(귀下 : 9)

$(4)^{9}$ Ⓘ → e 셔방님게셔 그 양복입은… (귀下 : 102)

$(4)^{10}$ Ⓥ → c 최셔방님이 패가ᄒᆞ셧다ᄂᆞᆫ…(은 : 13)

$(4)^{11}$ Ⓥ → Ⓘ 최셔방님 아모념려 마르시오(은 : 11)

$(4)^{12}$ d → d^{1} 본평ᄃᆡᆨ 셔방님이 영문에 잡혀가신다지(은 : 17)

$(4)^{13}$ Ⓥ → Ⓘ 셔방님 갓흔 령반이 명문에 가시면…(은 : 12)

$(4)^{14}$ Ⓥ → c 셔방님 일을 잘 보아 드리ᄂᆞᆫᄃᆡ 셔방님게셔 무슨 쳐 분이 계시지…(은 : 14)

$(4)^{15}$ b → Ⅱ 셔방님 대감게셔…(빈 : 24)

$(4)^{16}$ Ⓘ → Ⅱ 셔방님 ᄂᆡ말ᄉᆞᆷ 드른시오

$(4)^{17}$ Ⓘ → f 소안동 계신 셔판셔ᄃᆡᆨ 서방님 오셧다고(빈 : 42)

$(4)^{18}$ a → $Ⅱ^{2}$ 셔방님 소인을 이자리에서 쥬이고 힝차ᄒᆞ십시오(빈 :49)

$(4)^{19}$ a → a^{1} 글셰 셔방님이 오시더니… (빈 : 5))

$(4)^{20}$ d → Ⓘ 그 셔방님이 쳐엄에 ᄃᆡᆨ에 오셔ᄂᆞᆫ…(모 : 98)

<부·모>호칭

(5)^{8} Ⅱ⃝^{2} → Ⅱ⃝ 옥순 아버지 옥순 아버지… (은 : 6)
(5)^{9} Ⅱ⃝^{2} → Ⅱ⃝ 여보 옥순 아버지… (은 : 24)
(5)^{10} Ⅵ⃝ → Ⅱ⃝^{2} 어머니 어머니 이것이 윈 일이오(은 : 82)
(5)^{11} g → Ⅱ⃝^{1} 아기가 어머니 보러 온다고 엇지 몹씨 조르던지… (은 : 86)
(5)^{12} Ⅳ^{1} → Ⅱ^{1} 우리 어머니게셔 상사 나신 것이지오(홍 : 39)
(5)^{13} Ⅳ⃝ → 아기 아버지 언제 오시나 머리좀 글거라(귀下 : 6)
(5)^{14} Ⅱ⃝^{1} → Ⅵ⃝^{1} 너의 어머니를 잠간 보고 도로 유모 집으로 가 잇 거라 (은 : 87)
(5)^{15} Ⅵ⃝ → Ⅵ⃝^{1} 어머니가 저런 마음으로 병이 드럿소구려(은 : 131)
(5)^{16} Ⅵ⃝ → Ⅰ^{1} 후취 어머니시지오(홍下 : 81)
(5)^{17} Ⅳ → Ⅰ^{3} 어머니 걱정을 ᄒᆞ심잇가 무슨 일이 잇슴닛가(홍下 : 13)
(5)^{18} Ⅶ → Ⅳ^{1} 자근 어마니 집으로 드러 가십시다(홍 : 2)
(5)^{19} b → a 복단 아버지 계시오(빈 : 10)
(5)^{20} a^{1} → b 자네 아버지 벌이 지ᄂᆞᆫ데(빈 : 12)
(5)^{21} Ⅵ⃝^{1} → Ⅰ 아버지 그 편지에 무엇이라 ᄒᆞ얏셔요(치下 : 85)
(5)^{22} a → Ⅰ^{3} 소인의 어미 ^{아비} 잇ᄂᆞᆫ 집이올시다(홍下 : 21)
(5)^{23} b → Ⅲ^{3} 복단 어미 아비ᄂᆞᆫ 셰간도 령거ᄒᆞ여 보ᄂᆡ고…(빈 : 76)
(5)^{24} b → Ⅲ⃝ 돌이 어미다려 불러다리고 갓지오(빈 : 24)
(5)^{25} Ⅱ → Ⅱ^{1} 어머님 말삼이 귀에…(재 : 50)
(5)^{26} Ⅱ → Ⅰ^{2} 어머니 다 자세히 드러서 계십시오(재 : 62)
(5)^{27} Ⅱ^{2} → Ⅰ⃝^{4} 요전에ᄂᆞᆫ 저의 어머니 병환이라고…(재 : 62)
(5)^{28} Ⅱ^{1} → Ⅰ 아버지ᄭᅴ 엇더케던지(재 : 3)
(5)^{29} Ⅱ^{1} → Ⅰ 아버지…(재 : 13)
(5)^{30} Ⅱ^{1} → Ⅰ^{2} 어머님 주무셔 게시오(재 : 3)
(5)^{31} Ⅱ → Ⅰ^{2} 어머니 다녀 오깃슴니다(재 : 36)

2. 3 接尾辭

(12)^{33} Ⅰ → c 령감마님ᄭᅦ… 김찬판ᄃᆡᆨ 자근아씨 그 아씨ᄂᆞᆫ ᄃᆡ분마님 족하ᄯᆞ님오(재 : 4~11).
(12)^{34} a → c 김안판ᄃᆡᆨ 나도 ᄃᆡ분마님압헤(재 : 11)

(12)^{35} Ⅱ^{1} → Ⅰ^{2} 어머님 주무셧겟지오 누님은 오셧슴드닛가(재 : 30)
(12)^{36} Ⅱ^{2} → Ⅱ^{1} 형님 벌셔 일곱시 반이오(재 : 31)
(12)^{37} Ⅱ^{2} → Ⅱ^{1} 져 형님 한테요(재 : 33)
(12)^{38} Ⅰ^{2} → Ⅱ 사돈마님(재 : 35)
(12)^{39} a → Ⅰ^{2} ᄃᆡ분마님 아시지 못ᄒᆞ시지오(재 : 44)
(12)^{40} Ⅰ^{2} → Ⅰ⃝^{3} 그사람의 부인으로… 도망질 허다니…(재 : 171)
(12)^{41} a → Ⅰ^{2} 모르시면 쇤네가 엿ᄌᆞᆸ지오(재 : 45)(재 : 123)
(12)^{42} Ⅰ^{2} → Ⅱ 그 녀편네가 네 쳐인 쥴은 모르고(재 : 126)
(12)^{43} a → Ⅰ^{2} 쇤네가 왓슴니다(옥 : 40)
(12)^{44} Ⅳ^{1} → Ⅱ^{1} 누님 담ᄇᆡᄂᆞ 잡수시오(옥 : 102)
(12)^{45} Ⅲ⃝ → Ⅲ^{2} ᄋᆡ고 하ᄂᆞ님 맙시샤(목 : 61)
(12)^{46} Ⅳ^{1} → b ᄃᆡ감 내외분 올나오시거든(완 : 63)
(12)^{47} Ⅷ⃝ → Ⅲ 한아버님은 아버지의 죄를(완 : 83)
(12)^{48} Ⅶ⃝ → Ⅳ^{1} 휴쥬ᄂᆞᆫ… 공쥬의… ᄯᆞ님이시라(완 : 39)
(12)^{49} Ⅵ → Ⅴ 누님은 다시…ᄂᆡ지 마옵소셔(완 : 51)
(12)^{50} Ⅵ^{1} → Ⅳ^{1} 아자마님은 념녀 마ᄋᆞᆸ소셔(완 69)
(12)^{51} Ⅷ⃝ → Ⅳ^{1} 어마님ᄭᅴ셔 아마도 져를 쇽이시ᄂᆞᆫ듯(완 : 88)
(12)^{52} b → a 아모렴 막ᄂᆞᆫ 것은 어ᄃᆡ로… 마누라님(구 : 11)
(12)^{53} a → Ⅱ 마님의 졍셩이 칠셩님이…(구 : 3)
(12)^{54} Ⅱ → Ⅰ 션싱님게셔(구 : 43)(구 : 45)
(12)^{55} Ⅱ → c 삼랑아 이리와셔 도령님…(구 : 70)
(12)^{56} Ⅲ⃝ → a 영감마님(목 : 44)
(12)^{57} Ⅰ → Ⅰ⃝^{3} 어느 학자님(목 : 47)
(12)^{58} a → Ⅲ⃝^{1} 식문밧 셔방님(목 : 64)(목 : 78)
(12)^{59} b → Ⅳ⃝^{2} 마누라님(목 : 30)
(12)^{60} Ⅳ⃝^{2} → b 아 그러면 리춤판댁(목 : 101)(목 : 56)
(12)^{61} Ⅳ⃝^{6} → b 허 마나님이(목 : 14)
(12)^{62} Ⅲ⃝ → Ⅱ⃝ 그러나 마누라님은(목 : 19)
(12)^{63} Ⅳ⃝^{5} → Ⅳ⃝ 여보시오 뱡션달님(목 : 95)
(12)^{64} Ⅳ⃝ → Ⅰ^{1} 소인은 셔방님(목 : 96)
(12)^{65} b → Ⅰ^{4} 쇤네가(목 : 55)
(12)^{66} b → Ⅲ⃝^{1} 에그 식문밧 셔방님 쇤네가 (목 : 78)
(12)^{67} Ⅲ⃝ → (학부형) 본인은 녀ᄌᆞ로 여러분ᄭᅴ…(목 : 51)

(12)^{68} (설명문) 계집질 도적질(모 : 1)
(12)^{69} (Ⅳ) → (Ⅳ) 우리가 솟곱질…(모 : 53)
(12)^{70} (Ⅳ)^{3} → (Ⅳ)^{5} 잔치질…(목 : 50)
(12)^{71} (Ⅴ) → (Ⅳ) 멀리간 그 양반님(쌍 : 50)
(12)^{72} (Ⅲ)^{1} → (Ⅴ)^{1} 로형네야(쌍 : 82)
(12)^{73} (Ⅳ) → (Ⅲ) 우리가 당신네게(쌍 : 88)

2. 4 助 詞

(13)^{7} b → Ⅰ ᄂᆞ리게셔 부순으로 이사 가시고…(혈 : 30)
(13)^{8} b → Ⅰ 쇤네는 ᄉᆞ라셔 ᄂᆞ리씌…(혈 : 30)
(13)^{9} a → Ⅰ ᄂᆞ리게셔는 무엇을 좀 사다 잡슈시고…(혈 : 30)
(13)^{10} e → Ⅱ^{3} 아씨게셔 나흐신 아기가…(혈 : 40)
(13)^{11} b → h 어셔 편지나 이리 쥬오 앗씨게 드리게(혈 : 89)
(13)^{12} e → Ⅱ^{3} 아씨… 우리 령감게셔… (혈 : 44)
(13)^{13} c^{1} → Ⅳ^{1} 우리ᄃᆡᆨ 마님게…(귀 : 33)
(13)^{14} (Ⅳ) → Ⅰ 령감게셔…(귀 : 59)
(13)^{15} j → c^{1} 쥬인 아씨게도…(귀 : 101)
(13)^{16} Ⅳ^{1} → c^{1} 그ᄃᆡ로 마님게 엿쥽게(귀 : 34)
(13)^{17} (Ⅲ) → Ⅰ 령감게셔 작정이오닛가(귀 : 61)
(13)^{18} c → (Ⅳ) 발서부터 마마님게 와셔…(귀 : 81)
(13)^{19} c^{1} → Ⅰ^{1} 마님게셔 암만 그리ᄒᆞ시면 쓸ᄃᆡ 잇슴닛가(귀 : 70)
(13)^{20} Ⅰ^{1} → c^{1} 령감게셔…령감게 오깃ᄂᆞ냐(귀 : 78)
(13)^{21} c^{1} → Ⅳ^{1} 령감게셔는 마님게모 ᄆᆞ암이 잇스시고(귀 : 97)
(13)^{22} c^{1} → (Ⅴ)^{1} 령감게셔는 마님게 가지오 마마님게 가지오 침모 마누라님게 오지오(귀 : 109)
(13)^{23} k → e 셔방님게셔…(귀下 : 101)
(13)^{24} (Ⅳ) → (Ⅱ) 최서방님 우리가 영문에 가셔 순사도씌 말슴만… (은 : 11)
(13)^{25} Ⅳ → (Ⅱ) 최서방님 우리가 호방비장께도 말슴을 잘 엿쥬고 …(은 : 12)
(13)^{26} (Ⅳ) → Ⅰ 영문 사도께 셔방님이 패가 하셧다는…(은 : 15)
(13)^{27} b → (Ⅱ)^{1} 앗씨게셔 셔방님씌 죤 뵈옵깃다고…하셔요(은 : 15)
(13)^{28} (Ⅱ)^{2} (독백) ᄒᆞᄂᆞ님게 원정이나 가자(은 : 64)

(13)^{29} Ⅱ⃝^{2} → Ⅱ⃝^{3} ᄂᆡ가 옥황상뎨께 원정을 ᄒᆞ얏소(은 : 91)

(13)^{30} Ⅱ⃝^{2} → Ⅱ⃝^{3} 옥황상뎨게셔 그 원정을 보시더니 푸러주마 하십 듸다(은 : 92)

(13)^{31} Ⅳ⃝ → c 이렇게 잘 보아 드리는데 셔방님게셔 무슨 쳐분이 계시지 (은 : 14)

(13)^{32} Ⅳ^{1} → Ⅱ^{1} 우리 어머님게셔 상사 나신 것이지오(홍 : 39)

(13)^{33} a → a^{1} 아씨게셔 긔ᄉᆡᆨ을 ᄒᆞ셧으닌…(홍 : 54)

(13)^{34} (설명문) 상호가 자기 모친게 말숨을 고ᄒᆞ고…(홍 : 69)

(13)^{35} a → Ⅰ^{2} 령감마님게셔 용례 왓드린 말숨을 넘박게 내지마오 (홍下 : 55)

(13)^{36} Ⅰ^{2} → a 령감을 뵈이고 내셔 그리 ᄒᆞ더라도…(홍下 : 55)

(13)^{37} a → Ⅲ⃝ ᄃᆡᆨ마님게셔 이 편지를 령감게 드리고 어인 곡졀인 지 여쥬어보라고 항셔요(홍下 : 58)

(13)^{38} a → Ⅲ⃝ 쇤네댁 령감게셔는…(홍下 : 62)

(13)^{39} a → Ⅲ⃝ 네 쫌 되었습이다 그대로 마님게 엿줍지오(홍 : 64)

(13)^{40} Ⅳ^{1} (생각) 우리 대황뎨페하씌옵셔 동셔릉에 전비ᄒᆞ압실 ᄯᅢ… (홍下 65)

(13)^{41} a^{1} → Ⅱ 아씨게셔 이리시면 쇤네는 아편이나 먹고 쥬겟습니 다(빈 : 8)

(13)^{42} a → a^{1} 여보 령감계실 ᄯᅢ일들 아씨게셔 고싱을 적게ᄒᆞ엿군 (빈 : 6)

(13)^{43} d → Ⅱ 셔방님 대감게셔…(빈 : 24)

(13)^{44} b → a 복단 아버지 복단이가 여긔 왓습닛가 아씨게셔 불 으시는데 …(빈 : 10)

(13)^{45} Ⅱ → Ⅰ 놈아 화슌마마게 …엿주어라(빈 : 116)

(13)^{46} Ⅱ → Ⅱ^{2} 자네 더러 욕설을 ᄒᆞ던가(빈 : 31)

(13)^{47} a → h 네 아비 연갑되는 사람ᄃᆞ려…(빈 :70)

(13)^{48} Ⅱ^{1} → c 종을 한 번 칠 ᄯᅢ는 령감씌셔 부르시는 것이오(재 : 4)

(13)^{49} Ⅱ^{1} → c 셰번 칠 ᄯᅢ는 ᄃᆡ분마님 ᄭᅮ지람 듯지 않게 …(재 : 4)

(13)^{50} Ⅱ^{1} → c 명심ᄒᆞ야 령감마님씌 ᄭᅮ지람 듯지 안게…(재 : 4)

(13)^{51} a → c 계순아… 너는 져 만큼 외양을 ᄯᅳᆫ 아ᄒᆡ가…그런데 마님씌셔 무엇이라고…(재 : 6)

(13)^{52} b → a 마님씌셔 자근아씨를 ᄯᅳ리시는 지…(재 : 7)

(13)^{53} b → a 령감씌셔는 외 자근아씨가 오시면…(재 : 7)

(13)^{54} a → b ᄃᆡ분 마님ᄭᅴ는 혼인 ᄆᆞᆯ ᄂᆡᆯ ᄯᅴ…가만히 계셧지마는 …(재 : 11)
(13)^{55} Ⅱ^{1} → c 령감ᄭᅴ셔…말솜이 계시다니(재 : 11)
(13)^{56} Ⅱ^{1} → Ⅰ ᄂᆡ게 무슨 돈이 잇슴ᄂᆡᆺ가(재 : 14)
(13)^{57} Ⅱ^{1} → Ⅰ 반지와 시계도 아버지ᄭᅴ셔(재 : 16)
(13)^{58} Ⅱ^{1} → Ⅰ 이것은 리참셔가 혼례일에 ᄭᅵ워준 것이 올시다(재 : 18)
(13)^{59} Ⅰ^{3} → Ⅰ 령감ᄭᅴ셔 허락만 ᄒᆞ하면(재 : 28)
(13)^{60} Ⅱ → Ⅰ^{2} 져기 션 져 사람의게(재 : 33)
(13)^{61} a → Ⅰ^{1} 소인은 령감ᄭᅴ서 궁금이 아실 듯ᄒᆞ와…(마 : 64)
(13)^{62} c → Ⅰ 져동 작은 아씨게셔 나려오심니다(마 : 83)
(13)^{63} Ⅳ⃝^{6} → Ⅰ 소인이 령감마님ᄶᅦ…(목 : 99)
(13)^{64} Ⅳ⃝ → a 너의ᄃᆡᆨ 령감게셔는 무엇이라고 ᄒᆞ시데(홍下 : 62)

2.5 感歎詞

(14)^{36} Ⅲ^{1} → h 여보 지금 갑시다(혈 : 80)
(14)^{37} Ⅲ⃝^{1} → Ⅲ⃝ 압다 이런 답답ᄒᆞᆫ 말도 잇ᄂᆞ(귀 : 4)
(14)^{38} g → a 녜 츄쳣 솔개동ᄂᆡ(귀 : 19)
(14)^{42} Ⅰ → c^{1} 애고 그년 당겨와라(귀 : 19)
(14)^{43} Ⓥ^{1} → Ⓥ 에그 못ᄒᆞ깃소(귀 : 79)
(14)^{44} Ⓥ → Ⅵ 웅 …이냐(귀 : 119)
(14)^{45} j → c^{1} 허 세월 다 갓구(귀하 : 83)
(14)^{46} j → c^{1} 어 아릿목시려(귀하 : 83)
(14)^{47} Ⅱ⃝ → Ⅱ⃝^{2} 웅 어디로 들어와(은 : 7)
(14)^{48} d → Ⅱ⃝^{1} 네 소인들이 …거힝ᄒᆞ깃습니다(은 : 17)
(14)^{49} Ⅱ⃝ → Ⅱ⃝^{1} 웅 그럴 일이야(은 : 23)
(14)^{50} Ⅱ⃝ → Ⅱ⃝^{1} 어 아라드럿네 줄가게(은 : 24)
(14)^{51} Ⅱ⃝^{2} → Ⅱ⃝ 여보 옥순 아버지(은 : 24)
(14)^{52} Ⅱ⃝ → Ⅱ⃝^{2} 웅 죄ᄂᆞᆫ 만히 지엿지(은 : 24)
(14)^{53} Ⅱ⃝^{1} → Ⅱ⃝^{1} 웅 거 누구냐(은 : 85)
(14)^{54} a → Ⅱ 에구 에구 살려줍시오(홍 : 26)
(14)^{55} a → a^{1} 여보게 사람 만나는ᄃᆡ로 무러나 보세(홍 : 37)
(14)^{56} Ⅰ^{1} → Ⅰ 여보게 령감 홍집이 불상하지 아니ᄒᆞᆫ가(홍 : 42)
(14)^{57} Ⅰ^{1} → Ⅳ 여보게 아니ᄒᆞᆫ가(홍 : 62)

(14)[58] Ⅱ → a <u>앞다</u> 그놈 이ᄋᆡ 쎡쇠야… ᄋᆞ깃이에셔 토설이 나오 도록(홍 : 25)

(14)[59] a → Ⅰ^{3} <u>에구오</u> 마님게셔는 알으시도 못ᄒᆞ시고(홍下 : 20)

(14)[60] (Ⅲ) → Ⅰ <u>에구</u> 이ᄃᆡᆨ ᄯᆞᆯ님 아기씨님인지…(홍 : 31)

(14)[61] Ⅰ → (Ⅲ) <u>올치</u>, 그래, 응(홍下 : 35)

(14)[62] a → Ⅰ^{3} <u>에구구</u> 쇤네ᄂᆞᆫ 아모 죄도 업습니다(홍 : 50)

(14)[63] a → (Ⅲ) <u>에그요</u>(홍下 : 63)

(14)[64] Ⅰ^{3} → a <u>올치</u> ᄃᆡᆨ 령감게셔 그ᄃᆡᆨ에 가시는 것을 더러 보앗겟 구나(홍下 : 21)

(14)[65] a → (Ⅲ) <u>네</u> 쏙 되엇습니다(홍下 : 67)

(14)[66] Ⅴ^{1} → Ⅳ^{1} <u>네</u> 원쥬를 예서 차길로 가면(홍下 : 67)

(14)[67] (Ⅲ) → Ⅰ^{1} <u>에그요</u> 원쥬를 가 잇스면 무슨 걱정이야요(홍下 : 92)

(14)[68] Ⅰ^{1} → a <u>오</u> 옥돌이냐 잘 지냇느냐(홍 : 93)

(14)[69] a → a^{1} <u>글셰</u> 셔방님이 오시더니…(빈 : 5)

(14)[70] a^{1} → b <u>여보게</u> 안이 왓네(빈 : 11)

(14)[71] a → b <u>응</u> 보ᄂᆡ야(빈 : 10)

(14)[72] b → (Ⅲ) <u>에그</u> 쇤네가 왓다가 가보고 오는 길이야요(빈 : 21)

(14)[73] b → Ⅲ^{1} <u>에그</u> 아씨도 망령이셔라(빈 : 21)

(14)[74] b → Ⅱ <u>에그</u> 그대로 나갈 번 힛지 어셔 줍시오(빈 : 23)

(14)[75] b → (Ⅲ) 네 아씨게셔는 어서 줍으십시오(빈 : 23)

(14)[76] b → (Ⅲ) 네 금분이 올시다(빈 : 25)

(14)[77] (Ⅲ) → b 오냐 나가 자거가(빈 : 17)

(14)[78] e → Ⅱ^{1} <u>에그</u> 황송히라 곧 앗드람니다(빈 : 31)

(14)[79] e → Ⅱ^{1} <u>녜</u> 엿줍지요(빈 : 31)

(14)[80] (Ⅲ) → Ⅱ <u>휘</u> <u>에그</u> 담비나 ᄒᆞᆫᄃᆡ 잡슈시오(빈 : 46)

(14)[81] Ⅱ → (Ⅲ) <u>응</u> 그럿치 어려울 것 업지(빈 : 48)

(14)[82] Ⅳ → Ⅱ <u>에그</u> ᄉᆞ위님이오(빈 : 49)

(14)[83] d → Ⅰ <u>에</u> 경치고 비암잡을…(빈 : 54)

(14)[84] d → a <u>에구</u> 복단이네 아시지요(빈 : 64)

(14)[85] a → d <u>허허</u> ᄌᆞ직 참 잘 만난네(빈 : 60)

(14)[86] Ⅱ^{2} → b <u>오냐</u> 너 왓니(빈 : 72)

(14)[87] Ⅱ^{2} → b <u>에그</u> 잘 되엇다(빈 : 72)

(14)[88] Ⅱ^{2} → b <u>오</u>… 되엿늬(빈 : 77)

(14)[89] g → h 여보게 김서방 그만두게(빈 : 92)

(14)[90] b → Ⅲ⃝ 애그 절묘ᄒᆞ게 되엿담니다(빈 : 106)

(14)[91] Ⅲ⃝ → b 오냐 금분이냐(빈 : 110)

(14)[92] Ⅰ^{1} → Ⅴ 오냐 편지나 어서써라(빈 : 127)

(14)[93] d → Ⅰ 네 황송합니다 마는 이쳐럼 ᄒᆞ문 ᄒᆞ시는데 일호나 망 ᄒᆞ겟슴닛가(빈 : 130)

(14)[94] a → a 여보 우리만이 걱정을 ᄒᆞ로 잇스면 쓸듸 잇소(빈 : 63)

(14)[95] Ⅰ⃝^{4} → Ⅰ⃝^{3} 여보 령감이 오셧셔요(재 : 25)

(14)[96] Ⅱ^{2} → Ⅱ 에그 뉘게 드르셧셔요(재 : 33)

(14)[97] Ⅰ → Ⅰ⃝^{3} 여보게 안나오는 어린 아희도 돈을 주면 나온다네 (재 : 66)

(14)[98] a → Ⅰ^{2} 녜 그럿케 ᄒᆞ깃습니다(재 : 123)

(14)[99] Ⅰ^{4} → Ⅰ^{2} 여보 소리를 지르지 마오(재 : 141)

(14)[100] Ⅱ^{1} → Ⅰ^{3} 네 저올시다(재 : 142)

(14)[101] Ⅰ⃝^{3} → Ⅱ^{1} 오냐 이러케 되기를 바란 것은 아니다(재 : 145)

(14)[102] Ⅲ⃝ → Ⅱ^{1} 에구 셧ᄒᆞ여라(재 : 161)

(14)[103] Ⅰ → Ⅰ⃝^{4} 그래 엇더ᄒᆞᆫ 놈과

(14)[104] Ⅰ^{2} → Ⅱ 그럼 슉희다(재 : 196)

(14)[105] Ⅰ → Ⅱ 그럼 너가 악인이다(재 : 198)

(14)[106] Ⅱ^{1} → Ⅰ 에그 무셔워(옥 : 2)

(14)[107] Ⅰ → Ⅱ^{1} 오냐 겁너지 말아(옥 : 2)

(14)[108] Ⅱ^{1} → Ⅰ 에그 아버지(옥 : 4)

(14)[109] Ⅰ → Ⅱ^{1} 오냐 놀나지 말아라(옥 : 4)

(14)[110] Ⅱ → Ⅱ⃝^{2}Ⅱ⃝^{3} 여보게 슐은 잇다가(옥 : 8)

(14)[111] Ⅱ⃝^{3} → Ⅱ^{1} 오냐 보앗다(옥 : 11)

(14)[112] Ⅱ^{1} → Ⅱ^{2} 에그머니 이것보아요(옥 : 18)

(14)[113] Ⅱ⃝^{2} → Ⅱ⃝^{3} 여보게 뎌 사ᄅᆞᆷ이 꼭 징역을 …글세 뎌일을 엇지 ᄒᆞ면…(옥 : 22)

(14)[114] Ⅱ⃝3 → Ⅱ⃝2 어 그 말이 됴흔 말이로구(옥 : 23)

(14)[115] Ⅰ^{3} → Ⅱ 에그 너를 보내고 …(옥 : 24)

(14)[116] a → Ⅰ^{2} 에그 마님 고만 긋치십시오(옥 : 40)

(14)[117] Ⅰ^{2} → a 에그 네가(옥 : 40)

(14)[118] Ⅰ^{3} → Ⅰ^{2} 에그 가이 업스신…(옥 : 42)

(14)[119] Ⅰ^{3} → Ⅰ^{2} <u>에그</u> 쥬지 못ᄒᆞ고…(옥 : 42)
(14)[120] Ⅱ^{1} → Ⅱ <u>에구</u> 무슨 난리가 낫답더닛가(마 : 31)
(14)[121] (Ⅲ) → Ⅱ^{1} <u>의그먼니</u> 웬 아씨가 뎌 모양으로(마 : 31)
(14)[122] Ⅱ^{1} → (Ⅲ) <u>에그</u> 나는 서울 사ᄅᆞᆷ으로 겨 오는 길에 …(마 : 32)
(14)[123] (Ⅲ)^{2} → Ⅱ^{1} <u>어</u> 그리 합시다(마 : 39)
(14)[124] (Ⅲ) → (Ⅲ)^{2} <u>허허</u> 죠흘시고(마 : 49)
(14)[125] (Ⅲ)^{2} → Ⅰ <u>의구</u> <u>의구</u>(마 : 55)
(14)[126] Ⅱ^{2} → Ⅱ^{1} <u>여보시오</u> 고싱도 ᄃᆡ단이 하셧거니와(마 : 66)
(14)[127] Ⅱ^{1} → Ⅱ^{2} 흥 남녀간 덕힝이 뎨일인데…(마 : 72)
(14)[128] Ⅱ^{1} → Ⅱ^{2} <u>여보</u> 그것이 무슨 말솜이오(마 : 73)
(14)[129] Ⅰ → Ⅰ^{2} <u>글세</u> 나도 궁금ᄒᆞ여(마 : 82)
(14)[130] Ⅰ → Ⅱ^{1} <u>에구</u> 사라 왓느냐(마 : 84)
(14)[131] Ⅲ → Ⅱ <u>허허</u> 남편이 오작 변변ᄒᆞ면(마 : 95)
(14)[132] Ⅲ^{4} → Ⅲ^{1} <u>에구</u> 다힝이라(마 : 97)
(14)[133] Ⅱ → b <u>올치</u>(구 : 38)
(14)[134] Ⅰ → Ⅱ <u>여보</u> 쥬인장(구 : 41)
(14)[135] (Ⅰ)^{3} → Ⅰ <u>허</u>…(목 : 45)
(14)[136] Ⅰ → (Ⅰ)^{3} <u>허</u>…(목 : 45)
(14)[137] (Ⅲ)^{1} → (Ⅲ)^{1} <u>허</u> 요런 년(목 : 60)
(14)[138] (Ⅳ)^{1} → (Ⅲ)^{1} <u>여보시오</u> 셔방님(목 : 80)
(14)[139] (Ⅲ)^{1} → (Ⅳ)^{1} <u>글셰</u>…(목 : 80)
(14)[140] (Ⅲ) → (Ⅳ)^{6} <u>여보</u> ᄂᆡ가 신슈 불길ᄒᆞᆫ 타스로(목 : 107)
(14)[141] (Ⅲ) → (Ⅳ)^{6} <u>여보</u> 이양반(목 : 105)
(14)[142] (Ⅱ)^{3} → (Ⅱ)^{2} <u>여보</u> 홍ᄌᆡ라니(목 : 120)
(14)[143] Ⅲ^{1} → Ⅲ <u>하</u> 여보게(모 : 5)
(14)[144] m → Ⅳ <u>슬슬</u>… 빗바ᄃᆞᆨ이 곱으면(치下 : 40)

3.1 尊 敬 法

3.1.1 說明法

(1)[20] f → (Ⅱ)2 본평아씨 진남문 밋헤서 본평셔.봉님을 ᄯᅵ려 죽이<u>신</u> 담니다
(은:62)

(1)^{21} Ⅱ⃝^{2} → Ⅱ⃝^{3} 옥황게서 소원을 다 푸러주마 ᄒᆞ십듸다(은 : 91)
(1)^{22} Ⅵ⃝^{1} → Ⅵ⃝ 누님 늣게 주무시면 식전 잠이 만ᄒᆞ시지오(은 : 104)
(1)^{23} c → c^{1} 에그 도라가셧다네(은 : 50)
(1)^{24} Ⅵ⃝ → Ⅳ^{1} 아씨게셔 잘못 아셧습니다(홍下 : 67)
(1)^{25} Ⅵ⃝ → Ⅴ⃝ 령감게셔 써나 보내셧드랍니다(홍下 : 75)

3.1.2 疑問法

(2)^{16} Ⅳ → a 너의 ᄃᆡᆨ에셔는 다 안령ᄒᆞ시냐(홍 2: 56)
(2)^{17} Ⅳ → a 그래 너의 댁 령감게셔ᄂᆞᆫ 무엇이라 ᄒᆞ시데(홍2 : 62)
(2)^{18} h → Ⅲ⃝ 누구를 바라고 살나구요 …히가 복이될ᄂᆞᆫ지 아십닛가(빈 : 22)
(2)^{19} d → Ⅱ 공부ᄂᆞᆫ 힘을 안이 쓰시고 웨이리십닛가(빈 : 24)
(2)^{20} h → Ⅲ⃝ 아씨 무엇 ᄒᆞ십시오(빈 : 72)
(2)^{21} h → i 뉘ᄃᆡᆨ 힝차인지 알으시고 이리ᄒᆞ십닛가
(2)^{22} a → Ⅲ⃝ 문안 엇더 하십시오(홍2 : 56)
(2)^{23} a → Ⅲ⃝ 웨 누가 편치 아니 ᄒᆞ십닛가(홍 : 56)(빈 : 110)
(2)^{24} Ⅰ^{3} → Ⅰ^{2} ᄃᆡᆨ에ᄂᆞᆫ 남미분을 두셧다는ᄃᆡ 셔울게십닛가(빈 : 136)
(2)^{25} Ⅱ → f ᄂᆡ 일을 남의 일 보듯 ᄒᆞ시랴오(빈 : 52)
(2)^{26} Ⅱ^{2} → Ⅴ 밧갓 어루신네ᄂᆞᆫ 어ᄃᆡ 가셧소(빈 : 87)
(2)^{27} a → c 마님ᄭᅴ셔 무엇이라고 ᄒᆞ시드냐(재 : 6)
(2)^{28} a → c 별말업시 김참판ᄃᆡᆨ 말슴이시지(재 : 7)
(2)^{29} b → a 령감ᄭᅴ셔 …자근아씨가 오시면 희식이 만연ᄒᆞ야 말 슴 정답게 ᄒᆞ시늬(재 : 11)
(2)^{30} Ⅰ^{4} → Ⅰ^{3} 령감ᄭᅴ셔 이번에ᄂᆞᆫ 정말보게 ᄒᆞ야주실가(재 : 84)
(2)^{31} Ⅰ^{3} → Ⅰ^{4} 령감도 사람이어던 인정을 모르실가(재 : 84)
(2)^{32} a → Ⅰ^{2} ᄃᆡ분마님 아시지 못ᄒᆞ시지오(재 : 44)
(2)^{33} Ⅰ^{2} → Ⅱ 너의 장모 병환이 엇더ᄒᆞ시드냐(재 : 51)
(2)^{34} c → Ⅱ^{1} 아—마님이십닛기(재 : 157)
(2)^{35} c → Ⅱ^{1} 이모집에 가셔셔 날 밝기를 기다려 젼차를 타고 동 ᄃᆡ문박게가 나리셔셔 거러드러 가시면 …그러케 ᄒᆞ시ᄂᆞᆫ 것이 엇더ᄒᆞᆯᄂᆞᆫ지오(재 : 158)
(2)^{36} Ⅱ → Ⅱ^{1} 동힝ᄒᆞ시던 니가 아바지 되시ᄂᆞᆫ 어룬이오(옥 : 12)

(2)^{37} Ⅱ^{2} → Ⅰ^{1} 아쥬머니ᄭᅴ셔 …형님더러 뉘게 편지ᄒᆞ얏나냐고 무르시면 그 ᄃᆡ답은 엇더케 ᄒᆞᆯ터이오(재 : 97)

(2)^{38} a → Ⅱ^{1} 마님 어듸 가십닛가(재 : 111)

(2)^{39} a → Ⅱ^{1} 마님 계신방은 …ᄀᆡ천보다 더 시원ᄒᆞᆫ …바람을 쏘이라 나가세요(재 : 111)

(2)^{40} Ⅱ^{1} → Ⅰ^{3} 어머님 병환이 요사이ᄂᆞᆫ 좀 엇더ᄒᆞ십닛가(재 : 118)

(2)^{41} Ⅱ^{1} → Ⅰ^{2} …상셔나신 아버님ᄭᅴ셔 살아나십닛가(재 : 126)

(2)^{42} a → Ⅱ 그것이 누구인지 모르시깃슴닛가(재 : 126)

(2)^{43} Ⅰ^{4} → Ⅰ^{3} 리실을 보고 오셧소(재 : 137)

(2)^{44} Ⅲ → d 서울서 오신 아씨 엇의게시냐(마 : 61)

(2)^{45} Ⅲ → Ⅱ^{1} 어련이 오시겟슴니가(마 : 16)

(2)^{46} Ⅵ → Ⅳ …쇼쇼져의 덕ᄒᆡᆼ …지질이 비범ᄒᆞ다 …소동을 부죤 다 마옵시고 질셔의 의를 허ᄒᆞ시올잇가(완 : 16)

(2)^{47} a → Ⅵ …대감게옵셔 무어시라 경계 ᄒᆞ시더잇가(완 : 19)

(2)^{48} e → Ⅱ^{1} 산소ᄉᆞ리를 안이드리면 고만이지 이쳐럼 ᄒᆞ실 것 잇 슴닛가(구 : 51)

(2)^{49} Ⅰ^{3} → Ⅰ^{2} …무슨 병환으로 필경 변을 당ᄒᆞ셧슴닛가(옥 : 42)

(2)^{50} Ⅷ → Ⅵ^{1} 소ᄌᆞ …ᄯᅥ낫다가 이제야 왓ᄉᆞ온ᄃᆡ 쇼ᄌᆞ를 ᄇᆞ리시고 어ᄃᆡ로 가셔ᄂᆞᆫ잇가(완 : 79)

(2)^{51} Ⅶ → Ⅵ^{1} ᄎᆞᆺ이 …찬ᄒᆞᆫ일노 후쥬를 뫼시엿거늘 엇지 …변을 만 드오릿가(완 : 81)

(2)^{52} Ⅲ → Ⅱ^{1} 웬 아씨가 뎌 모양으로 오시오(마 : 31)

(2)^{53} Ⅲ^{3} → Ⅱ^{1} …오직 고싱을 하셧겟소(마 : 36)

(2)^{54} Ⅲ^{1} → Ⅵ 그ᄃᆡ의 외조부ᄭᅴ셔 쥬쳐ᄉᆞ가 아니시뇨(완 : 96)

(2)^{55} Ⅱ^{1} → Ⅱ 쥬은 마누라를 …위ᄒᆞ시랴면 …살려ᄃᆡ리고 ᄒᆡ로 ᄒᆞ시지 남을 웨ᄃᆡ려다 ᄉᆡᆼ가시게 ᄒᆞ시오(구 : 4)

(2)^{56} a → Ⅱ^{1} 단골이 오ᄂᆞᆫ 것이 ᄯᅩ 무엇십시오(구 : 12)

(2)^{57} a → Ⅱ^{1} 졔구ᄂᆞᆫ 어졔 ᄯᅩ 작만ᄒᆞᆫ 것을 …잇슴닛가, 만은 령감 게 무엇이라고 엿쥬랍시오(구 : 15)

(2)^{58} Ⅱ^{1} → a 걱정은 무슨 걱정을 ᄒᆞ신단말인가(구 : 15)

(2)^{59} Ⅱ^{1} → Ⅱ 령감 ᄂᆡ가 ᄯᅩ 잘못ᄒᆞᆫ일인ᄃᆡ 하인들 걱뎡ᄒᆞ실 것 잇 소(구 : 22)

(2)^{60} a → Ⅱ^{1} 웨 그 상졔님이 남이십닛가(구 : 24)

(2)[61] (Ⅱ)[4] → Ⅱ 형님 마ᄋᆞᆷ이 변ᄒᆞ셧소 본ᄅᆡ 그러시오(구 : 28)
(2)[62] a → Ⅱ[1] 마님마님 …분ᄒᆞ고 원ᄒᆞ시면 엇지십닛가(구 : 30)
(2)[63] a → Ⅱ 령감마님 줌으십닛가(구 : 34)
(2)[64] d → Ⅰ 오 놈이냐 셔방님 오셧늬(빈 : 54)
(2)[65] c → Ⅲ 부모도 도라가셧ᄂᆞᆫ데 누구를 바라고 마님을 ᄯᅥ려져 오깃슴닛가(재 : 161)
(2)[66] Ⅲ → d 서울서 오신 아씨 엇의게시냐(마 : 61)

3.1.3 感 嘆 法

(4)[12] (Ⅲ)[2] → Ⅱ[1] 아씨줌으시는녑헤 자리한구석만 뷔여쥬시구려(마 : 26,27)
(4)[13] Ⅱ[2] → Ⅱ[1] …당신말솜을 드르니 고ᄉᆡᆼ도 …하셧거니와 범절도 춤가륵ᄒᆞ시고 디혜도 만흐시구려(마 : 66)
(4)[14] Ⅱ[2] → Ⅱ[1] 하하 ᄆᆡ오 곤ᄒᆞ신가보오구려(마 : 75)
(4)[15] Ⅰ[1] → Ⅰ 아마 쥬인이 무슨 허물이 잇어 그리하시나보구려(마 : 79)
(4)[16] (Ⅲ)[1] → Ⅱ[1] 오늘은 우리집에나 가셔서 바ᄅᆞᆷ이나 쐬고오시구려 (마 : 102)
(4)[17] Ⅵ → Ⅴ …쇼시의게 혹ᄒᆞ여 …도로혀 나를 칙ᄒᆞ시ᄂᆞᆫ도다(완 : 77)
(4)[18] b → a 이ᄋᆡ 정말 그러면 마님이 참 불상ᄒᆞ시구나(재 : 111)
(4)[19] (Ⅴ) → Ⅰ[2] 이왕 그년을 보러 오셧다니 지조것ᄒᆞ야 보시구려(목 : 369)
(4)[20] (Ⅳ)[5] → (Ⅳ) 리션달 …롬을 넘오과히ᄒᆞ시는구려 (목 : 394)
(4)[21] (Ⅱ)[3] → (Ⅱ)[2] 압다 말솜ᄒᆞ시구려(목 : 405)
(4)[22] (Ⅴ)[2] → (Ⅳ)[1] 그러면 안사용 …오셧나보구려(쌍 : 47)
(4)[23] Ⅱ[2] → Ⅱ[1] 남들이 의심치를 안이ᄒᆞ겟거든 …어서 ᄂᆡ려가 힘자 라ᄂᆞᆫ ᄃᆡ로 만분의 일 신세를 갑ᄒᆞ보시구려(모 : 79)
(4)[24] a → (Ⅴ) 만신이 ᄃᆡᆨ과ᄂᆞᆫ …연분이시구려(구 : 14)
(4)[25] a → (Ⅱ)[4] 생각ᄃᆡ로 ᄒᆞᆸ시오구려(구 : 28)

3.1.4 請 誘 法

(5)[8] Ⅱ[1] → Ⅱ 우리도 …피란갈 도리나 ᄒᆡ 봅시다(마 : 5)
(5)[9] Ⅱ → Ⅱ[1] 어서 피란을 갑시다(마 : 5)
(5)[10] (Ⅴ) → (Ⅴ)[1] 동산에나 올나가 구경좀 합시다(구 : 49)

(5)^{11} (Ⅲ)^{2} → Ⅱ^{1} 나으리오시는길노 마조가서 뫼시고 올터이니 …갑 시다 (마 : 16,17)

(5)^{12} (Ⅲ)^{2} → Ⅱ^{1} 우리두리 ᄀᆞᆽ치먹읍시다(마 : 37)

(5)^{13} Ⅱ^{2} → Ⅱ^{1} 나 거쳐ᄒᆞᄂᆞᆫ 쳐소로가서 …말벗이나ᄒᆞ고 지냅시다 (마 : 66,67)

(5)^{14} Ⅲ^{1} → Ⅱ 우리ᄆᆡ씨 보고십은 마음이 시급ᄒᆞ여 …갑시다(마 : 91,92)

(5)^{15} Ⅱ → Ⅱ^{1} 우리두리 …곤히도 어셔누어잡시다(옥 : 12)

(5)^{16} Ⅱ^{1} → Ⅰ^{2} ᄂᆞ는잠시도 이집에 잇기 실으니 이길로 돌아가십시다(목 : 44)

(5)^{17} Ⅰ^{2} → Ⅰ^{3} …뎌것들이 과년ᄒᆞᆫ터이니 셩례를 식이어 자미를 어 셔보 십시다(옥 : 45)

(5)^{18} b → e 그러면 어셔들어갑시다(목 : 315)

(5)^{19} (Ⅱ)^{3} → (Ⅱ)^{2} 그러면 좀 열어봅시다(목 : 321)

(5)^{20} (Ⅲ) → (Ⅱ)^{2} 령감이나 …서울구경 …올라갑시다(목 : 329)

(5)^{21} (Ⅱ)^{3} → (Ⅲ) 두고말고 피신ᄒᆞᆯ도리를 ᄒᆞ여봅시다(목 : 332)

(5)^{22} (Ⅱ) → (Ⅲ) 그러ᄒᆞ셔요 인ᄉᆞᄒᆞᆸ시다(목 : 340)

(5)^{23} Ⅰ^{1} → Ⅰ 그러면 …그리로가셔 …ᄒᆞ고옵시다(목 : 364)

(5)^{24} Ⅰ → Ⅰ^{2} 져친구 …우리인ᄉᆞᄒᆞᆸ시다(목 : 366)

(5)^{25} (Ⅳ) → (Ⅳ)^{5} 여보 이친구 인ᄉᆞᄒᆞᆸ시다(목 : 389)

(5)^{26} (Ⅳ)^{5} → (Ⅳ) 압다 누군지는 …밋겟소 좀더 …봅시다(목 : 393)

(5)^{27} (Ⅱ)^{2} → (Ⅳ) 어험 여보이량반 말ᄉᆞᆷ 좀 무러봅시다(목 : 403)

(5)^{28} (Ⅳ) → (Ⅱ)^{2} 좀드러 봅시다(목 : 405)

(5)^{29} Ⅱ → Ⅱ^{1} …어셔드러가 봅시다(재 : 42)

(5)^{30} Ⅱ^{2} → Ⅱ^{1} 그러면 나와갓치 가십시다(재 : 100)

(5)^{31} (Ⅲ) → Ⅱ^{1} 리약이나 좀 ᄒᆞ십시다(재 : 160)

(5)^{32} (Ⅰ)^{3} → Ⅱ여 셔 오리묵을것업시 기셩으로 ᄂᆡ려갑시다(재 : 170)

(5)^{33} (Ⅳ) → Ⅰ 어ᄃᆡ하회를 탐지ᄒᆞ야 봅시다(쌍 : 30)

(5)^{34} (Ⅳ)^{2} → (Ⅳ) ᄂᆡ가 총총ᄒᆞ야 장황ᄒᆞᆫ말삼은 ᄒᆞᆯ결을이읍스니 지제ᄒᆞ 실것 업시 나왓갓치 어ᄃᆡ를 좀 갑시다(쌍 : 32,33)

(5)^{35} a → (Ⅳ) 이량반 잔말말고 갑시다(쌍 : 52)

(5)^{36} (Ⅳ)^{3} → (Ⅳ) 이량반…무러봅시다(쌍 : 68)

(5)^{37} (Ⅳ)^{3} → (Ⅳ) 지로승은 희 무엇ᄒᆞ게오 우리가 지로승보다 못ᄒᆞᆯ 것 업시 길 을 짐작ᄒᆞ니 가실터이면 지금갓치 가십시다 (쌍 : 70)

(5)[38] (Ⅳ)[1] → Ⓥ[1] 우리를 무슨죄로 쥭이랴ᄒᆞ다가 무슨션심으로 구원 ᄒᆞ얏소 좀들어봅시다(쌍 : 82)

(5)[39] (Ⅳ) → Ⓥ[1] 두부씌셔 누구신지를 귀왕아는터이니 말삼이지 피ᄎᆞ 에 이곳에셔 이러케 맛낫스니 조곰도 은휘말고 젼후 이력을 말슴 ᄒᆞᆸ시다 (쌍 : 86)

(5)[40] V[3] → (Ⅳ) 단소소리 나던집이… 그 집에가셔… 인히희소식이읍 다ᄒᆞ 는고로 …산즁으로 차져단기는즁인ᄃᆡ…들어덜올 것이니…귀ᄐᆡ 여이리고 게실게 아니라 결박을 다시ᄒᆞ 십시다(쌍 : 95)

(5)[41] (Ⅳ)[1]→ (Ⅳ)[1]Ⓥ[1]Ⓥ[1] 자 우리가 무죄히 즁놈에게 결박을당ᄒᆞ고 잡히 어갈 것읍시 우리가먼져 고셩읍으로가셔 고발을 ᄒᆞᆸ시다(쌍 : 96)

(5)[42] (Ⅳ)[2] → Ⅵ[3] 여보게…발읍는말이 천리를간다고 엇져녁일이 이근 쳐에 소문아니올리도 읍슬뿐더러 듀졈ᄉᆞ즁덜이 북 나들 듯 ᄒᆞᆯ터인 ᄃᆡ…아모리 홍치가난ᄃᆡ도 참고 고만 듭시다(상 : 103)

(5)[43] (Ⅳ) → Ⅳ[1] 그놈덜이 셔울로… 갓스니 우리가…그놈덜을…셔울 길로… 츙쳥북도로…죠차갑시다(쌍 : 107)

(5)[44] (Ⅳ)[4] → Ⓥ[2] 그러면 나와 동힝ᄒᆞ야 가봅시다(쌍 : 114)

(5)[45] (Ⅳ) → (Ⅳ)[4] …김쇼금의 일이야말로 가이읍슨일이오…그일은 그 러ᄒᆞ 려니와 이근처에 두놈이 방장잇스니 지톄말고 잡아봅시다(쌍 : 117)

(5)[46] a → Ⓥ ᄂᆡ말ᄃᆡ로 합시다(구 : 11)

(5)[47] Ⅰ → Ⅱ 신산도 잡으려니와 구산부터 가 보십시다(구 : 41)

(5)[48] Ⓥ → Ⓥ[1] 우리 인제ᄂᆞᆫ 의남ᄆᆡ를 뎡ᄒᆞ십시다(구 : 47)

(5)[49] Ⓥ[1] → Ⓥ 아모려나 찬찬히 가 보십시다(구 : 49)

(5)[50] Ⓥ → Ⓥ[1] 동산에나 올나가 구경좀 합시다(구 : 49)

(5)[51] Ⅲ[2] → Ⅲ[1] 령감은 무슨일을 ᄒᆞ시던지 우리먹고 입ᄂᆞᆫ것이나… ᄒᆞ십시 다(모 : 78)

(5)[52] (Ⅳ)[2] → (Ⅲ)[3] 큰 어머니…고만굿치시고…볼싱각을 ᄒᆞ십시다(모 : 84)

3.2 恭遜法

3.2.1 합쇼체(하소서체)

1) 說 明 法

(1)^{25} Ⅱ^{1} → Ⅱ (편지를) 긔운 평안 ᄒᆞ오신지 궁금ᄒᆞ옵기…엄ᄂᆞ이다 …말ᄉᆞᆲᄒᆞ압ᄂᆞ이다…만남을 붓쳐ᄉᆞ라잇ᄉᆞᆸ…기다리압ᄂᆞ이다…알고 잇ᄉᆞ오니 말ᄉᆞᆷ 궁금ᄒᆞ오나 이만 그지 ᄋᆞᆸᄂᆞ이다(철:82)

(1)^{26} Ⅰ^{1} → Ⅰ 더 쥬무시오 감기드르시리다(귀 : 44)

(1)^{27} Ⅰ^{1} → Ⅰ 복 바드리다(귀 : 95)

(1)^{28} c^{1} → Ⅰ^{1} 박찬봉 나으리가 집 사주엇담니다…침모도 거긔 잇담니다 (귀下: 71)

(1)^{29} c^{1} → Ⅰ^{1} 쇤네가 젓도 못먹이게 되얏담니나(귀下 : 18)

(1)^{30} (Ⅳ) → Ⅰ 에그 령감하고 ᄂᆞᄒᆞ고 연분도 좃슴니다(귀 : 127)

(1)^{31} (Ⅴ)^{1} → Ⅰ^{1} 늬가 령감을 뵈우러 아니 오더릐도 령감게셔 ᄂᆞᆯ 보 러 장 오신담니다(귀 : 128)

(1)^{32} (Ⅲ)^{1} → (Ⅲ) 길슌이 ᄉᆡᆼ각ᄒᆞ면 ᄲᅧ가 녹는 듯 하오이다(귀 : 3)

(1)^{33} f^{1} → (Ⅱ)^{2} 본평아씨 진남문 밋헤서 본평셔ᄫᅵᆼ님을 ᄯᅵ려 쥬이신 담니다 (은 : 62)

(1)^{34} a^{1} → (Ⅲ) 쟝가를 들라고 하셔도 안이 들으신 담니다(홍下 : 62)

(1)^{35} (Ⅵ) → Ⅴ 령감게셔 ᄯᅥ나 보내셧담니다(홍下 : 70)

(1)^{36} b → (Ⅲ) 황은률은 닭 좃던 ᄀᆡ 지붕치어다 보기가 되엿담니다 (빈 : 106)

(1)^{37} b → (Ⅲ) 에그 졀묘ᄒᆞ게 되엿담니다(빈 : 106)

(1)^{38} b → Ⅱ 여러놈 코김 쏘인 것은 제틔를 홈니다(빈 : 119)

(1)^{39} Ⅰ^{3} → Ⅱ^{2} 못 두엇담니다(빈 : 130)

(1)^{40} Ⅱ → Ⅰ^{2} 어머니 다녀오깃슴니다(재 : 36)

(1)^{41} Ⅱ → Ⅰ 쟝모ᄭᅴ셔 병환이 듸단ᄒᆞ시기에 좀 뵙고 가랴고 왓슴니다(재 : 37)

(1)^{42} (Ⅰ) → (Ⅰ)^{3} 남편만 곰압게…마음이 편함ᄭᅴ라(재 : 138)

(1)^{43} (Ⅰ)^{4} → Ⅰ 그것은 열번 죽여도 그런 부청ᄒᆞᆫ 힝위ᄒᆞᆯ 것은 아니 올시다

(재 : 172)

(1)^{44} Ⅰ⃝^{3} → Ⅰ 령감께 엿줍고 ᄃᆡ면을 식혀 쥬라고 ᄒᆞ얏습니다(재 : 180)

(1)^{45} Ⅱ → Ⅱ^{1} 아마 이것도 역시 텬뎡연분이온다(옥 : 12)

(1)^{46} Ⅰ^{3} → Ⅰ^{2} 에그 가이업스신 일도 잇습니다(옥 : 42)

(1)^{47} Ⅱ → Ⅱ^{1} ᄂᆡ 걱정은 조금도 말고 나는 뒤에 ᄯᅡ라갈이다(마 : 12)

(1)^{48} Ⅱ^{1} → Ⅱ^{3} 령감 은혜를 닙ᄉᆞ와 죽을 목슘이 다시 살어ᄊᆞ오니 무엇이 라 알욀 말ᄉᆞᆷ이 업습니다(마 : 65)

(1)^{49} Ⅱ^{1} → Ⅱ^{3} 만일 이려오실 터이면 가다가 쥭드라도 곳 거러서 ᄯᅥ나겟 습니다(마 : 79)

(1)^{50} Ⅵ → Ⅳ 쇼질이 슈를노아 팔앗ᄂᆞ이다(완 : 14)

(1)^{51} Ⅵ → Ⅳ 션싱게 엿ᄌᆞ올 말ᄉᆞᆷ이 잇ᄉᆞ오나 황용ᄒᆞ여 알외지 못 ᄒᆞ나 이다(완 : 16)

(1)^{52} Ⅳ → Ⅵ 혼인은 집에 도라가 의논하여 회보ᄒᆞ리다(완 : 17)

(1)^{53} Ⅵ^{1} → Ⅵ 금번 과거에 장원ᄒᆞ시기를 츅슈ᄒᆞ옵ᄂᆞ이다(완 : 22)

(1)^{54} Ⅵ^{1} → Ⅵ 남의 규즁소녀를 평싱을 속엿ᄉᆞ오니 장부의 일이 아 니오 빈가에 싱장ᄒᆞ엿ᄉᆞ오나 진실로 쟝한님을 위ᄒᆞ 야 붓그러ᄒᆞ나 이다(완 : 30)

(1)^{55} Ⅵ → Ⅵ 비록 시첩에 츅슈ᄒᆞ와도 소녀의 원이로소이다(완 : 36)

(1)^{56} Ⅵ^{2} → Ⅵ^{1} 첩은 부모를 멀니ᄒᆞ고 부인과 여년을 맛겟ᄉᆞ오니 연분인 가 ᄒᆞᄂᆞ이다(완 : 39)

(1)^{57} Ⅳ⃝^{3} → Ⅰ 리쥬ᄉᆞ나리 저런 아씨를 나리ᄉᆞ게도 혼인ᄒᆞᆫ 연후에 쥬셔야 ᄒᆞᆸ닌다(목 : 109)

(1)^{58} Ⅱ⃝^{1} → Ⅲ⃝ 그런ᄃᆡ 우리 오라버니 계셧소 셔울로 갓단 말이 잇습듸다 (목:146)

(1)^{59} Ⅱ⃝ → Ⅲ⃝ 졔가 귀부인을 용셔ᄒᆞ여…바람니다(목 : 147)

(1)^{60} Ⅲ⃝ → Ⅱ⃝ 에그 쳣만의 말슴도 ᄒᆞ심니다(목 : 147)

(1)^{61} Ⅱ⃝ → Ⅲ⃝ 춤 셧셧ᄒᆞᆫ 일이올시다(목 : 149)

(1)^{62} Ⅵ⃝^{1} → Ⅵ^{3} 소인이 ᄶᅩᄎᆞ가다…습니다(쌍 : 2)

(1)^{63} Ⅳ⃝ → Ⅳ⃝^{1} 요사이는 엇지 다사ᄒᆞᆫ지…못와 뵈왓습니다(쌍 : 7)

(1)^{64} Ⅳ⃝^{1} → Ⅳ⃝ 그 ᄲᅵ에는 나 아는 사람…읍습니다(쌍 : 9)

(1)^{65} Ⅳ⃝ → Ⅳ⃝^{2} 네 말삼을…습니다(쌍 : 24)

(1)^{66} Ⅳ⃝ → Ⅳ⃝^{2} 밤이 이ᄉᆞᆨᄒᆞ얏습듸다(쌍 : 25)

(1)^{67} Ⅳ⃝^{2} → Ⅳ⃝ 아즉도 보지 못ᄒᆞ셧습니다(쌍 : 25)

(1)[68] Ⅳ^{2} → Ⅳ 우수지 길로는 아무 것도 아니오(쌍 : 25)
(1)[69] Ⅳ → Ⅳ^{2} 셔울 올나와셔 일이 바렷소(쌍 : 25)
(1)[70] Ⅳ → Ⅳ^{2} 다른 일을 읍습니다(쌍 : 27)
(1)[71] Ⅳ → Ⅳ^{2} 그리 ᄒᆞ오리다(쌍 : 28)
(1)[72] Ⅳ → Ⅳ^{1} 녜 그리 ᄒᆞ오리다(쌍 : 29)
(1)[73] Ⅳ → Ⅳ^{1} 글셰 올시다 차져가 보겟습니다(쌍 : 29)
(1)[74] Ⅳ → Ⅳ^{1} 녜 그리 ᄒᆞ오리다(쌍 : 31)
(1)[75] Ⅳ^{2} → Ⅳ 가보시기만 ᄒᆞ면 자연 알으실 것이 올시다(쌍 : 33)
(1)[76] Ⅳ → Ⅳ^{2} 녜 분명이…하얏습니다(쌍 : 35)
(1)[77] Ⅳ^{2} → Ⅳ 그 두 사람이 술은 먹고 깁니다(쌍 : 36)
(1)[78] Ⅳ → Ⅳ^{2} 예 그 말삼이 당연ᄒᆞᆫ 말슴 올시다(쌍 : 36)
(1)[79] Ⅳ → Ⅳ^{1} 우리 맛춤 번ᄀᆡ갓치…올이다(쌍 : 37)
(1)[80] Ⅳ^{1} → Ⅴ 예…ᄒᆞ얏습니다(쌍 : 38)

2) 疑問法

(2)[13] Ⅵ^{1} → Ⅴ 이 무ᄉᆞᆷ 말ᄉᆞᆷ이오닛가(완 : 40)
(2)[14] Ⅴ → Ⅵ^{1} 남편을 다른ᄃᆡ 보ᄂᆡ여…엇지 ᄆᆞᄋᆞᆷ이 온정ᄒᆞ오릿가(완 : 41)
(2)[15] b → Ⅵ^{2} 부인의 하히갓흔 은혜를 무엇으로 갑ᄉᆞ오릿가(완: 43,44)
(2)[16] Ⅵ → Ⅴ …사ᄅᆞᆷ의 ᄆᆞᄋᆞᆷ인들 엇지 변복이 업ᄉᆞ오릿가(완 : 51)
(2)[17] Ⅵ^{2} → Ⅴ 부부간 은졍이야 엇지 인력으로 ᄒᆞ올잇가(완 : 52)
(2)[18] Ⅵ^{1} → Ⅴ 소형은…한림의 일을 아지못ᄒᆞᄂᆞ잇가(완 : 52)
(2)[19] Ⅵ^{1} → Ⅴ 무ᄉᆞᆷ 일이니잇가(완 : 52)
(2)[20] a → Ⅵ^{1} 후쥬의 아기를 마님ᄃᆞ려 죽엿다ᄒᆞ오니…엇지 이러케 원통ᄒᆞᆫ 일이 잇ᄉᆞ오릿가(완 : 56)
(2)[21] Ⅵ^{1} → Ⅵ 남편의집을 ᄇᆞ리고 어ᄃᆡ로 가라ᄒᆞ시ᄂᆞ잇가(완 : 60, 61)
(2)[22] Ⅵ^{1} → Ⅴ …어느ᄣᆡ 다시 형을 뵈오릿가(완 : 63)
(2)[23] Ⅵ^{1} → Ⅳ^{1} 이곳인들 오릐 류ᄒᆞ오릿가(완 : 65)
(2)[24] Ⅶ^{2} → Ⅵ^{1} 이 엇진 말ᄉᆞᆷ이오닛가(완 : 67)
(2)[25] Ⅵ^{1} → Ⅲ^{1} 이 물에 다희이 쥬ᄉᆞ왓거늘 쥬공이 엇지…구ᄒᆞ심ᄂᆞ잇가(완:71)
(2)[26] Ⅶ^{2} → Ⅵ^{1} 이 어인일이오닛가(완 : 74)
(2)[27] b → Ⅲ 소비가 우연이…집어다가 영감끠 드리온후 이 변이 낫ᄉᆞ오

니 엇지 감히 긔망ᄒᆞ오릿가(완 : 80)

(2)[28] (Ⅶ) → Ⅵ 첩이 착ᄒᆞᆫ일노 후쥬를 뫼시엿거는 엇지…변을 만드오릿가 (완:81)

(2)[29] (Ⅷ) → Ⅲ 이는…어미 신슈가 불길ᄒᆞᆫ 탓시라 엇지 아비의 죄오릿가 (완:83)

(2)[30] Ⅶ → Ⅵ^{1} 어진부인으로 이 지경이 되게 ᄒᆞ엿스니…앙화를 엇 지 면ᄒᆞ오릿가(완 : 86)

(2)[31] (Ⅶ) → Ⅵ 션싱은…무슴일노 져다지 통곡ᄒᆞ시ᄂᆞ잇가(완 : 89)

(2)[32] (Ⅶ) → Ⅵ 향자 도텬각에셔 뫼옵던 쥬샹공이 아니오닛가(완 : 92)

(2)[33] (Ⅲ) → Ⅵ 뉘신지 모로거니와 무슴일노…하림ᄒᆞ시니잇가(완 : 95)

(2)[34] Ⅵ^{1}→Ⅲ(Ⅲ)^{1}Ⅴ 이는 다 쇼부의 박명ᄒᆞᆫ 신수오니 슈원숙우 ᄒᆞ올잇가(완 : 99)

(2)[35] Ⅵ^{1} → Ⅵ^{2} 그는 다 쳡의 신슈불길한 익운이라 누를 원망ᄒᆞ오릿가 (완:100)

(2)[36] a → (Ⅳ) 아씨 올에 열 몃살이심잇가(모 : 17)

(2)[37] a → (Ⅳ) 에그 아씨도…무르실것 잇슴닛가(모 : 19)

(2)[38] a → Ⅲ^{1} 령감마님…지금 올나오심잇가(모 : 81)

(2)[39] a → Ⅲ^{1} 이 디경을 …잇슴잇가(모 : 81)

(2)[40] Ⅱ^{1} → Ⅰ^{2} 어머님…주무셔겝지오 누님은 벌셔 오셧습드닛가(재 : 30)

(2)[41] a → Ⅰ^{2} 칠로길로만 다니는 뎐차도 박휘가…잇는데 량반의댁 마님…그런일이 아조 업겟슴닛가(재 : 49)

(2)[42] Ⅱ^{1} → Ⅰ 아…그러케 된일이오닛가(재 : 43)

(2)[43] Ⅱ^{2} → Ⅰ^{1} 형님은 손슈 편지를 너흐라 나오셧습더닛가(재 : 94)

(2)[44] a → Ⅱ^{1} 마님 어듸가심닛가(재 :11)

(2)[45] a → Ⅰ^{2} 딕문마님 어듸가심닛가(재 : 123)

(2)[46] a → Ⅱ 그것이 누구인지 모르시겟슴닛가(재 : 126)

(2)[47] c → Ⅱ^{1} 아…마님 이심닛가(재 : 157)

(2)[48] c → (Ⅲ) 부모도 도라가셧ᄂᆞᆫ데 누구를 바라고 마님을 써러져 오겟슴닛가(재 : 161)

(2)[49] c → Ⅱ 누구심닛가(재 : 207)

(2)[50] (Ⅰ)^{3} → Ⅰ …박승지인가무엇인가 령감끠 다시는 아모말도 업습 드닛가(목 : 245)

(2)[51] b → Ⅰ^{4} 마님은…좀이못드셧슴닛짜(목 : 254)

(2)[52] b → Ⅰ^{4} 고년이 마님 말솜을…아심닛까(목 : 255)

(2)[53] a → Ⅲ^{1} 새문밧 셔방님 웨 이리심니까(목 : 264)

(2)[54] a → Ⅲ^{1} 에그으 누가보면 ᄂᆡ쏠은 무엇이며 ᄯᅩ셔방님모양은 무엇이 됨닙가(목 : 265)

(2)[55] a → Ⅳ^{1} 아자씨 여긔가 어듸오닛가(목 : 276)

(2)[56] a → Ⅲ^{1} 에그 싀문밧 셔방님 엇지여 긔계심니까(목 : 277)

(2)[57] a → Ⅳ^{1} ᄂᆡ가 무슨죄가 잇슴닛가(목 : 278)

(2)[58] b → Ⅰ^{4} 인졔야 것칠것이 잇슴닛가(목 : 285)

(2)[59] b → Ⅰ^{4} 금년이가 왓스면 들어오지 안켓슴닛가(목 : 286)

(2)[60] c → Ⅳ^{3} ᄒᆡ 미니님 과히 상치나 ᄋᆞ이셧슴닛가(목 : 314)

(2)[61] b → Ⅰ^{4} 그런 망ᄒᆞᆯ녀셧 모앗슬까 자근아씨가…필경은 강포지 욕이… 리쥬ᄉᆞ의 마음을…쉰네가 암닛가(모: 317)

(2)[62] b → Ⅰ^{4} 그러나 령감이 환탁ᄒᆞ시면 무엇이라고 함닛가(목 : 318)

(2)[66] Ⅳ^{2} →ⅤⅤ1 이 말이 벌으장이는 업습니다마는 쳐영감다려는 한은 은은ᄒᆞ시고 이영감은 금초 초초ᄒᆞ시니 한은은 뎌영감의 함ᄌᆞ오 금초ᄂᆞᆫ 이 영감의 함ᄌᆞ오닛가(쌍 : 34)

(2)[67] Ⅳ^{2} → Ⅴ^{1} 압다 어련ᄒᆞ겟슴닛가(쌍 : 35)

(2)[69] Ⅱ^{1} → Ⅱ^{2} 누구시오닛가(마 : 66)

(2)[70] Ⅱ^{1} → Ⅱ^{2} 렴티와 례절을 모르고…부귀만 탐ᄒᆞ면…즘싱만도 못ᄒᆞᆯ지 라 사ᄅᆞᆷ이라 ᄒᆞ오릿가(마 : 73)

(2)[71] Ⅳ → Ⅴ^{1} 여보 어디 갓습더닛가(귀 : 135)

(2)[72] c1 → j 장님은 어디 계신 즁님이오닛가(귀2 : 82)

(2)[73] c1 → j 글세 그 양복 입은 놈이…오닛가(귀2 : 83)

(2)[74] j → c 응 그놈이 양복 입엇습더닛가(귀2 : 83)

(2)[75] a^{1} → Ⅲ 웨 누가 편치 아니 ᄒᆞ심닛가(홍 : 56)

(2)[76] Ⅳ → Ⅳ^{1} 장판셔 ᄌᆞ제…질녀의…뎌혼코져…부인의 의향을 엇 더ᄒᆞ오닛가(완 : 17)

(2)[77] Ⅵ^{2} → Ⅵ 원비가 계시오니 엇지 쳡의계로 오시ᄂᆞᆫ잇가(완 : 40)

3) 命 令 法

(3)[8] b → Ⅱ^{1} 그 편지 쓰더 보십시오(혈 : 9)

(3)[9] b → Ⅱ^{1} 에그 어셔 말솜좀 시연이 ᄒᆞ여 쥬십시오(혈 : 92)

(3)^{10} c^{1} → Ⅰ^{1} ᄋᆡ기를 이리 줍시고 걱정맙시오(귀 : 88)
(3)^{11} c^{1} → Ⅰ 에그 마님 그리 맙시오(귀 : 105)
(3)^{12} c^{1} → e 드러 오십시오(귀2 : 7)
(3)^{13} Ⅲ⃝ → e 네…걱정 마십시오(귀2 : 101)
(3)^{14} e → Ⅲ⃝ 대사님 살려 쥬십시오(귀2 : 104)
(3)^{15} b → Ⅱ⃝^{2} 앗씨…국밥을 잡수시오(은 : 81)
(3)^{16} Ⅳ → Ⅰ^{3} 저 부터 치지ᄒᆞ여 쥬시압소셔(홍2 : 14)
(3)^{17} Ⅳ → Ⅰ^{3} 어마니 걱정 말으십시오(홍 : 15)
(3)^{18} a → Ⅰ^{1} 진뎡ᄒᆞ십시오(홍2 :111)
(3)^{19} Ⅵ⃝ → Ⅰ^{1} 죠놈 진정ᄒᆞ옵소셔(홍2 : 85)
(3)^{20} a → Ⅰ^{1} 통촉ᄒᆞ십시오(홍2 : 111)
(3)^{21} Ⅵ⃝ → Ⅳ^{1} 네 렴려 말으십시오(홍2 : 66)
(3)^{22} a^{1} → Ⅱ^{1} 어서 잡수십시오(빈 : 8)
(3)^{23} a^{1} → Ⅱ^{1} 셜어 말으십시오(빈 : 8)
(3)^{24} a^{1} → Ⅱ^{1} 어셔 진정 ᄒᆞ십시오(빈 : 8)
(3)^{25} a^{1} → Ⅱ^{1} 그넌 오며는 옷을 베기고 보십시오(빈 : 8)
(3)^{26} b → Ⅲ⃝ 아씨게셔는 어셔 줌으십시오(빈 : 23)
(3)^{27} b → Ⅲ⃝ 그대로 나갈 번 ᄒᆡᆺ지 어셔 줍시오(빈 : 22)
(3)^{28} b → Ⅲ⃝ 마십시오(빈 : 27)
(3)^{29} Ⅲ⃝ → Ⅱ 합시오(빈 : 35)
(3)^{30} Ⅲ⃝ → Ⅱ …담ᄇᆡ ᄒᆞᆫ ᄃᆡ 잡슈시오(빈 : 46)
(3)^{31} Ⅱ^{2} → Ⅱ^{1} 어서 ᄯᅥ나십시오(빈 : 69)
(3)^{32} a → Ⅱ^{2} 셔방님 소인을 쥬이고 ᄒᆡᆼ차 ᄒᆞ십시오(빈 : 70)
(3)^{33} a → Ⅱ^{2} 아씨 아씨 참으십시오(진 : 75)
(3)^{34} b → Ⅱ^{2} 아씨 옷 이나 갈아 입으십시오(빈 : 76)
(3)^{35} h → Ⅲ⃝ 걱정마십시오(빈 : 111)
(3)^{36} g → Ⅱ^{2} 아씨 우지 말으십시오(빈 : 142)
(3)^{37} b → Ⅱ^{2} 어셔 탑시오(빈 : 77)
(3)^{38} Ⅱ → Ⅰ 아모도 업스니…말슴ᄒᆞ십시오(재 : 15)
(3)^{39} Ⅰ⃝^{3} → Ⅰ 이번에는 ᄂᆡ청도 좀 드러쥬십시오(재 : 27)
(3)^{40} Ⅱ^{2} → Ⅱ 어셔 드러오십시오(재 : 32)
(3)^{41} Ⅱ → Ⅰ^{2} 어셔 ᄂᆡ 큰일이라는것이나 말슴을 ᄒᆞ야 줍시오(재 : 53)
(3)^{42} Ⅱ → Ⅰ^{2} 다 자세히 드르서 계십시오(재 : 62)

(3)[43] a → Ⅱ^{1} 그만 심부름이야 못ᄒᆞ야 드리깃슴닛가…쉰네를 ᄂᆡ 주십시오 (재 : 112)

(3)[44] Ⅱ → Ⅰ^{2} 어머니ᄭᅴ셔는…가만히 계십시오(재 : 129)

(3)[45] Ⅱ^{1} → Ⅱ 좀 참으십시오(재 : 132)

(3)[46] Ⅱ^{1} → (Ⅰ)^{3} 날 더러 아모말도 뭇지맙소셔(재 : 146)

(3)[47] Ⅱ^{1} → (Ⅰ)^{3} 나는 산 속으로 드러…자조상셔를 ᄒᆞᆯ터이니 ᄂᆡ 쫑 젼을 차지실 ᄉᆡᆼ각은 맙시오(재 : 146)

(3)[48] Ⅱ^{1} → (Ⅰ)^{3} 어머니 안녕히계십시오(재 : 149)

(3)[49] c → Ⅱ^{1} 그러면 어셔 도라갑시오(재 : 157)

(3)[50] c → (Ⅲ) 아주머니 문 여러줍시오(재 : 159)

(3)[51] (Ⅰ)^{3} → Ⅰ 령감…고정ᄒᆞ십시오(재 : 176)

(3)[52] (Ⅰ)^{3} → Ⅰ 령감ᄭᅴ셔도 리실의 마음을 좀 ᄉᆡᆼ각ᄒᆞ야 보십시오(재 : 185)

(3)[53] Ⅱ → Ⅰ^{2} 슉희…잘못ᄒᆞ는일이 잇거던 죤 ᄭᅮ지집쇼셔(재 : 196)

(3)[54] Ⅱ → Ⅰ ᄂᆡ게 ᄒᆞ실 말슴도 고만두십시오(재 : 205)

(3)[55] Ⅱ1 → Ⅰ^{2} 에구 어머니 문 열어주십시오(목 : 17)

(3)[56] Ⅱ1 → Ⅰ^{2} 금쥬올시다 어셔 문좀 열어쥬셔오(옥 : 17)

(3)[57] Ⅱ1 → Ⅰ^{2} 어머니 고만 긋치십시오(목 : 39)

(3)[58] a → Ⅰ^{2} 마님 고만 긋치십시오(옥 : 40)

(3)[59] a → Ⅱ^{1} 아씨 고만 긋치십시오(옥 : 40)

(3)[60] Ⅰ^{2} → Ⅰ …업ᄂᆞᆫ사ᄅᆞᆷ이…그런ᄃᆡ로 셩례를 식일터이오니 그ᄃᆡ 념려ᄂᆞᆫ 죠금도 마압소셔(옥 : 45)

(3)[61] (Ⅲ)^{2} → Ⅱ^{1} 녜 걱정 마십시오(마 : 16)

(3)[62] Ⅱ^{1} → Ⅰ^{1} …실신안코 갑게ᄊᆞ오니 젼만하량ᄒᆞ옵서 죽게된 목 슘을 살녀쥬옵소셔(마 : 49)

(3)[63] (Ⅲ)^{2} → Ⅰ^{1} 편지를 잘못보신 듯 ᄒᆞ오니 다시 자셔이 보옵쇼셔 (마 : 50)

(3)[64] Ⅵ → Ⅵ^{1} 쇼져를 가 보고…갈터이오나…무정타 말으시고 이 압흘 기다리쇼셔(완 : 25)

(3)[65] Ⅵ^{1} → Ⅲ …이제 무죄ᄒᆞᆫ 사ᄅᆞᆷ을 업형문죄ᄒᆞ시면…원망을 깃침 이오니 잠간분을 참으쇼셔(완 : 45)

(3)[66] Ⅴ → Ⅲ 형의 말ᄃᆡ로 ᄒᆞ옵쇼셔(완 : 45)

(3)[67] Ⅵ^{2} → Ⅵ 영감의 탓이오니 밧비 원수를 갑하쥬쇼셔(완 : 54)

(3)[68] Ⅵ^{1} → Ⅶ^{2} 이거시 약소ᄒᆞ오나 급ᄒᆞᆫᄃᆡ 보태소셔(완 : 64)

$(3)^{69}$ Ⅷ⃝ → Ⅲ 한아바님은 아비의 죄를 사ᄒᆞ<u>소셔</u>(완 : 83)

$(3)^{70}$ Ⅵ → Ⅵ …루명을 씻스나 됴흔ᄃᆡ로 가<u>소셔</u>(완 : 87)

$(3)^{71}$ Ⅲ⃝‘^{1} → Ⅰ^{4} 큰 아버지 오시거든 ᄂᆡ가 왓드란 말심 말으<u>십시오</u> (목 : 296)

$(3)^{72}$ Ⅳ⃝^{3} → Ⅲ⃝ 방에 들어가 안져 계<u>십시오</u>(목 : 302)

$(3)^{73}$ e → Ⅳ⃝ 쇼인이 과연 죽을ᄯᅵ라…밧비죽여<u>줍시오</u>(목 : 401)

$(3)^{74}$ Ⅳ⃝ → Ⅰ 그러코보면…감안이 계<u>십시오</u>(쌍 : 8)

$(3)^{75}$ Ⅳ⃝ → Ⅱ^{2} 에그 아바지 오셧네…이러나<u>십시오</u>(모 : 11)

$(3)^{76}$ Ⅳ⃝^{6} → Ⅴ⃝^{2} 어셔드러오<u>십시오</u>(모 : 36)

$(3)^{77}$ Ⅳ⃝^{6} → Ⅴ⃝^{2} 그리면…칙망마르<u>십시오</u>(모 : 39)

$(3)^{78}$ Ⅳ⃝ → Ⅰ 세상에 이런 억울원통홈을…졔 부모를 만나게 ᄒᆞ야 쥬<u>압소셔</u>(모 : 47)

$(3)^{79}$ a → Ⅲ^{1} 예 드러가…사랑으로 드러가 계<u>십시오</u>(모 : 82)

$(3)^{80}$ Ⅳ⃝^{2} → Ⅲ⃝^{3} 큰 어머니…고만 긋치<u>십시오</u>(모 : 84)

$(3)^{81}$ Ⅳ⃝^{2} → Ⅲ⃝^{3} 네 그ᄃᆡ걱정은…말으<u>십시오</u>(모 : 87)

$(3)^{82}$ Ⅳ⃝^{2} → Ⅲ⃝^{3} 일본와 슈소문을…말으시<u>압소셔</u>(모 : 88)

$(3)^{83}$ Ⅳ⃝^{1} → Ⅲ⃝^{3} 어머니…진뎡을 ᄒᆞ<u>십시오</u>(모 : 94)

$(3)^{84}$ Ⅳ⃝^{1} → Ⅲ⃝^{3} 어머니…감아니 계<u>십시오</u>(모 : 97)

$(3)^{85}$ Ⅳ⃝^{1} → Ⅲ⃝^{3} 져 마옴에도…어머님게셔…그의향을 탐지ᄒᆞ야보시 <u>압소셔</u>(모 : 101)

$(3)^{86}$ Ⅱ⃝^{4} → Ⅱ^{1} 그러케 ᄒᆞ시지를 말으<u>십시오</u>(구 : 29)

$(3)^{87}$ Ⅱ → Ⅰ 이것이 변변치…주용에…쓰시<u>옵소셔</u>(구 : 40)

$(3)^{88}$ Ⅱ → Ⅰ 이리오<u>십시오</u>(구 : 42)

$(3)^{89}$ Ⅱ → Ⅰ 아모죠록 불상히 보셔 화픠ᄂᆞ다시 업슬지시ᄒᆞ야 쥬<u>옵소셔</u>(구:43)

$(3)^{90}$ Ⅲ⃝ → (하늘에기원) 에그 ᄒᆞᄂᆞ님 <u>맙시사</u>(빈 : 46)

$(3)^{91}$ Ⅱ⃝ → (하늘에기원) ᄒᆞ나님 ᄒᆞ나님 죄업는 사룸을 술게ᄒᆞ여 주<u>십시사</u>(은 : 10)

$(3)^{92}$ e → Ⅲ⃝ 제 에미게나 물어 보<u>시지오</u>(빈 : 38)

$(3)^{93}$ a^{1} → ~Ⅱ^{1} 셔방님게 엇더ᄒᆞ면 걱정이 업겟나 엿쥬어 보<u>시지요</u>(빈 : 66)

$(3)^{94}$ Ⅲ⃝ → (하늘에기원) 휘-에그 ᄒᆞᄂᆞ님 <u>맙시사</u>(빈 : 46)

$(3)^{95}$ Ⅱ⃝^{2} → (하늘에기워) 하나님 굽어보고 살펴 <u>봅시사</u>(은 : 63)

(3)^{96} Ⅱ⃝^{2} → (하늘에기원) 맙시사…줍시사(은 : 10)

4) 感 嘆 法

(4)^{5} Ⅵ → Ⓥ 에그 이 방 보게 아릐목이라고 닝김도 아니 가시엿 소구려 (귀 : 117)

(4)^{6} Ⅰ → Ⅱ 식젼 일즉 ᄂᆞ셧쇼구려(귀 : 40)

(4)^{7} Ⅱ → Ⅰ 정신 업스시구려(귀 : 44)

(4)^{8} Ⅳ⃝ → (독백) …죠흔 일을 지여 쥬셧고나(귀 : 37)

(4)^{9} Ⅳ⃝ → Ⅰ^{1} 말삼 좀 ᄒᆞ시오구려(홍2 : 78)

(4)^{10} b → Ⅱ^{1} 에그 진지 잡수시네 복단 아주머니도 거긔 계시구려(빈 : 11)

(4)^{11} b → c 이ᄋᆡ 정말그러면 마님이 참 불상ᄒᆞ시구나(재 : 11)

(4)^{12} Ⓘ^{4} → Ⓘ^{3} 나는…ᄯᆞᆯ만보면 병이 나을쥴 알고 공연히 그럿케 졸낫소구려재 :(105.106)

(4)^{13} Ⅱ^{1} → Ⅱ …엇더케 달음박질을 하엿든니…이제는 촌보를 옴길 수 업소구려(마 : 3)

(4)^{14} Ⅲ⃝^{2} → Ⅱ ᄐᆡ평시졀에 냥반말 밋고 돈이나 가지면…마ᄋᆞᆷᄃᆡ로 하든 버르쟝이가 …그저 남어잇소구려(마 : 11)

(4)^{15} Ⅲ⃝^{2} → Ⅱ^{1} 아씨 줌으시는 녑헤 자리 한 구석만 뷔여쥬시구려(마 : 26,27)

(4)^{16} Ⅲ⃝^{2} → Ⅱ^{1} 그러케 왕졍되게 뭇다가는 나죵에 셔양국이 몃리… 뭇깃소구려(마 : 44,45)

(4)^{17} Ⅱ^{2} → Ⅱ^{1} …당신 말슴을 드르니 고싱도…하셧거니와 범졀도 ᄎᆞᆷ 갸륵ᄒᆞ시고 디혜도 만흐시구려(마 : 66)

(4)^{18} Ⅰ^{2} → Ⅰ 그러면 ᄯᆞᆯ의 내외도 쥬엇겟소구려(마 : 82)

(4)^{19} Ⅲ^{1} → Ⅱ^{1} 오날은 우리집에나 가셔서 바ᄅᆞᆷ이나 쐬고오시구려(마 : 102)

(4)^{20} Ⅱ^{1} → Ⅱ …지금 나으리를 뵈와도 사라셔 ᄂᆡ와 서로맛난가 십지안소구려(마 : 109)

(4)^{21} Ⅵ → Ⅴ …쇼씨의게 혹ᄒᆞ여…도로혀 나를 칙ᄒᆞ시ᄂᆞᆫ도다(완 : 77)

(4)^{22} b → Ⅳ⃝^{*3} 에그 답답히라 ᄌᆞ근아씨도 우리갓흔줄 아시는구려(목 : 311)

(4)^{23} Ⅲ⃝ → Ⅱ⃝^{3} 에그 ᄶᅡᆨᄒᆞᆫ 말슴도 하시는구려(목 : 332)

(4)^{24} Ⅴ⃝ → Ⅰ^{2} 이왕 그년을 …지조것ᄒᆞ야 보시구려(목 : 369)

(4)^{25} Ⅳ⃝^{5} → Ⅳ⃝ 리션달 …롱을 넘오 과히 하시는구려(목 : 394)

(4)^{26} Ⅱ⃝^{3} → Ⅱ⃝^{2} 압다 말솜ᄒᆞ시구려(목 : 405)

(4)^{27} Ⅰ → Ⅳ⃝ 흔젼을 누가 알아요…ᄂᆡ가 몸쇼 ᄂᆡ려가…누가 알겟 소…이 돈은 간ᄃᆡ가 읍쇼구려(쌍 : 8)

(4)^{28} Ⅴ⃝^{1} → Ⅳ⃝ 보아ᄒᆞ니 그만 지각은…못 드른톄하니 썩 괴란시럽구나 (모:21)

(4)^{29} Ⅲ^{1} → Ⅳ⃝ ᄂᆡ가 지각이…너의 그 지경으로…가 잇셧고나(모 : 73)

(4)^{30} Ⅲ^{2} → Ⅲ^{1} 남들이 의심치를…어셔 ᄂᆡ려가…보시구려(모 : 79)

(4)^{31} a → Ⅴ⃝ 만신 이ᄃᆡᆨ과는…연분이시구려(구 : 14)

(4)^{32} Ⅱ^{1} → Ⅱ 집안에 우환도…쪄ᄂᆞ지 안이ᄒᆞ기에…일을 ᄒᆡᆺ셧구려(구 22)

(4)^{33} a → Ⅱ⃝^{4} 생각ᄃᆡ로 ᄒᆞᆸ시오구려(구 : 28)

(4)^{34} Ⅰ → Ⅱ 오놀은 ᄆᆡ오 일즉 오셧소구려(구 : 40)

(4)^{35} Ⅱ⃝^{2} → Ⅱ⃝ 여보 ᄂᆡ외간이라도…몰랏쇼구려(은 : 24)

(4)^{36} Ⅱ⃝^{2} → Ⅱ⃝^{3} …잡아다가 죽엿소구려(은 : 90)

(4)^{37} Ⅳ⃝ → Ⅱ⃝^{2} 어머니가 저런마음으로 병이드럿소구려(은 : 131)

(4)^{38} Ⅳ⃝ → Ⅴ⃝ 압다 호라비장 나리께 약이나 좀 쓰고 계화란은 옷 ᄒᆞ야 입으라고 돈ᄇᆡᆨ이나 집어주시구려(은 : 137)

5) 請 誘 法

(5)^{12} c^{1} → Ⅴ⃝^{1} 나도 친모 덕 좀 봅시다(귀 : 110)

(5)^{13} e → c^{1} 츈쳔집 모자를 죽여 버립시다(귀 : 141)

(5)^{14} c^{1} → Ⅳ⃝ 마마님 구경이나 갑시다(귀2 :4)

(5)^{15} e → Ⅳ⃝ ᄂᆡ 쳐가에ᄭᆞ지만 갑시다(귀2 : 23)

(5)^{16} Ⅲ⃝^{1} → Ⅲ⃝ ᄒᆞᆫ번 보고 옵시다(귀2 : 26)

(5)^{17} Ⅰ → g 말좀 물어 봅시다(혈 : 22)

(5)^{18} Ⅲ^{1} → Ⅱ …지금 갑시다(혈 : 80)

(5)^{19} h → Ⅳ⃝ ᄂᆡ 집에 모시고 갑시다(귀 :57)

(5)^{20} c^{1} → e 그만 방으로 드러갑시다(귀2 : 34)

(5)^{21} c^{1} → e 진지나 ᄒᆞ여 드립시다(귀2 :85)

(5)^{22} Ⅱ^{1} → Ⅱ 우리도…피란갈 도리나 ᄒᆡ봅시다(마 : 5)

(5)^{23} Ⅳ → Ⅳ^{1} 자근 어마니 집으로 드러가십시다(홍 : 2)
(5)^{24} Ⅰ^{1} → (Ⅵ) 여보 진찰이나 좀 ᄒᆞ야봅시다(홍2 : 79)
(5)^{25} (Ⅲ) → Ⅱ …를 읍시다(빈 : 40)
(5)^{26} a → a^{1} 복단어머니 나갑시다(빈 : 66)
(5)^{27} (Ⅳ) → Ⅱ^{1} …들어갑시다(빈 : 80)
(5)^{28} (Ⅳ) → Ⅱ^{2} 걱정마오…들어봅시다(빈 : 83)
(5)^{29} Ⅱ^{2} → Ⅴ …잡시다(빈 : 87)
(5)^{30} Ⅴ → Ⅱ^{2} …하십시다(빈 : 92)
(5)^{31} Ⅴ → Ⅱ …가십시다(빈 : 95)
(5)^{32} (Ⅵ) → b 경무청에서…불으시니 갑시다(빈 : 111)
(5)^{33} Ⅰ^{2} → Ⅰ 거북이를 불러 다시 무러보십시다(빈 : 130)
(5)^{34} Ⅱ → Ⅱ^{1} …어셔 드러가 봅시다(재 : 42)
(5)^{35} Ⅱ^{2} → Ⅱ^{1} 그러면 나와갓치 가십시다(재 : 100)
(5)^{36} (Ⅲ) → Ⅱ^{1} 리약기나 존 ᄒᆞ십시다(재 : 160)
(5)^{37} (Ⅰ)^{3} → (Ⅰ)^{4} 여긔셔 오ᄅᆡ 묵을 것 업시 ᄀᆡ셩으로 ᄂᆡ려갑시다(재 : 170)
(5)^{38} Ⅱ → Ⅱ^{1} 우리 두리…곤히도 어셔 누어잡시다(옥 :12)
(5)^{39} Ⅱ → Ⅰ^{2} ᄂᆞᆫ 잠시도 이 집에 잇기실으니 이 길로 돌아가십시다(옥 : 44)
(5)^{40} Ⅰ^{3} → Ⅰ^{2} …뎌것들이 과년ᄒᆞᆫ터이니…셩례를 식이어 자미를 어셔보십시다(옥 : 45)
(5)^{41} Ⅱ → Ⅱ^{1} 어서 피란을 갑시다(마 : 5)
(5)^{42} (Ⅲ)^{2} → Ⅱ^{1} 나으리 오시는길노 마조가서 뫼시고 올터이니…갑시다(마: 16,17)
(5)^{43} (Ⅲ)^{2} → Ⅱ^{1} 우리두리 ᄀᆞᆺ치 먹읍시다(마 : 37)
(5)^{44} Ⅱ^{2} → Ⅱ^{1} …말벗이나ᄒᆞ고 지ᄂᆡᆸ시다(마 : 67)
(5)^{45} Ⅱ^{1} → Ⅰ^{1} 명보의 말이…ᄅᆡ일 셔울이ᄂᆞ 보ᄂᆡ여 보십시다(마 : 90)
(5)^{46} Ⅲ^{1} → Ⅱ 우리 ᄆᆡ씨 보고십흔마음이 시급ᄒᆞ여…갑시다(마 : 91,92)
(5)^{47} b → e 그러면 어셔 들어갑시다(목 : 315)
(5)^{48} (Ⅱ)^{3} → (Ⅱ)^{2} 그러면 좀 열어봅시다(목 : 321)
(5)^{49} (Ⅲ) → (Ⅱ)^{3} …서울구경…올라갑시다(목 : 329)
(5)^{50} (Ⅱ)^{3} → (Ⅲ) 두말 말고 피신ᄒᆞᆯ 도리를 ᄒᆞ여봅시다(목 : 332)
(5)^{51} (Ⅱ) → (Ⅲ) 그러ᄒᆞ셔요 인ᄉᆞᄒᆞᆸ시다(목 : 340)
(5)^{52} Ⅰ^{1} → Ⅰ 그러면…그리로가셔…ᄒᆞ고옵시다(목 : 364)

(5)^{53} Ⅰ → Ⅰ^{2} 져 친구가…우리 인ᄉᆞᄒᆞᆸ시다(목 : 366)

(5)^{54} Ⅳ⃝ → Ⅳ⃝^{5} 여보 이 친구 인ᄉᆞᄒᆞᆸ시다(목 : 389)

(5)^{55} Ⅳ⃝ → Ⅳ⃝ 압다 누군지는…밋겟소 좀 더 봅시다(목 : 393)

(5)^{56} Ⅱ⃝^{2} → Ⅳ⃝ 여보 이량반 말ᄉᆞᆷ 죤 무러봅시다(목 : 403)

(5)^{57} Ⅳ⃝ → Ⅱ⃝^{2} 좀 드러봅시다(405)

(5)^{58} Ⅳ⃝ → Ⅰ 어ᄃᆡ하회를…봅시다(쌍 : 30)

(5)^{59} Ⅳ⃝^{2} → Ⅳ⃝ ᄂᆡ가 총총ᄒᆞ야…나와갓치…갑시다(쌍 : 32)

(5)^{60} Ⅳ⃝ → Ⅴ⃝^{2} 이량반 잔말말고 갑시다(쌍 : 52)

(5)^{61} Ⅳ⃝^{3} → Ⅳ⃝ 이량반…무러봅시다(쌍 : 68)

(5)^{62} Ⅳ⃝^{3} → Ⅳ⃝ 지로승은희…우리가지로승보다 …길을 …지금갓치가십시다(쌍:70)

(5)^{63} Ⅳ⃝^{1} → Ⅴ⃝^{1} …좀 들어봅시다(쌍 : 82)

(5)^{64} Ⅳ⃝ → Ⅴ⃝^{1} 두분끠셔…피ᄎᆞ에…맛낫스니…말ᄉᆞᆷᄒᆞᆸ시다(쌍 : 86)

(5)^{65} Ⅴ^{3} → Ⅳ⃝ 단소소리 나던 집이…그집에 가셔…인희 희 소식이 읍다ᄒᆞ는고로…산즁으로 차져단기는 즁인ᄃᆡ…들어덜 올것이니…귀ᄐᆡ여 이리고 게실게 아니라 결박을 다 시 ᄒᆞ십시다(쌍 : 95)

(5)^{66} Ⅵ⃝^{2} → Ⅵ^{3} 별말삼을 다 ᄒᆞ시오…만일 우리 얼골을…큰일이 날 것이니…참고 고만둡시다(쌍 : 103)

(5)^{67} Ⅳ⃝ → Ⅳ^{1} 그놈덜이 셔울로…양양으로 갓스니…우리즁에…셔울 길노…츙청북도로…올나죠차 갑시다(쌍 : 114)

(5)^{68} Ⅳ⃝ → Ⅳ⃝^{4} …김슌금의…가이읍슨일이로…자연 드러날ᄯᆡ가 잇겟 지마는…이근쳐에ᄃᆡ젼 두 놈이…잡아봅시다(쌍 : 116)

(5)^{69} Ⅲ^{2} → Ⅲ^{1} 령감은…우리 먹고 입ᄂᆞᆫ것이나…ᄒᆞ십시다(모 : 78)

(5)^{70} Ⅳ⃝^{2} → Ⅲ⃝^{4} 큰어머니 고만 긋치시고…볼 ᄉᆡᆼ각을 ᄒᆞ십시다(모 : 84)

(5)^{71} Ⅴ⃝ → a 별말 말고 ᄂᆡ 말ᄃᆡ로 합시다(구 : 11)

(5)^{72} Ⅴ⃝ → Ⅱ^{1} 동산에나 올나가 구경좀 합시다(구 : 49)

(5)^{73} Ⅰ → Ⅱ 신산도 잡으려니와 구산부터 가 보십시다(구 : 41)

(5)^{74} Ⅴ⃝ → Ⅴ⃝^{1} 우리…의남미를 뎡ᄒᆞ시십시다(구 : 47)

(5)^{75} Ⅴ⃝^{1} → Ⅴ⃝ 아모려나…가보십시다(구 : 49)

3.2.2 하 오 체

1) 說 明 文

(6)^{7} g → Ⅰ …모르깃쇼(혈 : 22)
(6)^{8} Ⅱ^{1} → Ⅰ 도지 셤이나…가지고 먹고 엇깃소(혈 : 32)
(6)^{9} Ⅲ^{1} → Ⅱ^{3} 아무것을 시기더라도 ᄒᆞ깃소(혈 : 33)
(6)^{10} Ⅲ^{1} → Ⅱ^{3} 어머니 졸업장 맛타소(혈 48)
(6)^{11} d → Ⅱ^{3} …ㅗ반이시오(혈 : 54)
(6)^{12} Ⅲ^{1} → Ⅳ 열ᄒᆞᆫ살이 되얏소(혈 : 60)
(6)^{13} Ⅲ^{1} → Ⅳ …업셔요(혈 : 62)
(6)^{14} Ⅰ^{1} → Ⅰ 녜 숀님 오셧쇼(귀下 : 58)
(6)^{15} (Ⅲ)^{1} → (Ⅲ) 길슌이 ᄉᆡᆼ각ᄒᆞ면 ᄡᅧ가 녹는 듯 하오(귀 : 3)
(6)^{16} c^{1} → (Ⅴ)^{1} 나ᄂᆞᆫ 발셔 다 알아요 우리ᄃᆡᆨ 마님게…아니할 터이요(귀 33)
(6)^{17} (Ⅴ)^{1} → (Ⅴ) ᄂᆞᄂᆞᆫ 쳡노르슨…아니하고(귀 : 35)
(6)^{18} c^{1} → c 츈쳔 마마ᄃᆡᆨ 구경좀 ᄒᆞ깃^{소}(귀 : 69)
(6)^{19} (Ⅴ)^{1} → (Ⅳ) 지금 말ᄒᆞ던 졈슌이오(귀 : 81)
(6)^{20} c^{1} → Ⅰ^{1} 사람도 ᄆᆡ우 얌젼히요 아기를 낫ᄂᆞᆫᄃᆡ 탐스러워요(귀 : 90)
(6)^{21} (Ⅴ)^{1} → (Ⅴ) 강동지 영감더러 그런 ᄆᆞᆯ을 ᄒᆞ깃소(귀 : 123)
(6)^{22} e → c^{1} 김승지ᄃᆡᆨ 마님…말이오(귀 : 141)
(6)^{23} e → (Ⅳ) 참 ᄂᆡ가 미처 말을 못ᄒᆞ엿소 아저씨 말슴에 두분 아 지머니 게셔ᄂᆞᆫ 가셔 뵈옵던지…ᄂᆡ 도리ᄂᆞᆫ 내가ᄋᆞ니 ᄒᆞᆯ 슈가 업셔셔 밤을 도아 올너왓소(귀下 : 9)
(6)^{24} (Ⅱ)^{3} → (Ⅱ) 옥순아버지…이를 엇지 ᄒᆞ잔말이^{오}(은 : 6)
(6)^{25} (Ⅱ)^{2} → (Ⅱ) 여보 돈이 다 무엇이란말이오(은 : 10)
(6)^{26} (Ⅵ)^{1} → (Ⅱ)^{1} 아저씨 나ᄂᆞᆫ 아저씨 보러왓소(은 : 85)
(6)^{27} (Ⅵ)^{1} → (Ⅱ)^{1} 아저씨 ᄂᆡ가 ᄉᆞᆷ십리를 거러 왓소(은 : 86)
(6)^{28} (Ⅵ)^{1} → (Ⅱ)^{1} …올랏소(은 : 86)
(6)^{29} (Ⅵ)^{3} → (Ⅱ)^{1} 오날 ᄂᆡ가 다리고 가셔 만나보게 하깃소(은 : 87)
(6)^{30} (Ⅱ)^{3} → (Ⅱ)^{2} 이 아ᄒᆡ가 본평ᄃᆡᆨ의 아들이오(은 : 89)
(6)^{31} (Ⅵ)^{1} → (Ⅵ) 누님 누님 죠션셔 편지 왓소(은 : 104)

(6)^{32} Ⅵ⃝^{1} → Ⅵ⃝ 늦게 주무시면 식젼잠이 안흐시지오(은 : 104)

(6)^{33} Ⅳ^{1} → Ⅱ^{1} 우리 어머니게셔 상사나신 것이지오(홍 : 37)

(6)^{34} a^{1} → Ⅰ^{3} 마님…자동 아씨게셔ᄂᆞᆫ 아무것도 신지안이ᄒᆞ고 힝 길 막단기신대오(홍下 : 19)

(6)^{35} Ⅲ⃝ → Ⅰ 에그 지혜도 업소(홍下 : 35)

(6)^{36} Ⅲ⃝ → Ⅰ 령감도 명령이시오(홍下 : 39)

(6)^{37} Ⅲ⃝ → Ⅳ^{1} 이것이 웬 일이오…아니ᄒᆞ겟소(홍下 : 42)

(6)^{38} a^{1} → Ⅲ⃝ 그러면 나가보지요 령감게셔 쉰네를 차지시면 엇더 게 ᄒᆞ시랍시오(홍下 : 46)

(6)^{39} a → a^{1} 아니 그저 놀러와요(홍下 : 47)

(6)^{40} a^{2} → Ⅰ^{3} 안이야요…잠ᄭᆞᆫ 드러 왓셔요(홍下 : 51)

(6)^{41} a^{2} → Ⅰ^{3} 령감마님게 드렷어요(홍下 : 52)

(6)^{42} Ⅰ⃝^{4} → Ⅰ …몸이 졈졈 더 압푸니 아마 ᄯᆞᆯ도못보고 죽을가보오(재 : 39)

(6)^{43} Ⅰ → Ⅰ⃝^{4} 여보 마누라가 병인이되여야 ᄒᆞ깃소(재 : 39)

(6)^{44} Ⅲ⃝ → Ⅰ …아니하오…말이오(홍下 : 60)

(6)^{45} Ⅲ⃝ → Ⅰ 웨 그리 하신단 말이^{오}(홍下 : 61)

(6)^{46} Ⅰ⃝^{4} → Ⅰ⃝^{3} 그러면 오날은 아니올ᄂᆞᆫ지도 모르깃소(재 : 84)

(6)^{47} Ⅰ⃝^{4} → Ⅰ⃝^{3} 량반의 ᄃᆡᆨ마님…졔 본식이 탄로될가 ᄋᆡ쓰고…고싱 이 더 홀덧ᄒᆞ오(재 : 85)

(6)^{48} Ⅱ^{2} → Ⅱ^{1} 나는 지금…ᄃᆡᆨ으로가ᄂᆞᆫ길이오(재 : 94)

(6)^{49} Ⅱ^{2} → Ⅱ^{1} 아니오(재 : 95)

(6)^{50} Ⅱ^{1} → Ⅱ$_{2}$ 누님만 이말을 아니ᄂᆡ이면 이일은 무사히되깃소(재 : 95,96)

(6)^{51} Ⅰ^{2} → Ⅱ^{1} 그런일은 부탁ᄒᆞ실것도 업소(재 : 98)

(6)^{52} Ⅱ^{1} → Ⅲ⃝ 금강산이나…깁흔산으로 드러갈 듯 ᄒᆞ닛가 아마 이 번이 마주막일인가보오(재 : 161)

(6)^{53} Ⅱ → Ⅵ^{2} 소슉도도ᄂᆞᆫ ᄃᆡᄃᆡ로 즁신의 ᄌᆞ손이오(완 : 36)

(6)^{54} Ⅱ^{1} → Ⅲ⃝ 나는 서울사ᄅᆞᆷ으로 란리에 조겨오는길에…좀 쉬여 갈까하고 들어왓소(마 : 32)

(6)^{55} Ⅱ^{3} → Ⅱ^{2} 여보누님 나좀보시오 할 말숨이잇소(마: 68)

(6)^{56} Ⅱ^{3} → Ⅱ^{2} 누님이 ᄭᅩᆨ 들으실터이오(마 : 68)

(6)^{57} Ⅱ^{2} → Ⅱ^{3} 범졀이 엄숙ᄒᆞ고 마음이 쳘셕갓흔 부인이라 녯날 녈녀라

도 지닉지 못ᄒᆞᆯ것이오(마 : 69)

(6)[58] Ⅱ[2] → Ⅱ[1] 우리 둘직동싱이 병이들어 죽게되엇다오(마 : 71)

(6)[59] Ⅱ[1] → Ⅱ[2] 그만일노 병이되여 죽을지경에…사닉냥반의 도랑이 안인 듯십소(마 : 71)

(6)[60] Ⅱ[2] → Ⅱ[1] 지금 난리ᄂᆞᆫ세상에…나부터 시집가겟소(마 : 72)

(6)[61] a[1]→ Ⅰ 덕 마님게셔 이 편지를 령감게 드리고 이일이 어인 곡졀인지 엿쥬아 보라고 하셔요(홍下 : 58)

(6)[62] Ⅰ[2] → Ⅰ 사롬을 보닉여 소식이나 들엇시면 죠켓소(마 : 82)

(6)[63] Ⅰ → Ⅰ[2] 소문을 들어보아서…져의형뎨즁에 누구를 보닉겟소(마 : 83)

(6)[64] Ⅰ → Ⅳ 여보 정슌금… 큰일이낫소(쌍 : 7)

(6)[65] Ⅰ → Ⅳ 아모도 읍시…가셧지오(쌍 : 80

(6)[66] Ⅰ → Ⅳ 주인여부도…큰 사랑에셔는…부두로 바로 나아오셔 셔…이속에 상납ᄒᆞᆯ…두숀으로 얼풋밧아들고…인천 으로…되집어 써낫는걸이오(쌍 : 8)

(6)[67] Ⅰ → Ⅱ 가이엡슨 일이오(구 : 40)

(6)[68] Ⅰ → Ⅱ 이 산소 모시고 ᄌᆞ식놈…상쳐를 두 번이ᄂᆞᄒᆞ고…부 지즁에 손히가 적지 안엇셔오(구 : 42)

(6)[69] Ⅰ → Ⅱ 아모려나 령감덕 복력이 대단ᄒᆞ시오(구 : 57)

(6)[70] a → Ⅲ …절로 날 것이오(홍下 : 63)

(6)[71] a → Ⅲ 마님게 가 엿줍지요(홍下 : 64)

(6)[72] a → Ⅰ[1] 사촌 남매간이 되신다고 하와요(홍下 : 108)

(6)[73] b → a 에그 우리덕 평양아씨 말이오(빈 : 10)

(6)[74] b → a[1] 닉게는 지다위를 아모리 히도 소용업소(빈 : 13)

(6)[75] b → Ⅲ 그년이 무엇이 걱정이야오(빈 : 20)

(6)[76] b → Ⅲ 쉰네가 갓셧지오(빈 : 21)

(6)[77] b → Ⅲ 에그 쉰네가 왓다가 가보고 오는 길이아요(빈 : 21)

(6)[78] b → Ⅲ 돌이 어미다려 불러 다리고 갓다 왓지요(빈 : 27)

(6)[79] b → Ⅲ 쉰네가…잇슴닛가…업셔요(빈 : 36)

(6)[80] b → Ⅲ 네 합지요(빈 : 27)

(6)[81] b → Ⅲ 아마 간부놈이 뒤짜라 왓든 것이야요(빈 : 108)

(6)[82] d → Ⅰ 말숨 못할 디경이 되셧지오(빈 : 130)

(6)[83] a → Ⅰ[2] 모르시면 쉰네가 엿줍지요(재 : 45)

(6)^{84} b → Ⅱ^{1} 이제는 아씨게셔든지 쉰네든지 다 시골쓰기가 되겟 지요(빈 : 72)

(6)^{85} b → Ⅱ^{1} 아씨는 쉰네다려 뫼시고 가라셔요(빈 : 76)

(6)^{86} b → Ⅱ^{1} 복단어미 아비는 셰간도 령거ᄒᆞ여 보닉고 이 집을 팔 던지…하셔요(빈 : 76)

2) 疑 問 法

(7)^{7} Ⅲ^{1} → Ⅱ^{3} …날 공부시켜 쥬시깃소(혈 : 46)

(7)^{8} (Ⅴ)^{1} → Ⅰ …아르시오(귀 : 61)

(7)^{9} Ⅰ^{1} → Ⅰ …ᄒᆞ시깃소(귀 : 64)

(7)^{10} i^{1} → c^{1} 어디셔 오셧소(귀 : 80)

(7)^{11} Ⅰ^{1} → Ⅰ 양자는 하여 무엇 ᄒᆞ시려오(귀 : 91)

(7)^{12} c^{1} → (Ⅴ)^{1} 잘 싱각 하셧소 무엇 하시깃소(귀 : 97)

(7)^{13} Ⅰ^{1} → Ⅰ 령감게셔는…빠져셔 정신을 모르시고…아르셧지오(귀 : 20)

(7)^{14} (Ⅲ) → Ⅱ 박참봉 나으리 놀라지 마르시오(귀2 : 48)

(7)^{15} k → j 여보 장님…하시오(귀 : 108)

(7)^{16} j → k 황송한 말솜이올시다마는 앗씨게셔는…못보셧는지오(귀2 : 110)

(7)^{17} (Ⅳ) →(Ⅲ)(Ⅲ)^{1} 길슌이가 무슨 념려가 되야…애를 쓰시오(귀 : 2)

(7)^{18} (Ⅲ)^{1} → (Ⅲ) 여보 여긔잇쇼(귀 : 3)

(7)^{19} (Ⅲ)^{1} → (Ⅲ) 걱졍이 안된단 말이오(귀 : 3)

(7)^{20} (Ⅲ)^{1} → (Ⅲ) 뉘 탓이오(귀 : 3)

(7)^{21} (Ⅳ) → (Ⅲ)^{1} …잇깃쇼(귀 : 11)

(7)^{22} (Ⅳ) → (Ⅲ)^{1} 그 팔자 면할 슈 잇소(귀 : 14)

(7)^{23} c^{1} → (Ⅴ)^{1} 우의 사람을 그리 보시오(귀 : 33)

(7)^{24} Ⅰ → Ⅱ 병이 낫쇼(귀 : 46)

(7)^{25} c^{1} → i 이덕…젼동 별실 츈쳔마마님덕이지오(귀 : 80)

(7)^{26} c^{1} → Ⅰ^{1} 어찌그리 어엽뿔지오(귀 : 89)

(7)^{27} Ⅰ → Ⅰ$_{1}$ 그런말 뉘게 드럿소(귀 : 91)

(7)^{28} Ⅰ^{1} → Ⅰ …갓소… 쓸 데 잇소(귀 : 93)

(7)^{29} Ⅰ → Ⅰ^{1} 우의 이리ᄒᆞ오…무슨 복을 밧겟소(귀 : 90)

(7)^{30} c^{1} → Ⅰ^{1} 죽엇게요(귀 : 105)

(7)^{31} c^{1} → Ⅴ⃝^{1} 세월을 보내시오(귀 : 110)
(7)^{32} c^{1} → Ⅴ⃝^{1} 할 말이 잇소(귀 : 114)
(7)^{33} c^{1} → e …무엇 잇소(귀 : 140)
(7)^{34} e → c^{1} …소리오 무엇이 되겟소(귀 : 141)
(7)^{35} c^{1} → e 최서방 주갑ᄒᆞ얏지오(귀2 : 5)
(7)^{36} Ⅲ⃝ → Ⅱ ᄂᆡ ᄯᆞᆯ 잘 잇답듸가…요ᄉᆡ 어디 잇소(귀2 : 33)
(7)^{37} Ⅲ⃝ → Ⅱ 김승지ᄃᆡᆨ이 얼마나 부리오(귀2 : 44)
(7)^{38} Ⅲ⃝^{1} → Ⅰ 여보 김승지령감 이거시 왼 일이오(귀2 : 67)
(7)^{39} c^{1} → j …벌엿지요(귀2 : 82)
(7)^{40} j → c^{1} 여보 마누라님ᄃᆡᆨ 이ᄃᆡ요(귀2 : 82)
(7)^{41} j → c^{1} 아니 좀 잇소(귀2 : 92)
(7)^{42} c^{1} → j 아버지 이를 엇지ᄒᆞᆫ단 말이오(귀2 : 94)
(7)^{43} Ⅱ⃝^{2} → Ⅱ⃝ 이를 엇지ᄒᆞ잔 말이오(은 : 6)
(7)^{44} Ⅱ⃝^{2} → Ⅱ⃝ 여보 돈이 다 무엇이란 말이오(은 : 10)
(7)^{45} Ⅵ⃝ → Ⅱ⃝^{2} 어머님…이것이 왼일이오(은 : 10)
(7)^{46} Ⅵ⃝ → Ⅱ⃝^{2} …말이오(은 : 131)
(7)^{47} Ⅲ⃝ → Ⅰ 여보 령감 과부ᄯᆞᆯ 후살이는 웨 보냇소(홍2 : 31)
(7)^{48} Ⅲ⃝ → Ⅳ^{1} 여보 넘어지리다 웨 이리 ᄒᆞ오(홍下 : 44)
(7)^{49} Ⅲ⃝ → Ⅰ 령감 그게 무슨 편진ᄃᆡ 보시더니 긔색이 좃치 못ᄒᆡ ᄒᆞ시오
(홍下 : 58)
(7)^{50} Ⅰ^{1} → Ⅳ 안심ᄒᆞ소(홍下 : 98)
(7)^{51} Ⅰ^{1} → Ⅵ⃝ ᄃᆡᆨ이 그 여인을 대리고 가는 량반이오(홍下 : 78)
(7)^{52} Ⅰ^{1} → Ⅵ⃝ 가시던가요(홍下 : 78)
(7)^{53} Ⅵ⃝ → Ⅰ^{1} ᄃᆡᆨ이 알아셔 무엇 ᄒᆞ시랴오(홍下 : 78)
(7)^{54} Ⅰ^{1} → Ⅵ⃝ 좀 알면 엇더 하겟소…자청하러 온 터이오(홍下 : 78)
(7)^{55} Ⅰ^{1} → Ⅵ⃝ 그 말이 올소 ᄂᆡ집은 엇더게 갓드란 말이오(홍下 : 29)
(7)^{56} Ⅲ⃝ → Ⅱ ᄒᆞᆫ 벌 가지고 입소(빈 : 18)
(7)^{57} b → Ⅲ⃝ 그년이 무엇이 걱정이야요(빈 : 20)
(7)^{58} b → Ⅲ⃝ 뫼시고 잇슬터인ᄃᆡ요(빈 : 12)
(7)^{59} e → Ⅲ⃝ 녜 엿줍지요 아즉 기침을 ᄒᆞ셧슬나구요(빈 : 31)
(7)^{60} Ⅳ → Ⅱ 에그 사위님이오(빈 : 49)
(7)^{61} ^{1} → d 아주머니 어듸 가셧소(빈 : 54)
(7)^{62} d → a 리승지령감 자제가 올나 오셧셔요(빈 : 61)

(7)^{63} b → a 에그마니 나ᄂᆞᆫ 누구라고 복단 아버지 그러케 우시 네 약쥬가 취ᄒᆞ엿소(빈 : 72)

(7)^{64} b → a^{1} 여보 복단 어머니 자세들엇소(빈 : 76)

(7)^{65} Ⅵ⃝ → Ⅱ^{1} 이 지경에 이럴 것 무엇잇소(빈 : 80)

(7)^{66} Ⅱ^{1} → Ⅵ⃝ 강포로ᄂᆞᆫ 욕을 안이 보깃소(빈 : 83)

(7)^{67} Ⅵ⃝ → Ⅱ ᄂᆡ가 누구인지 짐작ᄒᆞ깃소(빈 : 83)

(7)^{68} Ⅴ → Ⅱ^{2} 살아 무엇을 ᄒᆞ오(빈 : 90)

(7)^{69} Ⅱ^{2} → Ⅰ^{3} 장모 건너 오셧소(빈 : 90)

(7)^{70} Ⅱ^{2} → Ⅵ⃝^{1} 안즉 안장을 못ᄒᆞ엿소(빈 : 97)

(7)^{71} b → Ⅲ⃝ 지금 불러와요(빈 : 109)

(7)^{72} Ⅵ⃝ → Ⅱ 셔방님 ᄂᆡ 사위 노릇이나 ᄒᆡ 보시랴오(빈 : 119)

(7)^{73} Ⅰ → g 어ᄃᆡ 계신 양반들이오(빈 : 140)

(7)^{74} Ⅱ → Ⅰ^{2} 무슨 자미잇ᄂᆞᆫ ᄅᆡ약기를 이러케ᄒᆞ시오(재 : 32)

(7)^{75} Ⅱ^{2} → Ⅱ 에그 뉘게…드르셧단 말솜이오(재 : 33)

(7)^{76} Ⅱ → Ⅰ 쟝모를…뵈왓스면 조킷슴니다 어ᄃᆡ계신가요(재 : 37)

(7)^{77} Ⅰ^{1} → Ⅰ …셩ᄒᆞᆫ사람더러 병인은 되라ᄒᆞ오(재 : 40)

(7)^{78} Ⅰ → Ⅰ^{1} 아니 못되야 외이리 잔말을 ᄒᆞ오(재 : 40)

(7)^{79} a → Ⅰ^{2} ᄃᆡᆨ분마님 아시지 못ᄒᆞ시지오(재 : 44)

(7)^{80} Ⅱ^{2} → Ⅰ^{2} 아쥬머니…그것이 다 어ᄃᆡ로 갓단말이오(재 : 46)

(7)^{81} Ⅰ^{3} → Ⅰ 슬하에…한낫자식 잇ᄂᆞᆫ것을 못보고 쥭게ᄒᆞᄂᆞᆫ 것은… 한번 만나보게 ᄒᆞᆯ도리가 업슬가요(재 : 65)

(7)^{82} Ⅰ⃝^{3} → Ⅰ 요젼번에…삼ᄇᆡᆨ원을 당장 드렷지오(재 : 67)

(7)^{83} Ⅰ⃝^{3} → Ⅰ 오ᄇᆡᆨ원이오(재 : 69)

(7)^{84} Ⅱ → Ⅲ⃝ 이것이 누구요 슈절어멈아 아니오(재 : 159)

(7)^{85} Ⅲ⃝ → Ⅱ^{1} 오ᄅᆡ 자근아씨가…왼일이오(재 : 160)

(7)^{86} Ⅰ → Ⅰ^{2} 엇지ᄒᆞ면 좃소(옥 : 6)

(7)^{87} Ⅰ^{2} → Ⅰ 그게 무슨 말솜이오(옥 : 7)

(7)^{88} Ⅴ → Ⅶ⃝^{2} 네…무식ᄒᆞᆫ들 엇지 이러ᄒᆞᆫ 일이…잇스리오(완 : 13)

(7)^{89} Ⅴ → Ⅵ 동긔간 무솜어려옴이 잇스리오(완 : 27)

(7)^{90} Ⅵ → Ⅵ^{1} 부인 이 엇진일이오(완 : 86)

(7)^{91} Ⅵ → Ⅵ 내…엇지 이와갓치 만나리오(완 : 97)

(7)^{92} Ⅵ → Ⅵ^{1} 부인의 의향이 이ᄀᆞᆺᄉᆞ오니 내 엇지 어찌리오(완 : 98)

(7)^{93} Ⅴ^{2} → Ⅳ^{6} 슐 잇소(오 : 36)

(7)[94] Ⅳ² → Ⅳ 엇더케 ᄒᆞ시다 일으셧소(쌍 : 26)
(7)[95] Ⅰ → Ⅳ 그러 고소ᄉᆞ를 맛나보앗소(쌍 : 29)
(7)[96] Ⅰ → Ⅳ 여보 그것이 무슨소리오(쌍 : 30)
(7)[97] Ⅰ → Ⅳ 이 노릇을 엇지ᄒᆞ면 좃소(쌍 : 30)
(7)[98] Ⅴ² → Ⅳ¹ 누구신ᄃᆡ…차지시오(쌍 : 47)
(7)[99] Ⅴ² → Ⅳ¹ 져런 경신읍는량반…당신께…잇소(쌍 : 48)
(7)[100] Ⅳ¹ → Ⅴ² 로인이…웨 이리ᄒᆞ시오(쌍 : 49)
(7)[101] Ⅳ¹ → Ⅴ² 간곳은 ᄂᆡ가엇지 안단말이오(쌍 : 51)
(7)[102] Ⅴ² → Ⅳ 죄인이 웬 죄인이란말이오(쌍 : 51)
(7)[103] Ⅳ¹ → Ⅴ¹ 우리를 무슨죄로 쥬이라ᄒᆞ다가 무슨션심으로 구원 ᄒᆞ얏소(쌍 : 82)
(7)[104] Ⅴ¹ → Ⅳ¹ 이게 무슨 말솜이오(쌍 : 82)
(7)[105] Ⅴ¹ →Ⅳ¹Ⅳ 두 로형이 곤난을 지ᄂᆡ신터에 것쳐가 셩ᄒᆞᆫ사람갓 지 못ᄒᆞ실것이니 우리ᄉᆞ쳐ᄒᆞ고잇는…초막으로 가 셔…조리를 ᄒᆞ시는 것이 엇더 ᄒᆞᆯ는지오(쌍 : 85)
(7)[106] Ⅳ → Ⅲ ᄃᆡᄉᆞ의 ᄆᆡ씨가…원슈는…무슨 원슈오(쌍 : 90)
(7)[107] Ⅳ → Ⅲ 여보대ᄉᆞ…ᄂᆡ가 무슨죄가 잇다고 도망을 ᄒᆞ겟소(쌍 : 91)
(7)[108] Ⅲ → Ⅳ 날곳붉으면…죄를당ᄒᆞ던지 결처가될걸 그동안을 못 참아 이라ᄒᆞ오(쌍 : 91,92)
(7)[109] Ⅲ² → Ⅱ¹ …오죽 고싱을 하셧겟소(마 : 36)
(7)[110] Ⅲ² → Ⅱ¹ 여보 한숩 쉴ㅅ것 무엇이오(마 : 36)
(7)[111] Ⅱ³ → Ⅱ² 누님이시오…ᄃᆡ관졀 아라보셧소(마 : 73)
(7)[112] Ⅰ¹ → Ⅱ¹ …소문이 요란할 ᄲᅮᆫ아니라 그러케 급히 가실쎠 잇소(마 : 79)
(7)[113] Ⅰ → Ⅱ¹ 웬 ᄭᅡ닭으로 그리ᄒᆞ시오(마 : 79)
(7)[114] Ⅱ³ → Ⅲ 그러나 웬 ᄶᅡ닭으로 이 디경이 되엿소(목 : 324)
(7)[115] Ⅲ → Ⅱ³ 여보시오 ᄂᆡ가 엇지ᄒᆞ야 여긔를 왓소(목 : 324)
(7)[116] Ⅲ → Ⅱ³ 나도 우리 어머니만…무슨 걱정이 잇셧겟소(목 : 327)
(7)[117] Ⅲ³ → Ⅲ ᄌᆞ근아씨야 좀시…그런변을…령감만…무슨 걱정이 잇겟소(목 : 327)
(7)[118] Ⅲ → Ⅱ³ 여보 울지마시오…마누라 은혜가…령감도…ᄎᆞ맛데고 가겟소(목 : 327)
(7)[119] Ⅱ³ → Ⅲ ᄌᆞ근아씨 안이면 하향늙은이가…히 불 슈 잇겟소(목 :

330)

(7)^{120} Ⅲ⃝ → Ⅱ⃝^{3} 여보 셔울ᄉᆞ람이…여를 왓소(목 : 330)

(7)^{121} Ⅲ⃝ → Ⅱ⃝^{3} 여보 엇젼말이오…못ᄒᆞᆯᄉᆞᄅᆞᆷ이 잇단말이오(목 : 330)

(7)^{122} Ⅲ⃝ → Ⅱ⃝^{3} 여보…엇지ᄒᆞ면 죳켓소(목 : 332)

(7)^{123} Ⅱ⃝ → Ⅲ⃝ 어느곳에셔 오신 손님이시오(목 : 340)

(7)^{124} Ⅱ⃝ → Ⅲ⃝ 좀시뵈와도 ᄌᆡ화가…어느 학교에…ᄒᆞ셧뎟소(목 : 341)

(7)^{125} Ⅱ⃝ → Ⅲ⃝ 참 조달이시로구…학교에셔…ᄒᆞ셧단 말ᄉᆞᆷ이오(목 : 341)

(7)^{126} Ⅱ⃝ → Ⅲ⃝ …여 도 학교 명ᄉᆡᆨ은 ᄒᆞᆫ아잇스나 교ᄉᆞ가 부죡ᄒᆞᆫ고로 …로
형갓흔 량반이 계시면 무ᄉᆞᆫ걱정이 잇겟소(목 : 342)

(7)^{127} Ⅲ⃝ → Ⅱ⃝ ᄂᆡ야…ᄌᆞ격이 잇겟소만은 학도ᄂᆞᆫ 얼마나되오(목 : 342)

(7)^{128} Ⅲ⃝ → Ⅱ⃝ 과졍은 몃과졍이나되오(목 : 342)

(7)^{129} Ⅲ⃝ → Ⅱ⃝ 지금이시ᄃᆡ를 당ᄒᆞ야 우리동포를 교육코ᄌᆞ 업ᄂᆞᆫ학교 를
설립이라도 ᄒᆞᆯ터인ᄃᆡ 잇는학교가 폐지되ᄂᆞᆫ것이야 ᄎᆞᆷ아 보겟소
(목 : 343)

(7)^{130} Ⅳ⃝ → Ⅳ⃝^{5} 뉘ᄃᆡᆨ이라 ᄒᆞ오(목 : 389)

(7)^{131} Ⅳ⃝ → Ⅳ⃝^{5} 압다…무엇잇소(목 : 390)

(7)^{132} Ⅳ⃝^{5} → Ⅳ⃝ 암만ᄒᆡ도…나지안는 걸이오(목 : 391)

(7)^{133} Ⅳ⃝^{5} → Ⅳ⃝ 어허 고마운…넘오…ᄒᆞᆫ걸이오(목 : 392)

(7)^{134} Ⅳ⃝ → Ⅳ⃝^{5} 별 말ᄉᆞᆷ을…우리터에…치ᄉᆞᄒᆞᆯ것이 무엇잇소(목 : 392)

(7)^{135} Ⅳ⃝^{5} → Ⅳ⃝ 여보 리션달…어듸셔 만낫소(목 : 392)

(7)^{136} Ⅳ⃝^{5} → Ⅳ⃝ 펑ᄌᆞ근돌은 엇지아시오(목 : 392)

(7)^{137} Ⅳ⃝^{5} → Ⅳ⃝ 그러시단 말이엿다…칠ᄒᆞ다ᄲᅮᆫ이오(목 : 392)

(7)^{138} Ⅳ⃝ → Ⅳ⃝^{5} 엇던친구와 예서…다리고가야 안이ᄒᆞ겟소(목 : 393)

(7)^{139} Ⅳ⃝^{5} → Ⅳ⃝ 압다 누군지는 물으나…잇겟소(목 : 393)

(7)^{140} Ⅳ⃝^{5} → Ⅳ⃝ 리션달 이게 웬일이오(목 : 394)

(7)^{141} Ⅱ⃝^{2} → Ⅳ⃝ 어허 오ᄂᆞᆯ 무ᄉᆞᆫ죄인을 ᄌᆞᆸ앗길네 져리찌ᄶᆞᄒᆞ오(목 : 403)

(7)^{142} Ⅱ⃝^{2} → Ⅳ⃝ 압다 그량반…그런것을…엇덧탄말이오(목 : 403)

(7)^{143} Ⅳ⃝ → Ⅱ⃝^{2} 여보 령감 무엇이라고 ᄒᆡᆺ소(목 : 404)

(7)^{144} Ⅳ⃝ → Ⅱ⃝^{2} 디금 드른즉 ᄌᆞ근아씨라ᄒᆞ니 엇던…말이오(목 : 405)

(7)^{145} Ⅳ⃝ → Ⅱ⃝^{2} 여보ᄂᆡ가 핀잔을 쥴 리가 잇소(목 : 405)

(7)^{146} a → Ⅴ⃝ 만신…계셔오(구 : 10)

(7)^{147} Ⅰ → Ⅱ 벌셔 이 디경이 된 터에 박절이 ᄃᆡᆨ절ᄒᆞᆯ 슈 잇소(구 : 37)

(7)^{148} Ⅱ → Ⅰ 오ᄂᆞᆯ도 시간이 느져 아마 오ᄅᆡ 기ᄃᆡ리셧지요(구 : 39)

(7)[149] Ⅰ → Ⅱ 그것은 무엇을 가져오셧소(구 : 40)
(7)[150] Ⅱ → Ⅰ 인제 나의 친산이…찬찬히 거러가시면 엇더ᄒᆞ실는지오(구 : 41)
(7)[151] Ⅰ → Ⅱ 령감이 산소쓴 지 몃히ᄂᆞ되엿소(구 : 42)
(7)[152] Ⅱ → Ⅰ 위션ᄒᆞ야 ᄒᆞᄂᆞᆫ일에 무엇이 어려올것이 잇소(구 : 46)

3) 命令法

(8)[12] (Ⅳ) → (Ⅲ)(Ⅲ)^1 길슌이는 내버려두고 드러가 쥬무시오(귀 : 2)
(8)[13] Ⅰ^1 → Ⅰ 령감 어서 침모와 계동으로 가시오(귀 : 28)
(8)[14] Ⅱ → Ⅰ 염려말고 계시오(귀 : 46)
(8)[15] Ⅰ^1 → Ⅰ 마르시오 …그리를 말으시오(귀 : 92)
(8)[16] c^1 → (Ⅴ)^1 버릇업다 중 ᄯᅩ 드르시오(귀 : 113)
(8)[17] c^1 → (Ⅳ) 그런 말슴 마르시오(귀2: 4)
(8)[18] e → (Ⅳ) 아지머니가 가실 터이면 교군을 타시오(귀下 : 10)
(8)[19] e → (Ⅳ) 아지머니 이리 나오시오(귀下 : 22)
(8)[20] (Ⅲ) → m 여보 그만 좀 참으시오(귀下 : 29)
(8)[21] c^1 → j 장님 ᄂᆡ집에…잠깐만 쉬여 ᄂᆞ가시오(귀下 : 82)
(8)[22] c^1 → j …이리 드러오시오 날만 ᄯᅡ라 오시오(귀下 : 82)
(8)[23] (Ⅲ) → (Ⅲ) …마오(귀 : 5)
(8)[24] (Ⅳ) → (Ⅲ)^1 그말 마오(귀 : 13)
(8)[25] Ⅰ → Ⅱ 여보 어제 ᄃᆡᆨ에 사람 ᄒᆞ나 보ᄂᆡᆺ지요 잘 맡아 주시오(귀 : 45)
(8)[26] c^1 → c 여보 요란스럽소 말 함부로 마오(귀 : 69)
(8)[27] Ⅰ → Ⅰ^1 여보 정신 좀 차리오 눈 좀 ᄯᅧ 보오(귀 : 96)
(8)[28] e → c^1 여보 그만 두오(귀 : 135)
(8)[29] c^1 → e 여보 최서방도 그것케 하오(귀 : 146)
(8)[30] c^1 → e 나 하라는 ᄃᆡ로만 하오(귀2 : 1)
(8)[31] c^1 → e ᄂᆡ가 저역밥 지여 노흘만 ᄒᆞ거든 말ᄃᆡ로ᄒᆞ오(귀下 : 3)
(8)[32] c^1 → j 아버지 날 살려주오(귀下 : 92)
(8)[33] j → (Ⅲ) 고년 쥬동이 짓ᄶᅵ어주오(귀2 : 113)
(8)[34] (Ⅴ) → (Ⅱ) 최셔방님 아므 염려 마르시오(은 : 11)
(8)[35] (Ⅴ) → (Ⅱ) 우리가 순사도ᄭᅴ 말씀 잘 아뢰면…걱정 마르시오(은 : 11)

(8)[36] (Ⅳ) → (Ⅱ) 싼 구녁으로 쳥ᄒᆞᆯ ᄉᆡᆼ각마르시오(은 : 12)
(8)[37] (Ⅱ)^{2} → (Ⅱ) 속히 다녀오시오(은 : 27)
(8)[38] (Ⅵ)^{1} → (Ⅱ)^{2} 어머니 날 좀 보오(은 : 27)
(8)[39] (Ⅵ)^{1} → (Ⅱ)^{1} 아저씨 …니 소원을 푸러쥬오(은 : 86)
(8)[40] (Ⅵ) → (Ⅵ) 어서 ᄯᅡ어보오(은 : 104)
(8)[41] a^{1} → a 마님게셔 부르시오(홍2 : 30)
(8)[42] Ⅳ^{2} → Ⅰ 에그 ᄯᅡᆨ도 ᄒᆞ시오 그 션지가 령감사위에게서 오는 것인지 분명히 알으시오(홍2 : 31)
(8)[43] Ⅳ → Ⅰ 히 내바리는 말이라도 그러케 말으시오(홍2 : 34)
(8)[44] Ⅳ → Ⅰ 어서 나가시오(홍2 : 40)
(8)[45] Ⅳ → Ⅰ 사랑으로 나가시오(홍2 : 60)
(8)[46] Ⅲ → Ⅱ 히 쥬오(빈 : 18)
(8)[47] Ⅲ → Ⅱ …담비 ᄒᆞᆫ ᄃᆡ 잡슈시오(빈 : 46)
(8)[48] Ⅱ → Ⅳ 농담으로 ᄃᆡ답마오(빈 : 51)
(8)[49] Ⅱ^{2} → Ⅱ^{1} 누의님 걱정 말으시오(빈 : 66)
(8)[50] h → a 이것 보시오(빈 : 69)
(8)[51] b → i 어셔 모시오(빈 : 78)
(8)[52] (Ⅵ) → Ⅱ^{2} 장국을 죠곰 내시오(빈 : 80)
(8)[53] Ⅴ → Ⅱ^{2} 어서 나아가시오(빈 : 89)
(8)[54] (Ⅰ)^{4} → (Ⅰ)^{3} 니가…ᄯᆞᆯ 한번만 보고 죽게ᄒᆞ야 달라고 엿주어 쥬시오(재: 25)
(8)[55] Ⅰ → Ⅰ^{1} 마누라 어셔 안방에 올나가 즁병든 사람처럼 …싱엄 살을 ᄒᆞ오(재 : 41)
(8)[56] Ⅱ → Ⅱ^{1} 조곰도 어머니나 나를 야속히 녁이지 말고 …써니여 다가 보시게ᄒᆞ오(재 : 55)
(8)[57] Ⅱ^{1} → Ⅰ 아버지ᄭᅴ셔 엇더케던지 ᄒᆞ야쥬셔야지오(재 : 74)
(8)[58] (Ⅰ)^{4} → (Ⅰ)^{3} 다시는 나 보다 놉흔사람과 교졔ᄒᆞᆯ ᄉᆡᆼ각을 마시오(재 : 85)
(8)[59] (Ⅰ)^{3} → (Ⅰ)^{4} 공연히 그런소리를 ᄒᆞ지 마오(재 : 106)
(8)[60] (Ⅰ)^{4} → (Ⅰ)^{3} 남의돈 …ᄲᅢ셔먹으랴는 허부령의게…돈만 버리고 만나보지도 못 ᄒᆞᆯ 터이니 그만 두시오(재 : 106)
(8)[61] (Ⅰ)^{3} → (Ⅰ)^{4} 그런 어림업는 소리는 옹기지도 마오(재 : 140)
(8)[62] (Ⅰ)^{4} → (Ⅰ)^{3} 여보 그러케 소리를 지르지 마오(재 : 141)

(8)[63] (Ⅲ) → Ⅱ^{1} 어셔 드러오시오(재 : 160)

(8)[64] Ⅱ^{1} → (Ⅲ) 우리 부모를 뵙고 …리약기나 좀 엿주어 주고 다른 사람의게…사식도 보이지 마오(재 : 160)

(8)[65] (Ⅲ) → Ⅰ 이 밤중에 …차질슈ᄂᆞᆫ 도뎌히 업스니 ᄃᆡᆨ으로 가 계시오(옥 : 6)

(8)[66] Ⅰ^{2} → Ⅰ 령감 나을 방물보구미 하나만 차려주시오(옥 : 17)

(8)[67] Ⅱ^{1} → Ⅰ^{2} 금쥬올시다 어셔문좀 열어쥬셔오(옥 : 17)

(8)[68] Ⅱ^{1} → Ⅱ 여보 어서니러나시오(마 : 4)

(8)[69] Ⅱ → Ⅱ^{1} 부인 정신좀 ᄎᆞ리오(마 : 9)

(8)[70] (Ⅲ)^{2} → Ⅱ 무슨말인지 어서ᄒᆞ시오(마 : 10)

(8)[71] (Ⅲ)^{2} → Ⅱ^{1} 부인도 …일즉 줌우시오(마 : 28)

(8)[72] (Ⅲ) → Ⅱ^{1} 어셔 …좀 누여서 쉬게 ᄒᆞ시오(마 : 32)

(8)[73] (Ⅲ)^{2} → Ⅱ 어서 밥이나 ᄌᆞ시오(마 : 34)

(8)[74] Ⅲ^{1} → Ⅱ^{1} 여보 누님 너모 서러마시오(마 : 88)

(8)[75] Ⅱ → Ⅲ^{1} 그러면 ᄯᆞ라오소(마 : 93)

(8)[76] Ⅲ^{1} → Ⅱ 여보 그런 병신갓튼 말을 ᄒᆞ지마오(마 : 93)

(8)[77] Ⅲ^{1} → Ⅲ^{4} 여보 말 소릐 좀 나직ᄒᆞ오(마 : 97)

(8)[78] Ⅲ^{1} → Ⅱ^{1} 누님 담비나 잡스시오(마 : 102)

(8)[79] Ⅲ^{1} → Ⅱ 누님 ᄉᆡᆼ각마시고 맛당ᄒᆞᆫ 과부가 잇거든 장가들어 살 님이나 에서 홀도리를 ᄒᆞ여보시오(마 : 103)

(8)[80] a → c …부억 뒤로가셔… 보시오(목 : 268,269)

(8)[81] b → (Ⅳ)^{3} 어셔밧비 귀경을 ᄂᆡ게 ᄒᆞ시오(목 : 311)

(8)[82] b → e …어셔 드러오(목 : 3140

(8)[83] b → e 여보 쓸ᄃᆡ업ᄂᆞᆫ 잔소리말고 어셔갓다뭇고오(목 : 315)

(8)[84] (Ⅲ) → (Ⅱ)^{3} 여보 울지마시오(목 : 329)

(8)[85] (Ⅱ) → (Ⅲ) 방은 누츄ᄒᆞ나마 이리들어 오시기오(목 : 335)

(8)[86] (Ⅱ)^{3} → (Ⅲ) 잔말 말고 어셔들어가시오(목 : 335)

(8)[87] b → (Ⅴ)^{2} 어셔 발은ᄃᆡ로 …즘 ᄒᆞ시오(목 : 379)

(8)[88] (Ⅳ) → (Ⅳ)^{2} 글셰 말삼들어 보시게오(쌍 : 24)

(8)[89] Ⅰ → (Ⅳ) …고소ᄉᆞ의 거취나 탐지ᄒᆞ야보시오(쌍 : 31)

(8)[90] Ⅰ → (Ⅳ) 여보 졍슌금…ᄂᆡ 돈은 …셜 잡을 도리를 말으시오(쌍 : 37)

(8)[91] Ⅰ →(Ⅳ)(Ⅳ)^{1} 여보 두분은…다 쓸ᄃᆡ업는 말 말으시오(쌍 : 59)

(8)[92] (Ⅳ)^{3} → (Ⅳ)^{1} 렴려 말으시오(쌍 : 70)

(8)^{93} Ⅳ⃝ → Ⅴ⃝^{1} …우리 경력붓터… 들어보시오(쌍 : 88)
(8)^{94} Ⅳ⃝ → Ⅲ⃝ 여보 대ᄉᆞ 나좀 글너쥬오(쌍 : 91)
(8)^{95} Ⅲ⃝ → Ⅳ⃝ 쓸ᄃᆡ업ᄂᆞᆫ말도… 감안이 잇소 그동안 참으니만콤 더 견ᄃᆡ오 (쌍 : 91,92)
(8)^{95} Ⅲ⃝ → Ⅳ 그럴터이면 기ᄃᆞ리오(쌍 : 92)
(8)^{97} Ⅰ → Ⅱ 어셔 드러가시오(구 : 37)
(8)^{98} Ⅱ → Ⅰ …아죠 졀간갓치 증용ᄒᆞᆫ집이 잇스니 그리로 가 계시 게ᄒᆞ지오 (구 : 40)
(8)^{99} a → Ⅴ⃝ 만신 마암 턱 노코 …시원ᄒᆞ게 잘ᄂᆡ야쥬오(구 : 16)

4) 感 嘆 法

(9)^{7} Ⅰ^{1} → Ⅰ 무안 ᄒᆞ신가 보구려(귀 : 21)
(9)^{8} Ⅱ^{2} → k 감사ᄒᆞ구려(빈 : 95)
(9)^{9} Ⅰ^{1} → Ⅰ 여보 침모ᄭᆞ지 탐이나 나 보구려(귀 : 23)
(9)^{10} Ⅰ^{1} → Ⅰ …보구려(귀 : 65)
(9)^{11} Ⅰ^{1} → Ⅰ 령감게셔는 ᄌᆞ미를 보실 터이로구려(귀 : 92)
(9)^{12} Ⅱ → Ⅱ^{1} …보ᄂᆡᆺ구려(홍 : 38)
(9)^{13} Ⅱ → Ⅱ^{1} 여보 슈씨 친ᄃᆡᆨ어셔 하인이 급보로 ᄂᆡ려 왓구려(홍 : 38)
(9)^{14} Ⅰ → Ⅵ⃝ 로형이 그ᄃᆡᆨ 초취부인도 뵈왓겟구려(홍2 : 82)
(9)^{15} a^{1} → a 술은 자셧나 보구려(빈 : 3)
(9)^{16} Ⅲ⃝ → Ⅱ …고만두구려(빈 : 18)
(9)^{17} Ⅰ⃝^{4} → Ⅰ⃝^{3} …ᄯᅩ 돈을 직지안케 ᄊᆞᆺ씻구려(재 : 84)
(9)^{18} Ⅱ^{2} → Ⅱ 이것은 너무 지독 ᄒᆞ구려(재 : 190)
(9)^{19} Ⅰ → Ⅰ^{2} 엇지ᄒᆞ면 죳소 금쥬를 일엇구려(목 : 6)
(9)^{20} Ⅱ → Ⅱ^{1} …갈수는 업드라도 ᄂᆡ려안세나 좀 ᄒᆞ구려(마 : 9)
(9)^{21} Ⅱ^{2} → Ⅱ^{1} 하하 ᄆᆡ오 곤ᄒᆞ신가 보오구려(마 : 75)
(9)^{22} Ⅱ^{3} → Ⅱ^{1} 아마 쥬인이 무ᄉᆞᆫ허물이 잇서 그리하시나 보구려(마:79)
(9)^{23} 빗 → Ⅰ^{2} …셔울 난리가 낫다구려(마 : 82)
(9)^{24} Ⅰ⃝^{3} → Ⅰ 그 아비속에셔…춤 의외로구려(목 : 248)
(9)^{25} Ⅳ⃝^{1} → Ⅳ⃝^{5} 여보 경거좀 ᄒᆡ 쥬구려(목 : 276)
(9)^{26} Ⅱ⃝^{3} → Ⅱ⃝^{2} 여보 횡ᄌᆡ라니 그것은 무엇이오 궁금ᄒᆞ니 말이나 좀 ᄒᆞ구려(목 : 320)

(9)[27] Ⅱ^{3} → Ⅱ^{2} 춤 짐싼은 이샹ᄒᆞ구려(목 : 320)

(9)[28] Ⅲ → Ⅱ^{3} 그러면 금슌이도 나와 갓치 무슨변난을 당힛나보구려(목 : 326)

(9)[29] Ⅲ → Ⅱ^{3} 아마 남의 …갓든ᄉᆞ롬인가보구려(목 : 330)

(9)[30] Ⅲ → Ⅱ^{2} 별말을 다 ᄒᆞ는구려(목 : 356)

(9)[31] Ⓥ → Ⅱ^{3} 에그 …니에셔 신물이 직직 나오는 구려(목 : 358)

(9)[32] Ⅱ^{3} → Ⅱ^{2} 에그 ᄉᆡᆼ각ᄒᆞᆯ슈록 상쾌ᄒᆞ구려(목 : 404)

(9)[33] I → Ⅳ 고소ᄉᆞ라는 계집이 ᄆᆡᆼ랑ᄒᆞᆫ것인가 보구려(쌍 :29)

(9)[34] Ⓥ^{1} → Ⅳ^{2} 관명…ᄉᆞᆯ 먹으러온… 금초나 한은을 관명으로 알구려(쌍 : 35)

(9)[35] Ⓥ^{2} → Ⅳ^{1} 그러면 안사용 …오싯나 보구려(쌍 : 47)

(9)[36] Ⅳ → Ⅳ^{6} ᄂᆡ가 무엇이라ᄒᆞ기에 …쳐엄으로 이 광경을… 됴치 못ᄒᆞ구려(모 : 42)

(9)[37] Ⓥ → a 그ᄃᆡᆨ 아기가 굿터나 멀니갓다구려(구 : 10)

(9)[38] a → Ⓥ 아모로케ᄒᆞ던지 일만 잘ᄒᆞ구려(구 : 11)

(9)[39] Ⓥ → Ⓥ^{1} 에그 산이 남아 넉넉히 잇셔 나모쟝ᄉᆞ라도 ᄒᆞ시ᄂᆞᆫ쥴 녁엿구려 (구 : 49)

3.2.3 하게체

1) 說 明 法

(10)[7] b → I 나리게셔 부손으로 이ᄉᆞ 가실ᄣᆡ ᄒᆞᆯ미ᄂᆞᆫ 늘근 것이라 ᄉᆞ라져 ᄂᆞ리께 뵙지못하겠다 ᄒᆞ얏더니 늘근 것은 ᄉᆞ 랏다가 ᄯᅩ 뵈옵ᄂᆞᆫ ᄃᆡ 어린 옥던 아기와 졀무신 셔방 님은 어ᄃᆡ 가셔 도라 가셧는지 나리 오신 것을 못만 나 뵈네…(혈 : 30)

(10)[8] Ⅲ → Ⅲ^{1} 술잔이 ᄶᅧ날 ᄣᅵ가 업섯네(귀 : 4)

(10)[9] Ⅲ → Ⅲ^{1} 우리가 수 날번 ᄒᆞ얏네(귀 : 4)

(10)[10] Ⅲ → Ⅲ^{1} 양반덕에 수 날 수 잇느니(귀 : 5)

(10)[11] Ⓥ → d 무엇이 엇지ᄒᆞ여 참 잘 만난네 자네 미워서 숨겻네 그ᄃᆡ로 마님게엿줍게… 망신 좀 시켜보께네(귀 : 34)

(10)[12] Ⓥ^{1} → d 이 ᄃᆡᆨ에 잇셔 쓸ᄃᆡ 잇는 ᄀᆞ깃네(귀 : 96)

(10)[13] I^{1} → Ⓥ …이ᄂᆞ … ᄒᆞ깃네(귀 : 97)

(10)^{14} Ⅰ^{1} → (Ⅴ) ᄌᆞ네 참 오릐간만에 보깃네(귀 : 127)
(10)^{15} Ⅱ → (Ⅲ) 닉가 ᄌᆞ네 짜님을 보ᄋᆞᆺ네(귀2 : 45)
(10)^{16} Ⅱ → (Ⅲ) 김승지딕 마님이 부리던 증을 주엇네(귀2: 45)
(10)^{17} (Ⅱ)^{1} → (Ⅱ) 여보게 주삼이 나ᄂᆞᆫ 먼저가네(은 : 23)
(10)^{18} d → d 에그 …도라 가싯다네(은 : 50)
(10)^{19} (Ⅱ)^{2} → a 잇다가 먹겟네(은 : 81)
(10)^{20} Ⅱ^{2} → Ⅳ 셔울 자네 친졍딕에셔 편지가 왓네(홍 : 29)
(10)^{21} Ⅰ → Ⅰ 진족 죽기나 햇스면 한시름 잇겟네(홍 : 42)
(10)^{22} Ⅰ^{1} → Ⅰ 허 이사람 자네(홍 : 44)
(10)^{23} Ⅰ^{1} → Ⅳ 그ᄂᆞᆫ 저의 부모게 있ᄂᆞᆫ 터이닛가 되고 안되ᄂᆞᆫ 좌단 이야슈 업네(홍 : 62)
(10)^{24} (Ⅳ) → Ⅰ^{1} 별 잔소리 다하고 싯네 약도 못다리게(홍2 : 78)
(10)^{25} a → b 아씨가 누구야 복단이 여긔업네(빈 : 16)
(10)^{26} a^{1} → b 자네 ᄋᆞᆸ에ᄂᆞᆫ 닉자식 말을 못ᄒᆞ겟네(빈 : 12)
(10)^{27} (Ⅲ) → b 저런 비러 먹을년 보게(빈 : 36)
(10)^{28} Ⅱ^{1} → a^{1} 셔방님이 뎌리도 시스런가 안도 못하고 쥬져 쥬져 ᄒᆞ게(빈 : 62)
(10)^{29} m^{1} → m 아마 자네가 잘못 보앗나베(빈 : 95)
(10)^{30} (Ⅵ)^{1} → b 나ᄂᆞᆫ 평양사네(빈 : 109)
(10)^{31} Ⅱ^{1} → a 만신의 ᄂᆞ히 손 아릐일듯ᄒᆞ니 처음 보아도 …ᄒᆞ게 ᄒᆞ겟네(구 : 14)
(10)^{32} Ⅱ^{1} → a 그릐셔 졍 안이 드르신디도 나ᄂᆞᆫ …시작ᄒᆞ겟네(구 : 15)
(10)^{33} Ⅱ → a 아모짓이던지 ᄒᆞ고십은디로 …말니지 안이ᄒᆞ네(구 : 16)
(10)^{34} Ⅰ → Ⅲ^{1} 에그 이상도히라 령감게셔 이런말을 드르시면 제가 지어닉ᄂᆞᆫ쥴 아시겟네(구 : 35)
(10)^{35} Ⅰ → Ⅲ1 여보게 지ᄂᆞ간 일은 쓸ᄯᅦ업시 말ᄒᆞᆯ것 업네(구 : 54)
(10)^{36} Ⅱ^{3} → Ⅲ 오ᄂᆞᆯ릐일 모레 오날까지 닷시동안이면 하로가고 하 로오고 넉넉히 되깃네(구 : 68)

5) 疑 問 法

(11)^{8} (Ⅲ) → (Ⅲ)^{1} 우의 걱정이 잇ᄂᆞ(귀 : 3)
(11)^{9} (Ⅳ) → (Ⅲ)^{1} 압다 이런 답답ᄒᆞᆫ 말이 잇ᄂᆞ(귀 : 4)

(11)^{10} Ⅳ⃝ → Ⅲ⃝^{1} …인가 …엇나(귀 : 4)
(11)^{11} Ⅳ⃝ (독백) 령감이 오작 반가와 ᄒᆞ리 …엇지 살앗ᄂᆞ(귀 : 19)
(11)^{12} Ⅰ → Ⅰ^{1} 무슨 말 마누라 성품에 잇ᄂᆞ(귀 : 65)
(11)^{13} d → c …싼 소리만 하네(귀 : 67)
(11)^{14} d → c 엇지 하면 저럿케 겁이 업ᄂᆞ(귀 : 68)
(11)^{15} d → c 남 더러 욕만ᄒᆞ네(귀 : 68)
(11)^{16} e → d 응 틀리다니 침모가 업스면 무슨 일 못ᄒᆞ나(귀 : 140)
(11)^{17} e → d 김승지ᄃᆡᆨ 마님이 우리얼은 엇더케 하여 즌다던가 령 감도 아시나(귀 : 144)
(11)^{18} e → k 범어사가 얼마나 되ᄂᆞ(귀2 : 100)
(11)^{19} Ⅱ⃝^{1} → Ⅱ⃝ 자네가 아니 피할 ᄭᆡ달기 무엇인가(은 : 22)
(11)^{20} Ⅰ^{1} → Ⅰ 여보게 령감 홍집이 불상하지 아니한가(홍 :42)
(11)^{21} Ⅰ → Ⅰ^{1} ᄌᆞ식 그디경 된 것을 불상히 녁이지 아니ᄒᆞᆯ ᄉᆞ람이 잇겟나(홍 : 42)
(11)^{22} Ⅰ^{1} → Ⅰ ᄌᆞ네 ᄉᆞ상이 그쯤 들고서 머리는 웨 싹고 양복은 웨 입엇나(홍:44)
(11)^{23} Ⅰ^{1} → Ⅰ 당연치 안이ᄒᆞᆫ가(홍 : 44)
(11)^{24} Ⅰ → Ⅰ^{1} 남들이 욕이나 안이ᄒᆞ겟나(홍 : 45)
(11)^{25} Ⅰ → Ⅰ^{1} ᄂᆡ가 심판셔를 아다 ᄲᅮᆫ인가(홍 : 46)
여보게 아닌가(홍2 : 20)
이것좀 보게 내 속이 엇더켓나(홍2 : 58)
(11)^{26} Ⅰ → Ⅰ^{1} 자네ᄃᆡᆨ에셔 그동안 내집 사정된 리약이를 안이 ᄒᆞ시 던가(홍:86)
(11)^{27} Ⅰ → Ⅰ^{1} 자네 언제 귀국을 힛나(홍2 : 78)
(11)^{28} Ⅰ^{1} → Ⅰ 자네집 무슨 사정이 잇길내 그리하나(홍2 : 86)
(11)^{29} Ⅰ^{1} → Ⅰ 근친을 왓던가(홍2 : 86)
(11)^{30} Ⅰ → Ⅰ^{1} 나 갓흔 팔자가 엇의 ᄯᅩ 잇겟나(홍2 : 87)
(11)^{31} Ⅰ^{1} → Ⅰ 자네 심과장의 소식을 종종드럿나(홍2 : 101)
(11)^{32} Ⅰ → Ⅰ^{1} 침중 ᄒᆞ다네(홍2 : 101)
(11)^{33} Ⅰ → Ⅳ^{1} 무엇을 하^{게}(홍 : 8)
(11)^{34} Ⅲ⃝(독백)년이던지 놈이던지 살륙 낫치나 확실히 날걸(빈 : 112)
(11)^{35} Ⅰ → Ⅰ⃝^{3} ᄌᆞ네 그동안 관계치 아니ᄒᆞᆫ가(재 : 26)
(11)^{36} Ⅰ → Ⅰ⃝^{3} 어 셩달인가(재 : 64)

(11)^{37} Ⅰ → Ⅰ⃝^{3} 돈 오ᄇᆡᆨ원으로 자네아낙 목슘을 사ᄂᆞᆫ 세음이 아닌가(재 : 69)

(11)^{38} Ⅰ⃝^{3} → Ⅰ⃝^{4} 령감도 사람이어던 인졍을 모르실가(재 : 84)

(11)^{39} Ⅰ → Ⅰ⃝^{3} 그사람의 부인으로… 도망질을허다니…변괴가 어듸 잇단 말인가(재 : 171)

(11)^{40} Ⅰ → Ⅰ⃝^{3} 외 아모ᄃᆡ답도 업나(재 : 175)

(11)^{41} Ⅰ → Ⅰ⃝^{3} 자네가 돈좀쥰 것을 싱식ᄂᆡ이ᄂᆞᆫ 말인가(재 : 180)

(11)^{42} Ⅰ → Ⅰ⃝^{3} 리실이 …여긔를 왓드라니 어듸로갓ᄂᆞᆫ지 모르나(재 : 186)

(11)^{43} Ⅱ^{3} → Ⅱ 뎌런 못싱긴사ᄅᆞᆷ 그게 무슨 쑥시런짓이란 말인가 … 손목을 쥐여보고 안어보면 쇼용이 무엇잇나(마 : 10)

(11)^{44} Ⅱ^{3} → Ⅱ 늙은 령감이 …ᄂᆡ 얼골을 알고 시비나ᄒᆞ면 엇더케 ᄒᆞ게(마:11)

(11)^{45} Ⅱ⃝^{4} → Ⅱ^{3} 글셰 뎌 일을 엇지ᄒᆞ면 됴흔가 우리가 그 사ᄅᆞᆷ과 …형뎌로 지ᄂᆡᄂᆞᆫ터에 뎌 디경된 것을 몰오ᄂᆞᆫ톄 ᄒᆞᆯ 슈가 잇나(마 : 22)

(11)^{46} Ⅱ⃝ → Ⅱ^{3} 지금 이 밤즁에 자ᄂᆡ뒤만 ᄯᅡ라가면 엇더케ᄒᆞᆯ터인가(마 : 22)

(11)^{47} Ⅱ → Ⅱ^{1} 에구 뎌게 웬일인가(마 : 5)

(11)^{48} Ⅰ → Ⅰ⃝^{3} 허 완고의 문견으로 셰계형편을 모르고 그리ᄒᆞᄂᆞᆫ 것 은 괴이치안이ᄒᆞ나(목 : 245)

(11)^{49} Ⅰ → Ⅰ⃝^{3} 학교에서 불미 ᄒᆞᆫᄒᆡᆼ위가 잇다고 ᄶᅩᆺ쳐보ᄂᆡ엿스니 그 릐 학교에 단기면 다힝실이 부정ᄒᆞ며 ᄯᅩ ᄂᆡᄌᆞ식의 불미지ᄉᆞ를 졔가 절실이 보앗단말인가(목 : 246)

(11)^{50} Ⅰ → Ⅴ⃝^{1} 웨 나왓노(목 : 248)

(11)^{51} Ⅳ⃝^{2} → b 그러나 ᄌᆞ네 밤즁에 어듸를가나(목 : 300)

(11)^{52} b → Ⅳ⃝^{3} 아 그러신줄 주가 알앗나(목 : 300)

(11)^{53} Ⅲ⃝ → b 웬일이야 졸업식을 식벽에 ᄒᆞ랴나(목 : 303)

(11)^{54} b → Ⅲ⃝ 슈동마ᄀᆞ는 웨 안이오시나(목 : 303)(독백적인 대화)

(11)^{55} Ⅱ⃝^{3} → Ⅱ⃝^{2} 암 그럿치 그년들이 죵릐 무ᄉᆞᄒᆞᆯ가(목 : 404)

(11)^{56} Ⅲ^{1} → Ⅲ 혼인에 직물의논 …굼지나 안니ᄒᆞ겟던가(모 : 12)

(11)^{57} b → Ⅳ⃝ ᄉᆞ쥬팔ᄌᆞᄂᆞᆫ …엇지ᄒᆞᆯ슈 잇다던가 그의 아달은 못둔 다던가(모 : 22)

(11)^{58} Ⅴ⃝ → a 나으리가 누구야 나으리를 찻나(모 : 31)

(11)^{59} Ⅴ⃝ → a 나으리가 누구야 나으리를 찻나(모 : 31)

(11)^{60} Ⅱ → Ⅱ^{1} 아모리 즉은 사롬이기로 ᄂᆡᄀᆞ속 되기는 일반인ᄃᆡ … 옥슈경을 낡어…마암을 그러케 독ᄒᆞ게 쓰고셔야 ᄌᆞ 식을 뵤젼홀슈ᄀᆞ 잇노(구 : 21)

(11)^{61} Ⅰ → Ⅱ 응 괴상ᄒᆞ고 응 누가 진치안케 읽너쥬엇노(구 : 36)
터에 졔가를 그갓치 …가ᄉᆞ가 일픠도 치안이 ᄒᆞ겟노(구 : 65)

(11)^{62} Ⅳ^{1} → f 뎌 계집도 사롬은 일반인ᄃᆡ 무슨노릇을 못히셔…무 녀노릇을 ᄒᆞ다가 이 디경을 당ᄒᆞ노(구 : 71)

3) 命 令 法

(12)^{7} Ⅱ → d …불러보게(혈 : 58)
(12)^{8} Ⅲ⃝ → Ⅲ⃝^{1} 말좀 나적 나적ᄒᆞ게(귀 : 4)
(12)^{9} Ⅲ⃝ → Ⅲ⃝^{1} 잠자코 잇게(귀 : 4)
(12)^{10} Ⅰ → Ⅲ⃝ …하게(귀 : 20)
(12)^{11} Ⅰ → Ⓥ^{1} …날좀 처어다 보게(귀 : 27)
(12)^{12} Ⅱ → Ⅲ⃝ ᄌᆞ네 짜님 한셩병원에 잇ᄂᆡ 다녀오게(귀 : 50)
(12)^{13} Ⅱ → Ⅲ⃝ 그리 알고 잇게(귀 : 59)
(12)^{14} Ⅰ → Ⓥ^{1} 집안에서도 모르네… 알게(귀 : 59)
(12)^{15} Ⓥ^{1} → c^{1} 나무 사거든 마마님게 갓다드리게(귀 : 87)
(12)^{16} Ⅰ^{1} → Ⓥ^{1} 어서 이리 드러오게(귀 : 127)
(12)^{17} Ⅰ → c^{1} 슌돌 어멈 무엇ᄒᆞᄂᆞ 좀 내다보게(귀下 : 1)
(12)^{18} Ⅰ^{1} → c^{1} 들어 옵시사 ᄒᆞ게(귀下 : 8)
(12)^{19} Ⅲ⃝ → Ⅲ⃝^{1} 마누라는 싹 다물고 잇게(귀下 : 34)
(12)^{20} e → c^{1} ᄒᆞᆫ 잔 먹게(귀下 : 41)
(12)^{21} Ⅱ^{1} → Ⅳ^{1} 자네 일어나게(홍 : 26)
(12)^{22} Ⅰ → Ⅲ⃝ 여보게 건너오게(홍下 : 88)
(12)^{23} Ⅰ → Ⅲ⃝ 뎌 령감 드리시게 차례로 리액이를 좀하게(홍下 : 89)
(12)^{24} Ⅰ^{1} → Ⅰ 너모 심려말게(홍下 : 93)
(12)^{25} Ⅰ^{1} → Ⅳ 자네 기다려보게(홍下 : 102)
(12)^{26} a → a^{1} 시원히 좀 알게(빈 : 3)
(12)^{27} Ⅱ^{1} → e 차집부터 이리오게(빈 : 3)
(12)^{28} Ⅱ → Ⅲ⃝ …듣게(빈 : 47)
(12)^{29} Ⅱ^{1} → a^{1} 자네나 아범다려…이르고 들어오게(빈 : 67)

$(12)^{30}$ (Ⅲ) → e 자네 나가셔 교군 얼른 불너오게(빈 : 112)

$(12)^{31}$ Ⅰ → (Ⅰ)^{3} 지금 말ᄒᆞᆫ 약을 돌녀주게(재 : 26)

$(12)^{32}$ Ⅰ → (Ⅰ)^{3} 방문을 쫌 닷고 드러안져셔 숨이라도 죠심ᄒᆞ야쉬게(재 : 41)

$(12)^{33}$ Ⅰ → (Ⅰ)^{3} 나홀말만 ᄉᆡᆼ각지말고 자네ᄒᆞᆫ말도 좀 ᄉᆡᆼ각ᄒᆞ야보게(재 : 89)

$(12)^{34}$ Ⅱ^{2} → Ⅱ^{1} 날 더러도 무르시거던 아무날 형님안테셔 편지가 왓다고…속여 넹길게(재 : 98)

$(12)^{35}$ Ⅰ^{2} → Ⅱ 후취ᄂᆞᆫ… 그것보다 더 나흔 것을 골나쥴게(재 : 129)

$(12)^{36}$ Ⅰ → (Ⅰ)^{3} 여보게 성달이 용서ᄒᆞ게(재 : 185)

$(12)^{37}$ (Ⅱ)^{3} → Ⅱ^{4} 두말말고 ᄂᆡ 뒤만 ᄯᅡ라오게(옥 : 22)

$(12)^{38}$ Ⅱ → (Ⅲ)^{2} ᄂᆡ가 냥반이라고… ᄒᆞᄂᆞᆫ 것이 안이라 사졍이 절박ᄒᆞ 야 하ᄂᆞᆫ 말이니 ᄉᆡᆼ각ᄒᆞ여보게(16 : 11)

$(12)^{39}$ Ⅱ^{1} → (Ⅲ)^{2} 우리 나으리가 어듸오시ᄂᆞᆫ지 볼수가 업스니 오니나 좀 보게(마 : 16)

$(12)^{40}$ Ⅱ^{1} → (Ⅲ)^{2} 여보게… ᄂᆡ말 좀 듯게(마 : 38)

$(12)^{41}$ Ⅱ → Ⅲ^{1} ᄂᆡ가… 리고양집에 …단녀서 곳 올터이니…어듸를 가지말게(마 : 92)

$(12)^{42}$ Ⅱ → Ⅲ^{1} 쟝가란 것이 다 무엇인가 시들ᄒᆞᆫ소리 그만두게(마 : 103)

$(12)^{43}$ (Ⅲ)^{1} → (Ⅳ)^{1} 츰말이지 댱션달이 안이면… 걱졍말게(목 : 279)

$(12)^{44}$ Ⅰ^{4} → (Ⅲ) …어셔가셔 졸업장을 타가지고 오너라 구경즘ᄒᆞ게(목 : 299)

$(12)^{45}$ Ⅰ^{1} → Ⅰ^{2} 여보게…져 어룬ᄭᅴ…엿줍게(목 : 366)

$(12)^{46}$ Ⅰ → (Ⅴ) ᄂᆡ게로 보내게(목 : 374)

$(12)^{47}$ Ⅰ^{4} → (Ⅴ)^{2} 아 ᄌᆞ네오나 이리드러오게(목 : 377)

$(12)^{48}$ Ⅰ^{4} → (Ⅴ)^{2} 여보게 …풀어 즘 주게(목 : 378)

$(12)^{49}$ Ⅰ^{4} → (Ⅴ)^{2} …돈은 지금 줄것이니… 곳 시작ᄒᆞ게(목 : 382)

$(12)^{50}$ (Ⅳ)^{1} → (Ⅳ) 무슨잠을… 이리좀 나오게(쌍 :22)

$(12)^{51}$ (Ⅳ) → (Ⅳ) …이리들 오게(쌍 : 22)

$(12)^{52}$ (Ⅳ)^{1} → (Ⅳ) 걱졍말게(쌍 : 31)

$(12)^{53}$ (Ⅳ) → a …엿줍게(쌍 : 32)

$(12)^{54}$ (Ⅳ) → (Ⅳ)^{1} …여보게 말듣게(쌍 : 40)

$(12)^{55}$ (Ⅳ)^{1} → (Ⅳ) …자제 이길로 김쥬ᄉᆞ를 가보고… 그자들의 집을 알 아보고 만일 집이 읍스면 쥬인뎡ᄒᆞᆫ곳이라도 분명히 알고 얼풋나아

오게(쌍 : 45)
(12)56 Ⓘ1 → Ⓘ 금초 …문좀열게(쌍 : 47)
(12)57 Ⓘ → Ⓘ1 이사람… 나좀 글너쥬게(쌍 : 94)
(12)58 Ⓘ4 → Ⓘ 글셰니말을 차ᄀ듯게(쌍 : 116)
(12)59 Ⅲ1 → Ⅲ 담비나 ᄒᆞᆫ디 자시게…가게(모 : 5)
(12)60 Ⅲ1 → Ⅲ …밥숣이ᄂᆞᆫ 먹ᄂᆞᆫ집으로 뎡히쥬게(모 : 9)
(12)61 Ⅲ → Ⅲ1 그야…념려말고 건너가게(모 : 9)
(12)62 Ⅲ → Ⅲ1 그러면…니일이라도 ᄉᆞ주를 밧게(모 : 14)
(12)63 Ⅲ1 → Ⅲ 그리ᄒᆞ게…ᄉᆞ주를 보니라ᄒᆞ게(모 : 14)
(12)64 Ⓘ → a 여보게…자리 죠반좀 차려오게(모 : 20)
(12)65 Ⓘ → Ⓘ 릭일부터ᄂᆞᆫ…잠심ᄒᆞ야 잘비호게(모 : 25)
(12)66 Ⓥ2 → Ⓘ6 주인턱 소리ᄂᆞᆫ 고만두고 잡가를 ᄒᆞ게(모 : 50)
(12)67 Ⓘ4 → Ⓘ3 …어셔가셔보게(모 : 50)
(12)68 Ⓘ4 → Ⓘ3 여보게 그ᄋᆡ를 더려다…ᄒᆞᆫ번 청ᄒᆞ여 더집을ᄒᆞ게(모 : 50)
(12)69 Ⓘ3 → Ⓘ4 자 그리면…잘히쥬게(모 : 50)
(12)70 Ⅱ1 → a 한멈 어셔…령감게… 엿줍게(구 : 15)
(12)71 Ⅱ → a 이사람 쓸디업ᄂᆞᆫ말 고만두게(구 : 34)
(12)72 Ⅰ → Ⅱ 밧아가지고 니려가…잘히보게(구 : 56)
(12)73 Ⅱ3 → Ⅱ 여보게 니말듯게(구 : 65)

3.2.4 해라체

1) 說 明 法

(15)1 Ⅰ2 → Ⅱ 슉히도 그 일을 더단히 걱정ᄒᆞᄂᆞᆫ 모양이더라(재 : 115)
(15)2 Ⓘ3 → Ⅱ1 리실이냐 보고십어 못 견디기더니 잘 나왓다(재 : 113)
(15)3 Ⅱ3 → e 너더러…ᄒᆞᄂᆞᆫ 것이 아니다(혈 : 40)
(15)4 Ⅱ3 → Ⅲ1 니 운수만 글럿다…이 고싱ᄒᆞ고 잇다(혈 : 71)
(15)5 Ⅱ3 → Ⅲ1 네 졸업식은 감축ᄒᆞᆫ다(혈 : 70)
(15)6 Ⅱ3 → Ⅲ1 네게ᄂᆞᆫ 빅기를 들고 항복 아니홀 슈가 없다(혈 : 71)
(15)7 Ⓥ → Ⓥ1 …ᄒᆞ니라(은 : 114)
(15)8 j → b 셔의정덕이라도 쓸디업다(빈 : 78)
(15)9 Ⓘ → b 너 인지왓냐 …갓단다(빈 : 19)

(15)[10] a → b 마님말ᄉᆞᆷ은 ᄂᆡ가 ᄃᆡ강 짐작은ᄒᆞᆫ다(재 : 7)

(15)[11] b → a 마님ᄭᅴ셔 외 김찬판덕 자근아씨를 ᄭᅳ리시ᄂᆞᆫ지 그 ᄶᅡ 닭을 모르깃더라(재 : 7)

(15)[12] Ⅰ → Ⅱ^{1} 살님에…겨를이 업ᄂᆞᆫ고로…너를와셔 보지도 못하얏다(재 : 14)

(15)[13] Ⅲ⃝^{1} → Ⅵ⃝ 네게 올라 가겟다(귀 : 9)

(15)[14] Ⅴ⃝ → Ⅴ⃝^{1} …입ᄂᆞ니라 오냐 그러ᄒᆞᆫ 것이니라(귀 : 118)

(15)[15] j → c^{1} 복 받을 사람은 이러ᄒᆞ것다(귀下 : 82)

(15)[16] Ⅵ⃝ → c 나ᄂᆞᆫ 초방비장 나리ᄭᅦ 드러가셔 엇더케 말ᄉᆞᆷ을 엿쥽 던지 쇠겨넝길터이다(은 : 13)

(15)[17] Ⅰ^{2} → Ⅱ 그러케 가다가ᄂᆞᆫ 증거가 다 업서진다(재 : 125)

(15)[18] Ⅱ → Ⅱ^{2} 져 사람은 ᄂᆡ가 아침에 잠자ᄂᆞᆫ 것이 미운지…잠을 ᄭᅢ게ᄒᆞᆫ단다(재 : 33)

(15)[19] Ⅰ → Ⅱ …처 더러만 오라고 ᄒᆞ얏더니 너 ᄭᅡ지 …와셔 ᄃᆡ단 히 불안ᄒᆞ다(재 : 37)

(15)[20] Ⅱ^{2} → a 참…그형님 손가락이 이샹ᄒᆞ야보이더라(재 : 45)

(15)[21] Ⅰ^{2} → Ⅱ^{2},a참셔만 오거던…그반지 잇ᄂᆞᆫ곳을 알고야 말니라(재 : 45,46)

(15)[22] Ⅰ → Ⅱ^{1} 참셔가…업ᄂᆞᆫ모냥이로구나 ᄂᆡ가…너만보고 헐말이 잇셔왓더니 좃케되엿다(재 : 71)

(15)[23] Ⅰ → Ⅱ^{1} 부모자식은 인륜의 ᄃᆡ일이라(재 : 73)

게…그것이 제일 다힝합듸다(재 : 138)

(15)[24] Ⅰ⃝^{3} → Ⅱ^{1} 네가…사세에 엇지 ᄒᆞ지못ᄒᆞ야 시집에션 나와스면 엇지 ᄒᆞ지못ᄒᆞ야 시집에셔 나왓스면 아모걱정 될 일업다(재 : 145)

(15)[25] Ⅰ⃝^{3} → Ⅱ^{1} 네가 시집을 나와도…조곰도 잘못한 것이 업스면… 붓그러울일은 조곰도업다(재 : 145)

(15)[26] Ⅲ⃝^{1} → Ⅳ⃝ …그리ᄒᆞ얏다(귀 : 2)

(15)[27] Ⅲ⃝^{1} → Ⅳ⃝ 오냐 헷근심을 ᄒᆞ고 잇섯드(귀 : 9)

(15)[28] Ⅴ⃝ → Ⅴ^{1} 그 돈이 사롬즉일 돈이다(귀 : 121)

(15)[39] e → Ⅳ⃝ 오냐 더 갈 것 업다(귀下 : 28)

(15)[30] Ⅰ^{1} → a 너와 함께 좀 나아가자 얼마나 편치 안으신지 뵈압 고 드러오겟다(홍下 : 94)

2) 疑 問 法+

(16)^{1} Ⅱ^{1} → Ⅲ^{1} 옥년아…죽엇ᄂᆞ냐 사럿ᄂᆞ냐(혈 : 2)
(16)^{2} Ⅱ^{3} → Ⅲ^{1} 이ᄋᆡ 너의 아버지와 어머니가 어ᄃᆡ로 ᄀᆞᆫ지 모르ᄂᆞ냐 (혈:33)
(16)^{3} Ⅱ^{3} → Ⅲ^{1} 이ᄋᆡ 네가…이 밤즁에 항구에 ᄂᆞ갓더냐(혈 : 50)
(16)^{4} Ⅲ → Ⅲ^{1} 이ᄋᆡ 네가 죠션사람이냐(혈 : 60)
(16)^{5} Ⅲ⃝^{1} → Ⅳ⃝ …잇느냐(귀 : 9)
(16)^{6} Ⅴ⃝ → Ⅴ⃝^{1} …ᄒᆞ깃ᄂᆞ냐(귀 : 36)
(16)^{7} Ⅱ → c^{1} 엇지ᄒᆞ야 여기 왓ᄂᆞ냐(귀 : 51)
(16)^{8} Ⅰ → c 손님 오싯느냐(귀 : 58)
(16)^{9} Ⅱ → c^{1} 령감 게시냐(귀 : 70)
(16)^{10} Ⅰ^{1} → c^{1} 엇지 ᄒᆞᆫ단 말이냐 할말이 잇ᄂᆞ냐(귀 : 71)
(16)^{11} Ⅴ⃝ → Ⅴ⃝^{1} 죽엿다더냐(귀 : 117)
(16)^{12} e → c^{1} 누가 너를 ᄭᅵ히더냐(귀 : 118)
(16)^{13} e → c^{1} …이ᄋᆡ…분발랏늬(귀 : 143)
(16)^{14} e → c^{1} 네가 남이냐(귀 : 143)
(16)^{15} e → c^{1} …숀님이 겨시냐(귀下 : 7)
(16)^{16} e → Ⅳ⃝ 죽을 년이 무엇 ᄒᆞ려ᄂᆞ냐(귀下 : 24)
(16)^{17} Ⅲ⃝ → e 네가…ᄂᆞ냐(귀下 : 103)
(16)^{18} c^{1} → j …쇠긴단 말이냐(귀下 : 113)
(16)^{19} Ⅳ⃝ → c 이ᄋᆡ 김달쇠야 네가 명식이 사령이냐 비관을 뎁고 올 ᄯᅢ에 슌ᄉᆞ도 분부에 무어시라 ᄒᆞ시더냐(은 : 10)
(16)^{20} Ⅱ⃝^{1} → b 이ᄋᆡ 복네야 네 우ᄋᆡ 쥬져…ᄒᆞ나냐(은 : 15)
(16)^{21} Ⅳ⃝ → Ⅱ⃝^{1} 왼 ᄉᆞ름이 어듸를 와서 함부로 그리ᄒᆞᄂᆞ냐(은 : 16)
(16)^{22} Ⅱ⃝^{1} → d 나는 민요 장두로 나셔셔 원주감영 장챠 몃놈을 ᄯᅥ 려즉일 터이니 내말을 들을 터이냐(은 : 19)
(16)^{23} Ⅱ⃝ → Ⅳ⃝ …쓰나냐(은 : 29)
(16)^{24} Ⅱ⃝^{2} → Ⅵ⃝ 에그…말이냐(은 : 48)
(16)^{25} Ⅱ⃝^{1} → Ⅵ⃝^{1} 응 거 누구냐(은 : 82)
(16)^{26} Ⅱ⃝^{1} → Ⅵ⃝^{1} 어린 아희가 엇지 거러 왓단 말이냐(은 : 86)
(16)^{27} Ⅵ⃝ → Ⅵ⃝^{1} 무어시 그럿게 자미가 잇단 말이냐(은 : 124)

(16)^{28} Ⅱ → a 어디로 갓ᄂᆞ냐(홍 : 20)
(16)^{29} Ⅰ → Ⅳ 이ᄋᆡ …원이 다 무엇이냐(홍下 : 130
(16)^{30} Ⅰ → a …나냐
(16)^{31} Ⅰ → Ⅳ^{1} 태우고 와잇ᄂᆞ냐(홍下 : 30)
(16)^{32} Ⅵ → a^{1} 오냐…걱정 듣게 하랴(홍下 : 46)
(16)^{33} a → a^{1} 이애 룡내 오늬(홍下 : 47)
(16)^{34} Ⅳ → a^{1} 룡네야 너 무엇 가지고 온 것이 업나냐(홍下 : 48)
(16)^{35} Ⅰ → a^{1} 이년 ᄃᆡᆨ에를 왓스면 안악에는…엇의 숨엇더냐(홍下 : 51)
(16)^{36} Ⅲ⃝ → a^{1} 너 오네 너의 ᄃᆡᆨ에셔는 다 안녕ᄒᆞ시냐(홍下 : 56)
(16)^{37} Ⅲ⃝ → a 그래 너 엇지 ᄒᆞ야 왓너냐(홍下 : 57)
(16)^{38} Ⅰ^{3} → a 인사도리에 안이 드러갈 슈가 잇ᄂᆞ냐(홍下 : 100)
(16)^{39} Ⅰ → Ⅵ⃝ 이놈 네 죄를 네가 모를가 모르나냐(홍下 : 83)
(16)^{40} Ⅵ⃝ → Ⅳ^{1} 네 울지말고 통곡을 ᄒᆡ보아라 소용이 무엇이냐(홍下 : 62)
(16)^{41} Ⅱ → b 금분이냐 너 엇지 왓ᄂᆞ냐(빈 : 11)
(16)^{42} Ⅲ⃝ → b 인ᄌᆡ 왓냐(빈 : 19)
(16)^{43} Ⅲ⃝ → b 그래 엇더케 ᄒᆞ면 무ᄉᆞ ᄒᆞ겟느냐(빈 : 22)
(16)^{44} Ⅱ → b 거긔 누가 왓니(빈 : 27)
(16)^{45} Ⅱ → b 놈이 어디 갓ᄂᆞ냐(빈 : 48)
(16)^{46} d → Ⅰ 오 놈이야 셔방님 오싯늬(빈 : 54)
(16)^{47} Ⅱ^{2} → b 오냐 너 왓니(빈 : 72)
(16)^{48} Ⅱ^{2} → b 에그 잘 되엇다 좀 즛겻늬(빈 : 73)
(16)^{49} a → c …마님ᄭᅴ셔 무엇이라고 ᄒᆞ시드냐(재 : 6)
(16)^{50} a → b …복월아 ᄂᆡ 말이 올치아니ᄒᆞ냐(재 : 7)
(16)^{51} b → a 아—그러냐 령감ᄭᅴ셔…자근아씨가 오시면 희식이 만 면ᄒᆞ야 말솜을 정답게 ᄒᆞ시늬(재 : 11)
(16)^{52} Ⅱ^{1} → c 여러분이 오싯드냐(재 : 13)
(16)^{53} Ⅰ → Ⅱ^{1} 너 잘 잇섯늬(재 : 130
(16)^{54} Ⅰ → Ⅱ^{1} 나도 낫살이나 먹은놈이니…좀 보아쥬어야 아니ᄒᆞ깃 나냐(재 : 16)
(16)^{55} Ⅱ → Ⅱ^{2} 외 이리어셔 드러와라나냐(재 : 32)
(16)^{56} Ⅰ → a 벼랑간에 아는 것은 무엇이며 모르는 것은 무엇이냐(재 : 44)

(16)^{57} Ⅰ^{2} → Ⅱ^{2} …혼인ᄒᆞᆫ지 일년쯤된 식시년의 힝실이란 말이냐(재 : 47)
(16)^{58} Ⅰ^{2} → Ⅱ^{2} 그것 무엇모를 것 잇늬(재 : 48)
(16)^{59} Ⅰ^{2} → Ⅱ 너의 장모 병환이 엇더ᄒᆞ시드냐(재 : 51)
(16)^{60} Ⅰ^{2} → Ⅱ^{1} 너 손에 끼고 있던 반지를 …끼는 것을 못보깃스니 왼일이냐(재 : 51)
(16)^{61} Ⅰ^{2} → Ⅱ^{1} 엇지힛늬(재 : 60)
(16)^{62} Ⅰ → Ⅱ 너말ᄃᆡ로 네가 며나리를 잘처치 ᄒᆞ깃나냐(재 : 113)
(16)^{63} (Ⅰ)^{3} → Ⅱ^{1} 리실이냐(재 : 117)
(16)^{64} Ⅱ → a 버릇업는 소리가 네 입에셔 잘나오나냐(재 : 126)
(16)^{65} Ⅱ → Ⅱ^{1} 까닭이라는 것이 다 무엇이냐(재 : 132)
(16)^{66} Ⅰ → a 너의ᄃᆡᆨ…마누라가 어ᄃᆡ 갓는지몰나…왼일이란말이냐(재 : 151)
(16)^{67} Ⅱ^{1} → c 여 가 어ᄃᆡ냐(재 : 156)
(16)^{68} (Ⅲ) → c 계슌이는 언제 드러오나냐(재 : 161)
(16)^{69} Ⅰ → Ⅱ 그거 어ᄃᆡ로 갓는지 종직을 모르나냐(재 : 163)
(16)^{70} Ⅰ^{2} → Ⅱ 너의 돌아가신 아버지와 나도…엇더케ᄒᆞ면 이욕을 씻는단 말이냐(재 : 191)
(16)^{71} Ⅰ → Ⅱ 여간 사람 갓흐면 입때까지 참고잇잇깃나냐(재 : 200)
(16)^{72} Ⅱ → c 아—계순이냐(재 : 207)
(16)^{73} (Ⅱ)^{3} → Ⅱ 왜 그리힛늬(옥 : 10)
(16)^{74} Ⅱ → (Ⅱ)^{3} 아짜 우리가 베딘 병문위로 올나가지 안이힛느냐(옥 : 10)
(16)^{75} Ⅱ → Ⅱ^{1} …말을 안이드려 보아라…짱으로 드러갈터이냐(옥 : 13)
(16)^{76} Ⅰ^{1} → Ⅱ^{1} …일신이 닷친곳이나 업늬 어린속에 오작놀낫스며 비인들 여복곱흐겟느냐(옥 : 18)
(16)^{77} Ⅰ → Ⅱ^{1} …그놈의 집이 엇의 이더냐 짐작ᄒᆞ겟늬(옥 : 18)
(16)^{78} Ⅰ^{1} → Ⅱ 네 나이 …몃살이냐(옥 : 24)
(16)^{79} Ⅰ^{2} → Ⅲ^{1} 금쥬야 이 노릇을 엇지ᄒᆞ면 됴흐냐(옥 : 39)
(16)^{80} Ⅰ^{2} → a 네가 언의ᄃᆡᆨ에셔 온 하인이냐(옥 : 40)
(16)^{81} Ⅰ^{3} → Ⅱ^{1} 엇지면 인물이 이러케 잘낫느냐(옥 : 43)
(16)^{82} Ⅵ^{1} → (Ⅶ)^{2} 션산의 향화ᄭᆞ지 외숙에게 세치니 그 아니불안ᄒᆞ냐 (완 : 11)
(16)^{83} Ⅵ → (Ⅶ)^{2} …이 즉ᄌᆞ는 엇더ᄒᆞᆫ 사ᄅᆞᆷ의 솜시뇨(완 : 12)

(16)[84] Ⅴ → Ⅶ[2] 즐ᄌᆞ도 팔지 못ᄒᆞ고 은ᄌᆞ난 어듸셔 낫나뇨(완 : 11)

(16)[85] Ⅵ → a 내 …너희소견이야 못ᄯᅡ르겟ᄂᆞ냐(완 : 19)

(16)[86] Ⅰ → Ⅵ 원로에 무ᄉᆞ 득달ᄒᆞ얏ᄂᆞ냐(완 : 26)

(16)[87] Ⅰ → Ⅲ[3] 과인이 경에게 부탁ᄒᆞᆯ말이 잇스니…용납ᄒᆞᆯ쇼냐(완 : 26)

(16)[88] Ⅲ → Ⅵ 네… 엇더ᄒᆞᆫ 창녀를 엇어 병된지경ᄭᆞ지 이루엇나냐 …이 무숨힝실이뇨(완 : 28)

(16)[89] Ⅴ → Ⅵ 동싱은 잠을 드럿ᄂᆞ냐(완 : 33)

(16)[90] Ⅴ → Ⅵ[1] ᄉᆡᆨᄃᆡᆨ은…남편을 ᄃᆡ하여…어ᄃᆡ지 ᄎᆡᆨ망만ᄒᆞ여 병ᄌᆞ의 심회를 더욱 슈란케ᄒᆞᄂᆞ냐(완 : 34)

(16)[91] Ⅴ → Ⅵ[1] 동싱은 엇지 부인 거ᄂᆞ리기를…편벽ᄒᆞ게 ᄒᆞᄂᆞ뇨(완 : 51)

(16)[92] Ⅳ[1] → Ⅵ[1] …무숨 낫츠로 숙부도 업스시고 형셰도 직희운 이 집에 ᄯᅩ 다시와셔 지텡ᄒᆞ려 ᄒᆞᄂᆞ냐(완 : 64,65)

(16)[93] Ⅵ[1] → Ⅶ[1] 두운아 너 이게 웬일이냐(완 : 73)

(16)[94] Ⅲ →Ⅵ 이것이 무숨 말이뇨(완 : 79)

(16)[95] Ⅲ,Ⅲ[3]→Ⅴ 너는 집안일이 이ᄀᆞᆺ치 되엿스되…엇지 이ᄀᆞᆺ치 무심 ᄒᆞ뇨 (완 : 80)

(16)[96] Ⅲ → b 그 편지를 ᄂᆡ가 써 주며 어ᄃᆡ셔 낫ᄂᆞ뇨(완 : 80)

(16)[97] Ⅲ → Ⅶ …무숨뜻으로 이ᄀᆞᆺ치 이 큰변을 지엿ᄂᆞ뇨(완 : 81)

(16)[98] Ⅵ → Ⅳ[2] 이집이…힝인을 지우ᄂᆞᆫ집이 아니냐(완 : 87)

(16)[99] Ⅳ[2] → Ⅷ[1] 로인이 무숨일노 왓ᄂᆞ냐(완 : 88)

(16)[100] Ⅷ → Ⅷ[1] 그ᄃᆡ의 양친이 다 계시냐(완 : 90)

(16)[101] b → Ⅱ[1] 여보아라 최씨야 우리를 그러케 박ᄃᆡᄒᆞ고 무ᄉᆞᄒᆞᆯ쥴 알앗더냐(구 : 20)

(16)[102] Ⅰ → Ⅱ 졈자ᄂᆞᆫ 사ᄅᆞᆷ과 상약을 ᄒᆞ엿스면 시간을 억이지…엇 지ᄒᆞ야 인졔 오느뇨(구 : 37)

(16)[103] b → b[1] 이년 무엇이냐(치 : 57)

(16)[104] b → b[1] 반가운 마음도 엄ᄂᆞ냐(치 : 60)

(16)[105] b → b[1] …ᄒᆞ깃ᄂᆞ냐(치 : 62)

(16)[106] Ⅳ[4] → Ⅲ 그릭 엇던놈ᄒᆞ고 맛츄엇늬(목 : 306)

(16)[107] Ⅲ → Ⅳ[4] 우리 동방에 례의가 잇는터인ᄃᆡ…그런 욕셜을 ᄒᆞ늬(목 : 306)

3) 命 令 法

(17)^{1} Ⅱ^{1} → Ⅲ^{1} 눈에 보이게 ᄒᆞ여라(혈 : 2)
(17)^{2} Ⅰ → a 마방집에 갓다 ᄆᆡ여라(혈 : 26)
(17)^{3} Ⅰ → a …자거라(혈 : 26)
(17)^{4} Ⅱ^{2} → Ⅲ^{1} 너의 어머니로 알고 가서 잇거라(혈 : 34)
(17)^{5} Ⅱ^{2} → Ⅲ^{1} 이ᄋᆡ 옥년아 편지 보아라(혈 : 1)
(17)^{6} Ⅲ⃝^{1} → Ⅳ⃝ 오나 긱징마리(귀 : 6)
(17)^{7} Ⅲ⃝ → Ⅳ⃝ 오냐 걱정 마라 힝장 차려라(귀 : 9)
(17)^{8} Ⅲ⃝^{1} → Ⅳ⃝ 집에 잇거라(귀 : 13)
(17)^{9} Ⅲ⃝ → g 어서 중문으로 뫼셔라(귀 : 18)
(17)^{10} Ⅰ^{1} → b 금단아 사랑에 ᄀᆞ셔 령감 엿쥬어라(귀 : 20)
(17)^{11} Ⅰ^{1} → c 츤친집인지 마마님인지 모셔다가 안방에 드러오십사 고
엿쥬어라(귀 : 25)
(17)^{12} Ⅰ → c^{1} 졈숸아 밥상 이리 가져 오너라(귀 : 63)
(17)^{13} Ⅰ^{1} → c^{1} 애구 요년 보이지 마러라(귀 : 72)
(17)^{14} Ⅰ^{1} → c^{1} 오 어셔 이야기좀 ᄒᆞ여라(귀 : 89)
(17)^{15} Ⅰ^{1} → c^{1} 오냐 걱정마라(귀 : 98)
(17)^{16} Ⅴ⃝ → Ⅴ⃝^{1} 이ᄋᆡ 그리 마라(귀 : 114)
(17)^{17} e → c^{1} 너는 석유 ᄒᆞᆫ 통만 가져다 부어라(귀 : 145)
(17)^{18} Ⅲ⃝ → l 이 발겨 죽일놈 게 섯거라(귀下 : 62)
(17)^{19} Ⅰ → d 이ᄋᆡ 걱정마라(귀下 : 70)
(17)^{20} j → e 이놈 보아라(귀下 : 80)
(17)^{21} j → c^{1} 응 조흔 방위로 나가거라(귀下 : 90)
(17)^{22} Ⅲ⃝ → c^{1} 눈좀 바로 ᄯᅥ 보아라(귀下 : 111)
(17)^{23} Ⅲ⃝ → Ⅰ^{1} 오냐…보아라(귀下 : 121)
(17)^{24} Ⅳ → Ⅶ 오냐네나 드러가거라(홍 : 2)
(17)^{25} Ⅰ → Ⅳ^{1} 틱희야…말아라(홍 : 8)
(17)^{26} a → a^{11} 이ᄋᆡ 고두세야…네가셔라(홍 : 18)
(17)^{27} a^{11} → a 감안이 잇거라(홍 : 18)
(17)^{28} Ⅱ → a 어디로 갓ᄂᆞ냐 차ᄌᆞ노아라(홍 : 20)
(17)^{29} Ⅱ^{1} → a 뎌놈들 잡아라(홍 : 20)

(17)^{30} Ⅰ^{2} → a^{11} 이ᄋᆡ 용례야 나가 보아라(홍 : 48)

(17)^{31} Ⅰ^{3} → Ⅳ 너의 당숙계 식리하여 주십사흔 것이 잇스니 너가 ᄂᆡ려 가 뵈압고 이런 말 뎌런 말을 엿쥬어라(홍 : 63)

(17)^{32} a^{1} → a^{11} 용례야 바로 엿쥬어라(홍下 : 52)

(17)^{33} Ⅰ^{3} → a^{11} 편지를 갓다가 누구쥬엇나 속 시원히 말히라(홍下 : 52)

(17)^{34} Ⅰ^{2} → Ⅵ⃝ 네가 웬 놈이냐…순사를 불너오너라(홍下 : 76)

(17)^{35} Ⅲ⃝ → a$_{11}$ 어서 사랑에 나아가 령감마님 엿쥬어라(홍下 : 87)

(17)^{36} Ⅰ → a 경무청으로 가거라(홍下 : 108)

(17)^{37} Ⅲ⃝ → a^{1} 마님게 가셔 이러케 엿쥬어라(홍下 : 63)

(17)^{38} Ⅲ⃝ → a^{11} 령감 말삼이 내 말이지…가거라(홍下 : 64)

(17)^{39} Ⅱ → Ⅱ^{2} 나 다녀올 동안에 어머니 모시고 이야기나 좀 ᄒᆞ여라(재 : 36)

(17)^{40} Ⅱ^{1} → b 이러 드러오십시사고 ᄒᆞ여라(재 : 71)

4) 感 嘆 法

(18)^{1} Ⅰ → a …모양이로구나 난리로구나(혈 : 26)

(18)^{2} Ⅲ^{1} → e 몸도 불편할 터이로구나(혈 : 38)

(18)^{3} Ⅲ → Ⅲ^{1} 참 딱한 일이로구나(혈 : 66)

(18)^{4} Ⅲ → Ⅲ^{1} …무러 볼 수가 업고나(혈 : 66)

(18)^{5} Ⅲ → Ⅲ^{1} 계집의 ᄌᆡ죠가 술아희보다 나흔 거시로구나(혈 : 70)

(18)^{6} Ⅰ → Ⅲ⃝ ᄂᆡ가 못 드러올 것을 드러왓나 보구나(귀 : 59)

(18)^{7} Ⅰ → c^{1} 이ᄋᆡ ᄂᆡ말이 마젓구나(귀 : 69)

(18)^{8} Ⅰ^{1} → c^{1} ᄂᆡ 마암을 아는구나(귀 : 72)

(18)^{9} Ⓥ → Ⓥ^{1} 이ᄋᆡ 네 말이 이상흔 말이로구나(귀 : 1130

(18)^{10} Ⅰ^{1} → c^{1} 졈순이 드러왓고나(귀下 : 19)

(18)^{11} j → c^{1} 이ᄋᆡ 너의들 참 큰일 낫구나(귀下 : 90)

(18)^{12} e → j 올치 잘 만낫구나(귀下 : 100)

(18)^{13} Ⓥ → Ⓥ^{1} 이ᄋᆡ 누가 왓ᄂᆞ 보구나(귀下 : 123)

(18)^{14} Ⅱ⃝^{2} → Ⅵ⃝ 저럿게 짓는고나(은 : 68)

(18)^{15} Ⅱ⃝^{2} → Ⅵ⃝ 옥슌아 선마귀는 군자 ᄀᆞᆺ흔 시라더니 녯말이 모른 말이로구나(은 : 68)

(18)^{16} Ⅵ⃝ → Ⅵ⃝^{1} 저놈이 강원감사로구나(은 : 115)

(18)^{17} Ⅰ^{1} → a 그ᄃᆡᆨ 은택을 만히 입엇겟구나(홍下 : 104)

(18)^{18} Ⅰ^{3} → a ᄃᆡᆨ 령감게셔 그ᄃᆡᆨ에 가시ᄂᆞᆫ 것을 더러 보앗겟구나(홍下 : 21)

(18)^{19} a → a^{1} 오늘 너 ᄒᆞ나 즉이고 나즉엇시니 고만이로구나(빈 : 5)

(18)^{20} Ⅲ⃝ → b 도망이나 ᄒᆞᆫ가보구나(빈 : 22)

(18)^{21} Ⅱ^{1} → b 금분아…못 왓나보구나 (빈 : 78)

(18)^{22} Ⅱ^{1} → g 영미야 여긔가 어듸냐…모로겟구나(빈 : 140)

(18)^{23} b → e 이ᄋᆡ 졍말 그러면 마님이 참 불샹ᄒᆞ시구나(재 : 11)

(18)^{24} Ⅰ → Ⅱ^{1} 겨우 일만오천량이로구나(재 : 17)

(18)^{25} Ⅰ^{2} → Ⅱ^{2} 그러면 아마 입시ᄭᅡ지 자것이로구나(재 : 31)

(18)^{26} Ⅰ^{2} → a 그것은 참 몰낫고나 그 반지ᄂᆞᆫ 혼인 ᄒᆞᆯᄶᅥᆨ에 바든 례 물인데… 업식기ᄂᆞᆫ ᄯᅳᆺ박기로구나(재 : 51)

(18)^{27} Ⅰ^{2} → Ⅱ^{1} 네가 그것이 네 마음에 납바셔 ᄲᅦ버럿ᄂᆞᆫ것이로구나(재 : 52)

(18)^{28} Ⅰ^{2} → Ⅱ 그러니 소리가…것치게 들닌다 그 말한마듸에 네 속 이 ᄲᅥᆫ히 드려다 보이ᄂᆞᆫ구나(재 : 115)

(18)^{29} Ⅰ⃝^{3} → Ⅱ^{1} 너ᄂᆞᆫ 압헤 심복지인 한아도업셔 갑갑ᄒᆞᆫᄶᅵ가 만캣고나(재 : 122)

(18)^{30} Ⅰ⃝^{3} → Ⅱ^{1} 졍말뉘게 말을ᄒᆞ고 왓의 엇지 네 모냥이 슈샹ᄒᆞ구나(재 : 144)

(18)^{31} Ⅱ^{1} → c 그것은 참 가엽구나(재 : 158)

(18)^{32} Ⅲ⃝ → Ⅱ^{1} 이젼에 부르던말이 입에 닉어셔…햇나오ᄂᆞᆫ구나(재 : 161)

(18)^{33} Ⅰ → Ⅱ 홍능가ᄂᆞᆫ 딘차…동쪽으로 도망을 간것이로구나(재 : 16)

(18)^{34} Ⅰ → Ⅱ 너ᄂᆞᆫ ᄂᆡ가…네 처를 괴롭게 ᄒᆞ얏ᄂᆞᆫ지 몰르ᄂᆞᆫ것이로구나(재 : 200)

(18)^{35} Ⅱ → Ⅲ⃝^{3} 바로나셧는겻해…계집하나이 반 양복을 ᄒᆞ고셧ᄂᆞᆫᄃᆡ 샤ᄅᆞᆷ이 좀 즉겟더구나(옥 : 10)

(18)^{36} Ⅲ⃝^{3} → Ⅱ 오냐 보앗다 그것참 썩 도뎌ᄒᆞ고나(옥 : 11)

(18)^{37} Ⅰ^{2} → Ⅱ^{1} 엇의보ᄌᆞ 그게 영낙업시 우리집것 ᄀᆞᆺ기ᄂᆞᆫᄒᆞ고나

(18)^{38} Ⅰ → Ⅱ^{1} …이병이 의심업ᄂᆞᆫ 우리것이로구나(옥 : 19)

(18)^{39} Ⅰ^{1} → Ⅱ 오늘날 망명죄인이 되ᄂᆞᆫ구나(옥 : 24)

(18)^{40} Ⅰ^{2} → Ⅱ^{1} …다만 남은것이라고ᄂᆞᆫ 네 기동만셔잇ᄂᆞᆫ 이집ᄲᅮᆫ인 즉 아무리 ᄉᆡᆼ각ᄒᆞ야도 도리가 업고나(옥 : 39)

(18)[41] Ⅲ → Ⅵ[1] …하놀이 살피샤 어진 며느리로써 친구의 의를 더욱 친밀케 홈이로다(완 : 32,33)

(18)[42] Ⅲ[3] → Ⅵ[1] 며느리가 온지 십여일에…쾌추ᄒ니…어진 며느리의 큰복이로구나(완 : 34)

(18)[43] Ⅲ,Ⅲ[3]→Ⅵ1 이졔는 죽어도 여한이 업도다(완 : 35)

(18)[44] Ⅵ[2] → Ⓥ 소씨가 슌산싱남ᄒ여…나는 신셰가 흔신짝이 되엿도다(완 : 42)

(18)[45] Ⅳ → Ⅵ[1] 형의 구름ᄀ흔 머리와 쏫ᄀ흔 얼골은 친고에 듬운지 라 아마도 형의 빅필이 이 셰상에 업슬가ᄒ노라(완 : 8)

(18)[46] Ⅳ → Ⅵ 이곳에 와 공부를…골몰ᄒ기로 흔번도 상면치 못ᄒ 여…미안ᄒ더니 공ᄌ먼져 ᄎ즈시니 대단히 감사ᄒ로라(완 : 15)

(18)[47] Ⅲ[3] → Ⅵ1 ᄌ식의 병으로…례절을 살피지 못ᄒ고 하인만 보닌 후에 뉘우침을…ᄒ엿노라(완 : 31)

(18)[48] Ⅴ → Ⅵ[2] 내가…간계에는 아니쇽노라(완 : 76)

(18)[49] Ⅴ → b 네 죄는 네 알니라(완 : 77)

(18)[50] Ⅲ → Ⅵ[2] 쇼씨의 원혼을 위로홈이 맛당홀지니…셩상끠 젼교를 무러 치죄ᄒ려 ᄒ노라(완 : 82)

(18)[51] Ⅴ → Ⅵ[1] 후쥬…교만방ᄌᄒ야…필경 큰 화란이 잇슬가 념려ᄒ노라(완 : 52)

(18)[52] Ⅲ → Ⅵ[1] 만일 후쥬가 불인ᄒ면 착한 며느리를 박디홀가 근심이로다(완 : 37)

(18)[53] Ⅵ → Ⓥ 내가 쟝한림인디…죽은 부인을 위ᄒ여 나 가는길에 로문홈이…잠간 셩을 변홈이로라(완 : 93)

(18)[54] Ⅵ → Ⅵ[1] 부인의 기간익운을 모다 나의 죄…내 지금은 긔과친 션ᄒ엿노라(환 : 97)

(18)[55] Ⓘ[6] → Ⓘ …뚯박게 네로구나(모 : 41)

(18)[56] Ⓥ[3] → Ⓘ 그리면 필유곡절흔 사름이로구나…도망ᄒ는것이로구나(모 : 44)

(18)[57] Ⅴ → Ⅵ[1] 쇼형의 신셰 엇지될고 간절히 위ᄒ여 대단 념녀로다(완 : 53)

(18)[58] Ⓘ[1] → Ⓥ[1] 네가…이사름의 슬픈심회를 더욱 산란케 ᄒ는도다(완 : 72)

(18)[59] Ⅵ[1] → Ⓥ[1] 동싱…일흔지 십어년만에 오놀날이야 맛낫도다…너 와내

가 다쥭은 가온딕 살앗구나(완 : 73)
(18)^{60} Ⅵ → Ⅴ …쇼씨의게 혹ᄒᆞ여…도로혀 나를 칙ᄒᆞ시는도다(완 : 77)
(18)^{61} Ⅲ → (Ⅷ) 네 어미 앗갑도다(완 : 83)
(18)^{62} (Ⅲ)^{2} → Ⅵ 우리형네 떠는이후로 쇼식을 몰낫더니…아돌을 두엇 스니 깃부도다(완 : 96)
(18)^{63} Ⅱ^{2} → Ⅱ^{3} 이ᄋᆡ…큰일날 말도 ᄒᆞ는구나(마 : 69)
(18)^{64} Ⅰ^{2} → Ⅱ^{1} 난리즁에 꼼 즉은쥴노 알엇드니…사라왓구나(마 : 84)
(18)^{65} Ⅱ^{1} → Ⅲ^{1} 그러 보기는커녕 소식도 못드른게로구나(마 : 99)
(18)^{66} Ⅰ^{4} → b 그러면 건은방에셔 ᄒᆞ는소리 너도 들엇겟구나(목 : 254)
(18)^{67} Ⅰ → (Ⅲ) 네 아비심ᄉᆞ를…네 아비구곡 간장이…끈어지는구나(목 : 262)
(18)^{68} (Ⅲ) → a 밋친년은 밋친년의 소리만 ᄒᆞ구나(목 : 272)
(18)^{69} Ⅰ^{4} → b 이ᄋᆡ 그러면 일이 잘못된게로구나(목 : 316)
(18)^{70} (Ⅱ)^{3} → (Ⅴ) 너가…셔울소리를 ᄒᆞ엿구나(목 : 358)
(18)^{71} Ⅰ → (Ⅴ)^{1} 그러 너는 네부모…차안에셔…맛낫고나(목 : 371)
(18)^{72} Ⅳ → (Ⅳ)^{5} 이놈아 엇덧튼지 네가 즉엿구나(목 : 395)
(18)^{73} Ⅴ → (Ⅳ) 보아ᄒᆞ니 그만지각은…못 드른졔하니 썩
(18)^{74} b → Ⅱ 에그 원통ᄒᆞ라 아 졍도 남다르고 의도…한번 즉어지 닛가 속졀이 업고나(구 : 17)
(18)^{75} Ⅰ → b 그것 맹랑하구나(치 : 55)
(18)^{76} Ⅲ^{1}(독백) 에그 몹쓸 놈의게 붓들렷고나(치 : 150)

5) 請 誘 法

(19)^{1} Ⅰ → (Ⅳ) 어린 아희좀 보자(귀 : 58)
(19)^{2} Ⅰ^{1} → c^{1} 악가 하던 말이나 ᄒᆞ자(귀 : 72)
(19)^{3} (Ⅴ) → (Ⅴ)^{1} 네 말이나 ᄒᆞ자(귀 : 124)
(19)^{4} (Ⅳ) → 아기 아버지 보고 시픈 눈좀 보자(귀下 : 6)
(19)^{5} a → c^{1} 범어사로 가자(귀下 : 107)
(19)^{6} Ⅱ^{1} → Ⅲ^{1} 얼굴이라도 ᄒᆞᆫ번 보자(혈 : 2)
(19)^{7} Ⅱ^{3} → e 셜자야…양복이ᄂᆞ 입펴보자(혈 : 40)
(19)^{8} Ⅲ ↔ Ⅲ^{1} 죠션 사람이니 죠션 풍속딕로 수작ᄒᆞ자(혈 : 71)
(19)^{9} (Ⅳ) → c 이ᄋᆡ 사령들아 별말 말고 우리가 최셔방님 일만 잘 보아 드

리자(은 : 14)

(19)^{10} Ⅱ⃝^{1} → d 이ᄋᆡ 장차들은 어ᄃᆡ 사랑마당에셔 씌려 즉일 거시 아니라 ᄂᆞ집 사랑마당으로 잡아다가 즉이던지 살리 던지ᄒᆞ자(은 : 20)

(19)^{11} d → d^{1} 저놈들을 잡아가지고 김진사ᄃᆡᆨ 마당으로 가자(은 : 20)

(19)^{12} Ⅱ⃝ → Ⅳ⃝ 날이 저물엇더러도 지금으로 ᄯᅥ나가자(은 : 30)

(19)^{13} a^{1} → a^{11} 이ᄋᆡ 어서 드러가자(홍下 : 48)

(19)^{14} Ⅲ⃝ → b 이ᄋᆡ 어셔 들어오너라 리약이좀 듣자(빈 ; 27)

(19)^{15} Ⅰ^{2} → Ⅱ^{1} 그것은 무엇이냐…이리너라 좀보자(재 : 60)

(19)^{16} Ⅰ^{2} → a 그러면 갓치가자(재 : 124)

(19)^{17} Ⅰ^{4} → Ⅱ$_{1}$ 시집으로…혼자가더라도…져승길이라도 갓치가자(재 : 149)

(19)^{18} Ⅱ^{1} → c 이ᄋᆡ 말좀 무러보자(재 : 156)

(19)^{19} Ⅰ^{2} → Ⅱ^{1} 너가 좀 낫거든 이 다음에나 갓치 가보자(옥 : 3)

(18)^{20} Ⅱ⃝^{3} → Ⅱ 그 녀ᄌᆞ가 엇의 잇겟늬 우리좀 가보자(옥 :11)

(19)^{21} Ⅰ → Ⅱ^{1} 이애 이리다고 엇의 보ᄌᆞ(옥 : 19)

(19)^{22} Ⅱ^{2} → Ⅱ^{3} 오냐 뒤긋이나보쟈(마 : 70)

(19)^{23} Ⅱ^{1} → c 댱댱 사 가 시급ᄒᆞ니 어서 가쟈(마 : 63)

(19)^{24} Ⅳ⃝^{1} → Ⅴ⃝^{1} 딘ᄎᆞ나 기둘너타고 가ᄌᆞ(목 : 276)

(19)^{25} Ⅲ⃝^{1} → Ⅳ⃝^{1} 엇텃케 ᄒᆞᆯ것이잇나 여긔셔 죽여 버리자(목 : 280)

(19)^{26} Ⅲ⃝ → e 그러면 밧비가ᄌᆞ(목 : 300)

(19)^{27} Ⅴ⃝ → Ⅴ⃝^{1} 이후에 잘술거든…친민ᄒᆞ게 샹죵ᄒᆞ자(목 : 375)

(19)^{28} Ⅰ^{4} → b 일이 업슬싸…뭇젼이나 즘 ᄒᆞ여보자(목 : 377)

(19)^{29} Ⅲ⃝ → Ⅳ⃝ 네게도 도직놈 엄호ᄒᆞᆫ죄가 옵지아니ᄒᆞ닛가 아니잡아 갈슈 옵스니 잔말ᄀᆞ고 어셔가쟈(쌍 : 90)

(19)^{30} Ⅴ⃝ → Ⅳ⃝ 그리면 우리가 읍으로 자현을 ᄒᆞ러가자(쌍 : 98)

(19)^{31} Ⅲ^{1} → Ⅳ⃝ 너 이것이 웬일이냐 어셔 집으로 가쟈(모 :28)

(19)^{32} Ⅳ⃝^{6} → Ⅳ⃝ 이게 누구야…너방으로 드러가자(모 : 33)

(19)^{33} Ⅴ⃝^{3} → Ⅳ⃝ 이ᄋᆡ 울지말고 뎌리가자(모 : 45)

(19)^{34} Ⅴ⃝^{3} → Ⅳ⃝ 네가 아모리 안이가랴…가기나 어셔가자(모 : 45)

(19)^{35} Ⅲ⃝^{3} → Ⅳ⃝ 나와 갓치잇자(모 : 62)

(19)^{36} Ⅲ^{1} → a 일이나 ᄒᆞ자(치 : 30)

(19)^{37} b → b 오냐 나좀 편히 쉬자(치 ; 65)

(19)^{38} Ⅰ^{3} → Ⅳ 옥단이를 부르자(치 : 181)
(19)^{39} Ⅰ^{1} → m 쌜리 넘어가자(치下 : 46)
(19)^{40} Ⅰ^{3} → Ⅰ^{1}(독백) 잘들 사나 엇의좀 보자(치下 : 55)
(19)^{41} d → d^{1} 엇의좀 보자(치下 : 40)
(19)^{42} n → w 다시 한 번 듣자(치下 : 70)

6) 許 諾 法

(20)^{1} Ⅱ^{2} → Ⅲ^{1} 너의 집으로 곳 보내쥬마(혈 : 33)
(20)^{2} Ⅲ → Ⅲ^{1} 네 먼저 고국으로 가게하여쥬마(혈 : 64)
(20)^{3} Ⅲ^{1} → Ⅳ 고싱이나 아니ᄒᆞᆯ 곳으로 보내쥬마(귀 : 13)
(20)^{4} Ⅱ → c^{1} 기다리고 잇스마(귀 : 80)
(20)^{5} Ⅰ^{1} → c^{1} …ᄒᆞ여쥬마(귀 : 62)
(20)^{6} Ⅰ^{1} → c^{1} 령감 뵙더러도 가만 잇스마(귀 : 80)
(20)^{7} Ⅰ^{1} → c^{1} …잠자코 잇스마(귀 : 98)
(20)^{8} Ⓥ → Ⓥ^{1} 이ᄋᆡ 갑슬 만히 쥬마(귀 : 125)
(20)^{9} Ⅰ → Ⅱ^{1} 사왈십사일안에 ᄂᆡ 차져오마(재 : 19)
(20)^{10} Ⅰ^{2} → Ⅱ 슉희거문고 소리나 들녀쥬마(재 : 32)
(20)^{11} Ⅰ → Ⅱ 너의 장모더러도 너 왓단말이나ᄒᆞ고 나오마(재 : 38)
(20)^{12} Ⅰ → Ⅱ 네가…ᄂᆡ말을 못 밋을터이면…증거를 네눈으로 보게 ᄒᆞ야 주마(재 : 115)
(20)^{13} Ⓘ^{3} → Ⅱ^{1} 네가 간다면 오날밤 막차에라도 너를 ᄂᆡ려보ᄂᆡ쥬마(재 : 147)
(20)^{14} Ⅱ → Ⅱ^{1} 만일 그것이 부정ᄒᆞᆫ 힝실이 잇스면…네 모냥이 흉ᄒᆞ 지안코 너의집 소문이 사납지안케 잘 처치를 하마(재 : 164)
(20)^{15} Ⅰ^{2} → Ⅱ 이름 말ᄒᆞᆯ것업시 사진을 보여주마(재 : 193)
(20)^{16} Ⅱ^{2} → Ⅲ^{3} 되든 안되든 시험이나 ᄒᆞ여보마(마 : 70)
(20)^{17} Ⓘ^{3} → d 너는 먼져 가거라 나는…ᄒᆞ야먹고 가마(목 : 330)
(20)^{18} Ⓥ^{3} → Ⓘ 이ᄋᆡ 울지말고…시원ᄒᆞ게 셜치를 ᄒᆞ야쥬마(모 : 45)
(20)^{19} Ⓥ^{3} → Ⓘ …디려다 쥬마(모 : 53)
(20)^{20} Ⓘ^{3} → Ⓘ …너의 부모가 ᄎᆞ자오신ᄃᆡ도…공부 뒤바라지는 ᄂᆡ가 힘 것보아쥬마(모 : 62)
(20)^{21} Ⅲ^{1} → a^{2} 네 말을 들으마(치 : 49)

$(20)^{22}$ Ⅲ^{1} → a^{2} 참고 잇서보마(치 : 50)
$(20)^{23}$ Ⅲ^{1} → a^{2} 무슨 일이든 드른 체도 말고 잇스마(치 : 72)
$(20)^{24}$ Ⅰ^{3} → b^{1} 네 욕심쩟 상을 쥬마(치 : 81)

3.2.5 반 말 체

1) 說 明 法

$(21)^{1}$ Ⅲ⃝^{1} → Ⅲ⃝ 멍석 갓ᄒᆞᆫ 덕이 덮퍼쓰흘 터이지(귀 : 5)
$(21)^{2}$ Ⅲ⃝^{1} → Ⅲ⃝ 어디 좀 두고 보아야(귀 : 5)
$(21)^{3}$ Ⅲ⃝ → Ⅲ⃝^{1} 공연이 방정을 써러(귀 : 7)
$(21)^{4}$ Ⅱ⃝^{1} → Ⅱ⃝ 응 그럼 일이야(은 : 23)
$(21)^{5}$ Ⅱ⃝ → Ⅱ⃝^{2} 응 그도 그러하지(은 : 27)
$(21)^{6}$ Ⅱ⃝ → Ⅱ⃝^{2} 마누라는 마음을 그러케 먹어야쓰지(은 : 28)
$(21)^{7}$ Ⅱ⃝ → Ⅱ⃝ 자—다 직엇셔(빈 : 19)
$(21)^{8}$ Ⅲ⃝ → e 잇썩까지 잇겟나 발셔 보ᄂᆡ 보앗지(빈 : 31)
$(21)^{9}$ Ⅱ → Ⅲ⃝ …슈 밧게 업지(빈 : 42)
$(21)^{10}$ Ⅱ → Ⅲ⃝ 응 그럿치 어려울 것 업지(빈 : 48)
$(21)^{11}$ Ⅰ → Ⅴ⃝^{1} ᄌᆞ근아씨가 입ᄃᆡ쩟 공부를 ᄒᆞ고 안이자더냐 오 들어 가지(목 : 249)
$(21)^{12}$ Ⅰ → Ⅳ⃝^{3} ᄎᆞᆷ 의쥬마마는 다심도ᄒᆞ지(목 : 309)
$(21)^{13}$ Ⅴ⃝ → Ⅴ⃝^{1} 뉘게 돈친이나 밧고 팔아말바리나 사셔 삭이나 팔아 먹지(구 : 49)
$(21)^{14}$ Ⅱ → Ⅰ 션싱님게셔 ᄒᆞ실탓이지(구 : 53)
$(21)^{15}$ Ⅰ^{1} → Ⅰ 나는 자식 업시 이ᄃᆡ로 잇슬 터이야(귀 : 91)
$(21)^{16}$ a → b 아씨가 누구야(빈 : 10)
$(21)^{17}$ a^{1} → b 트집가락이 엇다 쓰는 문자야(빈 : 12)
$(21)^{18}$ Ⅱ⃝ → Ⅱ⃝^{2} 응 죄는 만히 지엿지(은 : 24)
$(21)^{19}$ Ⅱ → Ⅲ⃝ 슈 밧게 업지(빈 : 44)
$(21)^{20}$ Ⅴ⃝^{1} → h ᄂᆡ 갈 데는 남과황묘 엽이야(귀 : 135)
$(21)^{21}$ Ⅱ → Ⅱ^{5} 백지 ᄒᆞᆫ 권이 ᄂᆡ쳐리에야…미뮌가량 폐빅을 ᄒᆞ여야지(구 : 38)
$(21)^{22}$ Ⅱ → Ⅱ^{5} 얼마큼 넘보고 와셔 무엇이 엇저고 엇지희(구 : 51)

(21)^{23} (Ⅳ)^{3} → b 하하 그리게 죽이지(목 : 114)
(21)^{24} (Ⅳ) → c^{1} ᄌᆞ네만 가도 일반이지(치下 : 11)

2) 疑 問 法

(22)^{1} f → Ⅱ^{1} 도망ᄒᆞᄂᆞᆫ 여편네지(혈 : 6)
(22)^{2} g → Ⅲ^{1} 죽엇다지…잇다지…알던지(혈 : 48)
(22)^{3} b → h 왼녀석이 양반ᄃᆡᆨ 안마당을 들여보아(혈 : 89)
(22)^{4} (Ⅲ)^{1} → (Ⅲ) 편지는 우ᄋᆡ ᄒᆞᄂᆞᆫ지(귀 : 6)
(22)^{5} (Ⅲ) → (Ⅲ)^{1} 죠방정에 그 쇼리 늣고 ᄒᆞᆫ시를 참아(귀 : 7)
(22)^{6} (Ⅲ) → (Ⅲ)^{1} 마누라 잠고ᄃᆡ ᄒᆞ엿지(귀下 : 38)
(22)^{7} c^{1} → e 어제 밤에ᄂᆞᆫ 우ᄋᆡ 아니 왓지(귀下 : 38)
(22)^{8} e → c^{1} 잘 덥는라고 못왓셔(귀下 : 38)
(22)^{9} Ⅱ → (Ⅲ) 외손자 얼굴은 처음 보지(귀下 : 45)
(22)^{10} j → k ᄃᆡ사 어느 졀에 잇셔(귀下 : 108)
(22)^{11} j → k 응 이거 누구야(귀下 : 112)
(22)^{12} (Ⅱ) → (Ⅱ)^{2} 응 어디로 들어와(은 : 7)
(22)^{13} a → b 별말업시 김참판ᄃᆡ 말솜이시지(재 : 7)
(22)^{14} Ⅰ → Ⅱ 사돈령감이 약쥬가 취ᄒᆞ야 그러ᄒᆞᆫ것이지(재 : 51)
(22)^{15} Ⅱ^{1} → c 져거번에 네게 ᄂᆡ죄를 뒤집어쓰고 나를 …구원ᄒᆞ야 주엇지(재 : 157)
(22)^{16} Ⅰ → Ⅱ 요전에 네가 ᄌᆞᆫ 반지가 어듸로 갓다고 집안이 소요 ᄒᆞᆫ일이 잇셧다^{지}(재 : 200)
(22)^{17} (Ⅲ) → Ⅱ^{1} 서울서 란리가 낫다ᄒᆞ더니 졍말인게지(마 : 32)
(22)^{18} (Ⅲ) → (Ⅳ)^{4} 이놈 너도 ᄉᆞ롬이지(목 : 306)
(22)^{19} (Ⅳ)^{4} → (Ⅲ) 글세 나ᄒᆞ고는…웨 나는 누구만 못ᄒᆞᆫ가(목 : 307)
(22)^{20} Ⅱ^{3} → (Ⅲ) 하… 지디박식도…칩 노릇을 ᄒᆞᆯ가(목 : 330)
(22)^{21} (Ⅱ)^{3} → Ⅴ 이ᄋᆡ 셔울ᄉᆞ롬은…ᄒᆞ냐 너는 알겟지(목 : 357)
(22)^{22} (Ⅳ) → (Ⅳ)^{6} 에 술ᄒᆞᆫ잔을…여긔는 장근져라…빅물이…먹지(목 : 391)
(22)^{23} (Ⅳ) → (Ⅳ)^{6} ᄌᆞ네 필경 죠반도 못자시고 왓지(모 : 7)
(22)^{24} (Ⅴ)^{1} → Ⅲ^{1} 허 이놈 별놈낫다 ᄂᆡ가 이 모양으로 구차히 사닛가 얼마큼 넘보고 와셔 무엇이 엇져고 엇지ᄒᆡ(구 : 51)
(22)^{25} Ⅱ → e 이놈들아 그 량반ᄃᆡ집ᄒᆞᄂᆞᆫ 것이 곳 나를 ᄃᆡ집ᄒᆞᄂᆞᆫ일 제인

듸 무엇을 엇지고 엇지희(구 : 52)

(22)[26] Ⅰ → Ⓘ[1] 허 즈네인가(구 : 54)

(22)[27] Ⅳ[1] → f 네 말 갓흐면 남북촌 여러 단골이 모다 네 공효로 형셰를 부지흔 모양갓고나 그러면…함진히듸은 엇지 흐야 독이픽가를 흐셧셔(구 : 72)

(22)[28] Ⅱ → d 응 옥년이가 어듸로가(혈 : 52)

(22)[29] Ⅰ → Ⅳ[1] 울기는 우이 울어(귀 : 27)

(22)[30] f → f[1] 그속을 누가알랴(홍 : 27)

(22)[31] a → a[1] 소리를 방정시럽게 그리 질러(홍 : 21)

(22)[32] Ⅰ → Ⅰ[1] …걱정이지(홍下 : 89)

(22)[33] Ⅳ[1] → a 그게 무슨 소리야(홍下 : 69)

(22)[34] Ⓥ → Ⅰ[1] 남의 닉힝 힝차기 엇의로 가던지 말던지(홍下 : 78)

(22)[35] a[1] → a 에그 …겟지(빈 : 6)

(22)[36] a → b 응… 보아야(빈 : 10)

(22)[37] Ⅲ → (독백) 닉 눈쌀이 싸졋지…무엇이야(빈 : 32)

(22)[38] Ⅳ[1] → Ⓥ 함진히덕은 엇지흐야 픽가 흐셧셔(구 : 72)

(22)[39] Ⓘ → Ⓘ[3] 춤 의쥬마마는 다심도흐지(목 : 109)

(22)[40] Ⓘ → Ⓘ[4] 이놈 너도 사람이지(목 : 106)

(22)[41] Ⓘ → Ⅱ[1] 셔울서 난리가 낫다더니 정말 난게지(마 : 32)

(22)[42] a → c 별말 업시 김참판덕 말솜이시지(재 : 7)

(22)[43] Ⅰ[2] → Ⅱ 사돈령감이 약쥬가 취흐야 그러흔 것이지(재 : 76,77)

(22)[44] Ⅱ[1] → c 져거번에 네가 닉죄를…구원흐야 주엇지(재 : 157)

(22)[45] Ⅰ → Ⅱ 요젼에 네가 쥰 반지가 어듸로 갓다고 집안이 소요 흔 일이 잇셧지(재 : 200)

3) 命 令 法

(23)[1] Ⓥ[1] → h 히 다 가는구 어서가지(귀 : 34)

(23)[2] e → c[1] 무엇을 흐고 잇셔 어셔 드러와(귀下 : 40)

(23)[3] Ⅱ → Ⓘ 자 다 격엇셔…일러(빈 : 19)

(23)[4] Ⓥ → Ⓥ[2] 누구 압혜셔…말을흐지(쌍 : 51)

(23)[5] Ⓘ[1] → e 즈근돌아 어셔보졍을 닉고 들어가지(목 : 79)

(23)[6] Ⓥ → Ⓘ[2] 비렁빙이가 밥이나 엇어먹지(목 : 103)

(23)^{7} Ⅱ^{1} → Ⅲ⃝^{2} 슉소나 뎡ᄒᆞ고 나으리를 좀 뫼셔와야지(마 : 16)
(23)^{8} Ⅰ^{3} → Ⅱ^{1} 오냐 겁ᄂᆡ지 말아(옥 : 2)
(23)^{9} Ⅰ → Ⅰ⃝^{3} 여귀 명의가 업거든 셔울셔 불러다가 보지(재 : 27)
(23)^{10} Ⅰ → Ⅱ^{1} 너도 사정은 나를 좀 보아 쥬어야지(재 : 76)
(23)^{11} Ⅰ → Ⅱ^{1} 그것은 걱정말아(재 : 202)

3.2.6 極上待의 恭遜法 · 尊敬法

(24)^{1} b → Ⅰ 나리게셔 부ᄉᆞᆫ으로 이ᄉᆞ 가실 ᄯᅢ ᄒᆞᆯ미 ᄂᆞᆫ 늘근 것 이라 ᄉᆞ라져 ᄂᆞ랏다가 ᄯᅩ 뵈옵ᄂᆞᆫᄃᆡ 어린 옥년아기와 졀무신 서방님은 어ᄃᆡ가셔 도라 가셧는지 나리 오신 것을 못만나 뵈네…(혈 : 30)
(24)^{2} Ⅱ^{1}→ Ⅱ(편지글) 귀운 평안 ᄒᆞ오신지 궁금ᄒᆞ옵기…업ᄂᆞ이다…말 슴 ᄒᆞ압ᄂᆞ이다…마암을 붓쳐 ᄉᆞ라 잇삽…기다리압ᄂᆞ 이다…알고 잇ᄉᆞ오니 말슴 궁금ᄒᆞ오나 이만 그치옵 ᄂᆞ이다(혈 : 82)
(24)^{3} c^{1} → Ⅱ 에그 누가 나으리 뵈오러…(귀 : 50)
(24)^{4} Ⅰ^{2} → Ⅰ^{2} 령감…ᄯᅩ 뵈옵소구려(귀 : 60)
(24)^{5} Ⅲ⃝ → Ⅰ 령감게셔 작정이오닛가(귀 : 61)
(24)^{6} c^{1} → Ⅳ⃝ 저 큰 ᄃᆡᆨ 하인 졈순이오 발셔부터 마마님게 와서 뵈옵ᄌᆞ 하면서도 밧버서 볼 뵈왓습니다(귀下 : 81)
(24)^{7} Ⅳ⃝ → Ⅰ 여보 령감 령ᄀᆞᆷ을 다시 못 뵈올 쥴 아랏더니 ᄯᅩ 뵈옵소구려(귀下 : 66)
(24)^{8} c^{1} → Ⅳ⃝ 에그 마마님게셔 못가 뵈올 터이면 쇤네가 가셔 뵈옵깃습니다(귀下 : 10)
(24)^{9} e → Ⅳ⃝ 참 ᄂᆡ가 미처 말을 못ᄒᆞ엿소 아저씨 말슴에 두분 아 지머니 게셔ᄂᆞᆫ 가셔 뵈옵던지…ᄂᆡ도리ᄂᆞᆫ 내가ᄋᆞ니 ᄒᆞᆯ 슈가 업셔셔 밤을 도아 올너왓소(귀下 : 9)
(24)^{10} Ⅴ⃝^{1} → Ⅴ⃝ ᄂᆡ가 어머니를 뵈올 낫치업쇼(귀 : 122)
(24)^{11} c^{1} → Ⅰ^{1} …아니오닛가(귀 : 73)
(24)^{12} c^{1} → Ⅰ^{1} 마님을 시러서 말슴이오닛가(귀 : 76)
(24)^{13} c^{1} → Ⅰ^{1} 에그…무엇 이오닛가(귀 : 98)
(24)^{14} c^{1} → Ⅰ^{1} …무슨 탈이오닛가(귀 : 108)
(24)^{15} c^{1} → Ⅴ⃝^{1} 참 마누라님 ᄒᆞ시ᄂᆞᆫ 일이 무엇이 오닛가(귀 : 109)
(24)^{16} h → Ⅴ⃝^{1} ᄃᆡᆨ에로 뫼시 오릿가(귀 : 131)

(24)[17] Ⅱ → Ⓘ 김승지 령감 만ᄂᆞ 뵈왓소(귀 : 46)
(24)[18] Ⅰ → Ⓥ[1] 령감게셔 ᄌᆞ네를 보고 저럿케 조아 ᄒᆞ시ᄂᆞᆫ ᄃᆡ 자네 ᄂᆞᆫ 령감을 뵈우러 아니 온단 말인가(귀 : 128)
(24)[19] Ⓘ → c[1] 자네가 가셔 뵈옵기로…녀게 쓸ᄃᆡ 잇ᄂᆞ(귀下 : 130)
(24)[20] Ⓘ → Ⅰ 무슨 죄이온닛가(은 : 58)
(24)[21] b → Ⅱ 소인이 쟝하에 죽ᄉᆞ온들 일호나 어듸가 귀망ᄒᆞ겟슴 닛가 (홍:24)
(24)[22] a → Ⅰ[2] 슈상시러운 자가 잇다ᄒᆞ옵고 ᄃᆡᆨ마님게셔ᄂᆞᆫ…(홍 : 50)
(24)[23] Ⅳ → Ⅰ[3] 남ᄌᆞ가 三十而有室이라 ᄒᆞ엿ᄉᆞ오니…(홍 : 58)
(24)[24] Ⅳ[1] → Ⅰ[3] 다른 일에야 거역하오릿가(홍下 : 9)
(24)[25] Ⅳ → Ⅰ[3] 제가 불초홈으로…져부터 치죄ᄒᆞ여 주시압소셔(홍下 : 14)
(24)[26] a → Ⅰ[3] 소인은 령감게셔 그ᄃᆡᆨ에 힝차 ᄒᆞ압시는 것을 뵈온직 …(홍 : 21)
(24)[27] e → a 마님게서…알으시고 하문ᄒᆞ압시ᄂᆞᆫᄃᆡ 아니 엿쥴 슈가 잇슴닛가(홍 : 22)
(24)[28] Ⓥ → Ⅰ[1] …환택하실 여비로던지 소인이 모다 바치압고…(홍 下 : 78)
(24)[29] Ⅳ[1](생각) 우리 대 황뎨폐하ᄭᅴ압셔 동셔등에 젼비ᄒᆞ압실 ᄯᅢ… (홍下 : 65)
(24)[30] Ⅳ → Ⅱ[3] 제가 불쵸홈으로 이디경에 이르럿사오니 …제 소위 ᄂᆞᆫ… 져부터 치죄ᄒᆞ여쥬시압소셔(홍下 : 14)
(24)[31] Ⓘ → a 네 도리ᄂᆞᆫ 뵈압고 십다 ᄲᅮᆫ이 겟느냐(홍下 : 57)
(24)[32] Ⅰ[1] → Ⅳ 로형이 그ᄃᆡᆨ 초취부인도 뵈왓겟소구려(홍下 : 82)
(24)[33] a → a[1] 나ᄂᆞᆫ 마님게셔 마ᄌᆞᆼ을 ᄯᅩ 나아가 보라 ᄒᆞ옵시기에… (홍 : 51)
(24)[34] Ⅳ[1] → Ⅰ[3] 다른 일에야 거역하오릿가마는 이일에 대ᄒᆞ여셔ᄂᆞᆫ 죽ᄉᆞ와도 봉승치 못ᄒᆞ겟ᄂᆞ이다(홍下 : 9)
(24)[35] a → Ⅰ[3] 소인 혼자 뵈왓사온즉…소인은 즉습니다(홍下 : 22)
(24)[36] a1 → Ⓘ 이대로 안젓다가 령감마님 드러오시면 뵈압기로 하 고 가겟습니다(홍 : 57)
(24)[37] Ⓥ → Ⅳ[1] 먹삽ᄂᆞᆫ대 황송ᄒᆞ압고 엇지 할 수 업ᄉᆞ와…올시다(홍 下 : 66)
(24)[38] Ⓥ → Ⅳ[1] 부득 명ᄒᆞ압고 사오니 그것이 모다 ᄃᆡᆨ 상덕이시다 (홍下

: 67)

$(24)^{39}$ Ⓥ → $Ⅳ^{1}$ 웨 안지 안ᄒᆞ압시고 차 안에셔는 관계치 안이ᄒᆞ십니 다 (홍下 : 69)

$(24)^{40}$ a → Ⅳ 못 뵈압는다고 엿주어도 귀어히 뵈압고 가시겟다고 ᄒᆞ십니다 (홍 下: 97)

$(24)^{41}$ Ⅳ → $Ⅰ^{1}$ 말삼을 듯자오니 알아듯겟사오나 못잇겟슴니다(홍下 : 99)

$(24)^{42}$ a → $Ⅰ^{1}$ 예황송하오이다 사옵는 것이 그덕 택이 올시다(홍下 : 104)

$(24)^{43}$ a → Ⅵ 나려오실째에 대감게옵셔 무어시라…(완 : 19) 치 안 으신지 뵈압고 드러 오겟다(홍下 : 94)

3.3 謙 讓 法

$(26)^{1}$ b^{1} → Ⓥ 에그 저 마누라님 뫼셔오지 안이 힛드면…(치 : 16)

$(26)^{2}$ a → $Ⅰ^{2}$ 대감마님과 작은 아씨 일힝은 뫼시고 오다가 소인은 비오기셔 면져 드러 왓습니다(치下 : 85)

$(26)^{3}$ a → $Ⅲ^{1}$ 쉰네가 뫼시고 구셩 ᄒᆞ깃습니다(치下 : 85)

$(26)^{4}$ n → $Ⅰ^{1}$ 제가 뫼십시오(치下 : 110)

$(26)^{5}$ f → Ⅱ 승도 마님께 소인 문안 드립니다(치下 : 43)

$(26)^{6}$ o → $Ⅰ^{1}$ 네 쎌리 뫼십시요(치下 : 41)

$(26)^{7}$ n → $Ⅰ^{2}$ 자세히 엿술 말숨이 업습니다(치下 : 111)

$(26)^{8}$ Ⅳ → $Ⅰ^{1}$ 어머니가 아버지 엿주라셔요(치 : 117)

$(26)^{9}$ Ⅳ → $Ⅰ^{2}$ 어머니 우리들이 사랑에 나가서 아버지께 드러오십사 엿줍시다(치 : 180)

$(26)^{10}$ b^{1} → a^{2} 검홍아 검홍아 아씨 이러 나섯늬 마님게셔 엿쥬시 니 얼른 오십사엿쥬어라(치 : 118)

$(26)^{11}$ b → h 어셔 편지나 이리쥬오 앗씨게 드리게(혈 : 89)

$(26)^{12}$ b → Ⅰ 나리게셔 무슨으로 이ᄉᆞ가실 셔 홀미는 늘근 것이라 서 ᄉᆞ라서 ᄂᆞ리께 뵙지 못ᄒᆞ겟다 ᄒᆞ얏더니 늘근 것 은 ᄉᆞ랏다가 쏘 뵈옵는듸 어린 옥년 아돌아 졀무신 셔방님은 어듸가셔 도라가 섯는지 나리오신 것을 못 만나 뵈네(혈 : 30)

$(26)^{13}$ c^{1} → e 진지나ᄒᆞ여 드립시다(귀 : 85)

$(26)^{14}$ g → a 녜 힝차 모시고(귀 : 19)

$(26)^{15}$ c^{1} → Ⅱ 에그 누가 나으리 뵈오러(귀 : 50)

(26)^{16} c^1 → Ⅱ 어서 마님 뵙고 가겟습니다(귀 : 50)

(26)^{17} Ⅴ⃝^{1} → Ⅰ 지금 령감을 뵙고 령감ᄃᆡᆨ인 쥴 아랏습니다(귀 : 59)

(26)^{18} Ⅲ⃝ → Ⅰ 령감 ᄯᅩ 뵈옵소 구려(귀 : 61)

(26)^{19} c^1 → Ⅰ 령감마님 뵈온(귀 : 66)

(26)^{20} c^1 → Ⅳ⃝ 쇤네가 말슴으로 옛좁겟습니다(귀 : 83)

(26)^{21} k → e 셔방님게셔…양반을 뵈히러 가시ᄂᆞᆫ…오닛가(귀下 : 101)

(26)^{22} Ⅴ⃝^{1} → c^1 그ᄃᆡ로 마님게 엿줍게(귀 : 34)

(26)^{23} Ⅴ⃝^{1} → Ⅴ⃝ 어머니 이를 어찌나 ᄂᆡ가 어머니 뵈올 나시 업쇼(귀 : 122)

(26)^{24} Ⅲ⃝→ (동네부인들) 동ᄂᆡ 아지먼네 셔울 당겨와셔 ᄯᅩ 뵈옵깃습니다 (귀 : 15)

(26)^{25} e^1 → Ⅳ⃝ 큰 ᄃᆡᆨ하인 졈순이오 볼셔부터 마마님게 와셔 뵈옵ᄌᆞ 하면서도 밧비서 못뵈왓습니다(귀下 : 87)

(26)^{26} Ⅳ⃝ → Ⅰ 여보 령ᄀᆞᆷ을 다시 못뵈올 쥴 아랏더니 ᄯᅩ 뵈옵소구 려(귀下 : 60)

(26)^{27} Ⅴ⃝^{1} → $Ⅰ^1$ ᄂᆡ가 령감을 뵈우러 아니 오더ᄅᆡ도 령감게셔 ᄂᆞᆯ 보 러 장오신답니다(귀下 : 62)

(26)^{28} e → Ⅳ⃝ 참 ᄂᆡ가 내처 말을 못ᄒᆞ엿소 아저씨말슴에 두분 아 지머니게셔ᄂᆞᆫ 가셔 뵈옵던지…ᄂᆡ도리ᄂᆞᆫ 내가ᄋᆞ니 ᄒᆞᆯ 슈가 업셔셔 밤을 도와 올러왓소(귀下 : 9)

(26)^{29} Ⅴ⃝^{1} → c^1 그ᄃᆡ로 마님게 엿줍게…망신좀 시켜 보쎄네(귀 : 34)

(26)^{30} Ⅳ⃝(독백) 어머니 ᄉᆡᆼ젼에는 ᄭᅮᆷ에가셔 뵈일 것이오 어머니 사후 에ᄂᆞᆫ 혼을 만ᄂᆞ 뵈우리라(귀 : 42)

(26)^{31} h → Ⅴ⃝^{1} ᄃᆡᆨ에로 모시오릿가(귀 : 131)

(26)^{32} Ⅱ → Ⅳ⃝ 김승지령감 만ᄂᆞ 뵈왓소(귀 : 46)

(26)^{33} $Ⅰ^1$ → Ⅴ⃝^{1} 령감게셔 ᄌᆞ네를 보고 저럿케 조아 하시ᄂᆞᆫᄃᆡ 령감을 뵈우러 아니온단 말인가(귀 : 128)

(26)^{34} Ⅳ⃝ → c^1 자네가 가셔 뵈옵기로…ᄂᆡ게 쓸ᄃᆡ 잇ᄂᆞᆫ(귀 : 10)

(26)^{35} Ⅳ⃝ → c^1 령감게셔 보고십ᄃᆞᆫ 말슴이…아니 가셔 뵈올 수 잇ᄂᆞ (귀下 : 10)

(26)^{36} Ⅴ⃝^{1} → c^1 너무 사건든 마마님게 갖다드리게(귀 : 87)

(26)^{37} Ⅲ⃝ → g 어서 중문으로 뫼셔라(귀 : 18)

(26)^{38} $Ⅰ^1$ → b 금단아 사랑에 ᄀᆞ셔 령감 엿쥬어라(귀 : 20)

(26)[39] Ⅰ[1] → c 츤친집인지 마마님인지 모셔다가 안방에 드러오십사 고 엿쥬어라(귀 : 25)

(26)[40] (Ⅳ) → h 닉 집에 모시고 갑시다(귀 : 57)

(26)[41] Ⅰ[1] → c[1] 령감 뵙더릭도 가만 잇스마(귀 : 80)

(26)[42] (Ⅴ) → (Ⅱ) 최서방님 우리가 호방비장께도 말슴을 잘 엿줍고(은 : 12)

(26)[43] b → (Ⅱ)[1] 앗씨게셔 셔방님끠 즘 뵈옵깃다고 ᄒᆞ셔요(은 : 12)

(26)[44] (Ⅳ) → c 나는 호방비장 나리게 드러가셔 엇더케 말슴을 엿줍 던지 쇠겨 넝질터이다(은 : 13)

(26)[45] (Ⅳ) → c 우리들이 잘 보아 드리는딕 셔방님게셔 무슨 처분이 게시 시 될바(은 : 14)

(26)[46] (Ⅴ) → (Ⅱ) 우리가 순사도끠 말씀 잘 아뢰면…걱정마르시오(은 : 11)

(26)[47] Ⅰ[1] → d 령감마님게도 엿쥬어라(홍 : 48)

(26)[48] a → Ⅰ[3] 소인은 령감게셔 그딕에 힝차ᄒᆞ압시는 것을 뵈온 적이 업 습니다(홍 : 28)

(26)[49] e → a 마님게서 알으시고 하문ᄒᆞ압시는 딕 아니 엿줄 수가 잇슴닛 가(홍 : 22)

(26)[50] (Ⅳ) → Ⅰ[1] 예 분부대로 엿쥬올이다(홍 : 103)

(26)[51] Ⅳ → a 칠월이 너 이년 네게 편지 왓드란 말도 엿줍지 말아 라(홍下 : 45)

(26)[52] Ⅰ[3] → a 칠월아 룡례 앞세오고…령감을 뵈이고 내셔 그리ᄒᆞ 더라 고 여주어라(홍下 : 55)

(26)[53] (Ⅲ) → a 네 도리는 뵈압고 싶다 쁜 이겟느냐(홍下 : 57)

(26)[54] Ⅰ[1] → (Ⅵ) 로형이 그댁 초취부인도 뵈앗겟구려(홍下 : 52)

(26)[55] a → (Ⅲ) 딕 마님게셔 이 편지를 령감게 드리고 어인 곡절인지 엿쥬 어보라고 ᄒᆞ셔요(홍下 : 580

(26)[56] a → (Ⅲ) 네 꼭 되엿습니다 그대로 마님게 가 엿줍지오(홍下 : 64)

(26)[57] Ⅳ[1] → Ⅱ 에그 진작 나갓더면 싱존히 게서서 얼골이나 뵈올걸(홍 : 40)

(26)[58] Ⅳ → Ⅰ[1] 별로 엿줄 말슴은 업습니다(홍 : 62)

(26)[59] a → Ⅰ[3] 소인 혼자 뵈왓사온즉…소인은 죽습니다(홍下 : 22)

(26)[60] a → Ⅰ[3] 령감마님게셔 룡례 왓드란 말삼을 닙밧게 내지 말나 고 ᄒᆞ시기에…엿줍지 못ᄒᆞ앗습니다(홍下 : 50)

(26)[61] a[1] → (Ⅲ) 이대로 안젓다가 령감마님 드리오시면 뵈압기로 하 고 가

겟슴니다(홍下 : 51)

(26)^{62} Ⅵ⃝ → Ⅳ^{1} 묘직이은대 힝차를 뫼시러 올나 왓슴니다(홍下 : 66)

(26)^{63} Ⅵ⃝ → Ⅰ^{1} 네 내가 모시고 가ᄂᆞᆫ터 올시다(홍下 : 78)

(26)^{64} a^{1} → Ⅰ^{1} 김참셔령감님 ᄃᆡᆨ령감게셔 안악으로 드러오시라고 엿쥬심니다(홍 下 : 88)

(26)^{65} a → Ⅳ 못 뵈압는다고 엿쥬어도 귀어히 뵈압고 가시겟다고 ᄒᆞ십니다(홍 下 : 97)

(26)^{66} Ⅵ⃝ → Ⅰ^{1} 예 부분대로 여쥬어라(홍下 : 103)

(26)^{67} a^{1} → Ⅰ ᄃᆡᆨ 마님게셔 이 편지를 령감게 드리고…엿쥬아 보라 고 하셔요(홍 下 : 59)

(26)^{68} a^{1} → Ⅰ^{3} 령감마님게 드렷어요(홍下 : 50)

(26)^{69} a → Ⅲ⃝ 마님게 가 엿쥽지오(홍下 : 64)

(26)^{70} Ⅰ^{1} → a 너 나와 함게 좀 나아가자 얼마나 편치 안으신지 뵈압고 드러오겟다(홍下 : 94)

(26)^{71} a → Ⅳ^{1} ᄃᆡᆨ 마님게셔ᄂᆞᆫ 쇼인을 보ᄂᆡ시어 그어히 오놀 모시고 드러오라고 지삼당부 ᄒᆞᄋᆞᆸ셧ᄂᆞᆫᄃᆡ…걱정을 안이 ᄒᆞ시 겟슴닛가(홍下 : 23)

(26)^{72} Ⅰ^{2} → a 령감게도 엿쥬어라(홍 : 45)

(26)^{73} Ⅰ^{3} → Ⅳ 너의 당숙게 식리하여 주십사 ᄒᆞᆫ 것이 잇 니 네가 뵈압고… 엿쥬어라(홍 : 63)

(26)^{74} Ⅳ → a^{1} 칠월아 너 마님게 룡네 왓드란 말을 엿쥬지 말고 내 게 편지 왓드란 말도 엿쥽지 말아라(홍下 : 48)

(26)^{75} a^{1} → a 룡례야 바로 엿쥬어라(홍下 : 52)

(26)^{76} Ⅲ⃝ → a 어서 사랑에 가셔 이러케 엿쥬어라(홍下 : 13)

(26)^{77} Ⅲ⃝ → a 상에 언친 보료를 내려 짜라 드려라(홍下 : 88)

(26)^{78} Ⅵ⃝ → a 어서 드러오시라 엿쥬어라(홍下 : 98)

(26)^{79} Ⅲ⃝ → a^{1} 이애 령감게 가시자고 엿쥬어라(홍下 : 103)

(26)^{80} a^{1} → a 여보 바로 엿쥽구려(홍下 : 21)

(26)^{81} a → Ⅱ 우리 아씨 저녁진지 지어 드리겟슴니다(빈 : 11)

(26)^{82} a → Ⅱ 소인 문안 드립니다(빈 : 1)

(26)^{83} o → Ⅱ^{1} 쇤네 아씨를 뵈옵고 십어서 왓슴니다(빈 : 11)

(26)^{84} Ⅱ → Ⅳ⃝ 소안동 계신 셔판셔ᄃᆡᆨ 서방님이 오셧다고 엿주어라 (빈 : 49)

(26)[85] (Ⅵ)^{1} → Ⅱ^{2} 부친 산소를 아죠 망디에다 모신것이야요(빈 : 98)

(26)[86] Ⅱ^{1} → g 영미야 령감마님과 실너 마님을 뵈옵거든…(빈 : 143)

(26)[87] a → a^{1} 너 엿줍기를 ᄃᆡᆨ으로 힝차ᄒᆞ시면 갓다 들임아 하얏더 니…(빈:5)

(26)[88] Ⅱ → l 놈아 한 달음에 청식골 화슌마마게 엿쥬어라(빈 : 143)

(26)[89] e → Ⅱ^{2} 밤이되야 ᄌᆞ세 몰나 뵈옵고…힛심니다(빈 : 144)

(26)[90] d → Ⅰ 아씨 힝ᄎᆞ를 모시고 가압다가 그 변이 낫습니다(빈 : 135)

(26)[91] b → Ⅱ 아씨는 쉰네다려 뫼시고 가라셔요(빈 : 76)

(26)[92] b → (Ⅲ) 뫼시고 잇슬 터인ᄃᆡ요(빈 : 22)

(26)[93] e → (Ⅲ) 네 엿줍지요 아즉 기침을 ᄒᆞ셧슬나구요(빈 : 31)

(26)[94] Ⅱ^{2} → Ⅱ^{1} 누님 아버지 베옵고 십지 안소(빈 : 67)

(26)[95] d → Ⅱ^{1} 셔방님게 엇더ᄒᆞ면 걱정이 업겟나 엿쥬워 보시지요(빈 : 66)

(26)[96] d → a 셔방님도 뵈올겸 이약이도 홀겸 넘어 갈테니 아자씨 도 먼저 가시오(빈 : 62)

第五章. 現代國語의 尊敬法* 研究

I. 序 論

尊敬法을 表示하는 그 이름으로는 恭待法, 공대말, 말씨, 높이기, 敬語法, 尊待法, 尊卑法, 尊敬法, 존비틀, 높임말법, 공대체, 청자대우 등으로 表示된다.

本考에서는 尊敬法(尊卑)으로 稱하기로 했다. 그 이유는 尊敬하면 敬意를 말하고 敬意는 곧 尊卑의 區別을 의미하는 까닭이며[1] 尊敬하면 "하오"체 以上의 基本體系(Basic levels)를 內包하고 있으므로 ( )속에 尊卑라는 것을 포함시켰다.

1. 尊敬法 發達要因

Altaic family 의 特徵이 尊敬法은 아닌 것 같다. 國語는 日語와 함께 複雜한 尊敬體系를 가지고 있으며(日語는 單純性을 갖고 있음) 特히 國語의 尊敬法은 morphome의 形態가 뚜렷하고, Syntax에서 整然한 Grammatical relation을 表示하고 있음은 特記할 事實이라 하겠다.[2]

그러면, 國語의 尊敬法 發達要因은 무엇인가.

---

* 尊敬法은 敬語法의 개념으로 사용됨.

1) 洪起文 : 조선문법연구. 1947.6.30. 서울 p. 159.

2) 李崇寧 : 경어법연구(震檀學報 25, 26, 27合併號) 1964. 서울

A. Dauzat는 그의 諸書 Laphishie du Langage에서 말하기를

言語는 社會的 要具이다.(中略)

言語는 會社的 事實이다. 보다 구체적인 觀點에서 볼 때에 各 言語 그 歷史의 모든 時期에 있어서 주어진 社會狀態에 對應하는 知的 槪念을 表現하며 그것을 말하는 사람들의 知識(觀念)과 事物의 目錄을 構成한다(中略)

그러므로, 어떤 古代語의 검토는 주어진 어느 時期에 對하여 그서을 使用한 個人들의 生活樣式이며 職業이며 支配的인 思想을 歸納해 내는 것을 可能하게 한다.

그 言語에 對하여 知識이 不完全하고 全斷片的이고 더욱이 臆測的인 경우라도 決定된 條件에 言辭의 有無를 보아서 한 社會의 어떠한 양상이나 內譯을 能히 再構成할 수 있다.

가장 적절한 例를 印歐人들은 都市에서 살지 않았다. 왜냐하면 都市라는 語辭가 없기 때문이다. 그들은 反對로 村·집村長·家長이란 語辭를 갖고 있었다. 그들은 農耕地보다는 牧畜狩獵에 從事했으리라. 그 理由는 들짐승이나 길들인 짐승에 對한 共通 資元이 數多히 있었기 때문이다. 印歐人들은 개, 소, 말, 산양, 염소, 돼지따위를 길렀고, 사슴, 이리, 독수리 및 그들의 屬名을 賦與한 새들을 사냥 했었다. 이에 反해 물고기의 이름은 印歐語가 아니었으므로 그들은 필시 漁父는 아니었을 것임에 틀림이 없다. 숫한 나무이름이 印歐語다. 자작나무, 떡갈나무, 느티나무, 버드나무등 南國의 特有한 種類는 表象되지 않음에 反하여 이것들이 動物에 對해서와 마찬가지로 北國種이라는 것을 注目할만 하다. 이는 現在 是認되고 있는 歷史的假說 卽, 印歐人의 發祥地는 구羅巴의 北部였을 것이고 거기서부터 번갈아 南으로 내려왔을 것이지 決코 從來 사람들이 믿었던 바와 같이 Iran이 아니였으리라는 것을 거듭 確認해둔다.

위의 글은 勿論 "言語는 社會的 事物이다"라는 것을 實證하는 말이다. 즉, 言語의 發生 또는 그 發達, 生成, 變遷에 있어서도 社를 背景으로 한다는 말이다.

尊敬法 역시 社會的 條件에 기인된 것이 아닐 수 없다. 社會的 階層 卽, 身分, 職位, 長幼等에서 오는 人間關係의 身分差等이나, 環境(Fnvironement), 局面(Situation), 감정(Feeling)[3]等에서 오는 言語의 規範이며, 家族制度에서

오는 家族間에 존재하는 序列의 身分을 表示하는 言語規範이다. 尊敬法은 言語社會의 特異한 制度로 身分의 差等을 가진 身分性을 言語로 表示하는 社會規範(Social relation ship)이다.

이것은 subject-verb 사이에서 actor의 身分性에 호응하는 action이라 말할 수 있다.

그런데, 문제는 단순하지 않다. 尊敬法의 生成이 단순한 社會的 事實에 依하고 社會階層, 身分, 職位, 長幼 等에서 그는 人間의 身分差等을 表示하는 言語의 規範이라면 印歐語니 uralaltaic family에도 尊敬法이 發達했어야 된다는 결론이다. 더욱이 尊敬法이 社會的 階層(級)에서 오는 身分性의 生成 發達된 것이라면 이 또한 矛盾된 말이 아닐 수 없다.

왜냐하면 어느 나라고 歷史的, 對代的差異는 있겠으나 階級社會의 엄격한 形態는 존재하고 있었던 것이다. 그렇다고 보면 모든 言語는 尊敬法의 發達이 形成해야 할 것이다.

우리와 生活方法이나 社會的 條件이 거의 恰似한 中國의 例로 보아도 우리 國語와 같은 復雜한 尊敬의 發達을 찾을 수가 없다. 勿論 中國語와 같은 孤立語(Isolating langage)에 있어서는 實質語의 羅列로써 文章을 形成하는 데 理由가 있겠지마는 言語가 社會的 事實이라는 문제에는 맞지 않는 것을 알 수 있다.

우리의 言語는 用言의 曲用(verb ending)으로 因한 形式語의 發達로 늘 可變的인 語尾變化의 素質을 가지고 있으므로 해서 言語가 階級社會의 各 階級들에 알맞는 敬稱의 發達이 可能했으므로 우리 國語의 尊敬法發達을 초래했을 것이다.

3) 姜圭善 "成大文學" 21. p. 74.

2. 國語의 尊敬法

우리말에 尊敬法이 表示되는 말로는

體 言

用 言

助詞로 分化할 수 있다.

그 중에서 體言(名詞, 代名詞), 助詞는 一般性이 없고 尊敬語와 常語가 限定돼있으며 名詞의 경우는 漢字말이 大多數이며 代名詞의 경우는 謙孫法과 接尾辭가 있을 뿐이다.

그러나, 用言의 경우는 어떠한 경우라도 예삿말과 敬語가 對立을 이루고 있다. 用言中 形容詞는 動詞보다 一般性이 없다 動詞는 그에 反해 一般性과 普遍性이 있고 文法的으로 보면 用言의 尊敬法이 가장 中心的 位置에 놓이게 된다.[4)]

그러므로, 用言만을 가지고 文體法上의 語尾와 尊敬體를 考察했다.

3. 尊敬法의 基本體系(Basic levels)

우리 국어에는 尊敬法이 重要한 文法的 範疇를 차지하고 있다. 그럼에도 불구하고 尊敬의 表示를 나타내는 尊敬體系가 三段階[5)], 四段階[6)], 五段

---

4) 用言中 形容詞는 動詞보다 一般性이 없다. 그것은 文體法中 命令形과 請誘形, 應諾形이 形容詞에는 없다.

5) 許雄 "中世國語硏究" pp. 12~13. 1967.

6) ㄱ) 김형규 "새로운 中學文法" 1967. 고려서적(주)

ㄴ) 정학진 "모범 중등문법" 1996. 1. 20. 일지사

ㄷ) 문덕수, 김윤식 "중학 문법"

階[7], 六段階[8]로 도시 종잡을 수가 없다. 筆者는 文體法[9], 平叙法, 疑問法, 命令法, 請誘法, 應諾法, 感款法 等으로 나누었고, 階級은 우리 나라의 階級意識中 아직까지 가장 강력한 意味를 內包하고 있는 家族名稱을 各 階級으로 정했다.[10] 그리하여 다음과 같은 設問紙를 設定하였다.

<설 문 지>

1. 나이(당 세) 2. 학력( ) 3. 성별( ) 4. 직업( )

○ 다음 보기를 읽고 그 밑 빈칸에 알맞게 써주시오.

① 설명문 : 어떤 사실을 나타내는 글. 예) 길동이가 방에 있다.

② 의문문 : 어떤 사실을 묻는 것. 예) 길동이가 방에 있느냐?

③ 명령문 : 명령하는 형식의 글. 예) 길동아 방에 있어라.

④ 청유문 : 요구하거나 은근한 정도로 꾀는 것. 예) 길동아 방에 있자.

⑤ 응락문 : 어떤 일을 응락하는 것. 예) 길동아 방에 있으마.

⑥ 감탄문 : 어떤 사실 상태를 보고 느끼는 것.
예) 길동이가 방에 있구나!

위의 보기를 읽고 동사 "가다", "보다", "읽다" 등을 가지고 아래표시의 계급들에게 어떻게 말하는가 써 주시오.

ㄹ) 이숭녕 "문법"
ㅁ) 이숭녕 "중학국어문법"

7) ㄱ) 최현배 "새로운 중학말본"
ㄴ) 이명권, 이병호 "새 국어문법"
ㄷ) 최현배 "새로운 말본"
ㄹ) 이은정, 한인석 "중학 표준문법"
ㅁ) 강윤호 "정수 문법"
ㅂ) 최현배 "중등교육조선어법"
ㅅ) 강복수 "문법"
ㅇ) 허웅 "표준문법"
ㅈ) 이길록, 이명권 "문법"

8) ㄱ) 김민수, 이기문 "표준문법"
ㄴ) 이희승 "새 문법"

9) "반발"을 포함시키면 6단계의 준경법이 보임.

10) 이 文體法은 1967년 1월 著者會議에서 決定된 6개 卽, 平叙法, 疑問法, 命令法, 請誘法, 應諾法, 感嘆法으로 나누었음.

< 調 査 表 >

계급 / 문체법	조 카 (나이어린)	동 생	친 구	형·누나 (언니·오빠)	아저씨 (삼 촌)	선생님	부·모	조·부모
설 명 문								
의 문 문								
명 령 문								
청 유 문								
응 락 문								
감 탄 문								

※ 계급간의 존경의 차이가 없어도 기록해 주십시오.
以下 上記表를 調査表이라 함.

< **Imformant 分布表** >

		남	여	합 계	비 고
10代	14~16	20	20	40	中2(남녀)담임께 위탁
	17~19	37	36	73	高2(〃) 〃
20	20~29	16	46	62	男子는 主로 職場人,女子는 女大生임
30	30~39	15	15	30	본인이 직접 조사함
40	40~49	13	10	23	〃
50	50~59	5	4	9	〃
60	60~69	4	3	7	〃
70	70~79	4	—	4	〃
합계	—	114	134	248	〃

본 조사표에 依해 조사한 被調査者數는 248명이다. 처음Imformat에게 배포한 것은 874枚였으나, 第一回에 回收치 못한 것은 强要의意味가 있으므로 資料로 使用하지 않키로 했다. Imformant의 分布는 아래와 같다.

10代를 2단계로 中 2와 高 2로 分類한 것은 中 2는 아직 思春期를 지나지 못했고, 高 2는 思春期를 지닌 後이므로 그 差異는 어른 스러움과 소년의 영역이 뚜렷할 것 같아서 나눈 것이다. 또한 10代의 調査는

imformant의 선정시 키의 크로 작음을 생각해서 재적수 만큼의 번호를 쓴표를 통에 넣고 필요한 만큼 표집해서 人選한 것이다. 그 以外의 Imformant는 筆者가 직접 조사했고, 주로 文法的 소양이 가능한 자를 擇했다.

Ⅱ. 本 論

1.尊敬法의 意識과 表現

表現은 意識을 따르지 못한다. 表現은 많은 意識中의 하나가 選擇되어 나타나는 것이다. 恣意的인 言語에 있어서는 聽覺映像과 觀念이 相互聯合, 呼應, 喚起되어 비로소 表現되는 것이다. 尊敬法에 있어서도 尊敬의 對象이 있을 때 늘 潛在하고 있는 意識 卽, 觀念이 梘學, 聽覺影像과 相互聯合하여 言語나 記錄으로 表現되는 것이다.

그러므로 表現되는 뜻을 올바르게 表現하는 사람의 ±Respect, ±Formal,±Intimacy, ±Humble, 環境(Environment), 局面(Situation), 感情(Feeling)等에 依해 달라지는 것이다.[11)]

筆者가 本考를 위한 調査活動을 하면서 Imformant에게 다음과 같은 것을 質問하였더니(실질적인 調査는 끝내고) 5단계의 體를 認定하고 있었다. 이것은 뭣을 말하는가 筆者가 8계급으로 질문했을 때 表現은 2단계 였으나 意識속에는 5단계의 기본체계가 있음을 알 수 있었다. 그만큼 表現은 意認을 따르지 못함을 알 수 있다.

---

11) 姜圭善 "존경법에 관한 고찰", 成大文學 21. p. 24.

2. 年齡別 分析

調査表 1을 가지고 다음과 같은 結果表를 얻었다.

結果表 1.

계급 \ 분체법	I	II	III	IV	V	VI	VII	VIII	비 고
설명문	-nda. -nda. -nda.	-nda. -nda. -nda.	-nda. -nda. -nda.	-nda. -nda. -nda.	-a/ə.-sipnida.-yo -pnida	-a/ə(-ayo). -pnida. -siəyo.	→ 〃	→ 〃	kada. ilkda. poda.
의문문	-nja. -ni.	-nja. -ni.	-nja. -ni.	-ka: -lkaja. -ə. -poa. -lr ɛ,a/ə	-yo,-sjəyo (seyo) -pnik'a. -sipnik'a.	→ 〃	→ 〃	→ 〃	↓ 〃
명령문	-ra(kəra) -əra. -poəra	→ 〃	→ 〃	-a/ə. -a/ə. -a/ə.	-yo(seyo). -sipsiyo.	→ 〃	→ 〃	→ 〃	↓ 〃
청유문	-ca. -ca. -ca.	→ 〃	→ 〃	-aə. -ca.	-yo. -seyo. -sikurjə. -əyo.	→ 〃	→ 〃	→ 〃	↓ 〃
응락문	-rjəm. -lke. -ra.	→ 〃	→ 〃	-lke. -a. -cimwa	-yo. -seyo. -sikurjə.	→ 〃	→ 〃	→ 〃	↓ 〃
감탄문	-kuna. -nkun.	→ 〃	→ 〃	→ 〃	-kunyo. -sikurjə. -kurjə.	→ 〃	→ 〃	→ 〃	↓ 〃

계급표시는 나이어린조카 →Ⅰ, 동생→Ⅱ, 친구→Ⅲ, 형, 언니, 누나, 오빠 →Ⅳ, 아저씨(삼촌)→Ⅴ, 선생님→Ⅵ, 부, 모→Ⅶ, 조부, 모0→Ⅷ라 칭함.

結果表 2.

계급 / 분체법	I	II	III	IV	V	VI	VII	VIII	비 고
설명문	-nda. -na. ·	→ 〃	→ 〃	-ne(ε) -a/ə	-yo. -pnida. -spnida -əyo.	-yo(siəyo) -pnida. -spnida -əyo.	→ 〃	→ 〃	kada. ilkda. poda.
의문문	-nɨ. -nja.	→ 〃	→ 〃	-a/ə.	-yo.-sjəyo. -pnik'a. -seyo. -sipnik'a.	→ 〃	→ 〃	→ 〃	↓ 〃
명령문	-ra.. -nəra.	-ra.	→ 〃	-yo. -seyo. -sipsiyo. -sjəyo.	→ 〃	→ 〃	→ 〃	→ 〃	↓ 〃
청유문	-ca..	→ 〃	→ 〃	-a/ə.	-yo.-siyo. -ciyo. -sipsiyo. -səyo.	→ 〃	→〃	→〃	↓ 〃
응락문	-rjəm-una. -rjəm. -lke(ε) -ra(-əra)	→ 〃	→ 〃	-a/ə. -lke.	-siyo. -kurjə. -sikurjə.	-yo.-seyo. -sikurjə. -əyo. -siyo(seyo)	→ 〃	→ 〃	↓ 〃
감탄문	-kuna. -nkun.	→ 〃	-kun. -kuna. -ne.	-kun. -kuna. -ne.	-kurjə. -sikurjə.	-sipnida. -sinɨnk-urjə.	→ 〃	→ 〃	↓ 〃

結果表 3.

계급 / 분체법	Ⅰ	Ⅱ	Ⅲ	Ⅳ	Ⅴ	Ⅵ	Ⅶ	Ⅷ	비 고
설명문	-da. -nda. .	-da. -nda.	→ 〃	-yo. -pnida.	-yo.(sjəyo) -pnida. -spnida	-yo(siəyo) -pnida. -seyo.	→ 〃	→ 〃	kada. ilkda. poda.
의문문	-ni. -nja.	→ 〃	→ 〃	-yo? -pnik'a? -əyo?(ay o)?	-seyo? -sjəyo? -sipnik'a?	→ 〃	→ 〃	→ 〃	↓ 〃
명령문	-ra.. -nəra.	→ 〃	→ 〃	-yo(sjəy o) -ciyo. -seyo.	-sipsiyo. -ciyo. -seyo.	→ 〃	→ 〃	→ 〃	↓ 〃
청유문	-ca..	→ 〃	→ 〃	-yo. -seyo. -sjəo.	-yo. -seyo. -ciyo. -sipsiyo.	→ 〃	→ 〃	→ 〃	↓ 〃
응락문	-rjəm (lke) -ra.. -ke.	→ 〃	→ 〃	-kurjə. -rida. -lke.	-sikurjə. -kurjə. -yo. -seyo(sjəy o).	→ 〃	→ 〃	→ 〃	↓ 〃
감탄문	-kuna.. -kun. -nda.	→ 〃	→ 〃	-ne. -kurjə.	-sinɨnkurjə -neyo. -kurjə.	→ 〃	→ 〃	→ 〃	↓ 〃

結果表 4.

계급 / 분체법	I	II	III	IV	V	VI	VII	VIII	비 고
설명문	-nda. -ne. .	→ 〃	→ 〃	→ 〃	-yo. -pnida. -sipnida.. -sijəyo.	→ 〃	→ 〃	→ 〃	kada. ilkda. poda.
의문문	-ni. -nja.	→ 〃	→ 〃	-a/ə? -lkəja? -ni? -kəni?	-yo? -sjəyo? -pnik'a? -sipnik'a?	→ 〃	→ 〃	→ 〃	↓ 〃
명령문	-ra.. -kəra.	-ke. -a/ə. -ra.	-ke.	-poci. -cimwə.	-yo. -siyo. -sipsiyo. -sjəyo.	→ 〃	→ 〃	→ 〃	↓ 〃
청유문	-ca.. -ke. -a/ə	→ 〃	→ 〃	-ca -ke. -se.	-yo. -ciyo. -sipsiyo. -seyo(sjəy o).	→ 〃	→ 〃	→ 〃	↓ 〃
응락문	-rjəm. -lke. -a/ə ra.	→ 〃	→ 〃	-cimuə. -ɨlke.	-yo. -sikurjə. -səyo (seyo).	→ 〃	→ 〃	→ 〃	↓ 〃
감탄문	-kuna.. -kun.	→ 〃	→ 〃	→ 〃	-kurjə -sinɨnkurjə -kunyo.	→ 〃	→ 〃	→ 〃	↓ 〃

結果表 1, 2, 3, 4는 imformant의 對答에 대한 類形別 四段階로 나누어

만든 表이다. 모든 imformant의 設問紙答이 이 表에 해당할 수 있다.

① 10代 男子(中 2)

調査表 1과 같이 계급 Ⅰ~Ⅳ에게 "해라체"를 使用하고 계급 Ⅴ~Ⅷ에게는 "하오"체 以上의 尊敬法을 使用한 율이 25%가 된다. Ⅳ계급에게는 －ka, －lkaja, －a/ə, －lrɛ, －ca等 "반말"체계가 보이는 것이 특징이다. 結果表 2 처럼 계급 Ⅰ~Ⅲ까지 "해라"체를, 계급 Ⅳ~Ⅷ에게 는 "하오"체 以上을 待遇한 것은 45%가 된다. 그런데 特記할 것은 Ⅳ, Ⅴ계급에 －yo 체계가 많다는 사실이다.

cʰɛk.ɨl payo̱.
cal ka sjəyo̱.
kɨl ɨl ilkəyo̱(ilk ciyo)

－yo, 체계의 優勢는 흥미있는 일이고 "pan-mal"과 "yo"체계의 結合 分離問題들을 擧論한 硏究도 있으나12) 이것은 實際的 會話時에 나타나고 요즈음 국민학교 학생들은 "－psiyo", "－pnida"보다는 "－sjəyo"의 "－oy"가 책이나 對話時에 두드러진다. "－əyo"같은 것은 매우 우세를 나타낸다.

結果表처럼 Ⅳ의 계급에 "－yo"가 빈번함과 "pan－mal"체계 즉, －kil ja, －lke, －ne 등이 있는가 하면 Ⅳ계급에 "해라"체계를 쓴 점이 특이 할 것 같다.

---

12) ○高永根 "現代國語의 尊敬法에 對한 硏究"「語學硏究」10卷 2號 p.70
○姜圭善 : idid p. 73.
○成耆徹 : 國語待遇法 硏究 "忠北大 論文集" 第4권 1370. p. 42.

② 10代 女子(中 2)

結果表 1과 같이 계급 Ⅰ~Ⅳ에게 "해라"체를 使用하고 그 以上의 Ⅴ~Ⅷ계급에는 "하오"체 以上의 尊敬法을 사용한 비율은 46%를 차지한다.

結果表 3과 같이 계급 Ⅰ~Ⅲ에는 "해라"체를 Ⅳ~Ⅷ의 계급에는 "하오"체 以上의 尊敬法을 依用한 비율은 29%이다.

10代의 男·女에서는 別差異를 보이지 않는다.

③ 10代 男(高 2年)

結果表 1과 같이 Ⅰ~Ⅳ계급에는 "해라"체를, Ⅴ~Ⅷ의 계급에는 "하오"체 이상의 존경법을 사용하는 율이 24%이다.

結果表 2와 같이 Ⅰ~Ⅲ의 계급에는 "해라"체를 依用하고 Ⅳ계급에게는 "반말"을 使用한 비율은 Ⅴ~Ⅷ로 나타난다.

結果表 3과 같이 Ⅰ~Ⅲ의 계급에는 "해라"체를 使用하고 Ⅳ~Ⅷ의 계급에는 "하오"체 이상의 尊敬法을 使用한 비율은 30%가 된다.

結果表 4와 같이 表現하는 6%의 경우는 ①,②항에서 볼 수 없는 일이다.

10代男女中의 imformant보다는 結果表 1과 같은 경우가 적어졌고 結果表 2와 같은 경우는 5%가 늘었다. "반말"을 使用하는 경향이 줄어졌고 Ⅳ의 계급에게 "해라"체를 使用하는 것도 줄어든 형편이다. 다시 말하면 나이가 들면서 Ⅳ의 계급이나 다른 계급에 대우하는 尊敬의 度가 높아갔음을 알 수 있다.

④ 10代 女(高 2年)

結果表 1과 같이 Ⅰ~Ⅳ계급까지 "해라"체를 Ⅴ~Ⅷ까지는 "하오"체 이상의 尊敬法을 使用한 비율은 25% 中 男女와 같다.

結果表 2와 같이 Ⅰ~Ⅲ까지는 "해라"체를 使用하고 Ⅳ의 계급에는 "반말"을 依用하며, Ⅴ~Ⅷ에게는"하오"체 以上의 尊敬法을 使用依用한 비율은 44%가 된다.

結果表 3 같이 Ⅰ~Ⅲ의 계급에는 "해라"체를 依用하고 Ⅳ~Ⅷ의 계급에는 "하오"체 以上의 尊敬法을 使用한 비율은 30%가 된다. 그리고 尊敬法 4와 같은 경우는 男高에서는 볼 수 있으나 女高에서는 나타나지 않는 것은 Ⅳ의 계급에 使用하는 敬語가 거의 없다는 結果이다.

⑤ 20代 男子

結果表 1과 같이 Ⅰ~Ⅳ의 계급가지 "해라"체를 依用했고, Ⅴ~Ⅷ까지의 계급에는 "하오"체 以上의 尊敬法을 使用한 비율은 13%이다.

結果表 2와 같이 Ⅰ~Ⅲ에게는 "해라"체를 使用했고 계급 Ⅳ에게는 "반말"을 Ⅴ~Ⅷ까지의 계급에는 "하오"체 以上의 尊敬法을 사용하는 비율은 31%이다.

結果表 3과 같이 Ⅰ~Ⅲ계급에는 "해라"체를 Ⅳ~Ⅷ의 계급까지는 "하오"체 以上의 尊敬法을 使用한 비율은 43%로 10代보다는 急上昇을 보인다.

結果表 4와 같이 Ⅰ.Ⅱ의 계급에 "해라"체를 Ⅲ의 계급에는 "하게"체를 Ⅳ~Ⅷ내의 계급에는 "하오"체 以上의 尊敬法을 13%가 使用한다.

⑥ 20代 女子

結果表 1과 같이 Ⅰ~Ⅳ의 계급에 "해라"체를 Ⅴ~Ⅷ까지의 계급에 "하오"체 以上의 尊敬法을 使用한 비율이 25%이다. 이것은 10代와 같은 형편을 보인다. 女子들의 경우는 존경 의식이 희박함이 男子들 보다 농후함을 엿볼 수 있다.

ex) 아빠야?

난데,
나 오늘 아빠 회사로 갈께
친구 만나는데 돈이 필요하단 말야
(위의 "전화" 대화는 20代 女大生이 자기 아버지에게
말하는 "대화"체이다.)

즉, Ⅵ의 계급가지도 서슴없이 －ja, －e, －ke 등 "반말"이 대부분이다. 이것은 父·母에 대한 不敬에서 오는 理由만은 아니다. ±Formal, ±Inlimacy 等의 作用임은 물론 이겠으나 尊敬法의 表現的인 形態는 男子를 따르지 못한다.

結果表 2와 같이 Ⅰ～Ⅲ의 계급에는 "해라"체를 使用하고 Ⅳ의 계급에는 "반말"을 Ⅴ～Ⅶ의 계급에는 "하오"체 以上의 尊敬法을 使用한 비율은 42%가 된다.

結果表 3과 같이 계급 Ⅰ～Ⅲ에게는 "해라"체를 Ⅳ～Ⅷ에게는 "하오"체 以上의 尊敬法을 使用한 비율은 33%로 10代보다는 상승을 보인다.

⑦ 30代 男子

結果表 1과 같이 계급 Ⅰ～Ⅳ에게는 "해라"체를 계급 Ⅴ～Ⅷ에는 "하오"체 以上의 尊敬法을 使用한 비율이 7%로 약세를 보이고 있다. 結果表 2와 같이 Ⅰ～Ⅲ의 계급에게 "해라"체를 Ⅳ의 계급에는 "반말"을 Ⅴ～Ⅷ의 계급에는 "하오"체 以上의 尊敬法을 表現한 비율이 20%로 역시 10代, 20代의 경우 보다 弱勢 卽, 尊敬의 上昇을 보인다.

結果表 3과 같이 Ⅰ～Ⅲ의 계급에는 "해라"체를 Ⅳ～Ⅷ의 계급에는 "하오"체 이상의 尊敬法을 使用한 비율은 53%로 Ⅳ의 계급에 "하오"체를 많이 使用한 것은 年齡의 많음을 따라 尊待의 格式이 깊어 갔음을 알 수 있다.

結果表 4와 같이 Ⅰ～Ⅱ의 계급에 "해라"체를 Ⅲ의 계급에는 "하게"체

를 Ⅳ~Ⅶ의 계급에는 "하오"체 以上의 尊敬法을 使用한 비율은 20%로 10代, 20代에 비해 존경법의 상승세를 보이고 있다.

⑧ 30代 女子

結果表 1과 같이 Ⅰ~Ⅳ의 계급에는 "해라"체를 Ⅴ~Ⅷ의 계급에는 "하오"체를 使用한 비율은 26%가 된다. 特記할 것은 女子의 경우에는 10代, 20代 그리고 30代가 結果表 1의 경우는 大小同異함을 느낄 수 있다.

結果表 2와 같이 Ⅰ~Ⅲ의 계급에는 "해라"체를 Ⅳ의 계급에는 "반말"을 Ⅴ~Ⅷ의 계급에는 "하오"체 以上의 尊敬法을 使用한 비율은 34%가 된다.

結果表 3과 같은 Ⅰ~Ⅲ의 계급에는 "해라"체를 Ⅳ~Ⅷ의 계급에는 "하오"체 以上의 尊敬法을 使用한 비율은 34%로 10代, 20代와는 별로 差異가 나지 않는다.

結果表 4와 같이 Ⅰ~Ⅱ의 계급에는 "해라"체를 Ⅲ의 계급에는 "하게"체를 Ⅳ~Ⅷ의 계급에는 "하오"체 以上의 尊敬法을 使用한 비율은 6%가 된다. 비로소 30代女子의 경우가 結果表 4와 같은 경우가 보이는 것은 生活에서 오는 (結婚후의 시집 식구들 각 층에게 待遇해야 하는 意識이 作用한 것도 있을 것이다.)

⑨ 40代 男子

結果表 1과 같은 결과는 나타나지 않는다. 10代, 20代, 30代에서 보이던 結果表 1은 전혀 나타나지 않는 것은 결국 Ⅳ의 계급에 "하오"체 以上의 待遇를 하는 경우다. Ⅲ의 계급과 Ⅳ의 계급에 40代에는 적극적 待遇를 하는 것인데 이는 生活에 젖은 儒敎的, 從的인 문제 일 것이다.

結果表 2의 경우는 계급 Ⅰ~Ⅲ에게 "해라"체를 Ⅳ의 계급에는 "반말"

을 V~Ⅷ의 계급에는 "하오"체 以上의 尊敬法을 使用하는 비율은 16%로 10代, 20代, 30代의 경우에 비해서 현격한 감소를 보이고 있다. 이것도 尊敬의 意識이 점점 높아가는 현상이다.

結果表 3과 같이 Ⅰ~Ⅲ의 계급에는 "해라"체를 Ⅳ~Ⅷ의 계급에는 "하오"체 以上의 尊敬法을 使用한 비율은 30%가 된다. 결과표 3의 경우는 10~40代간에는 별로 차이가 없는 것은 結果表 3ㅢ 경우가 현실적인 尊敬法의 基本體系(Basic levels)가 아닌가 한다.

結果表 4와 같은 주로 Ⅰ의 계급에만 "해라"체를 Ⅱ~Ⅲ의 계급에는 "하게"내지 "반말" Ⅳ~Ⅷ의 계급에는 "하오"체 以上의 尊敬法을 使用한 비율은 54%나 급증하고 있다. 40代 以後에는 Ⅱ의 계급에도 "하게" 체가 많이 쓰이고 있는 것은 나이가 들수록 尊敬의 度가 짙어짐을 알 수 있다.

⑩ 40代 女子

結果表 1과 같이 Ⅰ~Ⅳ계급까지 "해라"체를 Ⅴ~Ⅷ의 계급까지는 "하오"체 以上의 尊敬法을 使用하는 비율은 11%이다. 40代 男子의 경우보다는 結果表 1의 경우가 아직도 나타난다.

結果表 2와 같이 Ⅰ~Ⅲ의 계급에는 "해라"체를 Ⅳ의 계급에게는 "반말"을 Ⅴ~Ⅷ의 계급에는 "하오"체 이상의 尊敬法을 使用하는 비율은 11%이다. 이 結果表 2의 경우도 男子의 경우에 비해 적은 셈이다.

結果表 3과 같이 Ⅰ~Ⅲ의 계급에는 "해라"체를 Ⅳ~Ⅷ의 계급에는 "하오"체 以上의 尊敬法을 使用하는 비율은 56%가 된다.

結果表 4와 같이 Ⅰ의 계급에만 "해라"체를 Ⅱ,Ⅲ의 계급에는 "하게"체를 Ⅳ~Ⅷ의 계급에는 "하오"체 以上의 尊敬法을 使用하는 비율은 22%이다. 結果表 1,2가 줄어드는 대신 結果表 3이 점점 증가하고 있다. 結果表 4의 경우도 年齡이 많을 수록 점점 증가하고 있다. 이는 尊敬의 度가 증가 하고 있음을 알 수 있다.

⑪ 50代 男子

結果表 3과 같이 Ⅰ~Ⅲ의 계급에는 "해라"체를 Ⅳ~Ⅷ의 계급에는 "하오"체 以上의 尊敬法을 使用하는 비율은 20%이다.

結果表 4와 같이 Ⅰ의 계급에는 "해라"체를 Ⅱ,Ⅲ의 계급에는 "하오"체를 Ⅳ~Ⅷ의 계급에는 "하오"체 以上의 尊敬法을 使用하는 비율은 80%로 急增하고 있다.

더욱이 結果表 1,2는 나타나지 않는 것은 보고로 西歐文物의 成長期에 接할 수 없었다는 것과 從的인 階級意識이 뚜렷한 결과가 아닌가 한다.

⑫ 50代 女子

結果表 1,2와 같은 것은 보이지 않고 結果表 3과 같은 Ⅰ~Ⅲ의 계급에 "해라"체를 Ⅳ~Ⅷ의 계급에는 "하오"체 以上의 尊敬法을 使用한 비율은 75%가 된다.

結果表 4와 같은 Ⅰ의 계급에는 "해라"체를 Ⅱ,Ⅲ의 계급에는 "하게"체를 Ⅳ~Ⅷ의 계급에는 "하오"체 以上으 尊敬法을 使用한 비율은 25%이다.

⑬ 60代 男子

結果表 3과 같은 Ⅰ~Ⅲ의 계급에는 "해라"체를 Ⅳ~Ⅷ의 계급에는 "하오"체 이상의 尊敬法을 使用하는 비율은 25%가 된다.

結果表 4와 같은 Ⅰ의 계급에 "해라"체를 Ⅱ~Ⅲ의 계급에는 "하게"체를 Ⅳ~Ⅷ의 계급에는 "하오"체 以上의 尊敬法을 使用하는 비율은 75%가 된다. 結果表 1,2의 경우 보이지 않는 것은 50의 경우와 같다.

⑭ 60代 女子

여기서도 結果表 1,2는 나타나지 않는다.

結果表 3처럼 Ⅰ~Ⅲ의 계급에 "해라"체를 Ⅳ~Ⅷ의 계급에는 "하오"체 以上의 尊敬法을 使用하는 경우가 67%가 된다.

結果表 4와 같이 Ⅰ의 계급에만 "해라"체를 Ⅱ,Ⅲ의 계급에 "하게"체를 Ⅳ~Ⅷ의 계급에는 "하오"체 以上의 尊敬法을 使用한 비율은 33%이다.50代보다는 後退한 느낌이 들지만 이것은 많은 imformant 를 接하지 못한 까닭이다.

⑮ 70代

結果表 1,2의 경우에는 여기소도 나타나지 않는다. 50~70代의 共通的인 양상이다.

結果表 4와 같이 Ⅰ의 계급에는 "해라"체를 使用하고 Ⅳ~Ⅷ의 계급에는 "하오"체 以上의 尊敬法을 使用하고 있다.

結果表 4와 같이 Ⅰ의 계급에는 "해라"체를 Ⅱ,Ⅲ의 계급에는 "하게 "체를 Ⅳ~Ⅷ의 계급에는 "하오"체 以上의 尊敬法을 使用하는 비율은 75%가 된다.

年齡別 總分析表

단위 : (%)

		10代 中2		10代 高2		20代		30代		40代		50代		60代		70代	
		男	女	男	女	男	女	男	女	男	女	男	女	男	女	男	女
結果表 1	Ⅰ~Ⅳ "해라"체 사용 Ⅴ~Ⅷ"하오"체 이상 사용	25	25	24	25	13	25	7	26	—	11	—	—	—	—	—	
結果表 2	Ⅰ~Ⅲ "해라"체 사용 Ⅳ "반말" 사용 Ⅴ~Ⅷ "하오"체 이상 사용	45	46	40	44	31	43	20	40	16	11	—	—	—	—	—	
結果表 3	Ⅰ~Ⅲ "해라"체 사용 Ⅳ~Ⅷ "하오"체 이상 사용	30	29	30	30	45	33	53	34	30	56	20	75	25	67	25	
結果表 4	Ⅰ "해라"체 사용 Ⅱ~Ⅲ "하게" 사용 Ⅳ~Ⅷ"하오"체 이상 사용	—	—	6	—	13	—	20	6	54	22	80	25	75	33	75	

3. 尊敬體系別 分析

① "해라"체

語尾들은

co k^{h}ka c^{h}ɛɨl ilk nɨnda.

doŋ sɛŋ i kanda.

ku səni ka ponda.

hjəŋj cipe kanda.

c^{h}ɛkɨl ilk nɨnja?

cipe ka ni?

cəki rɨl pwara(-əra).

uri ku man kaca.

kot kal ke(-ra. -rjəm)

na c^{h}ɛkɨl ilk nɨn kuna(-kun).

등으로 代表될 수 있는 것이다. 年齡上으로 보면 10~70代로 갈수록 점점 계급에 尊待하는 두드러지게 나타난다. 40代부터는 Ⅱ,Ⅲ,Ⅳ 계급에는"해라"체는 희박하게 보인다. Ⅰ~Ⅳ계급에 두루 "해라"체를 使用하는 연령은 10代 20代가 많다. 즉, "해라"체를 사용한 계급의 폭이 나이가 많아 질수록 적게 나타남을 볼 수 있는 데 이는 女子보다 男子쪽이 더 현저하고 30代를 정점으로 해서 사용빈도가 현저히 나타난다.

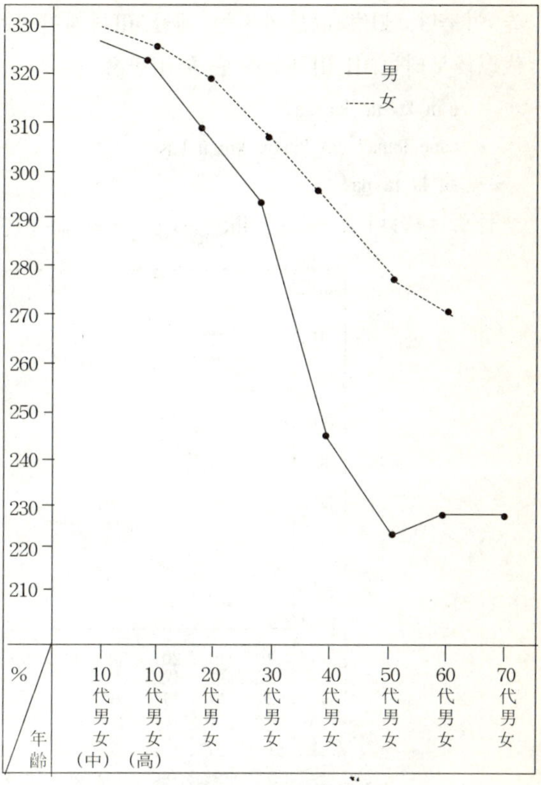

<도표 1> "해라"체 사용분포

② "하게"체계

"하게"체는 年少한 편이 사용폭이 적다.

男子 10代(高2)에서 처음으로 "하게"체를 볼 수 있는 데 그것도 6%정도의 極少數에 불과 하다.

그러나 20代에서 13%(男), 30代男子에서 20% 40代男子에서 54%이며 50代男子에게서는 80%로 나타난다.

女子쪽은 30代에서 6%, 40代에서 22%이다. 50代에서 25%, 60代에서

33%로 나타난다. 女子의 경우는 男子에 比하여 上昇하는 度가 緩晩한 角을 이룬다. 30代 以前까지는 계급 Ⅲ에게만 "하게"체를 쓰는 것 같지만 40代以後부터는 Ⅱ,Ⅲ계급에도 使用함을 볼 수 있다.

c^{h}in ku ne kasina?

cane kana? cal kɨake. kman kase.

au kl ra na?

들로 나타나고 -lke, -ɨlke, -lrɛ, 等의 語尾(Ending)도 "하게"체에 든다.

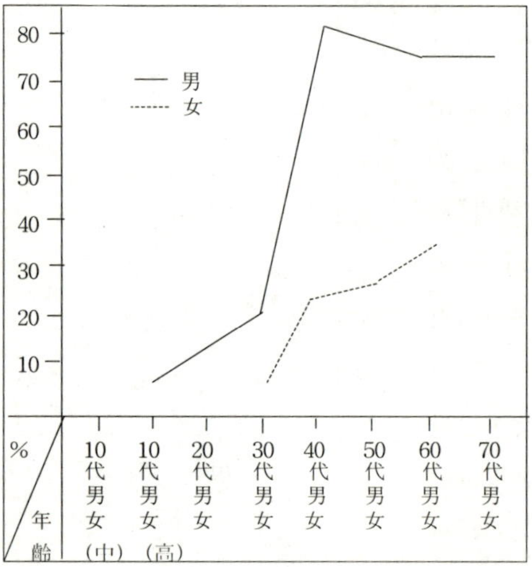

<도표 2> "하게"체 사용분포

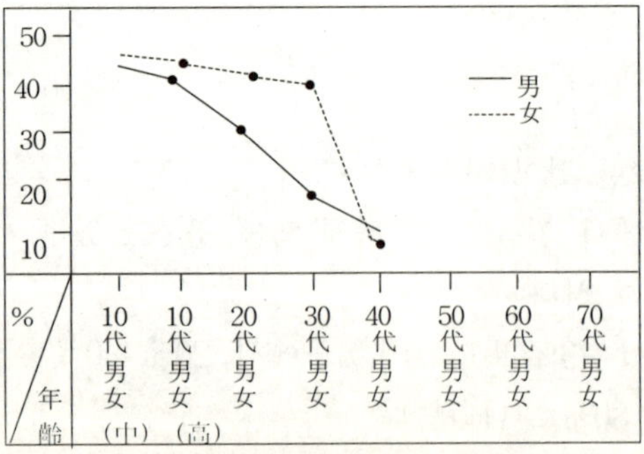

<도표 3> "반말" 사용분포

③ "반말"체계

"반말"체계를 尊敬體系의 하나로 形成하는 편이 있고[13] 존경체계로 形成하지 않고 別稱으로 취급하는 편으로[14] 兩分할 수 있다. 尊敬體系로 認定하고 있는 편은 "하게"체와 "해라"체의 사이에 "반말"의 체계를 넣고 있다.

本 調査에 依하면 "반말"은 10代男中에서 45%가 "반말"을 使用하며 10代女中의 46%, 10代男高의 40%, 10代女高의 44%, 20代男子의 31%, 20代女子의 42%, 30代男子의 20%, 30代女子의 26%, 40代女子의 11%가 "반말"을 사용할 수 있는 對象을 구체적으로 調査한 결과 다음과 같은 表를 얻을 수 있었다.

"반말"사용대상 계급

사용하는 대상계급	數	%
친구, 조카, 동생	90	67
친구	22	16
동생	15	11
언니, 오빠, 형, 누나	2	2
조카	2	2
어린아이	2	2
엄마(어머니)	1	-
合計	134	100

④ "하오"체계

"하오"체는 "-o"가 "-yo"로 變形된 것인지 "-yo"를 "반말"과 結合할 것

---

13) ㅇ이은정, 한인석 "중학표준법" 1967. 1. 10. 지림출판사
ㅇ김민수, 이기문 " 표준문법" 1967. 2. 10. 신구문화사

14) ㅇ이희승 "새문법"
ㅇ최현배 "우리말본"
ㅇ최현배 "새로운중학문법등 參考文獻에 수록한 25卷의 책에서는 別定하고 있음.

인지 또는 "-oy"체계를 새로운 形態素로 취급할 것인지는 論議의 대상이 되고 있다.[15)]

그러나 이문제는 現代國語의 尊敬法云云 한다면 반드시 實際生活에서 採集된 資料를 가지고 문제를 據論해야 할 것이다.[16)]

사실상 우리 국어의 現代尊敬法은 적어도 基本體系(Badic level)에 있어서는 "반말"체계, "-yo"체계(-해요체계도 포함)들이 문제로 나타나고 있다.

⑤ "합쇼"체(ㅂ니다)

本 調査表 에 나타나는 것은 "-pnida"정도이다.

kapnida, popnida, ilk ɨpnida, 정도이고 또는 ka sip nida, po sip nida, ilk sip nida, 등에서 /si/의 연결이 있을 뿐이다.

위의 것보다 두드러진 것은 -sejəyo, -seyo, 의 세력이 너무나 우세한 것을 볼 때 再考해 볼만한 것은 역시 "-yo"체계 문제인것 같다.

kasi cjeyo(-cyo)도 다반사로 나타난다.

結果表의 Ⅳ以上의 계급에는 "하오"체 이상의 尊敬體系가 뒤섞여 나타나고 "합쇼"체 라는 규정자체가 文語的 맛이 난다. 本 調査로눈 "하오"체와 "합쇼"체의 區分을 할 수가 없었다. 사실상 區分을 하지 않고 있다.

⑥ "하소서"체계

本 調査로는 "하소서"체는 나타나지 않는다. -opko, -sa o mjə, -sa i da 등의 謙讓法 등의 使用은 1920年代의 文語體에서만 보인다. 一相의 會話인 國語體에서는 야유와 같은 말투로

cikɨm osinaik'a?

---

15) 高永根 "現代國語의 尊卑法에 對한 硏究"「語學硏究」10卷 2號
成耆撤 : "國語待偶法 硏究" "忠北大論文集" 第4輯

16) 姜圭善 : ibid 21. p. 73.

an ci sa i da.

등에 쓰이거나 drama 等에서만 쓰일 뿐 口語體에서는 消滅過程에 있는 듯하다.[17)]

⑦ "하게"체와 "반말"의 比較

"반말"은 10代男中에서는 45%, 10代男高에서는 40%, 20代 男子에서는 31%, 30代男子에서는 20%, 40代男子에서는 16%이며 女子에서는 10代中 46%, 10代高 44%, 20代 42%, 30代 34%, 40代 11%, 女子의 50代에서는 極少數에 달하는 사람들이 使用하고 있다.

이와는 반대로 "하게"체에 있어서는 10代男高부터 使用例가 보이지만 極少數이며 40代에서는 全體의 半을 넘는 54%가 된다.

즉, 10代 男高 6%, 20代 男子 13%, 30代 男子 20%, 40代 男子 54%, 50代 男子 80%, 60代 男子75%, 70代 男子75%이며,

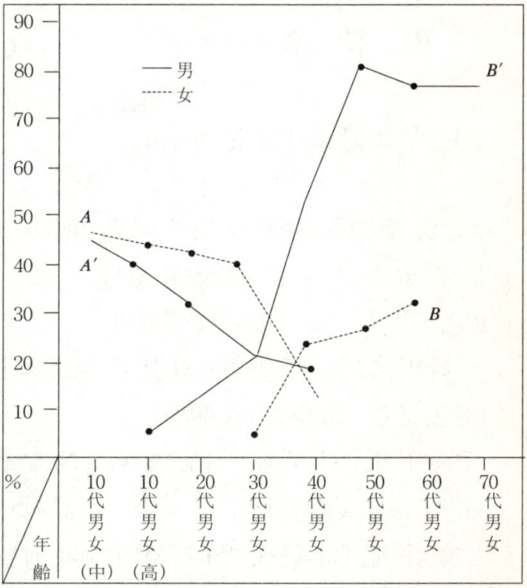

女子는 10代, 20代는 나타나지 않고 30代 6%, 40代 22%, 50代 25%, 60代 33%로 나타난다.

17) 李熙昇 : 「새문법」 p. 101("하소서"체는 일반 회화에는 쓰는 일이 적으므로 文語의 색채가 濃厚한 文體法이라.)

뒤의 도표를 보면 "하게"와 "반말"은 相互反比例하는 현상을 보이고 있다. 年齡層도 "반말"은 10代가 優勢하고 "하게"체는 40~ 50代로 갈수록 得勢하고 있다. 위의 현상들은 男·女가 같은 推勢임을 알 수 있다.

"반말" 語尾(Ending)의 -a/ə, -ja, 等의 勢力은 深大하다. 요즈음은 大學에 다니는 男·女學生들은 거의 "어머니"에게는 "반말"을 예사로 하고 있다.

이는 ±Respect, ±Formal, ±Humble의 관계 있겠지만[18] 西歐的 文物, mass media의 관계를 無視할 수 없을 것이다.

Ⅲ. 結 論

1. 基本體系(Basic levels)

年齡別 尊敬體系別로 考察한 結果 現代國語의 尊敬法은 2~3段階로 區分할 수 있고 그 語尾는 다음과 같다.

10代 (中 2) ; 2段階體系(반말제외)

"해라"체, "하오"체 以上의 體系 둘로 나눌 수 있다.

10代(高 2) ; 3段階(반말제외)

"해라"체, "하게"체, "하오"체 이상의 體系 셋으로 나눌 수 있다.

20代 ; 3段階(반말제외)

"해라"체, "하게"체, "하오"체 이상의 尊敬體系.

30代 ; 3段階(반말제외)

"해라"체, "하게"체, "하오"체 以上의 尊敬體系.

40代 ; 3段階(반말제외)

---

18) 李翊燮 : "國語尊敬法의 體系原 問題「國語學」1974. p. 60.

"해라"체, "하게"체, "하오"체 以上의 尊敬體系.

50代 ; 3段階(반말제외) 40代와 같음.

60代, 70代 ; 모두 40代와 같음.

30代 ; 以前까지는 "해라"체와 "하오" 以上의 2가지(반말제외)현존 하고 40代 以後는 "해라"체, "하게"체, "하오"체 以上으 尊敬體系가 現行 한다는 것을 알 수 있었다.

그러나 "반말"체와, "하게"체의 相存問題가 생긴다. "반말"체를 제외하고 있으나 "하게"체와의 反比例관계에 있으므로 앞으로의 문제는 "반말"체는 점점 上昇하는 氣勢이며 "하게"체는 斜陽的임을 지적해 둔다.

또 "하소서"체, "합쇼"체의 自然的 消滅은 言語의 歷史性을 느껴야 할 것이고, "-yo"의 문제 "-hɛyo"의 문제는 "반말"과의 統合의 과제와 함께 再考할 문제이다.

2. 尊敬의 語尾

체계 / 문체법	"hɛ-ra" style	"pan-mal" "ha-ke" stale	"ha-o" style above
설명문	-nda. -ne.	-a/ə	-yo. -sipnida. -pnida. -siəyo
의문문	-nja. -ni. -na.	-ka. -pwa. -lkəja. -lrɛ. -a/ə.	-yo. -sjəo(seyo) -pnik'a -sipnik'a.
명령문	-ra. -kəra. -əra. -pwra. -oa	-a/ə, ke.	-yo. -siyo. -sipsiyo. -sjəyo(-seyo)
청유문	-ca. -a/ə.	-a/ə. -se.	-yo. -ciyo(-cyo) -sipsiyo. -seyo.
감탄문	-kuna. -kun.	-kun. -kuman.	-kunyo. -sikurjə -kurjə
응락문	-rjəm. -lke. -a/ə -ra.	-a. -lke(-ilke) -cimwə.	-yo. -sikurjə. -seyo. -əyo.

【參考文獻】

허 웅 : 中世國語硏究 1963. 正音社

고영근 : “現代國語의 尊敬法에 대한 연구” 1974. 「語學硏究」

성기철 : “國語待偶法 硏究” 1970. 忠北代論文集 第 四 輯

이익섭 : “國語 敬語의 體系化 問題” 1974. 「國語學」 第 2 輯

이희승 : 새 중학문법, 1967. 一潮閣

이희승 : 새 문법/ 1967. 一潮閣

최현배 : 우리말본 1961. 正音社

최현배 : 새로운 중등말본 1969. 正音社

최현배 : 고등말본, 1966. 正音社

최현배 : 새로운 말본, 1968. 正音社

이원구, 이은문 : 표준중학문법, 1967. 修學社

이명권, 이병호 : 새 국어문법, 1966. 敎學社

전학진 : 모범 중등문법, 1966. 一志社

이용주, 구인환 : 국어문법, 1967. 法文社

남광우, 유창돈, 이응백 : 중학문법, 1966. 東亞出版社

이을환, 이봉호, 이인섭 : 중학문법, 1968. 思潮社

김형규 : 새로운 중학문법, 1968. 고려서적주식회사

문덕수, 김윤식 : 중학문법, 1967. 靑雲出版社

양주동, 유목상 : 새 중등문법, 1966. 大同文化史

이은정, 한인석 : 중학 표준문법, 1967. 知林出版社

강윤호 : 정수문법, 1968. 知林出版社

이숭녕 : “敬語法 硏究”, 1964. 震檀學報 25, 26, 27 合併號

허 웅 : 표준문법, 1967. 新丘文化史

김민수, 이기문 : 표준문법, 1968. 語文閣

강복수, 유창균 : 문법, 1968. 螢雪出版社

정인승 : 표준문법, 1968. 啓蒙社

강규선 : ″현대국어의 존경법에 관한 연구“ 1970, 成大大學院 碩士 論文輯

강규선 : “尊敬法에 關한 考察” 1980. 成大文學 21.

國語의 敬語法 研究

1997년 12월 10일 인쇄
1997년 12월 20일 발행
저 자 : 강 규 선
발행인 : 김 홍 국
도서출판 보 고 사
주소 : 서울시 동대문구 이문2동 291-60
한빛빌딩 B01호
전화 : (02)959-2032~3 팩스 : 957-9320

ISBN 89-86925-50-8 값 15,000원